# 传媒 国际评论

## Media International Review

传媒性 国际性 人文性 研究性 评论性 教育性

2014 02

# 第二辑

《传媒国际评论》编辑部

主编 秦学智

编　　辑　《传媒国际评论》编辑部

主　　编　秦学智

主编助理　张锐颖

责任编辑　尚京华 张锐颖 钟小东 张灵然 何庆平 王碧薇

中央编译出版社
CCTP Central Compilation & Translation Press

### 编辑《传媒国际评论》编辑部

**主　　编**　秦学智
**主编助理**　张锐颖
**责任编辑**　尚京华　张锐颖　钟小东　张灵然　何庆平　王碧薇

《传媒国际评论》投稿邮箱：cmgjpl@163.com；bjxuezhiqin2388@163.com
联系 QQ：2667274704（王女士）；1145174684（秦先生）

# 论国民精神

　　秦学智 1967 年出生于山西永济。中国传媒大学传播研究院副教授。北京师范大学教育学博士，中央教育科学研究所博士后。先后出版《李贽大学明德精神论》、《李贽大学明德教育论》、《中国道家道教教育思想史（先秦至隋唐卷）》（副主编）、《媒介素养教育课程论》（合著）、《传媒行业继续教育的战略与政策研究》（合著）、《传媒国际评论（第一辑）》（主编）等著作，参与国家级和省部级课题多项并发表几十篇论文。主要从事传媒素养教育研究和教育历史文化研究。

　　人总是要有一些精神的，国民也如是。一般来讲，活着的生物都有自己的精、气、神，缺一不可。广泛意义上看，精是指有形状态的精微物质，气是指无形状态的精微物质，而神是指精气形态功能变化的主导和活力。精与神结合为一个概念，其意涵则远超其各自的意义。人的精神不仅包含人自身生命表现出的活力，而且包含人在社会实践活动中通过人脑反映和加工活动产生的思想观念等成果。先进积极的精神观念会给人生命输入源源不断的精神动力，落后消极的精神观念会将人变得猥琐、颓废和无精打采；先进积极的精神会造就出美好的情怀、高超的境界、卓越非凡的品质以及感天动地的血性行为，这样的人面对挫折打击百折不挠、永不言败，面对艰难困苦坚韧不拔、历久弥坚，充满与困难和危险做斗争的勇气以及对美好生活的渴望、憧憬和激情，而落后消极的精神则会使人心胸狭窄、鼠目寸光、一叶障目不见泰山，这样的人遇到挫折打击就会灰心丧气、甚至万念俱灰，遇到艰难困苦不是迎头而上，而是瞻前顾后、畏首畏尾，生活麻木不仁、得过且过，心理是无边无际的昏暗、烦恼、惆怅、异常甚至扭曲。

# 一 国民精神的内涵和作用

人个体的精神和国民精神既有联系又有区别。"国民精神是一个国家的国民在思想观念、价值取向、道德水准、审美意识、理想信仰等社会心理和精神状态上所呈现出的整体性精神品质和精神风貌的综合,是反映国民精神状况和文明素质的标志。"① 比较而言,个体精神是自己天赋素质和后天环境中学习和养成的结果,是个体在自己的生命历程中磨炼、熏陶或熏染出来的,个体精神随着个体的成长而成长,消亡而消亡,个体精神的好坏更多地关乎个体生命的身心健康活动,有时候也牵连到与个体有血缘关系、亲情关系、朋友关系、邻居关系和同事关系的人的生命生活,而国民精神的养成却是在一国长期的历史发展中通过文化积淀、继承、创新和发展的环境中由政府规范的政府行为、媒体行为和教育行为,以及家庭行为综合作用的结果。国民的意识、文化习俗、性格与信仰、国家认同和价值观念等都与国民精神有关。国民精神代表着绝大多数国民的整体精神风貌,尽管个体精神有很多差异,但绝大多数个体所拥有的共性精神品质构成了国民精神的主要内容,这直接关乎国家命运的兴衰和国祚长短。

所有的精神,包括个体精神和国民精神都是文化意义上的,因此也都可以称为个体文化精神和国民文化精神。在国民精神的意涵中,政治文化精神占据着头等的重要性和地位。政治不仅是经济的集中反映,也是文化精神的集中反映。清末的政治是那一时代国民文化精神中消极因素的集中反映,落败、抗争、钩心斗角、一盘散沙各行其是,这种政治文化精神和国民精神在甲午战争期间表露无遗,最后只能让后人哀其不幸怒其不争。

精神是一种统帅性的力量,人无精神不立,国无精神不强。失去了统帅性的力量,无论是对于个体还是国民整体而言,都是一种不幸和灾难。失去统帅性的力量,人必然会陷于内斗、浑浑噩噩,为了个人、家族或派别利益而罔顾国家和民族大义、危亡和兴衰,大敌当前而仍然只管个人死活,最后只能落得家败国亡的结局。孟子曾经说过:"夫人必自侮,然后人侮之;家必

---

① 宇文利. 韩国学校国民精神教育的特色与启示 [J]. 教育科学文摘, 2008, (1).

自毁，而后人毁之；国必自伐，而后人伐之。太甲曰：'天作孽，犹可违；自作孽，不可活。'此之谓也。"① 此话说得非常正确，很多历史事实验证了这一点。明末之时，各地农民起义此伏彼起，内乱不断，满清乘乱夺取天下；清末之时，朝廷官员内斗不断，封建落后，面对世界风云变幻麻木不仁，自鸣得意，结果导致鸦片战争失败，签订不少不平等条约，又割地又赔款，反过来又加剧了国家内部阶级矛盾和斗争，酿成太平天国起义，造成更大的国内消耗，这种给国家经济造成的破坏使国家和民族大伤元气，其中虽有洋务派和维新派等进步势力的进取和抗争，但仍然无法扭转国家和民族在国际竞争中的颓势，后来的甲午战争失败随之成为必然，这就是孟子所说的"国必自伐，而后人伐之。"

一般地，若不是因为在国际竞争中的落败，则不会引起国人对国民性、特别是国民劣根性的深入探讨的意识和需要。所以在甲午海战惨败和"戊戌变法"失败之后，对统帅性精神力量和国民性的探讨，就成为很多先知先觉者的努力方向。严复、梁启超、鲁迅、李大钊、陈独秀、林语堂以及后来的柏杨、张宏杰等人都撰写有探讨国民性方面的文章或著作。如，严复在1895年三月间发表于天津《直报》的著名论文《原强》中，指出中国"民智已下矣，民德已衰矣，民力已困矣"。他随后提出以民力、民智、民德作为标准来判断"民种之高下"，认为中国的变革首要任务在于"鼓民力、开民智、新民德"。梁启超在《新民说》中认为"苟有新民，何患无新制度，无新政府，无新国家。"并进一步指出："我责人人亦责我，我望人人亦望我，是四万万人，遂互消于相责相望之中，而国将谁与立也。新民云者，非新者一人，而新之者又一人也，则在吾民之各自新而已。孟子曰；子力行之，亦以新子之国，自新之谓也，新民之谓也。"② 他认为，国家要进步和创新，必须有新的国民精神的国民，而新的国民关键在于能够进行不断自我革新。鲁迅在《藤野先生》《狂人日记》《药》《阿Q正传》和《秋夜》等散文和小说作品中也对当时中国的国民性进行了深入剖析、批评和反思。陈独秀对传统国民性中的"知足、安贫、忍苦、与世无争、闲适恬淡等思想进行批判，倡导树立"务实、进取、竞争、尚武、敢言、不知足、不世故"等思想，特别将国民精神培养和继承的希望寄托在青年身上，即希冀青年成为"自立的而非奴隶的；

---

① 孟子·离娄上.

② 梁启超. 论新民为今日中国第一急务［A］. 梁启超文选（上）［C］. 北京：中国广播电视出版社，1992. 105.

进步的而非保守的；进取的而非退隐的；世界的而非锁国的；实利的而非虚文的；科学的而非想象的。"①

## 二 几国国民精神特色及比较

从世界范围看，每一个国家和民族都有自己特色的精神。美国精神、德国精神、法兰西精神、日本精神、韩国精神等都具有自己鲜明的特色。

美国作为当今世界唯一的超级大国，尽管有着自身难以很好解决的枪支、色情、暴力犯罪、种族歧视等社会问题，但因为其发达的教育、公共事业、良好的自然环境、普遍性的慈善事业、新闻和思想言论自由、鼓励独立自主创新冒险的平等自由竞争的社会文化环境等诸多优良因素，而成为希望人们留学和移民外国的首选国家之一。如果一个社会对思想言论的控制较为宽松又健全有激励奋斗创新的社会制度和服务管理机制的话，那么这个社会久而久之就会形成充满激情和活力，富于幻想和冒险，追求公平、理性、正义、智慧和理想的国民精神。这种积极昂扬的不畏艰难险阻勇于攀登高峰的精神文化一旦形成，反过来又会对整个经济社会的发展起巨大助推作用。

有人将非常重要的美国精神归结为四大精神：独立精神、奋斗精神、富而善的精神、公平竞争与不仇富精神。② 独立精神深入到美国人的骨髓，具有较强独立意识、独立人格、独立能力和独立负责精神的人是美国社会要求和崇尚的人。美国人也极为崇尚自我奋斗的精神。自我的社会生活自我设计，自我奋斗，他们相信有志者事竟成，只要努力奋斗，就会拥有自己想要的生活，也以此为荣。因为整个社会形成了自我奋斗、公平自由竞争的风尚，所以人们很少有仇富的心态，因为每个人都可能通过自我奋斗获得富裕的生活。此外，受美国宗教文化和社会慈善制度的影响，美国人也普遍具有慈善的精神和品质。

德国的国民精神严谨务实、平等自觉、深沉稳重、勤勉顽强、守法循规、崇尚学术、科学理性、注重团队协作、低调内敛、坚毅肃穆、忠诚勇敢、勇

① 武杰，周玉萍. 论中国近现代国民性问题 [J]. 山西大学师范学院学报（哲学社会科学版），1997，(3).

② 李巍. 最值得中国人学习的 4 种美国精神，http://blog.sina.com.cn/s/blog_ad6b05f201017i39.html.

于担当、珍惜名誉、追求精益求精等。"勤勉和务实是德意志民族表现得最为突出的特征；严谨是凡到过德国或与德国人打过交道的都有深切感受，与严谨相关，人们行事精确准时，思想追求独立自由，理论要求深入基础；守法也表现在社会政治生活的各方面，特别是强调公共秩序；忠诚在古代表现为君臣间、军队上下级间的关系，在现代表现为相互守信；勇敢与忠于本民族相连，同时又是极富侵略性的尚武精神的另一面。"① 德国人的严谨认真和一丝不苟可以从"德国制造"的品牌和质量上感受到，德国人坚毅稳重、踏实肯干可以从德国宗教改革家马丁·路德的话语"即使我知道整个世界明天将要毁灭，我今天仍然要种下我的葡萄树"中感受到，等等。总之，德国人有着自己的精神信念和执着，他们善于钻研思考，勇于负责和担当，做事有条不紊，以质量求生存和发展，很多方面都是我们中国人学习的榜样。

法国精神也是一种具有自己浓郁特色的文化精神。一提起法国，很多人都会想到法国的浪漫情调和时尚品牌。总的来讲，法国精神主要包括以人为本的自由平等和博爱的精神、时尚文化的精神、遵从法律秩序并依法勇于争取个人和集体权利的精神。进入法国社会的人，很快就能感到法国女人的精致美、时装的典雅美、城市的文化底蕴美，以及法国社会到处充斥和扎根的对人关注、同情、解放的人文精神和气息。经过200多年的发展和公民对各种社会权利的抗争，法国形成了注重文化品质和价值观胜于商业利益的人本主义的社会价值观、浪漫的生活情怀、为了个人和群体正当权益奋争的"革命"意识和一系列保证所有公民生存和发展权益的法律法案和制度。在我们国家，当教育产业化如火如荼的时候，而法国人已经实现了所有医疗的免费和从幼儿园到大学的教育免费的社会福利制度。如，"19世纪初为保护工人利益而实行的工作合同法案；1881年媒体言论自由法案；1881年小学到初中免费义务教育法案；1901年公民可以自由成立非政府组织（NGO）法案；1905年政教分离原则，宗教信仰自由、宗教平等权法案；1936年全世界第一个国家实行劳动者带薪度假法案；1945年法国公民医疗免费法案；1962年全世界第一个天主教国家准许妇女堕胎法案；1988年全民最低收入法案（流浪汉也有最低收入的权利）；2000年法国所有居民医疗免费法案（即所有在法国停留超过3个月的人，包括那些没有公民医疗保险的人和非法移民等）。"②

---

① 庞学铨. 德意志精神与德国现代化，http://blog.sina.com.cn/s/blog_62c3d82b0100gnsh.html，2010-02-20.

② 于坤. 自由、平等、博爱 [J]. 凤凰周刊，2009，(15).

教育和医疗是关系到民生的两个重要方面，法国这种民生主义精神和勇于争取个人与群体正当权利的"敢为天下先"精神，确实是一种值得我国国民学习的精神。

日本的国民精神也具有自己鲜明的特色。对日本有较深了解的人，都能感受到日本人具有多种美德，如忠义、集体主义、团队协作、忍耐、敬业、精益求精、讲礼仪、质朴、勇敢、感恩、知恩图报、诚实守信、谨守规矩、宁死不屈、"不给他人添麻烦"等。日本社会真正做到了夜不闭户、道不拾遗这种中华民族唐朝时期曾经达到的理想社会境界。当然，日本也有一些国民的劣根性，如敬顺强者欺凌弱者，固执、傲慢、穷兵黩武，过于严格等级等。美国当代著名人类学家本尼迪克特在《菊与刀》中指出了日本人的这种矛盾性格："日本人生性极其好斗而又非常温和；黩武而又爱美；倨傲自尊而又彬彬有礼；顽梗不化而又柔弱善变；驯服而又不愿受人摆布；忠贞而又易于叛变；勇敢而又怯懦；保守而又十分欢迎新的生活方式。"①

韩国人受儒家文明和基督教文明的影响，以及很强的国家危机意识，逐渐养成了很多优良品格，如国家主义精神、注重礼节、爱好清洁、守规中矩、知廉耻、忍耐克己、自尊自强、坚韧顽强、勤俭节约、环境保护、民族荣誉感以及普遍的专业主义精神等。韩国《国民教育宪章》提出"韩民族的道德表现为自主性、公益性、协同性、勤勉性、奉献性、效率性。自主性指民族自立精神；公益性指对集体利益和秩序的尊重；协同性指互助合作精神和团结互爱精神；勤勉性指正直和诚实的劳动态度；奉献性指社会责任感和奉献精神；效率性指主动而合理的创造力。这些要求在内容上都属于国民精神教育的范畴。"②

从以上几国国民精神的描述中，我们可以看出几国国民精神中既有共性的一面，也有个性的一面。共性的一面，如崇尚公平、理性、正义、勤奋、忠信、社会责任感、人文精神、科学精神、创造精神等，个性的一面如美国的多元文化和崇尚个性精神，德国的严谨、守法和专业主义精神，法国的时尚和浪漫精神，日本的设身处地为他人着想不为他人添麻烦的精神以及韩国的国家主义和勤俭节约精神等。

当然，不同国家的国民精神既有自己的优点，也有自己的缺点。如日本

---

① 鲁思·本尼迪克特. 菊与刀——日本文化的类型 [M]. 商务印书馆，1996. 2.
② 宇文利. 韩国学校国民精神教育的特色与启示 [J]. 教育科学文摘，2008，(1).

有自己的优点，也有自己作为岛国的"岛国根性"等缺点。内村鉴三在明治二十九年（1896年）就曾撰文指出，日本人的"岛国根性"表现在：不顾大局，处处为小事处心积虑，心胸狭窄，满足于眼前的功名，无科学根据地感情冲动，卑屈而又盲目骄傲。容易从崇拜外国急转为国粹主义，又容易从自卑感一下子变成唯我独尊。[①] 当然，这并不是说所有的日本人都是如此。有些优点如果做得太过，也会变成缺点。如德国的为了追求无懈可击的工作质量，而可能会延迟工作计划，花费更多工作时间和经济支出，这在某些情况下就可能成为致命的缺点。因此，国民精神的优劣在某种意义上而言也是相对和辨证的。

## 三　中国国民精神的变迁、优与劣

### （一）中国国民精神的变迁

任何一个国家的国民精神在不同时代都会有不同的表现特征，甚至会有完全不同的趋向。换句话说，国民精神也是一个不断发生变化和变迁的过程。我国国民精神的发育最早可追溯到远古生活在中国大地上的人类祖先，更近一些可以追溯到传说中的"三皇五帝"时期，再近一些可追溯到夏商周及先秦时期。华夏民族精神的极盛时期当是汉、唐、明的盛世时期。

盘古开天辟地的传说和顶天立地的高大形象为中华精神的崇高性和开拓性奠定了基础。伏羲氏八卦精神、制礼作乐精神，仓颉造字，神农教人医药和耕种，黄帝立百官、制典章、封禅祭天，尧帝选贤与能、奖善罚恶、协和万邦，舜帝以德报怨、体恤百姓，大禹求贤任能、疏浚江河、平息水害，商汤亲自做牺牲祭天以祈雨、网开一面以及注重法制的精神，文王拘演《周易》、求贤若渴亲为姜子牙拉车八百步，周公吐哺、制礼作乐，春秋战国之际的儒家、道家、墨家、法家、阴阳家、名家、纵横家、杂家、农家、小说家等众多学派的百家争鸣，以及无数侠肝义胆人士的英勇、智慧、仁爱和坚毅等道德精神，都为中华民族精神的形成做出了自己的贡献。

古语有云：夏尚质，亲而不尊；商尚鬼，尊而不亲；周尚文，尊尊而亲

---

① 刘德有. 重视日本文化研究 [J]. 日本学刊, 2004, (5): 2.

亲。夏人信天命、崇尚忠诚，商人重鬼神、祭祀和严刑酷法，周人在反思夏商二代覆亡的基础上提出敬天保民、明德慎刑、以德配天。"孔子说："周监于二代，郁郁乎文哉，吾从周。"由周公旦开创的敬天保民的封建等级制的礼仪文明，在当时和后世都产生了巨大影响。这种文化精神经过孔子的提倡以及后世统治者的尊奉，成为中华民族的集体精神意识。

一言以蔽之，孔子在《论语》中提出和倡导的是君子人格和君子精神。孔子曰："质胜文则野，文胜质则史。文质彬彬，然后君子。"（《论语·雍也》）这意思是说：如果一个人的质朴胜过了文饰则会表现粗野；如果一个人的文饰胜过了质朴则会表现得华而不实。一个君子的表现应当是文饰和质朴比例均匀，相得益彰。春秋时期的君子普遍具有刚毅不屈、光明磊落、慷慨悲壮、勇于担当、文武兼备的人格特征，一些学者称其为"春秋人格"。那时期盛行的礼、乐、射、御、书、数"六艺"教育也是文武兼备的教育。军事教育使得受教育的对象普遍具有严格的纪律、英勇的勇气和君子的人格。"士可杀而不可辱"，这种意气风发的精神在当时的社会里成为一种时尚。

这种文质彬彬、文武兼备的人格精神在后世并没有得到始终如一的保持，而是有着不同的变异和显现。秦国未统一天下之前，鼓励耕战，依法治国，人们勇于为国家事务献身出力，其气势和精神令敌人敬畏和胆寒。"秦始皇统一天下后，虽崇尚法家并焚书坑儒，却为防范造反而开始禁百姓谈兵事。他还下令收缴民间武器，设官文武相分，丞相地位又高于掌兵的太尉。"① 这种禁止百姓尚武用武的作风直接影响到百姓的战力和对敌斗争的勇气和信心，从而大大地削弱了国家力量。"汉武帝时期竟动员全国的力量，才能击败匈奴，从一个侧面证明了尚武精神的衰弱。盛唐过后，经过唐末五代武人统治，宋太祖不愿看到军队对政权的威胁，在'杯酒释兵权'后，更是文治昌盛的时代，'洞房花烛夜，金榜题名时'成为一个人最大的理想，也是社会的最高认同。也难怪宋朝在历史上留下了被称为奇耻大辱的'靖康之变'。"②

汉代社会强调忠孝节义，崇武尚武，"生活在汉代的人们，率直而较少含蓄，开通而较少压抑，粗朴而欠圆通，勇敢而鄙视怯懦。汉帝国拓疆开土，凿空异域，以及社会秩序的形成，都与这些精神风貌息息相关。"③ 在汉代涌

---

① 班忠玉. 春秋人格与国民精神的健全 [J]. 牡丹江大学学报，2010，(11).

② 班忠玉. 春秋人格与国民精神的健全 [J]. 牡丹江大学学报，2010，(11).

③ 彭卫. 汉代社会的精神风貌，http://www.gmw.cn/content/2008-02/20/content_736740.htm.

现的很多杰出人物，如卫青、霍去病、张骞、李广、苏武等充分展现了汉代人勇武和敢做敢为的大无畏精神。西汉名将陈汤的名句"明犯强汉者，虽远必诛"将汉代大无畏精神和壮志豪情表现得淋漓尽致。

从秦朝尚武精神的流传，到汉武精神的奋发，再到魏晋南北朝国与国、民族与民族之间的争竞、征伐、兼并对尚武精神的激发和整合，到了隋唐终于迎来一个威武浩荡、文武全盛、英雄辈出的时期。在唐朝的全盛时期，其疆域东至朝鲜半岛，西达中亚咸海以西的西亚一带，南到越南顺化一带，北包贝加尔湖至北冰洋以下一带，总面积达 1251 万平方公里。唐朝为有效管理突厥、回纥、靺鞨、铁勒、室韦、契丹等，还分别设立了安西、安北、安东、安南、单于、北庭六大都护府。①

一个时代的尚武精神和其他方面的精神，如创造发明的精神、文学艺术的精神、政治经济的精神，绝不是孤立存在的，而是相互感染、相互影响和互相渗透的，它们皆属于一个时代精神的一个侧面或者一个有机组成部分。正是因为这个原因，唐朝不仅疆域获得空前的扩大，而且在诗歌、书画、音乐、舞蹈、散文、宗教、思想诸方面都达到了一个发展的高峰，特别是最为简易便利地也最能切实有效地表达人们真情实感的唐朝诗歌成为中国诗歌史上一颗璀璨的明珠。这种宽广、博大、自信热烈、磅礴、明朗洒脱、豪迈奔放、高亢激昂、多元开放的盛唐气象，正是其人性、人道、民本等包容、尊重、去粗取精、奋发进取、繁荣、富强精神的反映，也是不同民族争竞，特别是游牧民族和农耕民族、草原文化和农业文明相互撞击、激荡、吸纳、有益补充和充实的结果。农耕文明是一种重社会秩序、社会伦理的相对保守、容易固化和能够稳定发展的文明形态，从其文化科技、政治经济、文学艺术、创造发明发展的稳定性和可进步性来看，毫无疑问它是相对优越于草原文化的。但这种文明必须不断地接受周边文化和外来文化精神的刺激，并包容和吸纳周边和外来文化中的积极元素，才能不断地激发和保持其原初具有的活力和进步性。唐代文化精神正是这种积极阳光、奋发进取精神的典型代表。故苏轼有言："智永创物，能者述焉，非一人而成也。君子之于学，百工之于技，自三代历汉至唐而备矣。故诗至于杜子美，文至于韩退之，书至于颜鲁公，画至于吴道子，而古今之变，天下之能事毕矣。"②

---

① 唐朝，百度百科.
② 苏轼. 书吴道子画后.

唐代盛期过后，又进入一个纷争的乱世。公元 960 年，后周大将赵匡胤发动陈桥兵变黄袍加身，建立上承五代十国、下启元朝的历十八帝三百二十年的宋朝。著名史学家陈寅恪说："华夏民族之文化，历数千载之演进，造极于赵宋之世。"①

宋代政治上较为开明，经济上倡导士农工商业平等，重视知识分子的作用和价值，以人为本，以文立国，重用文臣，分散权力，以文制武，"守内虚外"，将从中御，再加上有辽、西夏、金、蒙古等强敌对峙侵扰，宋代虽在政治平民化、经济、文化、学术、教育和科学创新方面得到巨大发展，改进了火药、指南针、印刷术等发明创造，人口有了巨大增长（人口从太平兴国五年即公元980年的3250万增至大观四年即1110年的1亿1275万），但在军事上始终处于积弱不振的局面。

宋代解决军事失败的办法就是向敌国议和纳银，奉献茶和绵帛等，严重者丢失领土。虽也出现岳飞、文天祥、辛弃疾、张俊等一些有名人物，但重文轻武，以文制武，将从中御，彻底阻碍了武将临机应变、自主指挥作战的能力，再加上当时游牧民族的骑兵相对于宋朝步兵的作战战力优势，宋代一直处于被动防御、挨打求和的局面。一些近代思想家将清末以来国人精神萎靡不振归咎于宋代这种苟且退让和偷生的行为以及轻武怯战的表现，如启蒙主义思想家严复说："若研究人心、政俗之变，则赵宋一代历史最宜究心。中国所以成为今日现象者，为善为恶姑不具论，而为宋人之所造就，什八九可断言也。"②（《致熊纯如的信》）

元朝是我国历史上第一个由蒙古少数民族建立政权的大帝国。在元武宗时期国土面积达到最大，西到吐鲁番，西南达及西藏、云南和缅甸北部，北至都播南部与北海、鄂毕河东部，东到日本海。领土达1500万平方公里。

元朝统治者既要开疆扩土，又要尽快稳定社会秩序。因此，基于现实的需要，在农耕地区和游牧地区实行农耕文化和游牧文化并存，汉法和蒙古法并存，蒙古语言文字八思巴文和其他民族文字语言并用。蒙元时期是我国思想文化禁锢最少的王朝之一，也是一个宗教信仰完全自由的时期。

蒙古族人作为征服者为保障和巩固自己的统治和特权，将国民分为蒙古人、色目人、汉人和南人四个等级，从高到低，各等级的民众享有不平等的

---

① 陈寅恪. 金明馆丛稿二编［M］. 上海：上海古籍出版社，1980.

② 严复. 严复集：书信［M］. 北京：中华书局，1986.

待遇并承担不平等责任和义务。尽管从元世祖起，元朝统治者已经认识到儒学的价值和重要性，但出于维持其特权阶层统治的需要，在开国后长达一百多年里废止科举制，实行官员选任制和任命制，高级官僚阶层基本上为世袭的蒙古、色目贵族和极少数汉族官僚所垄断。即使在 1313 年元仁宗时期实行科举制度以后，也对南人和汉人在录取条件和名额方面做出一定限制。蒙元时期，藏传佛教的地位相对较高，而儒家知识分子的地位较低，元初谢枋得在《送方伯载归三山序》曾言："一官二吏三僧四道五医六工七匠八娼九儒十丐。"

元朝国民精神因为蒙古少数民族的等级制统治和不熟谙语言和汉文化艺术等而造成了分裂。一方面，上层社会的尚武风气、推行的野蛮征服政策和社会地位的等级制等形成了上层社会和特权阶层的高高在上、耀武扬威的作风习惯，如《元史·刑法志》中就记载有："如蒙古人殴打汉儿人，不得还报，指言见证，于所在官司，如有违反之人，严行断罪。"另一方面，因为汉人和南人被严重打压而极低的社会地位，使他们的生存严重依附于上层社会和特权阶层，他们中的绝大多数逐渐养成了被任意摆布和屈从的性格，出头和报国无门的儒家知识分子如关汉卿等人也不得不改变传统的"学而优则仕"的方式，将自己的聪明才智用于朝廷鼓励的实用技能技艺行业或满足上流社会和凡夫俗子都能消遣和喜爱的戏剧戏曲表演行业，以存活和养家糊口。元杂剧和元散曲的世俗化、政治寓意的虚构化为仍抱有社会责任感的文人们提供了足够的想象空间和发挥余地。此外，藏传佛教、佛教、道教等宗教文化的盛行不仅填补了人们精神思想世界的虚空，而且也对养成人们听命由天的性格和精神气质起了巨大作用。

明代是平民朱元璋创立的一个具有 277 年历史的自信开放、开拓创新、学术思想推陈出新、内阁制度得到很好落实和国民个人人格精神颇为张扬的朝代。明代是汉族重新掌握政权的朝代，并且明代统治者采取了在一国之内无论是汉族人、蒙古人、色目人还是其他少数民族一律平等对待的态度和方针，充分地实施了科举考试制度，形成了较为完备的以能力为导向的不问出身门第的官员晋升选任制度，可以说这是儒家知识分子在内的一切社会精英终于迎来了一个"指点江山，激扬文字"的时代，也是一个国民人格精神茁壮成长、意气风发的时代。

15 世纪，明代的中国是世界上唯一的超级强国，无论是经济实力、政治文明、学术思想、军事科技等，都是人类史上的一朵奇葩。坚持"天子守国门，君王死社稷"祖训，君臣自觉按照开创者制定的国家法度办事，一切有条不紊，即使皇帝20年不上朝，国内的行政管理、政治机器的运行依然。明朝历史上也出现了众多星光灿烂的人物，如郑和、王阳明、王廷相、李时珍、徐光启、宋应星、李贽、袁宏道、兰陵笑笑生、汤显祖、唐伯虎、冯梦龙、黄宗羲等。

在政治思想创新上，明代思想家王廷相提出了朴素的民权主义的虚君立宪思想，他说："预定奕世之规，置天子于有无之处"，"以法相裁，以义相制，……有王者起，莫能易此"。儒家"公天下"与"共治天下"的思想得到进一步发展。东林党领袖顾宪成就曾说："是非者，天下之是非，自当听之天下。"（《顾端文公年谱》）对于人性的认知，出现了王夫之的人性进化论，如他提出："中国之天下，轩辕以前，其犹夷狄乎！太昊以上，其犹禽兽乎！禽兽不能备其质，夷狄不能备其文……所谓饥则呴呴，饱则弃余者，亦直立之兽而已。"

在科技上，创造发明不再被视为"奇技淫巧"。如"王徵自制出自行车、自转磨、虹吸、鹤饮、刻漏、水铳、连弩、代耕、轮壶，同乡人把他当作诸葛孔明复出。王徵和金尼阁合作翻译了《西儒耳目资》，这是中国第一部罗马字注音专著。王徵和西方传教士邓玉函合作翻译编写创作了《远西奇器图说》，这是中国第一部系统引进西方机械工程学与物理学的著作。"文学方面，出现一些名著，如《西游记》、《水浒传》、《三国演义》、"三言"等。在经济上，农业、工商业、经济贸易等方面都有了长足发展，铁、造船、建筑等重工业和瓷器、丝绸、棉布等轻工业在世界范围内都处于遥遥领先的地位。工业产量占全世界的2/3以上。军事建制上也有创新，如建立了步兵、骑兵和炮兵组成的枪炮部队——神机营（最早1410年建立）。比欧洲最早成为建制的西班牙火枪兵（创建于1510年），要早一个世纪左右。①

一个政治相对清明、君臣共治，学术思想自由和工商业经济发达的社会，必然会催生出民主化的、相对自由开放的、人格独立的、个性张扬的文化思想和意识形态，也必然会催生出更多的创造发明。这样的社会精神总体上是积极向上、意气风发和令人欢欣鼓舞的。

宋朝因为巩固皇权实行"偃武修文"、士农工商业皆为本的立国政策，终

---

① 明朝，http://www.baike.com/wikdoc/sp/qr/history/version.do?ver＝57&hisiden＝fQhxfQEcEX0RaVRBDG1,hFQQ.

宋一朝，被动防御、战败求和，屈辱赔款，经济发达，但其发展成果最终丧于列强之手。元代少数民族建立政权，国人形成了征服与被奴役、欺凌与忍辱负重的双重人格特征。到了明朝，汉人政权统治下的国民平等、自信、文武并重，以及对宋朝重视知识分子政策和制度的改进和完善，使得明代国民精神个性张扬、民主狂狷思想流行、思想家辈出、科技发明和士农工商业兴盛发达，人口繁衍过亿，但和平时期的繁琐的防范武将专权割据的军事决策、统属和指挥制度，使得明代的军事人才难以脱颖而出，继而使得其强大军力难以有效发挥，加上最高领导层军事战略决策失误和内斗内耗式的党争，最终使明朝江山丧于满清之手。

　　清朝又是一个少数民族政权的朝代，少数民族统治多数民族而自然产生的镇压防范心理，必然催生出两种极端的民族性格和行为（清统治者的飞扬跋扈、暴虐、崇文尚武和被统治者的怯懦、恐惧和驯服）。清统治者对具有独立品格和精神的汉人进行屠杀和驯服，尊孔而崇尚有利于束缚和控制人心的所谓正统和道学的程朱理学（强调"存天理"、"灭人欲"、"三纲五常"、妇女要"三从四德"），默许脱离社会现实实际和不问世事的考据学，容许满足人们休闲娱乐的小说（如用于人们消遣的描写妖狐鬼怪和世态人情的蒲松龄《聊斋志异》、曲折反映社会现实的小说曹雪芹《红楼梦》、吴敬梓《儒林外史》、刘鹗《老残游记》等）、绘画而通过株连的文字狱等方式对不利于其统治的心学思想、科技文化思想（科技发明创造被视为奇技淫巧，严重窒息了国人的创造力和创造精神）、批判质疑思想进行封杀限制。在严苛高压的政治统治下，绝大多数的人们开始变得对国家事务麻木不仁，每日谨守"三纲五常"的道德说教，满足于得过且过的小家或自我生活中。单就对妇女思想统治的结果而言，清代由朝廷旌表的节妇、烈妇、贞女人数高达百万以上。清朝少数民族强权统治的结果，就是国民独立个性的丧失，封闭保守、唯唯诺诺、噤若寒蝉的奴隶性格的形成和发展，以及统治者的对内残酷无情对外妥协忍让的两面性格和行为。①

　　"明清易代不仅是政权的鼎革，也有文化的激变，所以顾炎武有'亡天下'之说。明中期以后城市经济发展迅猛，长江中下游出现了士商合流的现

---

① 乾隆末年曾作为英国特使出使清朝的马戛尔尼看到的景象是"人民生活在最为卑鄙的暴政之下，生活在怕挨竹板的恐惧之中，所以人们胆怯、肮脏并且残酷"。参见（法）佩雷菲特. 停滞的帝国：两个世界的撞击［M］. 台北：生活. 读书. 新知三联书店，王国卿等译. 1995.

象，社会的中上层的生活趋于精致化和休闲化，这为作为知识人的士阶层和商业精英的自由狂放提供了适宜的土壤。1644 年清兵入关问鼎，第二年南下摧毁南明小朝廷，带来的是强悍的同时也是粗糙的生活方式。"① 清廷政治上的专制和野蛮，使得国民不仅看轻自己的生命，也看轻他人的生命，造就了前所未有的冷漠和人道主义与公共观念的缺失，恶劣、猥琐、胆怯、瞒骗、勇于内斗而怯于公战的国民劣根性被激起并发展到极致，这种恶劣影响一直波及今天，明中叶至清初形成的"狂狷"之风不复存在了。

清末长期的积弱不堪和政务的僵化保守腐败，以及列强的伺机侵凌，招致了鸦片战争、甲午战争及不平等条约的屈辱，同时也激起国人空前的救亡图存、同仇敌忾的改良和革命运动。建立在"中体西用"、"师夷之长技以制夷"和"君主立宪制"等思想上的洋务运动与维新变法运动，通过办报、派遣留学生、出洋考察、出台改革举措等措施，终于让更多的中国人睁开了观察世界的眼睛，这股"新思想"、"新运动"的风气到民国终于形成一种新的时尚、风范和精神。"国家兴亡，匹夫有责"，空前的思想自由、言论自由的社会环境，使得国民身心挣脱了先前因言获罪、动辄得咎的桎梏的束缚，个性张扬的独立担当和自由创造的精神得到空前释放，民主、科学、法治、人权的意识得到较大普及和提升，学习和引进西方先进的社会管理制度和文化的开放格局开始形成。

民国是一个举国上下一心要救亡图存、洗刷耻辱的时代，是一个在西方列强逼迫欺凌下而自我独立自强意识普遍觉醒的时代，这个时代有着对新知识和技术的渴望，对知识和知识分子的尊重，所以，这个时代也是一个最大包容和自由开放的时代。各色人物并竞，各种思想激荡，这是又一个怀抱"为天地立心，为生民请命，为往圣继绝学，为万世开太平"巨大心胸的学术思想之花盛开的时代。

大学校园里学术自由、理想主义流行，大学校长普遍具有时代风骨和大家风范，师生身上也都洋溢着为中华重新崛起而努力读书的积极情绪，这种氛围无形中感染、塑造了许多爱国志士的青春、灵魂和思想。蔡元培曾说："对于学说，仿世界各大学通例，循思想自由原则，取兼容并包主义……无论何种学派，苟其言之成理，持之有故，尚不达自然淘汰之运命者，虽彼此相反，而悉听其自由发展……"（《〈公言报〉函并附答林琴南君函》）蔡元培提倡

---

① 刘梦溪. 狂者精神在清朝的敛退 [J]. 读书，2010，(5).

的"囊括大典，网罗众家，思想自由，兼容并包"思想方针，使北大成为"五四"时期新文化运动的中心，对中国近代教育、社会产生了深远的影响。

民国政府重视发展教育事业，并将教育视为"立国之本"。张作霖、阎锡山、韩复榘等军阀，无论文化程度高低，他们都对教育和人才予以高度重视和支持。民国教育呈现出"万般皆下品，唯有教育高"的形势。阎锡山主政山西时的教育被称为中国教育的典范。

民国时国民个体精神空前张扬，无论是政界、军界、学界、企业界还是新闻界及其他各界的人物，人物个性风格都比较鲜明，气势磅礴。如，袁世凯、黎元洪、徐世昌、曹锟、段祺瑞、张作霖，如蔡元培、蒋梦麟、张伯苓、陶行知，如梁漱溟、钱锺书、沈从文、杨宪益等，这些杰出人物身上都具有一种"舍我其谁"、愈挫愈奋的豪情胆气和忧国忧民、特立独行的风骨风范。但是，民国仍然具有其历史的局限性，如对西方民主共和制度认知上的不足，强权即真理、专制好办事的思想以及包括广大知识分子在内的依附性人格等。国民在具体做事和从事社会实践面前常会表现出刚愎自用、乾纲独断、暴殄天物和趋炎附势、盲从保身的翻手如云覆手为雨的两面性特点。社会发展诸多积极和消极因素的共同作用让气势恢宏的民国精神成为短暂盛开的昙花。民国继承和发展而来的国民文化精神的两面性在其后的发展中又会自觉不自觉地表现出来，这种曲折的历史进程是不以我们的意志为转移的。因为文明的进化本身就是一个不断螺旋式上升的曲折前进的过程。

### （二）中国国民精神的优劣及其根源

整体上讲，自古以来，中华民族是一个崇尚仁、义、礼、智、信，文武并重，崇尚社会伦理和礼仪等级秩序，追求伟岸气节和恢宏气度，具有极大包容心、同化力和正能量的民族。在元、清两朝，由于少数民族统治者的残虐和专制统治，作为中华民族主体的汉民族文化精神受到空前的摧残、打压和扭曲，导致近代漠视生命、麻木不仁、懦弱顺从、行尸走肉、残虐暴戾、外宽内忌、热衷内斗等负面性人格精神的泛滥和流行，这种后遗症的消极效应甚至延续到今天。

总结和归纳中国国民性的优劣，我们可以用以下词汇来描述其优点：博大、深沉、纯朴、灵敏①、勤劳勇敢、厚德载物、自强不息、团结统一、爱好和平、公平正义、诚信友爱、积极进取、外柔内刚、温文尔雅、吃苦耐劳、勤俭节约、助人为乐、豪侠慷慨、自尊自爱、坚韧不拔、百折不挠、自信冒险、爱家爱国、惩恶扬善、见义勇为、修心养性、不畏艰险、不怕牺牲、礼义廉耻、一诺千金、修齐治平、刚健正直、致良知、知荣耻、勇担当、刚正不阿、荣辱分明、知耻后勇、弘毅、求是、拓新、兼收并蓄、铁骨铮铮、浩然之气、温良含蓄、内敛、谦虚为怀、中庸和谐、克己为公、爱国事亲、谦恭礼让、刚毅、守义、忧思、大丈夫气概、互惠互利、血性、开放、昂扬等。而可以用以下词汇来描述其缺点：折中妥协、敷衍马虎、贪婪世故、怯懦糊涂、自私分裂、欺软怕硬、固执保守、容易安于现状、懒散、麻木不仁、贪惰成性、自残内斗、事不关己高高挂起、愚昧、自大、因循守旧、保守落后、权利意识淡漠、阿Q精神、奴性、死要面子活受罪、一盘散沙、热衷走关系、苟且偷生、虚伪、卑鄙、有法不依、知法犯法等。

　　分析造成中国国民精神优劣的根源的话，优越国民精神的根源可以追溯到华夏民族的三皇五帝时代、夏商周以及春秋战国华夏文明发展的轴心时代。诸子百家的思想，特别是儒家孔子、孟子、荀子等人的思想和老子、庄子等道家人物的思想，以及中国化佛教思想，对于我国国民精神的塑造起了巨大作用。而造成中国国民劣根性的主要根源在于封建落后政权的残酷统治和思想禁锢，扭曲了广大民众的主体人格，使得他们形成了依附性的奴隶人格，而作为封建落后的统治者则形成了欺软怕硬的外宽内忌型的粗野支配性人格。这种奴隶人格和支配性人格都具有强烈的两面性，但它们的共同点都是对人权和生命的漠视，以及伪善狡诈的势利主义思想观念。另外一个比较重要的造成中国国民劣根性的根源就是，对国家和集体权利的强调而对个人权利的漠视和弱化。秦朝采取的"焚书坑儒"行为，明清等朝代屡兴的文字狱、禁毁书籍、禁锢思想、对持不同政见者和知识分子的屠杀和迫害以及对科技知识和中西文化交流作用的轻视等，都是造成中国国民愚昧无知、自卑懦弱、麻木不仁、漠视生命的重要原因。

---

　　① 辜鸿铭在《中国人的精神》中认为，中华民族的国民性是世界上各民族之中最美好最优的。他用博大、深沉、纯朴和灵敏来概括中国人的精神。见王长华，易卫华.《毛诗》与汉代文化精神［J］. 文艺理论研究，2006，（2）：97.

# 四　培育国民精神的战略、路径和方式

改革开放以来，我国国民性又有新的发展，除了原有的优越性和劣根性以外，我国国民在经济富裕、自信增强、刻苦耐劳等品质提升的同时，一些唯利是图、损人利己、损公肥私、以权谋私、欺诈勒索、威逼利诱、及时行乐、封建迷信、极端个人主义等腐败和丑恶现象泛起，虚伪作假、形式主义、官僚主义、面子工程、浮夸之风、盲目攀比盛行，政治、经济、文化、教育等各个领域无一幸免。若任由不良国民精神泛滥，则国将不国，国民和社会也将面临不测危机。1895 年，严复在《原强》中曾针对当时国民素质低下的状况提出"鼓民力、开民智、新民德"的政治和教育主张，强调培养德智体素质的重要性和必要性。今天，德智体三方面发展的任务仍然没有完成，国民的现代公民道德需要不断培育，国民的智力、科学和人文精神需要培育，国民的体魄和勇敢坚毅等品质需要培育。全球化的时代，更需要有着独立自由自主自强精神，强烈公德心、责任感和义务感，自尊自信、进取冒险、勇敢坚毅、包容开放、创新精神，以及民主科学政治与团结统一繁荣富强国家观念的国民。

俗语说："民弱则国轻，国弱则民贱。"国家精神和国民个体精神是相辅相成、互相作用和影响的。要想拥有强大的国家精神和国民精神，就必须拥有强大繁荣、团结统一、开放包容的国家和刚毅坚韧、心智饱满、自由创造、民主科学的国民，这两者缺一不可。保障这二者的根本在于建立健全民治、民享、民有的人民当家做主的社会制度、运行和监督机制。

## (一) 建立健全以人为本、切实保障个体合法权益的法治文明社会

学者张宏杰在《中国国民性演变历程》（湖南人民出版社 2013 年版）一书中提出并论证说：当代中国国民性种种劣根性的根源在于历朝历代封建专制制度的长期作用。由此可见，国家制度对国民性塑造的作用。国家制度的形成有着民族内部自主选择的因素，也有着外族侵略统治导致的因素。清末民国以来，改造国民性一直是学术研究和社会实践的主题之一，但对集体主义的过度强调使得建立强大国民个体精神的历史责任始终没有完成。国民个体精神不彰，就会让制度的制约和组织监督流于形式，从而导致官僚阶层和

普通民众社会品德的滑坡和堕落。改造国民性，必须先从改革制度始，而改革制度，必须先从改革和完善用以保障民众个体应当享有的政治、人身、经济、社会、文化等方面基本权利的制度开始。

中国长期以来是个人情人治现象普遍的社会。虽然有法律和制度规定，但有法不依、执法不严、知法犯法、能走后门不走前门的现象普遍。柏杨所谓的"酱缸文化"、"窝里斗"、"好说假话"、"明哲保身"、"敏感多疑"、"欺软怕硬"等成为国民的劣根性。一方面是少数权势和统治阶层人士个性的自我膨胀，另一方面是多数普通百姓个性的自我压缩。"宁赠外帮，不与家奴；尽中华之物力，结与国之欢心"的慈禧和"我们本是良民，上进之路被尔等堵死，还被贪官盘剥衣食不全，只得乞食外邦，今你骂我是汉奸，我却看你是国贼"的龚半伦即是两个活生生的例子。

## （二）建立健全建设性的新闻和言论自由与民主议事协商、科学决策的制度和机制

言论是人进行思想传播和沟通的方式，而言论自由是人性得以充分表达的要件，是文明进化、人性提升和国民精神兴盛的途径和法宝。禁锢言论，必然禁锢人性。人性不彰，人的劣根性就会增长，而人的优越性就会掩藏。让国民在法律范围内充分地发表自己的意见，就是对真善美的弘扬和对假丑恶的鞭挞和抑制。陈独秀曾说："言论思想自由，是文明进化的第一重要条件。"（《旧党的罪恶》）李大钊也曾言："思想自由与言论自由，都是为保障人生达于光明与真实的境界而设的。"（《危险思想与言论自由》）教育家陈鹤琴说："活教育的目的就是在做人，做中国人，做现代中国人。"现代中国人必须具备世界眼光、现代国家观念以及自由民主和科学精神，必须能够做到人性的真、善和美，必须能够"有尊严的活着"。

1644 年，约翰·弥尔顿在《论出版自由》中提出了真理的胜利法则：只要让真理和谬误展开"自由而公开的斗争"，真理就会最终获胜。此后，以此演绎出"观点的自由市场"和真理的"自我修正过程"思想。这些理论和思想为新闻、言论和出版的自由主义奠定了基础。17 世纪英国的《权利法案》最早提出保护言论自由，而 1791 年 12 月批准生效的美国宪法第一条修正案则明确提出保护言论自由。它规定："国会不得制定关于下列事项的法律：确立国教或禁止信教自由；剥夺言论自由或出版自由；或剥夺人民和平集会和向政府请愿申冤的权利。"因而成为新闻和言论自由史上的里程碑。

言论自由必须有言论自由的法律和规则，言论自由的最终目的就是要实现对事物和社会发展规律的科学理性认知，并找到切实有效的方针和对策。也就是说，言论自由的下一步必然是民主议事的会议和协商，而要想进行切实有效的会议和协商，就必须遵循一定科学的议事程序和规则，以便将各方不同意见来个科学的汇总和决策。

美国人亨利·马丁·罗伯特于1876年出版的《议事规则袖珍手册》对各种议事的程式、规则、逻辑和机制进行了认真研究，后来经过修订后，改名为《罗伯特议事规则》。孙中山针对中国现实，在主要参考和借鉴《罗伯特议事规则》思想的基础上撰写成《民权初步》。《罗伯特议事规则》和《民权初步》都提出和认可了民主议事的一些基本规则，如重视平等和公正、重视秩序和和谐、重视讨论自由、少数服从多数和多数尊重少数等。我们当代的各种议事或会议也应当遵循这些基本原则，并在此基础上对议事、协商和决策制度和机制进行建立健全，以确保议事工作的效率和质量。

### （三）调整教育政策，改变整齐划一的治校模式，放权学校自主办学

毋庸置疑，除了社会制度的大环境和鼓励国民精神振奋的言论与议事制度等条件以外，促进和优化国民精神仍必须将教育作为其主要途径和方式。美国、德国、日本、韩国等国在国民精神教育方面取得的成功是有目共睹的。以韩国为例，韩国在《国民教育宪章》中规定其国民精神教育的宗旨是"协助所有的人完善其个人品德、培养独立生活能力和取得参加建设国家及促进全人类繁荣活动的公民资格"。它包括德、智、体、美、劳，培养理性和坚韧、追求真理和卓越创造、弘扬民族文化以及热爱国家、社会和自然等品质的教育目标。[①]

国民精神的培育与功利性的教育目标导向及其政策是相冲突的，当教育将所谓的项目研究、科研业绩考核评价、人才培养与金钱、经费、物质奖励紧密挂钩的时候，强调教育的经济性或营利性胜过其精神性和公共性的时候，无论其教学内容和管理制度设计得多么严密，此种国民精神的教育都注定是失败的或事倍功半的。

在某种程度上说，国民精神的培养与科学、人文思想的学术研究和传播有着巨大关联。在教育教学当中，应该培养学生的公共道德规范和礼仪文明、

---

① 洪明. 试析社会转型时期的韩国公民教育 [J]. 外国教育研究，2001，(5).

国家观念、民族意识、社会理想和责任感，培养他们对人的个人权利、尊严、价值和平等的意识。所有这一切的改进，都需要调整我们目前的教育政策，改进教育的管理和评价模式。目前各个学校虽然办学自主权比以前有所扩大，但是整齐划一的功利性的绩效式管理和评价模式束缚和禁锢了学校办学的自主性和灵活性，这种功利性的导向，很容易抑制、弱化、扭曲甚至抹杀国民个性和个体精神，对于良好国民精神的形成是不利的，必须做出相应的调整。

### （四）让教育教学回归教育的本质：育人和立人

学校不仅仅是教书，更重要的是育人。梁启超在《新民说》中说："然则苟有新民，何患无新制度，无新政府，无新国家。非尔者，则虽今日变一法，明日易一人，东涂西抹，学步效颦，吾未见其能济也。夫吾国言新法数十年而效不睹者何也，则于新民之道未有留意焉者也。"他把培养自由、自治、自尊、进步、进取、合群、冒险、尚武、义务精神的"新民"作为当时中国的第一急务。

鲁迅认为，育人的首要目的就是"立人"。他在《文化偏至论》中提出，"欧美之强，根柢在人"，"是故将生存两间，角逐列国事物，其首在立人，人立而后凡事举"。① 鲁迅所想要立的人就是他所说的"中国的脊梁"——能够"埋头骨干的人"，"拼命硬干的人"，"为民请命的人"，以及"舍身求法的人"。也可以说是孟子所讲的"富贵不能淫，贫贱不能移，威武不能屈"的大丈夫人格的人。

目前，我们国家所确定的育人和立人的根本教育目标可以用24字社会主义核心价值观来概括，这24字出自2013年12月印发的《关于培育和践行社会主义核心价值观的意见》，其内容为富强、民主、文明、和谐，自由、平等、公正、法治，爱国、敬业、诚信、友善。这24字核心价值观分为3个层面，富强、民主、文明、和谐是国家层面的价值目标；自由、平等、公正、法治，是社会层面的价值取向；爱国、敬业、诚信、友善，是公民个人层面的价值准则。从这24字来看，仍有一些现代公民社会和促进国民精神的价值目标或取向没有能够明确，如从个人层面而言，单是要求爱国、敬业、诚信和友善是不够的，个人还必须富有独立思考辨别是非、自主创新的能力和自主批判精神，必须具有勇敢和见义勇为的品质，必须具备一定程度的尚武精

---

① 鲁迅. 鲁迅全集第一卷［M］. 北京：人民文学出版社，2005. 50.

神和防身护身的能力，必须具备孝道、敬老爱老、勤奋守法、关怀和帮助他人的社会公德和慈善精神，热爱生命、自然和人类的情怀，以及世界眼光和兼收并蓄的包容精神等。简而言之，就是古人所强调的"修齐治平"思想和精神。当然，这里"治国"和"平天下"有了新的现代意涵。"治国"，就是要积极地参与到现代化的国家和社会建设中来，与国家同呼吸共命运，为国家和社会做出力所能及的贡献。"平天下"，就是要有全球视野，未来地球国的眼光，自觉地从全地球人类的角度思考天下大事及其应对之策，并尽自己所能为全人类的资源共享、和平与发展做出贡献。

最后，我们可以用"强个人，固团结，育节操，伸道义，做保障"这几个字来概括国民精神的培育药方。强个人就是要育人立人，固团结就是要有全局和大局意识，育节操就是要有起码的气节和道德操守，伸道义就是要勇于维护真理、捍卫公平和正义，做保障就是要国家、政府、有关教育部门切实推进民主法治社会制度、新闻言论自由制度、民主议事科学决策制度、学校自主办学制度及其机制的建立健全工作，为现代公民教育和优良的文武并重的光明磊落的国民精神的形成做出切实有效的努力。

2014 年 5 月 20 日<br>
北京

# 目　录

## 传播研究

# 传媒研究

# 文化艺术研究

# 教育研究

◆

传播研究

# "中国梦"国际舆情分析与我国
# 外宣策略思考

姜艳红

**【摘要】**

"中国梦"已经成为响彻中国大地并日益引发世界关注的强音。许多国家的新闻媒体纷纷发表评论，从各自的立场解读中国梦。本文围绕"中国梦"的国际舆情形势、我国媒体该如何进行相应有效的"中国梦"外宣工作这两个问题展开分析和思考，以期为"中国梦"的对外传播做出有益探讨。

**【关键词】**

中国梦　国际舆情　外宣工作

**【作者简介】**

姜艳红，女，汉族，中国传媒大学传播研究院 2012 级国际新闻学硕士研究生。

2012 年 11 月 29 日，中国共产党第十八次全国代表大会结束刚刚十余天，中共中央总书记习近平带领新一届中央领导集体参观了中国国家博物馆"复兴之路"展览，参观结束后，习近平总书记阐释了他心目中的"中国梦"——"何为中国梦，我以为，实现中华民族的伟大复兴，就是中华民族近代最伟大的中国梦。因为这个梦想，它凝聚和寄托了几代中国人的一种夙愿，它体现了中华民族和中国人民的整体利益，它是每一个中华儿女的一种共同期盼。"① 习总

---

① 习近平总书记深情阐述"中国梦"，新华网，2012 – 11 – 30.

书记的一番讲话，在我国媒体、民众和学者间掀起了解读中国梦，积极响应实现中华民族伟大复兴的热潮。

不仅如此，由于今天的中国，综合国力不断提升，国际影响日益增强，"中国梦"的提出，也引起了国际社会的广泛关注，许多国家的新闻媒体纷纷发表评论，从不同的角度解析"中国梦"，从各自的立场阐释中国梦。"中国梦"已经成为响彻中国大地并日益引发世界倾听的强音。

及时了解国际媒体有关中国的国际舆情，对于我国有针对性地改进和加强外宣工作，加深与世界各国的理解与交流，树立中国在国际上的良好形象，维护国家利益和国家安全具有重大意义。那么，"中国梦"的国际舆情形势怎样？为什么会是这样以及我国媒体又该如何进行相应有效的"中国梦"外宣工作？

# 一 "中国梦"的国际舆情分析

## （一）"中国梦"——中国人的梦，民族的梦

总体上看，国际舆论对"中国梦"给予了积极评价，普遍认为"中国梦"的提出，彰显了中国新一代领导人对强国富民的追求，对实现中华民族复兴的自信，有助于凝聚中国人民的共识，团结全社会的力量，朝着实现中国梦的伟大目标努力奋斗。

英国《每日电讯报》网站3月17日报道《习近平呼唤"中国梦"》①说，在担任国家主席后的第一次讲话中，习近平概述了他眼中的"中国梦"。他呼吁"实现中华民族伟大复兴"，实现国家富强、民族振兴。习近平讲话自信而放松，他多次提到"中国梦"，希望借此让中国社会团结起来。与提倡个人通过努力取得成功的"美国梦"不同，习近平提出的"中国梦"需要集体主义。

《印度时报》网站②3月18日报道，中国新任国家主席习近平周日表示，在政府的支持和投入下，他的"中国梦"理念将付诸政策，而不会只是政治

---

① Malcolm Moore. "Xi Jinping calls for a ' Chinese Dream' ", The Telegraph, 17 Mar 2013.

② Saibal Dasgupta. "Eye on future, president sells Chinese dream ", Mar 18, 2013.

口号。"中国梦"的提法与"美国梦"相似。它表明中国领导人希望实现中国人对分享机会和繁荣日益强烈的愿望。习近平说："面对浩浩荡荡的时代潮流，面对人民群众过上更好生活的殷切期待，我们不能有丝毫自满，不能有丝毫懈怠，必须再接再厉、一往无前，继续把中国特色社会主义事业推向前进，继续为实现中华民族伟大复兴的中国梦而努力奋斗。"

英国《金融时报》6月14日载文《"中国梦"不是中国要领导世界》，①"中国梦"绝不是要去领导世界、绝不是要与美国争霸世界，而是与世界各国，扩大利益汇合点，构建利益共同体。正如习近平所说的："中国梦要实现国家富强、民族复兴、人民幸福，是和平、发展、合作、共赢的梦，与包括美国梦在内的世界各国人民的美好梦想相通。"

此外，还有众多国外媒体对"中国梦"进行解读和报道，称"中国梦"成为发展的主旋律。比如英国广播公司网站报道，中国国家主席习近平发表了充满爱国激情的讲话，呼吁全国人民更紧密地团结起来。虽然说国家面临众多挑战，但中国新主席的这番讲话基调乐观。新西兰 NZweek 网站题为"'中国梦'具有世界意义"的文章引述肯尼亚经济事务研究所执行主任奥维诺的话说，"中国梦"将改善人民福祉作为优先考虑，这是一种值得学习的新的发展模式。卡塔尔半岛电视台称，中国梦是关于国家的，是一个总体，而美国梦完全是关于个人的。②

## （二）"中国梦"的外媒误读

对于这一次由中国政府主导的"筑梦"工程，西方媒体在大肆渲染报道的同时，也不无质疑和揶揄，国际上也有人有意或无意地误读中国梦。

美国《新闻周刊》及其网络版《每日野兽报》在 2012 年 12 月 30 日题为《中国的伟大梦想》③ 的评论中，显然将中国的"强国梦"与周边国家的"噩梦"并列起来，把中国在南海地区的岛屿领土争端放到了二战前德意日领土扩张的历史背景下，指出，中国强国梦的提出会不会是一个新的不安定因素。

美国《时代》周刊的评论就更不加掩饰了，其在 2013 年 2 月 1 日一期的

① "中国梦"绝不是与美国争霸世界，香港中评网，2013 - 6 - 15。

② 江河，"中国梦"震撼全球——国内外媒体热烈解读两会 [J]，决策与信息，2013（4）：6。

③ Melinda Liu. "China's Great Dream", From Newsweek（The Daily Beast），Dec 30, 2012.

标题就是《麻烦之海：今日亚洲就如同一次大战前的欧洲》。① 文章中引用的几位老牌外交家的评论可谓画龙点睛：澳大利亚前总理陆克文说，"正如一个世纪以前的巴尔干地区一样，至少有六个国家或地区与中国有领土争端。"不管这种担心是居心叵测，还是杞人忧天，它正好从侧面印证出从国际的视角来看"中国梦"的提出，其"软实力"的象征价值应该大于其"硬实力"的指标意义。

美国《华尔街日报》2013 年 3 月 13 日发表题为《习近平的"中国梦"和"强军梦"》② 的文章。文章称，习近平正在为中国和邻国更长期的紧张关系，以及与美国争夺影响力可能引发的危险争议做好准备。文章拿曾任中国国防大学（National Defense University）教授的刘明福出版的《中国梦》一书说事儿，书中认为，中国的目标应该是超过美国，成为世界第一大军事强国，并预测未来将出现争夺全球统治地位的马拉松式的竞赛。因此，认为"中国梦"无疑就是"强军梦"。

美国《侨报》在 2013 年 3 月 25 日发表题为《日本抹黑"中国梦"是零和游戏》③ 的文章，其中写道，对于"中国梦"，日本驻美大使佐佐江贤一郎在美国的一次演讲中，却刻意抹黑"中国梦"的概念，质疑"中华民族伟大复兴"，担忧"中国军力增长"，将"中国梦"歪曲为中国国家梦想而非百姓梦想。

加拿大《环球邮报》2013 年 4 月 29 日文章题为《"中国梦"和中国对领土的强硬令其他亚洲国家感到担心》。④ 文章称，北京最近的强硬让很多亚洲国家感到不安。习近平将"中国梦"定义为"中国的伟大复兴"，但是其他人将它和新领导层明确承诺增强军队以强化中国在与邻国领土争端中的立场联系在了一起。

"中国梦"在海外遭误读有六种情况：一是"片面理解"，如把"中国梦"说成是"雪耻梦"、"富裕梦"、"强军梦"；二是"夸大目标"，认为

---

① Tharoor. "A Sea of Troubles: Asia Today Compared to Europe Before World War I", TIME, Feb. 01, 2013.

② 习近平的"中国梦"和"强军梦"，华尔街日报网（The Wall Street Journal），2013 - 3 - 13。

③ 张敬伟，日本抹黑"中国梦"是零和游戏，美国《侨报》，2013 - 3 - 25（B09）。

④ Mark Mackinnon. "China's territorial assertiveness worries rest of Asia", The Globe and Mail, Apr. 29 2013.

"中国梦"就是谋求成为"新中华帝国"、"超越美国的全球最大经济体"、"世界强国"、"超级大国";三是"割裂关系",将"中国梦"与"个人梦"割裂、对立起来,认为"中国梦"会扼杀"个人梦";四是"叫嚣威胁",认为"中国梦"将会对其他国家和民族的梦想产生"零和效应",并对世界构成威胁,比如中国要把其他国家纳入朝贡体系,中国梦是其他国家的噩梦;五是"妄猜意图",认为新一届中共领导人此时此刻推出"中国梦",意在弥合国内矛盾、营造团结假象、转移民众视线、巩固政权统治;六是唱衰前景,认为"中国梦"只是空洞梦想,是对中国未来发展前景的简单勾勒,没有真正体现当政者改革的决心和举措。①

## 二　外媒误读"中国梦"的原因

虽然"中国梦"对中国人来说更多代表民生的改善,综合国力的增强以及民族的尊严,但是外媒更侧重从国际和地区事务以及国际经济政治秩序来解读"中国梦",造成这一差别的原因有许多,由于意识形态、社会制度、价值观等方面的差异,西方国家对中国依旧持消极态度,其背后的深层诱因是国家和民族利益的差别,但除此之外也有很多其他重要原因。

### (一)"中国梦"内涵和外延不明确性

从以上"中国梦"的国际舆情分析看,国际社会对于"中国梦"的解读版本多样且各不相同,也存在着对"中国梦"的误解。国际社会之所以对"中国梦"的解读和误解源于对"中国梦"本身内涵的模糊认识。

英国《经济学家》杂志网站 5 月 4 日文章题为《追寻中国梦》,② 文章提出"中国梦"口号的含糊性使习近平得以接受从前任那里继承的目标,同时暗示,在习近平的领导下,改变是有可能的,但是缺乏具体内容也有风险。

马来西亚《南洋商报》2013 年 4 月 11 日发表评论称,站在客观、理性的立场上,梳理"中国梦"的内涵,为其注入更丰富、更宽容、更全面的元素,无论对于中国,还是对于国际社会而言,都十分必要。文章摘编如下:

———————————

① 韩松,张崇防,蔡敏,寻找民族复兴的共同支点——传播好"中国梦"的思考 [J]. 中国记者,2013(5)。

② Briefing. "Chasing the Chinese dream", The Economist, May 4th 2013.

最近一段时间，"中国梦"成了中国热烈推崇的概念。究竟什么是"中国梦"？"中国梦"的内涵到底是什么？它究竟以什么来吸引中国民众和国际社会？"中国梦"实现后，无论对中国民众还是对国际社会而言，到底意味着什么？对国际社会而言，一个经济和军力迅速崛起的中国，在此时推出"中国梦"，若不经理性的梳理和诠释，很可能被解析、演绎成中国的复兴雄心或野心。一些国际媒体在表述"中国梦"时，不是用"Chinese Dream"，而是用"China's Dream"，显示其对"中国梦"的解读更多是"中国国家之梦"，其背后的复杂涵义尤其是不利于中国的解读，很可能是中国在推出这一概念时所没有估计到的。因此，站在客观、理性的立场上，梳理"中国梦"的内涵，为其注入更丰富、更宽容、更全面的元素，无论对于中国官方、民间，还是对于国际社会而言，都十分必要。①

可见，明确"中国梦"的内涵和外延是传播"中国梦"的基础，只有做到细致全面的总结和阐释，才会消除外媒的误解。由于目前国内外都没有一个关于"中国梦"的完整、明确的表述和阐释，国内的解读也多是个人、学者和媒体的解读，权威解读尚未出现，因此，对"中国梦"的内外表述进行系统的梳理是国际社会理解中国和中国做好"中国梦"外宣的必然要求。

### （二）我国媒体对外传播能力不足

随着中国国际地位的不断提高和在国际事务中的影响力不断增大，中国已经成为国际舞台上的一支重要力量，这也是"中国梦"一经出来就如此备受国际关注的原因。传播力决定影响力。在信息技术高度发展的当今社会，谁的传播能力强大，谁的思想文化和价值观念就能更广泛的流传。对外传播能力越来越成为一个国家或地区软实力的重要组成部分，在国际和地区竞争中的地位和作用日益凸显。②

而目前，我国媒体在对外传播方面的能力还不足，在国际传播大平台上发出自己声音、形成影响力的能力还有限。中国在国际上的话语权严重缺失，中国媒体的国际传播能力还相当滞后，中国的对外舆论力量也十分薄弱。这一切与我国经济社会的发展水平和国际地位极不相称。中国的国际形象和国际舆论环境塑造权还掌握在西方媒体的手中。以 AP、AFP、REUTERS、CNN、

---

① 外报：防止被误读"中国梦"须注入更丰富内涵，中国新闻网，2013 - 4 - 12。
② 刘素云，徐琴媛，中国新闻报道［M］. 中国传媒大学出版社，2011. 103。

BBC 等国际知名的媒体为代表的西方主流媒体，借数十年甚至是上百年的媒体从业历史和传播优势，早已奠定了其在世界范围的高认可度和影响力。它们所传播的中国以及他们在国际新闻报道中发出的声音，很大程度上左右了世界上其他国家受众关于中国和中国声音的认知。

面对外媒对"中国梦"的报道，我国媒体缺少主动有力的出击，没有主动进行议程设置，没有充分运用对外传播技巧，抢夺关于"中国梦"的首发权。面对"西强我弱"的国际舆论形式，我国媒体有待加强外宣的报道技巧和传播能力，多元化地利用资源，做大做强自己，这样才能赢得话语权。

## 三 如何做好"中国梦"的外宣工作

国际上关注"中国梦"是件好事，但是误解"中国梦"则需要澄清。中共"十八大"后，中国提出"中国梦"的思路，显然是试图通过这一概念既传递执政理念，又吸引国内民众，并让国际社会更多地理解中国。因此，要做好"中国梦"的对外宣传，消除外界对中国的误解和偏见，我们首先应该明确和完善"中国梦"的内涵和外延。说清"中国梦"的内涵，对它的现实背景、个性特征、具体目标、实现路径、精神支撑、实践价值和时代意义等，要有所解读。在此基础上，我们才能做好"中国梦"的外宣工作。

"中国梦"关系到国家利益、人民利益，以及世界利益。因此，消除外界对中国的误解和偏见，让国际社会全面正确理解"中国梦"，不仅需要对"中国梦"本身的内涵外延进行梳理和明确，更需要我国对外传播主体主动出击，做好"中国梦"对外传播和宣传工作。让中国在"中国梦"这个话题上赢得话语权，构筑自己的话语体系。

### （一）对外媒体讲好中国故事，讲好"中国梦"

对于"中国梦"的对外宣传，中央外办副主任裘援平委员提出应该讲好中国故事。宣传与讲故事之间应该注意平衡。一谈到中国对外传播，西方媒体难免觉得政治色彩浓重，传播效果很难保证。这在很大程度上是因为我们的传播技巧不足，传播方式过于死板。因此，对于"中国梦"的外宣，我们要规避这方面的缺陷，提高宣传的灵活度，不声不响地提高我们的对外宣传效果。

第一，报道要淡化政治色彩，强化"中国梦"的包容性。这还需要我们做到淡化历史的悲情主义，少提挨打的过去，多谈充满希望的未来和自信。这样我们可以从文化交流方面切入，从具体角度切入。"中国人的思维习惯是喜欢从宏观到微观，但外国人是从微观到宏观，我们要适应这种思维模式，从具象到抽象。"更多地将"中国梦"与普通人的梦、普世的梦相联系。这样更容易让外国受众理解和接受。

第二，报道具体人的"梦"的故事，从而解读好国家梦与个人梦的关系。找到会讲故事的人。这个人要有国际影响力，特别是能被外国所接受。比如可以报道姚明的"中国梦"，通过姚明的"中国梦"，让国外受众明白"中国梦"的内涵。"对于外国人来说，什么是中国？他们会觉得京剧是中国，烹饪是中国，姚明是中国，所以要通过这些告诉他们中国是怎样的，这也是美国电影里常见的用小故事来勾勒大时代。"① 也可以写普通中国人的故事，写他们的中国梦。

### （二）发挥不同传播主体的作用，特别是网民的作用

国家领导人、媒体、驻外使领馆、专家学者、普通公民包括赴国外的旅游者都可以是"中国梦"的宣讲者。可供他们利用的方式有演讲、在媒体上发表文章、展览和民间交流等。重视民间丰富渠道的传播可以有效弥补官方传播的不足，比如一些年轻记者缺乏深入采访，远离鲜活生活，写起"中国梦"这样的题材，容易概念化、作文般应付。还有一些新闻庸俗化、跟风化和平面化。

与此同时，我们应该特别注重新媒体尤其是社交媒体上网民的传播作用。随着信息技术的发展，网络已经成为跨媒体、跨区域、跨层次的舆论传播媒介，成为舆论生成的策源地。新媒体的发展日新月异，凭借其分散、互动、海量、无界、迅速等特点，网络已成为目前国际传播的重要手段。因此，充分利用互联网技术是我们拓展传播渠道的重要法宝。新媒体兴盛，信息来源众多，互动力强大，受众不再简单接受单一信息，不同舆论场随时形成。如果网民能够在"中国梦"的对外传播中发挥正能量和作用，那将是非常有效果的宣传。

---

① 谭震，政协委员话"中国梦"与对外传播 [J]．对外传播，2013（4）：13。

### （三）善于利用各种形式进行"中国梦"对外宣传

在对外宣传中，不应局限于对外媒体的报道，应该注重利用各种形式，比如纪录片或宣传片，以创造良好的舆论氛围，进一步提高我国的国际知名度和影响力。纪录片是影视文化产品的一个重要门类，与电视新闻、电视栏目、电视剧、动画片相比较，纪录片天然具有国际通行性，其真实性、纪实性的传播优势，能跨越文化与意识形态的差异，进入不同的社会形态和文化圈。宣传片作为一种特殊的传播形式，也可以发挥巨大的作用。

近年来，我国的纪录片和宣传片制作水平有很大的提高，而且不断与国际知名媒体进行合作，对外传播效果也有显著提升。例如中国国家形象宣传片，它是由国务院新闻办公室启动的国家形象系列宣传片拍摄工作，该片是为塑造和提升中国繁荣发展、民主进步、文明开放、和平和谐的国家形象而设立的重点项目，是在新时期探索对外传播新形式的一次有益尝试。因此，我们可以以"中国梦"为主题进行相关记录片或宣传片的制作，将中国人民为实现民族伟大复兴的"中国梦"而做的努力纪录下来。这样一来，国际受众可以更加直观地理解"中国梦"以及中国。

**参考文献：**

［1］中共中央宣传部舆情信息局，舆情信息工作概论［M］. 学习出版社，2006。

［2］谭震，政协委员话"中国梦"与对外传播［J］. 对外传播，2013（4）。

［3］韩松，张崇防，蔡敏，寻找民族复兴的共同支点——传播好"中国梦"的思考［J］. 中国记者，2013（5）。

［4］外报：防止被误读"中国梦"须注入更丰富内涵. 中国新闻网，2013 - 4 - 12。

［5］李泽泉，中国梦：国家梦、人民梦、世界梦［N］. 浙江日报，2013 - 5 - 17（14）。

［6］江河，"中国梦"震撼全球——国内外媒体热烈解读两会［J］. 决策与信息，2013（4）。

［7］国内外各大媒体网站，例如 The Economist, The Globe and Mail, TIME, Newsweek（The Daily Beast）, The Telegraph 等媒体。

# 也谈微博新闻传播与政治文明建设

秦学智　张锐颖

**【摘要】**

微博新闻传播与当下的政治文明建设关系密切，两者是相辅相成、相互作用、相互促进的关系。前者的良性和开放性发展，必将对后者的改善和发展有很大裨益，甚至是当今政治文明科学发展的必要条件之一。本文在阐述微博新闻传播与政治文明两者的本质及其特点的基础上，比较了两者之间存在的内在关联性，并论述了微博新闻传播在当今政治文明建设中的地位和作用。

**【关键词】**

微博　新闻传播　政治文明建设　关联性　地位和作用

**【作者简介】**

秦学智，男，中国传媒大学传播研究院副教授，博士。

张锐颖，女，汉族，中国传媒大学传播研究院 2013 级传播学硕士研究生。

传媒作为一种传播信息的工具有着自身的偏向。传统媒体，如报纸、杂志、电视等有着集中和精英化的趋向，而微博、智能手机等网络化媒介却有着分散与大众化的趋向。集中和精英化的趋向延伸开来，就会产生整齐划一、统一专断等次级趋向，而分散和大众化趋向延伸开来，也会产生多元对话、民主平等等次级趋向。从这个意义上说，微博新闻传播及其传播效果与政治文明的建设有着紧密的关联。探讨二者之间的内在联系，把握其中规律，就有着很大的现实意义。

## 一　微博新闻传播的本质及特点

根据新闻传播的方式和路径，可以将新闻分为广播新闻、电视新闻、报纸新闻、微博新闻等多种类型。这些新闻媒介具有其一般性的功能和特点，如传播新闻，反映舆情，引导舆论，介绍新知识，提供娱乐资讯，报道社会动态，等等，具有很大的密切个体与社会联系的作用。微博是一种交互性和即时性极强、受众人群数量较大，文字、图片、音频和视频形式的信息都可传播，可转发、评论和私信的新型传播媒介。它既有大众传播的作用，又有人际传播的功能，还具备组织传播的特点。这种新媒介在新闻传播方面显然是立体的、互动的、即时的、远程的、多种途径的，因此，其新闻传播的本质也无非是和一般传播媒介的本质相同，即是比较有影响力的新的事件信息的传播活动，也具有一般传播媒介的公告性、记录性、指导性、宣扬性、警示性、揭发性、呼吁性等特点，但因为传播载体本身特性的不同，微博新闻传播也会具有自身独特的特点，如与手机绑定的手机微博使得微博的新闻传播变成了即时性移动传播，人人拥有微博就使得人人拥有了传播新闻的潜在可能性，每一个微博用户同时既可以是新闻传播者，也可以成为新闻的读者和评论员。他或她既可以处于新闻传播链的首端，也可以处于新闻传播链的任何一个地方，可以随时和其他用户互动，微博的新闻传播成为一种自媒体的随时随地地传播活动。原先新闻传播单单由大众传播媒体垄断的局面被打破了，草根阶层的新闻诉求和新闻传播的愿望在微博网络环境下成为现实。

## 二　政治文明的本质及特点

"政治文明指人类社会政治生活的进步状态和政治发展取得的成果，主要包括政治制度和政治观念两个层面的内容。在政治制度层面，主要表现为由于经济基础和阶级力量对比的变化所引起的国家管理形式、结构形式的进化发展，即政体或国体、政体范围内的政治体制、机制等方面发展变化的成果。如代议制民主的确立、选举制度的推行、司法制度的近现代化、政党制度的建立、文官制度的形成，等等。其中，民主政治制度的建立是政治制度文明发展的最重要成果。在政治观念层面，主要表现为政治价值观、政治信念和政治情感的更新变化，如民主、自由、平等、人权、正义、共和、法治等思想观念的形成、普及和发展，以及人们政治参与意识的普遍增强，等等。政治观念文明是精神文明的重要组成部分，它与精神文明的其他部分一起，为政治文明的发展提供强大的精神动力和智力支持。"① 从以上对于政治文明的解说来看，政治文明是人类社会文明中最为重要的一个部分。

在人类的社会生活中，政治生活是最不可或缺的无法逃避的人类生活。这是因为政治关系渗透于人类社会生活的各个角落。如果将政治理解为一种社会管理和社会统治关系的集合，那么一个社会的政治制度和政治观念就严重地制约和规范着人们的其他方面的社会生活。政治文明的本质就是一个国家或民族对自己政治生活关系所做的一种制度或意识形态上的规定。或者说是社会治理模式中的权力关系的规范或规定。越好的政治文明，越能合理地规范国家或政治生活中的权力关系，也越能集中地反映人民群众的需要和意愿，也越能代表人民群众的利益，也越能促进先进社会生产力的发展。

一般说来，好的政治文明具有以下特点：

1. 人民最大程度地当家做主

政治应最大程度地反映全体人民的意愿。政治是社会权力关系的集中体现，是社会生产生活日益复杂和发展而产生的必然要求。它好比一个人的头脑，如果一个人的头脑混乱，那么躯体和各个脏器的功能可能就会紊乱，一个国家的政治也是如此。政治原初就是为了安定和规范人们的生产生活的权力关系而产生的，到了今天尽管政治在某种程度上有了不同的异化，比如政治很可能成了少数统治阶级的工具，代表的不是全体人民的利益和意愿，而成为少数统治阶级或既得利益者的保护工具和理论说教，但政治应当最大程度地代表更广泛的人民群众的利益，这种意识和认知就连不愿代表人民群众利益的政府也不得不承认，政治就是为了国民而服务的。

2. 政治权力关系的维持和转移，采用的是民主、法治、竞选和非暴力的方式

在某种程度上讲，人人都有一定的权力欲。对于握有一定权力的官员更是如此。在历史上，不乏眷恋和痴迷于权力的皇帝和官员。在当代，代际之间的权力交接也充满了争斗和私欲的表现。但是，好的成熟的政治文明中，

---

① 政治文明，百度百科。

无论人们多么不愿割舍权力，但最终都会服从和按照权力转换或交接的先定法则而行事。竞争对手之间是理性、平等、非暴力的，最大程度地体现了文明的进步和理性觉醒的胜利。

3．从控制型政治转向服务型政治

传统的政治是一种控制型的政治。统治者或执政者为了巩固自己的统治，维护自己的特权或阶层利益，极力通过各种手段来稳固自己的统治秩序，如通过暴力、教育控制和法律治安手段等。因为这种社会结构中的一般民众通常处于不平等的地位，他们在受教育权、经济权力、政治权利等方面往往处于弱势地位或被歧视的地位。央视播放的一个在北京打工的职员回自己家乡办理护照，经过六次的刁难和难看的脸色之后才最终办理了下来，前前后后经历了大约半年的时间。这显然是一种控制型的公务工作行为。一个好的政治，应当拥有服务型的政府和以社会、民众权利为本位的服务观念和意识，应该坚决地与官本位、权力本位的特权观念和意识做斗争。所以，一个好的政治必须具备全心全意为人民服务的意识和特征。

4．从少数人参与的政治转向全体人民参与的政治

传统的政治是少数人参与的政治，而不是全体人民参与的政治。换句话说，传统的政治或一个尚未完善和完全的政治，其本性是排斥全体人民参与政治的。这样的政治更喜欢采取愚民的方针和政策，它害怕民众自由平等地表达自己的言论和行使自己的天赋政治权利、人权等。显而易见，少数人参与的政治是不可能代表和体现全体人民的政治、经济、教育、文化等各方面权利的。人人参与和共享的政治才是好的政治，也必然代表着未来政治的前进和发展方向。

# 三　微博新闻传播与政治文明的关联之处

比较一下微博新闻传播与政治文明的本质及特点，我们可以发现它们之间的一些关联之处。

## （一）微博新闻传播有利于让人民当家做主，参政议政

微博是所有微博用户可以相对自由地发布新闻信息和其他各种信息的自媒体平台。很多政府也顺应微博发展的趋势，开设了政务微博，这成为群众

与政府有关部门进行政务沟通和交流的一个方便渠道。除了利用政务微博的功能进行反映、呼吁、投诉、建议等，人们还可以采用多种微博传播途径和方式，如利用"开谈吧"这样的主题讨论性质的微博，邀请一些感兴趣的人士对一些社会难点和热点问题进行自由发表意见，然后在微博上进行分享和交流。很长时间以来，各地关于城管管理和拆迁强征问题接连不断，而弱势群体无处诉说，在这种情况下，微博似乎成为他们表达自己利益诉求和委屈的最为快捷的渠道，特别是当主流媒体和微博的呼吁主动跟进的时候，当事人面临的问题就可能迎来根本解决的契机。微博俨然已经成为草根阶层维护和争取自己合法权益的最佳工具，也成为各个社会阶层和代表各个阶层利益的人发表意见和观点的切实平台，各种思想观念和立场观点的人士都可以在这一平台上表达、交流自己的观点并为之做力所能及的辩护，这种对话平台，成为理想的参政议政的工具，因为微博的宽曝光率，所以使得违法乱纪现象有所收敛，使得人民的力量得到尽可能的彰显，人民真正当家做主和参政议政第一次具备了可能性和现实性。

### （二）微博新闻传播有利于政治生活民主气氛和环境的形成

在以往的政治生活中，政治活动成为一种隐秘的上不了台面的东西，这样的政治往往被人们称为幕后政治。幕后政治的结果往往是政治对手的钩心斗角和残酷血腥。但如果将权力置于阳光之下透明地运行和行事，让政治生活处于一种理性、公开、透明和客观的环境中，并由人民群众来监督，那么政治生活就会形成一种讲民主和讲科学的气氛。在目前的微博上，我们常能够看到持有不同立场和观点的人士进行相互的批判（当然也有些漫骂、无礼的不文明行为，这种行为应该遭到法律的限制和道德的谴责），特别是有些处于对立立场的人能够利用翔实的历史数据资料来佐证自己的立场观点，这样就形成了一种虚拟的政治生活。很多时候，当对立的双方经过激烈的争吵之后，发现争吵无济于事，就会慢慢地冷静下来，去思考长久的协商解决问题的办法。而微博新闻传播让代表各种观点和立场的新闻进行碰撞、对话和协调，正是国民政治生活走向民主化和正常化的重要技术条件之一。

### （三）微博新闻传播有利于促使服务型政府和服务型政治的形成和发展

服务型政府和服务型政治的建立和健全是一项全民性的系统工程。没有全民性的参与，服务型的政府和服务型政治的建立健全只能是一种离现实很远的事情。而微博新闻传播则是一种很好的全民参与服务型政府和服务型政治建设的渠道。由微博用户广泛参与的新闻传播,必将有利于改善和改进政府的服务职能,让政府的服务更接地气。微博新闻传播不仅能够将各地政府的好举措、好做法、好经验广泛传播开来,让政府和政治活动能够有更多的借鉴和参考,而且能将各地政府和政治活动中的不法、违纪或恶劣行为予以曝光和揭露,这不仅是对官僚主义作风和贪污腐败等祸国殃民行为的抑制、批评和打击,更是对人民群众利益的呼吁和支持。新闻舆论的力量是强大的,让贪官腐官控制舆论,那么这个国家就会笼罩在一片恐怖和恐惧之中,让人民群众掌握舆论的主动权,那么这个国家的政府就会向服务型政府转变,这个国家的政治就会向清明和民主的政治方向转变。因此,微博新闻传播从根本上讲是绝对有利于服务型政府和政治的形成和发展的。

### (四) 微博新闻传播有利于全体人民或更多数量的人们参与到政治发展进程中来

一个国家的政治如果只是少数人的参与那么这个国家的政治必然是不健康的,也并非真正全民性的民主。目前,我们国家的政治选举尚未采取民众直接选举的方式,因此微博新闻传播的方式就成为全体人民或更多数量的人们参与到政治发展进程中的可能的方式。据有关资料,"截至 2013 年 3 月底,新浪微博注册用户数增长到 5.36 亿,比 2012 年底增加 6.6%,微博日活跃用户数比 2012 年底增长 7.8%,达到 4980 万"。[①] "截至 2012 年年底,腾讯微博注册账户数已达到 5.4 亿,日均活跃用户数超 1 亿。"[②] 从这些数字上看,微博新闻的自由传播能够让相当数量的国民对国家的政治问题,以及政治生活改善问题有所了解和认知,也使得他们能够自由地发表自己对国家政治生活和政治发展的意见和建议,从而唤起或激起人们普遍的政治参与热情,让更多的人参与到国家的政治进步进程中来,为社会政治的文明进步和发展做出自己力所能及的贡献。

---

① 新浪高管解读财报:与一淘合作增强盈利能力,http://tech.qq.com/a/20130517/010697.htm.

② 腾讯微博用户数达 5.4 亿 日均活跃用户数超亿,http://it.21cn.com/itnews/a/2013/0121/11/20247640.shtml

## 四 微博新闻传播在政治文明建设中的地位与作用

目前，我国政治文明的基本特点就是党的领导、人民当家做主和依法治国。在这三者之中，如何改善党的领导，让党真正地代表广大人民群众的利益，一直是党务工作人员思考的主要课题。而人民当家做主，是真正实现宪法所规定的"中华人民共和国的一切权力属于人民"的目的所在。依法治国，而不是"人治"，已经跨越冷战时候的意识形态之争，成为世界政治文明发展的历史潮流。在这三大方面，微博新闻传播都能有所作为，也就是说，微博新闻传播在当前我国特色的政治文明建设中能够发挥出自己独特的作用，因而奠定其必然的地位。

### （一）微博新闻传播是党了解群众、密切联系群众的重要途径之一

改善党的领导，首先就是要改善党的领导作风，加强反腐倡廉等制度建设，而要做到这些，就必须依靠群众，发动群众，并将群众的利益诉求、意见建议和满意作为党改善干群关系的主要工作内容。一方面，由微博用户进行的微博新闻传播因为其全民性、即时性、移动性等特点而成为党务部门了解社情民意的便捷窗口，使得群众真实的意思表达容易被党政有关部门所了解；另一方面，由有关党务部门进行的微博新闻传播，可以比较充分地保障人民的知情权、参与权、表达权、监督权，使权力的行使建立在民主的基础上，从而扎实地推进决策的科学化、民主化，尽可能最广泛地动员和组织人民依法管理国家和社会事务，管理经济、文化等有关事务。政务微博、官方微博以及与之相配套的密切党群关系的硬件和软件体系，都是做好党群关系工作不可缺少的工具。

### （二）微博新闻传播能够有助于人民当家做主，有助于树立人民在政治文明建设中的主人翁地位和发挥他们的主创性、积极性和正能量

人民要当家做主，就必须让人民有自己的发声平台，就必须让人民来评头品足，让人民将自己的观感和看法表达出来，而人民自由言论发声的结果反过来又会调动他们积极参与政治文明建设的热情和智慧，"三个臭皮匠赛过诸葛亮"，"人民，只有人民才是创造历史的动力"，真正的智慧和动力源泉存

在于人民群众的大脑之中。可以这样说，只要给人民在法律许可范围内畅所欲言的机会和权利，他们就会无限持久地为政治文明建设，为政府管理建设，为与他们民生密切相关的事务管理献计献策，集思广益。他们才能真正地拥有主人翁的感觉、地位和作用。整个社会和国家，也才能生机勃勃和充满干劲地走向繁荣和昌盛。

微博就是个惠及一般百姓的可以帮助人民群众畅所欲言的自媒体，它能够给人民群众当家做主、发布民意和集中民意思想提供技术性的支持。因此，只要给微博用户足够合情合理的使用权，那么微博的新闻传播势必会在我国的政治文明建设中发挥出越来越大的建设性作用，影响深远。

### （三）微博新闻传播对于推进依法治国的政治文明进程也有不可估量的积极意义

改革开放以来，尽管我国在依法治国方面做出了巨大成绩，也迈出了坚定的步伐，但法治方面的社会现实仍很难让人满意。譬如，打着维稳旗号的黑监狱、非法囚禁，城管粗暴执法，公务员人浮于事肆意刁难办事人员，政治选举还不是非常公开透明，社会上还存在着大量法盲不懂得法律，也没有起码的法律维权意识，等等。依法治国思想没有得到切实的贯彻和落实，除了党和政府在推进依法治国方面还需加大力度，迈开步伐之外，更为根本的是全民普法教育的贯彻和落实。如果没有全民对宪法精神和法律知识的了解和掌握，那么，在一个十三亿多人口的大国，要实行依法治国谈何容易？因此，通过各种教育手段，包括媒体宣传进行普法教育，就成为依法治国的关键所在。

毋庸讳言，依法治国是我国走向政治文明和社会文明的必由之路。要想依法治国，首先应当使全体国民具备起码的宪法精神和法律知识。为此，国家、政府、组织和个人应当把普法教育作为治国和立国的基本国策，并将普法教育列入教育法，予以全面彻底贯彻和实施。微博传播，特别是微博新闻传播更应成为法律教育的坚实阵地，法律人士责无旁贷。

综上所述，微博新闻传播与政治文明的关系相辅相成，前者对后者的建设与发展具有新的特点，也具有非凡的现实意义。它们之间具有内在的关联性，前者的良性和开放性发展，必将对后者的改善和发展有很大裨益，甚至是当今政治文明科学发展的必要条件之一。希望党和政府高度重视微博新闻传播的重要性和必要性，对微博新闻传播的积极作用给予高度肯定，敢于在宪法精神范围内放开对微博新闻传播的管控，在保证微博新闻传播的开放度和开放性方面保持高度的理论自信、制度自信和道路自信。

# 本质主义和建构主义视角下的中国
# 国家形象建构

王斐斐

**【摘要】**

对国家形象的概念进行精确界定是指导我国国家形象实践的前提，因为概念界定的背后是一套新的理解与分析世界的理论体系、世界观，一套新的方法论，决定研究本身的科学性和研究成果的实践指导价值。本文通过对本质主义国家形象观和建构主义国家形象观的分析，发现这两种研究视角各有其适用的分析情境、分析对象、对应的学术使命和实践策略，都存在一定的合理性和缺陷，建议两种研究视角相结合，提出针对性实践策略，共同指导我国国家形象的实践工作。

**【关键词】**

中国国家形象建构　概念界定　本质主义　建构主义

**【作者简介】**

王斐斐，女，汉族，中国传媒大学传播研究院 2012 级传播学专业硕士研究生。

目前国内界定国家形象概念的视角多元而分歧，以最具代表的本质主义和建构主义视角为例，前者认为一国的国家形象就是外部公众和内部公众对该国的综合评价和总体印象，国家形象就是反映在受众头脑中的实体概念，而后者则认为国家形象的实质是国家间通过社会互动而形成一种相互身份认同的关系，是一种关系概念。由于界定和分析视角存在本质差别，最终导致不同的实践策略和效果。近年来中国国家形象并未因为如火如荼的国家形象研究而有明显改观，原因之一就在于指导理论和实践的认识视角存在缺陷，本文试图梳理这两大主流视角，分析利弊，以期为我国国家形象工作提出有针对性的实践策略。

# 一　本质主义视角下的国家形象构建

"本质主义是一种信仰本质存在并致力于本质追求与表述的知识观和认识论路线"，① 尽管阵营内部各流派在知识性质、标准等众多问题上存在歧见，但基本都认为"事物的性质不是处于同一个平面或同样的地位，其中有一些性质对于事物来说是'本质的'（essential）方面，而另外一些则是'非本质的'或'附属的'（accidental）方面"，② 具体应用到近年来国内对国家形象的研究，就是作为一种强调物质本源的实体性思维、传统唯物主义本体论的客观主义认识路线来界定国家形象的概念、指导国家形象塑造的实践。从本质主义视角界定的一系列我国国家形象的概念典型包括：一国的国家形象是指"其他国家（包括个人、组织和政府）对该国的综合评价和总体印象"；③ 国家形象是"国家的外部公众和内部公众对国家本身、国家行为、国家的各项活动及成果所给予的总的评价和认定……是一个国家的整体实力的体现"等。④ 可见，上述定义都认为"国家形象"是对一个国家的客观性存在的主观性评价，是认识客体在认识主体头脑中的反映。即国家是一个客观存在性实体，它由多种要素构成：政治、经济、文化、历史经验、军事、科技、国民等，这些要素会有一个外在呈现形式，反映在国内、国际民众的头脑中，就构成了相应的认知。

该认识路线对国家形象的研究和指导逻辑就是：形象的构建⇒传播，实践工作的重点就是运用最佳途径将已有的形象定位好、设计好、塑造好、单向传递好。遵循这条认识路线，学者和研究人员为国家对外决策提供了多方

---

① 石中英，本质主义、反本质主义与中国教育学研 [J]. 教育研究，2004（1）：11。

② Edward Craig( ed. )，Encyclopedia Philosophy[ M]. London: Routledge , 1998. 417.

③ 刘继南，大众传播和国际关系 [M]. 北京：北京广播学院出版社，1999. 25。

④ 管文虎. 国家形象论 [M]. 成都：成都科技大学出版社，2000. 23。

面的政策建议。比如有学者就指出要从十个方面明确定位我国的国家形象作为国家形象塑造传播的应对策略："蓬勃发展、积极进取、勇于解决问题的经济形象；勇于负责、透明公正的政治形象；和平、强大的军事形象；博大精深、富有魅力、现代与传统和谐融合的文化形象；和平发展、负责任的大国形象；社会、法律问题少、政府的参与度高、民主公正、和谐发展的社会形象；关爱人类环境，注重可持续发展的环境形象；广泛、切实地尊重人权的人权形象；积极健康的卫生形象；中国人勤劳勇敢、开放、现代、富于合作与竞争精神的新形象。"；① 要善于利用大众传媒，"借用各国政府和公众均感兴趣的全球性媒介事件塑造国家形象"、"多策划正面的新闻内容，扩大正面形象"、借助"媒介塑造特殊人物的形象来提升政府形象"、与国际媒体"合塑国家形象"。②

在实践操作层面，也正是通过整合运用报纸、广播、电视等传统媒体和互联网等新媒体渠道对我国社会的经济发展、军事实力、政治民主、法治建设、文化繁荣等各方面进行大量正面报道，不遗余力向国际社会传递我国积极、正面的形象；通过策划或宣传或报道诸如北京奥运会、上海世博会、西安园博会，参加二十国集团峰会等区域性或全球性会议、南京大屠杀等历史事件的纪念活动、国家领导人出访会晤等媒介事件吸引全球兴趣和注意力、塑造我国国家形象；制作并在不同渠道播放国家形象宣传片、广告片等，从不同角度展示我国发展而可持续、多元而能共荣的和谐景象；积极发挥政府、国内知名企业品牌、社会组织、民众在国家形象塑造与传递方面的角色等。尽管确实取得了一定成绩和效果，但整体而言中国在国际社会中的国家形象改观不够明显。以英国广播公司联合民意调查机构"全球扫描"对全球21个国家1.3万人的调查为例，"在2008年，对中国持积极看法的国际民众占39%，比上年降低6%，持消极印象的国际民众占40%，比上年上升7%。对中国持正面态度的国家是10个，持负面态度的国家也是10个。"③ 即便数据存在一定偏差，但也足够引起对近年来国内如火如荼进行的国家形象研究和实践的反思。导致的因素很多，但单从认识路线层面而言，本质主义视角的实体性思维明显存在局限：它将国家形象视为客观存在的实物，这个实物本身已经生成，要借助各种途径将这个实物包装好、设计好、吸引人，受众头

① 何辉. 中国国家形象定位 [J]. 现代传播，2006 (2)：116。

② 刘小燕. 关于传媒塑造国家形象的思考 [J]. 国际新闻界，2002 (2)：64-65。

③ BBC/Globescan 2009 Survey.

脑中对它的认知就只是对这个实物的再现和反映；认为国家实力决定国家形象，只要一国综合国力得到提高，必定会使该国在国际社会上的国家形象提高。这种认定显然犯了简单线性的一元决定论错误，只是我们对自我设定的国家形象进行一厢情愿的设计和展示，不仅缺乏与受众的互动，还会因为"不真实"、"广告"和"提前设计"的嫌疑使外国受众一接触就产生反感，同时也简化了充满许多偶然因素和非理性因素、动态变化的国际社会。

## 二  建构主义视角下的国家形象建构

建构主义源于心理学，认为儿童是在与周围环境的相互作用的过程中逐步建构起关于外部世界的知识的，发展的建构主义学习理论认为人的学习过程是在特定的社会文化背景下通过人际协作对话而建构起意义系统的过程，后来，建构主义作为重要的社会研究方法和范式纳入其他学科领域，遵循两条基本原则："1. 人类关系的结构主要由共有观念而不是物质力量决定；2. 有目的的行为体的身份和利益是由这些共有观念建构而成的，而不是天然固有的。"①这一动态的关系性观照视角（视域）引入国际关系领域运用指导探究"国际关系中国家置身于其中的社会观念结构（如共有知识、共有观念或文化），而不是经济物质结构（如利益、权力）"② 是如何建构起国际行为体的属性和它们之间的权力（关系）的。学者温特还提出"国家身份"概念，认为它是"该国在国际社会与他国的互动中通过观念共享……而'社会地'建构起来的"。③ 也就是说，国家身份的形成来自国家双方或多方（国家及其民众），既包括主体国家对自我的观念认知，又包括作为他者的客体国家对该国的观念，双（多）方通过交往互动、协商，形成认同、共享观念或知识，并且在之后的互动中或维持或调整或改变，在本质上是国与国之间的相互认同关系，其状态和变化在很大程度上决定国际关系的状态和演变。具体到国家形象，可以将其定义为"国家在国际社会中通过交往互动而被对象国赋予

①　[美] 亚历山大温特，国际政治的社会理论. [M]. 秦亚青译，上海：上海人民出版社，2006.1。

②　倪世雄等，当代西方国际关系理论 [M]. 上海：复旦大学出版社，2001.222。

③　[美] 亚历山大温特，国际政治的社会理论 [M]. 秦亚青译，上海：上海人民出版社，2001.220。

的一种身份表达、折射，其实质（基础、内核）是国家间基于社会互动、共享观念和知识结构，而形成的一种相互身份认同关系"。①

可见，建构主义认识路线将国家形象看作是一种由互动而形成的关系，是在国际社会中被国与国之间社会性互动、建构起来的相互认可、认同的关系。具体到对国家形象的研究和指导逻辑就是：从形象的传播（互动）⇒构建，国家在交往互动中造就新的共享观念，作为下一次双方互动的起点，实现共享观念的进一步强化、再现或再造。尽管相对目前国内在国家形象研究与实践中本质主义视角的主流地位，建构主义视角的运用还处于起步阶段，但还是取得了部分成绩。如进入 21 世纪以来，中国适时调整国际战略，积极参与地区性和全球性的多边国际机制，和国际社会积极互动，在军备控制、贸易投资、环境保护、国际灾害援助、维和行动、反对恐怖主义等方面发挥负责任、建设性的大国作用；在世界各地举办中国文化节、设立汉语言和文化传播机构，比如孔子学院在世界各地的开设，策划"中国图书对外推广计划"等项目，让国际受众更多地了解、融入到优秀的中国文化中；系列举措都一定程度上在与国际受众的交流互动中赢得了国际社会的好感与肯定，提升了我国的知名度和美誉度。

## 三　建构我国国家形象的启示

"国家形象"在动态变化的国际社会中的呈现相当复杂，国家形象建构是一项跨学科的系统工程，同时，鉴于上文提到的或本质主义或建构主义视角指导下的我国国家形象的建构现状和存在的问题，笔者认为仅有本质主义或建构主义或任何其他理论视角中的一种或同性质的几种予以分析和策略指导是不够的，因为每种理论范式、理论框架都有其适用的分析情境、分析对象，以及相应的学术使命、实践策略。就建构主义视角而言，它更多的是用于分析、描述关系形成的过程。在假定国家相对实力和国家制度不变或者相对稳定的情形下，国家形象作为一种符号，如何在国家间的互动中共享，研究国际关系/国际社会体系结构如何社会地转换。它强调平等双方的互动、磨合、

① 李智，国家形象——全球传播时代建构主义的解读 [M]. 北京：新华出版社，2011. 25。

共享；而本质主义视角虽有单向投影、缺乏互动的缺陷，但在"综合国力助于提升国家形象、弱国无外交等现实"上还是很有解释力的，这也是该理论长盛不衰的原因所在，我们不能因为存在"综合国力强的国家，其国家形象不一定好"的现象，就断然否定一国综合实力与其国家形象的因果关系。所以亟须结合多种研究视角提出目前阶段我国国家形象工作的建议，具体可以从国内和国际体系两个层面着手：

首先，就国内层面而言，既然物质经济、文化、政治、军事等实力的增强能够（尽管不是必然）提升国际形象，那么国内的社会制度、民族文化、政治局势、领袖风范、公民素质、社会文明、社会幸福感满意度等各个方面依旧要摆在第一位予以重视。本质主义国家形象观的缺陷不在该视角对国家实力的过分强调，而是颠倒了先传播后构建的前后顺序，把国家形象僵化成等待设计和塑造的客体，忽视与对象国及其民众的共享互动，忽视国家形象在交往互动中的动态变化。因此，重中之重就是要进一步提升综合国力，要搞好内政、抓好经济建设、改善国民物质生活水平和环境、文化水平，提升国民生活满意度和幸福感，毕竟国内层面各方面的完善才是社会运作的着眼点和终极目标，如果国民的生活水平、生活质量、幸福感没有真正提升，纯粹的国家形象和面子工程必然毫无意义。

其次，就国际体系层面而言，就应侧重以建构主义理论视角为指导，通过积极的国际传播同目标国良性互动，生成积极的共有观念，建构积极的身份认同，塑造双方良好的国家形象，引导友好的国家行为。具体可包括：进行多边外交，为国际社会提供公共产品以增加对国际社会的贡献，培养国际社会对中国的好感和信任，以便在多边对话中争取话语权，引导和设定国际媒体报道框架和公共全球舆论议程；有步骤、有策略地实施以政府主导、社会协同的公共外交、全民外交，从广度范围和深度上拓宽与目标国社会和全球社会的良好互动；创新建设网络技术和网络内容，提高涉外网络媒体公信力，实施网络外交，培育理性而富有建设性的全球网络公共领域，在互联网上推介、弘扬中华民族优秀传统文化和国家核心价值观；最后也是最核心的就是进行文化外交，主要就是借助文化产品传递文化信息和价值观，同目标国民众进行友好的交流互动，凭借文化自身的影响力和吸引力激发对方的认同感，最终建构积极的相互身份认同关系，在国际社会中树立良好的国家形象，最终引导目标国及其民众做出有利于我国国际利益的决策。

# 公共外交中"第一夫人"的角色分析

王小卫

**【摘要】**

近来,彭丽媛作为中国新任国家主席夫人的一系列陪同访问活动在国内外引起了一股"第一夫人"的热潮。当前国际交流中,公共外交作为一种重要的外交方式得到了越来越多的肯定与重视。"第一夫人"在公共外交中担任的角色需要我们进一步加强探索。本文着重分析了"第一夫人"在公共外交中所扮演的角色,以加强对夫人外交这种新型外交形式的认识与把握。

**【关键词】**

公共外交 中国 "第一夫人" 彭丽媛

**【作者简介】**

王小卫,女,汉族,中国传媒大学传播研究院 2012 级传播学学术硕士研究生。

2013 年 4 月 18 日,美国《时代》周刊在其官方网站公布了 2013 年度全世界 100 位最有影响力的人物名单,中国国家主席习近平及夫人彭丽媛同时入选。《时代》周刊评价彭丽媛"低调"、"时尚",称今年 3 月彭丽媛以"第一夫人"的身份随同中国国家主席习近平出访时,在俄罗斯和非洲展现了"非凡的魅力"。"第一夫人"外交越来越成为当今世界外交舞台上的 道靓丽的风景线,由此也引发研究者关注领导人夫人作为参与者进行的新型外交。

## 一 公共外交的定义和特点

"公共外交"（public diplomacy）这一概念，最早是 1965 年由塔夫茨大学（Tufts University）法律与外交学院院长埃德蒙德·古利恩（Edmund Gullion）提出的，他在该学院创立了首先以公共外交为研究对象的研究中心——"爱德华·门罗公共外交研究中心"（Edward R. Murrow Center for Public Diplomacy）。当时该中心对此下的定义是："公共外交……是应对公众态度对外交政策的形成和实施所产生的影响。它包含了国际关系中除传统外交以外的方方面面……公共外交的核心是信息和思想的跨国流动。"①

我国学者对公共外交的理解基本没有大的分歧。有人提出公共外交是"由政府扶持媒体、文化活动、网络等传播途径，有的放矢地针对国外民众开展的有意识的外交活动"②。另外有学者认为"作为一国政府与他国民众之间沟通的外交努力，公共外交是一种开展国家行销、塑造正面良好的国际形象的战略策划"，"其实质是争取国际民心的'民心工程'，是'赢得人心的战略'，因而又被称作'国际公关'"③。

一般认为，公共外交有两大基本特征。"一是行为对象是另一国的公众。公共外交的对象应当针对外国的公众舆论，通过影响外国的公众舆论，进而影响外国政府的外交政策。二是行为主体是一国政府。"④ 从美国方面最早给公共外交下的定义看，公共外交还有一大特性，那就是公共外交是通过媒体手段实现的。⑤ 不过，随着中国公共外交实践的展开，公共外交的某些特征显然在中国发生着悄然变化。其中最主要的变化在于公共外交的行为主体不再局限于政府的外交部门，而是遍及政府的其他任何一个可能的部门；不再局限于政府，而是遍及民间；不再局限于集体和组织，而是遍及个人。

---

① 见公共外交校友协会主办的公共外交网站http://www. publicdiplomacy. org/.
② 唐小松，论中国公共外交的两条战线 [J]. 现代国际关系，2007 (8)。
③ 李智，文化外交——一种传播学的解读 [M]. 北京：北京大学出版社，2005。
④ "什么是公共外交"，http://ganzhi. china. com. cn/chinese/zhuanti/xxsb/919200. htm.
⑤ 贾庆林，《在政协第十一届全国委员会第三次会议闭幕会上的讲话》(2010 年 3 月13 日) [N]，人民日报，2010 - 03 - 14 (1)。

## 二　"第一夫人"的由来与现状

在所有国家，"第一夫人"都只是非官方的称呼，既不是职务，也不同于勋爵之类的名誉头衔。这个今天已经被全球大多数国家广泛接受的称呼，历史并不久远，它起源于美国。原则上说，第一夫人指国家领导人的配偶，但从历史上看，各国的第一夫人身份各有不同。

"第一夫人"这个称呼真正流行开来与林肯的夫人玛丽有莫大的关系，当时欧洲各国的报纸在提到她时，纷纷开始使用"第一夫人"一词，这个称呼从此开始传播开来。露茜·海耶斯作为美国历史上第一位拥有大学文凭的第一夫人，其学识和修养让当时的美国颇为折服，第一夫人的称呼从此固定下来，被一代代总统夫人传承下来。

中国的夫人外交则起源于宋美龄，她在访问美国期间，在国会山发表英文演讲，与社会各界接触，出现了万人争睹的盛况，被誉为"她的价值相当于20个师"。新中国成立后，在向外派驻大使时，一些大使夫人对以夫人身份开展外交不甚了解并有些排斥。此后在邓小平、李先念、江泽民、胡锦涛等领导人支持和带领下，"第一夫人"外交获得了快速的发展，但与西方国家相比仍然存在很大的差距。相比以前，此次彭丽媛以主席夫人身份陪同习近平出访，注重与社会各界开展广泛交流和沟通，积极开展公共外交是一个突出的创新和发展，引发了国际舆论和社会各界的高度赞誉，对增进与出访国人民的友谊和提升国家形象，产生了意想不到的传播效果。

## 三　"第一夫人"在公共外交中的角色分析

实际上，"第一夫人"外交在本质上是公共外交的一种重要实现形式，是新时期公共外交发展的重要组成部分。从彭丽媛出访的效果来看，中央此次将夫人外交提升到较高的地位，符合当今世界公共外交的一般规律。总结世界各国经验，"第一夫人"在公共外交中主要承担三个方面的外交角色。

### （一）国家首脑公共外交的"支持者"和"辅助者"

作为支持性角色，"第一夫人"一方面陪同在领导人身边，协助国家元首完成对一国的访问。夫人们可以通过女性特有的魅力和温柔的气质，与领导人刚毅的形象和强硬的外交态度形成互补，尤其是在国家间关系存在重大问题需要解决或者两国存在深刻分歧的时候，第一夫人出场有助于缓和潜在的紧张局面，为国家间关系起到润滑效果，与国家领导人共同展示国家形象。另一方面，第一夫人随行出访时多会关注被访国的社会活动，注重与访问国社会各界的交往，"第一夫人"们之间强调文化和了解的"软沟通"可以间接影响到她们丈夫之间的关系，推动两国政府之间的合作。美国前总统克林顿夫人希拉里认为，"第一夫人们建立友好关系为各国首脑提供了某种低调的交流方式。"作为后者，"第一夫人"与访问国社会各界的交往，尤其是着眼于人民友好的交往，更能为最高领导人开辟一片广阔的外交空间，起到补台和呼应的效果。

### （二）国家形象的宣传者

所谓国家形象，是指"国家结构的外在形态，是国家传统、民族传统与文化传承在当代世界空间的特性化脉动的印象化张力，是物质文明、精神文明和政治文明在历史文化传承中所形成的国家素质的总尺度"。① 如果从对一个国家的意义上来看，第一夫人首先是一种礼仪和国家形象的象征。她不是一个国家最有权势的女性，也不是最出名的明星，但突出的地位为她影响人们的观念和行为提供了平台。"第一夫人"是一个国家的"首席形象大使"，是一国国家形象的名片和天然的代言人。正如美国《华盛顿邮报》对于高调亮相的彭丽媛的评论，"一个国际知名的第一夫人可以帮助中国改变以往粗糙的国际形象，而且也标志着中国为赢得世界注意所作努力的成功。"

在国际上，第一夫人的服装打扮、言行举止历来都是媒体关注、解读的热点。这一点看似与政治无关，实则是政治传播中非常重要的考量因素。在西方的政治竞选中，这是给女性公民留下良好印象，进而拉拢女性选民的非常行之有效的途径。美国第一夫人米歇尔·奥巴马就曾经凭借其独特的个人魅力助推奥巴马竞选；法国第一夫人布鲁尼·萨科齐的"淡妆浓抹总相宜"的时尚风姿给法国总统"赚足面子"；中国"第一夫人"彭丽媛从俄罗斯之行走出机舱门的惊艳亮相，再到之后的端庄优雅民族风着装，在国内外引起一阵"丽媛风"。不仅如此，彭丽媛亲和温婉的形象更是赢得国际媒体一片赞

---

① 王家福，徐萍. 国际战略学 [M]. 北京：高等教育出版社，2005.

誉。新加坡《联合早报》称："中国需要在非传统政治经济领域代表中国形象的符号，不是神舟飞船，不是航空母舰，也不是经济增长数字，而是能够体现综合素质又能够深入人心的美丽力量。"

"第一夫人"在社会活动中也比较活跃，在随行出访时经常会出席一些重大的国际文化活动的开幕式和盛大典礼，在这期间的一些交流活动也会影响到其所代表国家的国家形象。彭丽媛参观坦桑尼亚"妇女与发展基金会"时，本土品牌产品"阮仕珍珠"礼盒、百雀羚护肤礼盒以及蜀绣等成为赠品。此消息一经传出，立即在国内掀起了一股追捧国货的热潮。

### （三）政府外交使命的承担者。

尽管从行政上来说，第一夫人并没有专门任职，但是在陪同国家元首出访、参加国内国际政治活动中是一个国家软实力的重要体现。第一夫人虽然不参与国与国的正式谈判，但是丝毫不妨碍她们在文化、旅游、社会服务领域与别国公众进行交流，展示本国文化，推进他国理解。

一方面，作为文化使节，表达文化共鸣。"第一夫人"常常需要参加一些与被访国文化相关的仪式或活动。中国国家主席夫人彭丽媛陪同主席习近平访问时，在莫斯科与当地歌舞团共同演唱俄罗斯名曲，充分发挥了自己的专长，加强了两国文化的深入交流。在访问南非时参观了德班音乐学校和祖鲁文化村，欣赏了祖鲁传统歌舞。所有这些都进一步加强了中国与世界各国文化交流与沟通，符合当前中国的对外战略，同时展现了"第一夫人"彭丽媛独特的个人魅力。

另一方面，作为人道主义使节，表示对社会问题的关注与对弱势群体的关怀。"第一夫人"往往将世界的注意力转移到人道主义问题上，包括妇女的权利、教育、消除贫困和疾病等，通过人道主义的关怀团结弱势群体。中国第一夫人彭丽媛在非洲随行访问时，参观了坦桑尼亚"妇女与发展基金会"，对基金会在帮助妇女儿童方面所作的贡献表示赞赏，并向基金会赠送了缝纫机和书包等物品。此外，彭丽媛女士一直以来都致力于公益事业，先后担任结核病防治大使、控烟形象大使，并在 2011 年被世界卫生组织委任为抗击结核病和艾滋病亲善大使。中国第一夫人所有这些工作都向世界展示了一个负责任并具有人道主义关怀的大国形象，与中国当前的外交目标相吻合。

数十年来，中国参与国际事务的外交能力有了长足的进步，在经济和全球化方面更是大步向前。但不能不承认，在价值认同和人文融合方面，中国显得谨小慎微，个性化外交更是有待进一步发展。对于世界来说，看见中国第一夫人的魅力仅仅是个开端。相信在"第一夫人"的大力助推之下，国际社会多了一条了解日益丰富、多元的中国的途径。

**参考文献：**

[1] 陈曦."夫人外交"：中国如何打动世界［J］.祖国，2013（04）：25 - 26.

[2] 冯群.彭丽媛的新使命［J］.中华儿女，2013（07）：11.

[3] 滑璇."第一夫人"的外交角色［J］.中国新闻周刊，2013（11）：57 - 59.

[4] 荆学民，苏颖."中国第一夫人"的美丽力量［J］.人民论坛，2013（04）：37 - 39.

[5] 彭晓芸."夫人外交"背后的民间热议［J］.祖国，2013（04）：26.

[6] 石嘉.第一夫人外交也是国家软实力［N］.新京报，2013 - 03 - 24（A02）.

[7] 檀有志.国际话语权与公共外交路径［J］.对外传播，2013（04）：37 - 39.

[8] 吴飞.彭丽媛随访凸显中国软实力——彭丽媛首次以第一夫人身份参加外事活动的报道分析［J］.人民论坛，2013（04）：40 - 43.

[9] 于仙霞."第一夫人文化"：媒介事件与大国形象——以彭丽媛随行出访为例［J］.西江月，2013（10）：410.

[10] 赵可金，莫映川."第一夫人"的外交角色与作为［N］.学习时报，2013 - 04 - 08（002）.

[11] 张小娅.媒体外交中的政府角色［J］.现代传播，2013（2）：167 - 168.

# 解读电视剧"鄙视链"

## ——海外剧跨文化传播中的偏见

### 秦许鸽

**【摘要】**

电视剧"鄙视链"指节目观众基于对不同地区电视剧的高低优劣的评价而持有的偏见。该文选取了英、美、日、韩剧进行不同剧种间和不同受众群体间的比较研究,试图对这种"鄙视链"做出解释。认为电视剧的鄙视链是有其现实基础的,社会大众的共同准则和比较形成了好坏优劣的评价。在此基础上,不同电视剧的接受者在人际传播和内部传播中逐渐形成群体聚集。不同的接受者群体的刻板印象和固定偏见,进一步加深了文化间的理解鸿沟。

**【关键词】**

海外电视剧　鄙视链　粉丝群体　偏见

**【作者简介】**

秦许鸽,女,汉族,中国传媒大学新闻传播学部新闻学院 2012 级传播研究方法专业硕士研究生。

从 20 世纪 80 年代红火的日剧到 90 年代末遍地开花的"韩流",再到最近几年人们津津乐道的美剧、英剧,国外电视剧的流行风潮此起彼伏。随着全球互联网的迅速发展和网络资源的丰富共享,海外电视剧主要传播渠道由电视转移到网络,并且在年轻群体中得到了广泛关注,影响力逐步扩大,分别形成了各自的受众群体。

有意思的是,人们对于不同地区不同语言的剧种的优劣评价似乎形成了种层级体系，一类群体看不起另一类群体的欣赏口味，这类群体又被另一类群体所看不起……从而形成一种互相勾连的"鄙视链"。"鄙视链"这一说法最早出现在 2012 年 4 月 7 日南方都市报城市周刊的封面专题，在人们生活的各个方面都有体现。而在电视剧领域，基本上是"英剧＞美剧＞日剧＞韩剧＞港剧＞台剧＞内地剧＞泰剧"的论调，即：看英剧的看不起看美剧的，看美剧的看不起看日剧的，看日剧的又不屑于看韩剧的，等等，以此类推。日、韩、英、美等各类语言的剧种在中国的跨文化传播都得到了不少关注，但是他们之间的比较和这种格局的形成则较少受到关注研究。本文选取英、美、日、韩剧进行不同剧种间和不同受众群体间的比较，试图对这种"鄙视链"做出解释。

## 一 地位的赋予：鄙视链是大众评价的集中体现

日剧最早进入内地观众的视线是 1984 年我国引进的第一部日本电视剧《血疑》，它的播放引起极大轰动，在上海创下了高达 40% 的收视率。随后《阿信》、《排球女将》也一次次掀起了国内的电视剧观赏盛况，无论是收视率，还是口碑，都获得极大成功。① 当时在电视剧资源十分有限的情况下，题材新颖情感共鸣的日剧迅速获得流行。1992 年中韩建交，1993 年央视引进韩国电视剧《嫉妒》，成为韩剧的首次荧屏亮相。1997 年电视剧《爱情是什么》在央视的热播正式带动了包括电视剧、音乐、服饰在内的韩国娱乐文化的内地流行。韩剧也取代了日剧的热门地位，在电视荧屏占据海外剧的主要地位乃至今日。美剧在内地荧屏的出现时间较早却并未形成大规模持久的流行热潮，网络视频下载和字幕组的发展成熟造就了 2006 年风光无限的《越狱》，美剧也由此逐渐步入大众视野并受到追捧。2010 年，以《神探夏洛克》、《唐顿庄园》为代表英国迷你剧又异军突起，抢走了美剧的风头。

尽管潮流的浪尖风云变幻，但是英、美、日、韩剧等都渐渐在网络上稳固了自己的势力，各有其坚定的拥趸者。尽管各类电视剧迷都标榜自己的品味，但是不同语言的电视剧都有特色和局限。鄙视，包含了肯定自身、贬低他者的优越感，是基于自我标准得出的优劣好坏的结论。并且人们会为其观点寻找理由和论据，进行合理化叙述。

---

① 吴质. 跨文化传播中的中日电视剧交流 [D]. 华中师范大学，2010.

日剧的脚本写作和拍摄相对程式化：每集展现相对独立的故事，最后串联起大的主题，容易引起观众的审美疲劳。另外集数和播出季的固定也不免限制了创造力。但是另一方面，日剧题材无所不包，擅长通过细小情节展现人物真实的内心世界，往往能触及人性的本质。韩剧的情节拖沓和主旨浅薄成为其通病，以观众为导向的剧情设计往往虎头蛇尾。但是制作精良、画面唯美精益求精、情感细腻代入感强则是韩剧的优势，能够在日常叙事里展现动人的情感。美剧则彻头彻尾地商业化，眼花缭乱的表象之下是一些固定套路。但是美剧宣扬普世价值，关注人类共通的心理诉求。无论暴力与性、还是特效服装，总会制造噱头和亮点捕获人们的眼球，靠快节奏、多支线的情节展开赢得观众的持续注意。

相对来说，英剧擅长产出创意，由于充足经费的保证，电视台往往大胆尝试、精益求精。服务小众群体的 Channel4 就播出了颇有先锋实验性质极具讽刺意味的《黑镜》。英剧拍摄手法和制作技术在国际上也是顶尖水平，实际上，英剧的制作精良也常被粉丝们津津乐道。例如《神探夏洛克》更是对道具、布景、画面等严格到苛刻的程度。剧中福尔摩斯创建的网站和华生写作的博客也被建立出来，并且有剧中其他人物的留言和回应，俨然将剧情延伸到现实世界。英剧骨子里透露着贵族的清高气质，又时刻准备诚恳地自我剖析和揭露，因此思想性和艺术性兼备。但是英剧的剑走偏锋也一定程度上阻碍了其广泛的传播和大众的接受。

鄙视链首先是建立在一定的事实基础上的，电视剧作为一种综合的艺术，从艺术欣赏的角度有着完善的评价标准。尽管对于特定电视剧的观众来说，每个人的评价标准都是不一样的。但是人们的评价遵循一些共享的准则，从这个角度上说，鄙视链的形成是大众评价的集中体现，是有其现实依据和形成原因的。

## 二　群体的聚集：人际和群体传播的合力

在《跨文化传播：拆解文化的围墙》中，作者提到网络文化形成和发展的基础：接近性、可信性和舆论领袖。① 电视剧迷们正是具有兴趣而不是地理

---

① 刘双，于文秀. 跨文化传播——拆解文化的围墙 [M]. 哈尔滨：黑龙江人民出版社，2000.125—140.

空间的接近性、资源和人际的可信性，以及在舆论领袖引导下形成的松散的组织体系。

网络观看外国语言的电视剧主要有两种方式：一类是在线视频网站的点播。在搜索引擎如百度、谷歌上进行具体电视剧的搜索可能是很多人寻找资源的首选。这些在线视频往往是网站买下版权进行网路播映，也有网友上传的，在各大视频网站都可以找到。另一类是字幕制作组独立网站上发布的资源下载。各大视频网站在线播放的电视剧往往需要网友上传、网站审核等步骤，需要耗费一定的时间，并且受到较为严格的版权管制。而字幕组的资源发布在时间上抢先，在法律规制上存有一定的自由空间，普通网友经过简单的网站注册就可直接下载。字幕组网站经过长期的发展已经形成了相对固定的资源集散地，培养了一大批的忠实用户。例如2009年的YYeTs人人影视论坛已经有总会员47万2316人，12台服务器和839位制作组员。①

但是，对电视剧资源的消费远远不止于观看，真正发生意义的是观众在专门网站、贴吧和社交网站的评说讨论。专门主题的讨论聚集了一群个性接近的观众，他们表达各自的观点和相互评说，在交流的积累中，逐渐相互了解，培养了彼此信任。开放的社交网络如微博在个人发布观点信息的同时，又具有很强的互动性。针对某一个微博的一连串转发，或者热门话题的讨论都会形成巨大的舆论场，在群体的讨论中凸显主流意见和观点。与此同时，由于背景、价值观或者个性的接近性，传播双方可以便捷地利用评论、私信等进行交流，增进了人际互动。这一过程是人际传播和群体传播共同发生作用。接近性和可信性基础上形成了相对稳固的群体，这之中又有着较强的人际因素。由此，在群体传播的进行中形成了主流意见和价值判断，彼此在互动中建立起自己的身份认同和群体认同。

群体有一套相近的语言符号、行为倾向和价值观体系，具有倾向的一致性。拿语言来说，人们往往从使用该群体的话语体系开始体现自己对这个群体的熟悉程度和获得一致的归属感。例如日剧中的基本分类"月九"、②"W主剧"，③再到具体演员的昵称，等等，语言类似一种暗号和通行证，亮明自己身份，呼应对方的辨认。

群体中还不能忽视意见领袖的作用。意见领袖往往占据资源优势，也包

---

① 人人影视论坛三周年. http://blog. sina. com. cn/yyetsnet.
② 周一（日语称"月曜日"）九点档播出的日剧，一般是男女感情题材的电视剧.
③ 即双主演剧.

括依靠翻译本领和平面音视频剪辑技巧等进行二次创作，产出新的资源并得到广泛传播。在资源传播的过程中，意见领袖个人的价值判断和观念倾向也影响到其他群体个人，对于群体主流意见的形成起到重要的作用。

电视剧粉丝群体的形成受到人际传播、群体传播等的多重影响，他们彼此关联和相互强化，共同影响了电视剧粉丝的文化认同和群体认同。

## 三　鸿沟的形成：鄙视链中的刻板印象和偏见

不同群体之间渗透着不同文化的价值观念。日剧说教性的哲理讲述深入人心，韩剧则从文化上传统观念上贴合中国观众的日常生活，美剧体现了人们对于现代社会价值观念的普遍接受和现代化生活方式的向往。精致小众的英剧则代表着精英文化的异军突起。梅尔维尔·赫斯科维茨认为"文化相对主义的核心是尊重差别并要求相互尊重的一种社会训练，它强调多种生活方式的价值，这种强调以寻求理解与和谐共处为目的，而不去批判甚至摧毁那些与自己原有文化不相吻合的东西。"① 他主张尊重不同文化，倡导平等交流。但是不同群体之间则因为刻板印象和偏见的深刻影响而沟壑渐深。

刻板印象指的是人们对某一类人或事物产生的比较固定、概括而笼统的看法，是我们在认识他人时经常出现的一种相当普遍的现象。为了方便归类和记忆事物，人们往往简化对事物的特征认知，形成了简单的对应关系的认知。媒介对于人们刻板印象的形成起到中介和强化作用，为了方便传播和增强传播效果，媒介常常使用简化的高度概括的符号指向特定的人物，强化了人们的某种印象。由刻板印象而滋生的偏见，进一步加深不同粉丝群体间的鸿沟。实际上这些认识是不准确的。例如韩剧向来有剧情"狗血"的说法，但是韩剧近年也有新的尝试和创新，并不能以偏概全。

文化偏见的合理化叙述模式有很多，体现在群体中的主要包括道德优越、个人经历和社会压力。首先是道德优越的方式，这种合理化叙事常常与主流价值信仰挂钩，最容易得到群体的支持。2010 年日本演员向井理参拜靖国神社并发表关于二战的言论引起骂声一片，向井理贴吧的原吧主率领一众粉丝

---

① 文化相对主义. http://baike. baidu. com/link? url = 54CAOzw3xRYIDoqMmgI2UQo-XMFVJDUs85ctCf2EizkvKvT3MCNHb6ACYEH1TAcSU

发表声明，从此脱离对该演员的支持，字幕组也拒绝翻译该演员参演的新剧《HUNGRY!》。整体的舆论一致对该演员表示不齿，给其贴上"拜鬼"、"伏地魔"等的标签，正义感和爱国心成为个人的观点的强大道德支撑，群体得以对持不同观点的群体嗤之以鼻。

其次，感性的力量往往比理性的力量更强大，人们也更倾向于接受这种理由。个人经历是用亲身体会的经验进行举证，个人观剧的感动、启发等情绪常常成为人们推荐的理由。但是另一方面，人们对一件事物亲疏好恶的态度会影响认知判断，这种晕轮效应往往会加深人们之间的偏见。

最后，社会压力也是偏见形成的重要促成因素，包括群体约定俗成的规则。例如日剧粉丝群体向来排斥"日韩双蛋"，即喜欢日剧又接受韩流偶像的粉丝。通过对所谓"脑残"韩剧的一致抨击，日剧粉丝群体获得一致认同，强化了自身的优越感。偏见则又反过来对群体内部的凝聚团结起到促进作用。通过对一种电视剧的一致鄙视和批判，人们很容易站成统一战线，形成群体认同和文化身份。

# 结　语

电视剧的鄙视链是有其现实基础的，社会大众的共同准则和比较形成了好坏优劣的评价。在此基础上，不同电视剧的接受者在人际传播和内部传播中逐渐形成群体聚集。英、美、日、韩等的不同电视剧渗透其本身的文化，不同的接受者群体在此基础上形成了自己固定的价值判断，形成群体中的刻板印象和固定偏见，进一步加深了文化间的理解鸿沟。不拘泥于同一类的文化，接触和认识不同语言的电视剧是打破这种偏见的最初途径。关键在于人们要抛弃固有的倾向性，以开放和批判的心态去接受不同文化。

**参考文献：**

[1] 吴质. 跨文化传播中的中日电视剧交流［D］. 华中师范大学，2010.

[2] 刘双，于文秀. 跨文化传播：拆解文化的围墙［M］. 哈尔滨：黑龙江人民出版社，2000.

[3] 孙英春. 跨文化传播学导论［M］. 北京：北京大学出版社，2008.

［4］布拉德福德'J'霍尔. 跨越文化障碍——交流的挑战［M］. 麻争旗等译，北京：北京广播学院出版社，2003.

［5］林洁琛. 对韩国电视剧在中国流行现象的跨文化解读［D］. 苏州大学，2005.

［6］张媛媛. 中国近20年（1985－2005）影视作品的跨文化传播［D］. 云南师范大学，2007.

［7］杜红玲. 从美剧的消沉反思英剧崛起［J］. 电影评介，2012（17）.

# 苏联解体后俄罗斯俄语境外推广现状研究

李天依

【摘要】

苏联解体后，俄语地位受到严重影响，尤其是在原苏联国家（俄罗斯除外），学习俄语的人数极具缩减，俄语的使用范围受到不同程度的限制。俄语在境外的传播和推广出现了前所未有的困难。与此同时，随着全球化的进一步深入，国际文化语言竞争激烈。在此大背景下，俄罗斯积极调整其文化外交战略，把在境外推广俄语视为巩固俄罗斯的国际权威和树立良好形象的重要途径。这也为中国的汉语国际推广提供了借鉴。

【关键词】

俄罗斯　俄语　推广

【作者简介】

李天依，女，汉族，中国传媒大学传播研究院 2012 级传播学硕士研究生。

语言是一种重要的政治资源，也是文化软实力中的重要因素。语言作为一种软实力的资源，对内能促进国家团结稳定，对外能通过潜移默化的方式发挥一国的政治影响。俄语的命运与苏联国运紧密关联。冷战时期，俄语是原苏联十五个加盟共和国的官方语言。解体后，俄语的地位发生了很大变化，某些国家出台各种政策限制俄语，努力推行本国的民族语言，但俄语在后苏联空间的交流中仍发挥着不可替代的作用。当前，俄语是全球第四大通用语言，这与俄罗斯政府在境外推广俄语的不懈努力是分不开的。与此同时，俄语也成为俄罗斯在后苏联空间增强软实力的重要武器。

# 一　俄罗斯境外推广俄语的背景

苏联解体后，俄语经受的"冷遇"是俄罗斯政府不愿看到的。遥想当年，俄语地位和影响何等辉煌，而今帝国大厦倾塌，俄语渐渐被逐出原有的势力范围。复杂的现实背景促使俄罗斯制定新的对外语言推广政策。

## （一）国际背景

### 1. 俄语在原苏联国家法律地位下降

1991 年之前，俄语作为苏联的族际交际用语，事实上发挥着国语的作用（虽然在苏联法律文件中未提出相关规定）。苏联解体前夕，苏联各加盟共和国就将语言改革作为谋求政治独立的杠杆，先后颁布了本国的语言法，将原住民族语言确立为唯一国语。但俄语未被赋予国语或官方语言地位，也未出台针对俄语使用和发展的法律保障体系，在语言领域出现明显的"去俄罗斯化"倾向。

### 2. 境外掌握俄语的人数下降

苏联时期，有近 2.86 亿人将俄语视为国语，苏联加盟共和国中几乎所有居民都熟练掌握俄语，而中学生必须掌握俄语。20 世纪下半叶是在全球范围内推广俄语和俄罗斯文化（多民族的苏联文化）最有利的时期，俄语也随之成为世界上最主要的语言之一，80 年代末世界上掌握俄语的人数达到 3.5 亿人。[①] 苏联解体导致俄罗斯丧失原有的经济和技术优势，对后苏联空间的国家甚至整个世界的影响力随之减弱，俄语及俄罗斯文化在近邻和远邻国家的地位也随之下降。

### 3. 国际语言文化市场竞争加剧

在全球化的背景下，当今世界各国之间的竞争在于综合国力的竞争，但是目前任何国家的综合国力不仅仅取决于其政治影响力、经济和军事实力，还取决于其文化潜力。几乎所有国家都将本国语言及文化的推广视为增强国家软实力和树立积极正面的国际形象的重要手段。英国、美国、法国、德国

---

① Александр Арефьев. Падение статуса русского языка на постсоветском пространстве. Население и общество, 2006. 251 - 252.

等西方国家已经形成成熟的境外语言推广政策，他们都在竭力争夺国际语言文化市场的份额。

### （二）国内背景

#### 1. 俄政府对语言的重视

1948 年，率先提出对社会主义国家采用"和平演变"战略的美国国会议员杜勒斯曾说："摧毁苏联不需要原子弹，只需要暗示其各民族，没有俄语他们照样能行，于是经济的，文化的和其他各种联系就会遭到破坏，苏联这个国家也将不复存在……"所以从某种角度讲，俄罗斯在其国内外的战略与俄语的兴衰休戚相关，俄最高领导人早已开始从战略高度审视该问题，并把"俄语地位问题"列为俄高层需重视和关注的非传统安全问题之一。[①]

#### 2. 俄罗斯对外政策的调整

俄罗斯一直把独联体和波罗的沿海国家作为最重要的地缘政治伙伴，并认为该地区是自己的"特殊利益区"。2000 年出台的《俄罗斯联邦对外政策构想》就将"保证俄语居民在常住国的权利与自由，保持并发展与他们的全面联系"作为俄罗斯外交优先考虑的问题之一。[②]保障近邻的俄罗斯侨民和近邻俄语居民的权益一直是俄罗斯国家战略发展的重点。

## 二 俄罗斯境外推广俄语的实施状况

当前，俄语境外推广的机构主要包括：外交部及其境外机构、"俄罗斯世界基金会"、国际俄罗斯语言文学教师协会和国立俄罗斯普希金俄语学院。

### （一）外交部及其境外机构

俄联邦外交部负责制定俄罗斯整体外交战略、开展外交活动和建立国际文化交流平台，是俄罗斯在联合国教科文组织、欧盟等国际组织的代表。外

---

① 张宏莉，张玉艳. 俄罗斯对外语言政策及其启示 [J]. 甘肃社会科学，2011 (11).

② 潘德礼. 俄罗斯 [M]. 北京：社会科学文献出版社，2005.

交部及其境外机构积极参与国家文化项目，将在境外支持和发展俄语作为重要工作内容。俄联邦外交部及其境外机构在境外推广和普及俄语方面所做的工作主要体现在：

1. 设立俄罗斯科学文化合作中心

俄罗斯国际科学文化合作中心主要负责和独联体国家的文化合作，开展的活动主要有：促进形成俄罗斯积极正面的国际形象；全面发展境外同胞与祖国俄罗斯的联系并积极开展与他们的互动；巩固俄语的世界地位；维护俄罗斯高等教育国际声望；开展境外文化推广工作和促进与其他国家的文化联系；发展与他国的经济科技合作。

俄罗斯国际科学文化合作中心通过境外的代办机构积极地开展境外俄语推广工作。俄罗斯科学文化中心设有俄语文献图书馆，举办学术会议、圆桌会议和与俄罗斯文化、艺术活动家的见面会，提供学习俄语的机会，并组织去俄罗斯高校进修和发展俄罗斯和他国非政府人道组织的联系。目前在很多国家的俄罗斯科学文化中心已发展成为学习俄语和了解俄罗斯文化的重要阵地。截止 2009 年，这样的科学文化中心已经遍布全球 72 个国家。[①]

2. 与其他部门开展俄语对外推广的工作

为了在对外推广和普及俄语方面集合所有相关部门的力量，外交部于 2007 年启动"俄语年"活动，以增加全球范围内学习俄语和了解俄罗斯文学、文化的兴趣，巩固俄罗斯在国内和国际社会的权威。"俄语年"活动的举办为在境外建立更多的俄语学习中心、增加境外学习俄语的人数和在境外同胞中开展文化宣传和教育活动。

此外，俄罗斯外交部还积极参与了 2006 年中国的俄罗斯年和 2007 年俄罗斯的中国年、2010 年俄罗斯的法国年和法国的俄罗斯年、2011 年俄罗斯的西班牙年和西班牙的俄罗斯年等活动。这些活动举办的目的是扩大俄罗斯与其他国家的相互理解和合作。

## （二）"俄罗斯世界"基金会

根据俄罗斯联邦总统于 2007 年 6 月 21 日发布的指令，"俄罗斯世界"基金会正式成立。该基金会成立的目的是推广作为俄罗斯国家财富、俄罗斯和

---

① Материал из официального сайта Россотрудничество．http://rs.gov.ru/．

世界文化重要组成部分的俄语，支持境内外俄语学习计划。这里的"俄罗斯世界"不仅仅指的是俄罗斯公民、俄罗斯族人、境外俄罗斯同胞、移民及其后裔，还包括学习俄语、教授俄语和讲俄语的外国公民和所有对俄罗斯感兴趣、关心俄罗斯未来发展的人。① 这就意味着俄罗斯对外俄语推广的工作区域不仅仅限于近邻国家，而是扩大至世界不同国家和地区。

### （三）国际俄罗斯语言文学教师协会

国际俄罗斯语言文学教师协会是一个非政府、非盈利性质的国际组织，旨在联合俄罗斯语言、文学、文化教师及有关方面的专业人士，在俄联邦及其境外进行推广、保护、发展和研究俄罗斯语言和文化。1967 年 9 月 7 日到 9 日在巴黎召开国际俄罗斯语言文学教师协会成立大会，成立之时有来自 17 个国家的 25 个成员组织，1970 年增加到 56 个（来自 24 个国家），1976 年到为 108 个（来自 39 个国家），1985 年成员数量为 174 个，目前该组织共有来自 85 个国家的 200 多个成员（组织和个人），中国俄语教学研究会也是成员之一。②

### （四）国立俄罗斯普希金俄语学院

国立普希金俄语学院是负责俄语推广的另一重要阵地，是一所从事对外俄语教学和科研的专业院校。普希金学院向外国人教授俄语，开发有效的对外俄语教学手段，提高俄语师资水平、培养对外俄语教师、编写教科书、教学参考书和字典，开展国际交流与合作，支持境外人员学习俄语和俄罗斯文化，并为境外俄语研究中心提供援助。该学院在对外俄语推广方面所做的贡献主要体现在组织对外俄语教学和开展科研活动。截至目前，普希金学院已经发展成为最大的俄语学习中心，来自世界其他国家和地区的毕业生的数量达到 10 万人以上，遍布 91 个国家。③

---

① Материал из официального сайта Фонд ? Русский мир ? http://www. russkiymir. ru/russkiymir/ru/programs2/.

② Материал из официального сайта Международная ассоциация преподавателей русского языка и литературы (МАПРЯЛ). http://ru. mapryal. org/.

③ Материал из официального сайта Государственного института русского языка имени А. С. Пушкина. http://www. pushkin. edu. ru/index. php?m = 070101.

# 三　俄语境外推广政策的不足与建议

苏联解体后，俄罗斯通过不断地调整外交思路，逐渐认识到文化软实力对于提升本国综合实力的重要性和必要性，在开展传统的经济、军事外交的同时，越来越重视文化外交的重要意义，并在文化外交思路的指导下制定境外俄语推广政策。由于各方面的共同努力，在俄语境外推广方面取得了显著成果。但与此同时，也应认识到俄罗斯在俄语境外推广政策本身及其实施过程中也存在许多需要改善的地方。

首先，推广俄语并不是一个简单的语言问题，它充分体现了政治斗争的复杂性。一些国家甚至已经从"主权"的高度来理解这个问题。他们认为语言是民族形成及存在的重要标志之一，把语言这个问题同民族独立和主权捆绑在一起，所以不会轻易放弃。俄罗斯大张旗鼓地对外推广俄语，很容易让人联想到苏联时期的语言政策，容易招来当地政府的反感。

其次，当今俄罗斯的力量已不能与往日的苏联相比较，莫斯科不可能像苏联时期那样去采用行政命令强行对外推广俄语，也没有足够的经济实力促进各国的俄语教学，如"俄语年"这样的大型活动只能影响到各国的首都和主要城市，没有形成深入广泛的有效辐射。

第三，对于任何一个国家，将自己有影响力的文化品牌进行对外传播，是促进本国语言及文化最好的"催化剂"。俄罗斯民族诞生过无数的文学艺术美术巨匠，为世界文化创造了许多经典，可当时的文化影响力，今日的俄罗斯已远远无法匹敌。俄罗斯进行俄语传播的首要任务，应首先对俄语承载的俄罗斯文化有一个明确的定位，通过俄语对外展示出俄罗斯的独有文化、价值观和生活方式。应着力打造富有现代气息的文化品牌，并通过文化品牌的影响力来吸引各国年轻人来学习俄语和了解俄罗斯文化。

# 四　小　结

综合国力决定了一个国家的地位和影响力。在当今世界，一个国家的综合国力不仅取决于其经济和军事实力，而且还取决于其有竞争力的文化软实力，文化软实力成为综合国力竞争中越来越突出的一个方面。语言是文化的载体，也是文化软实力的重要组成部分。许多国家将推广本民族语言视为文化外交的重要战略手段。俄罗斯也积极调整外交战略，逐步明确俄语境外推广政策，把在境外推广俄语和俄罗斯文化视为其树立良好国际形象、争取国际话语权、向外展示其社会民主开放和实现伟大复兴的重要途径。

俄罗斯政府努力推动俄语境外推广工作，取得了不菲的成就，积累了丰富的经验。中国的汉语国际推广起步较晚，尚处于起步阶段，我们应在基于本国国情的前提下，积极借鉴俄罗斯境外推广俄语的成功经验。与此同时，也应根据本国的历史和现实，积极学习英国、美国、法国、德国等国家的先进经验。只有通过我们不断的努力，才能将汉语推广到世界的各个角落，让世界各地的人们享受到中国文化的独特魅力，从而提升中国的文化软实力。

**参考文献：**

［1］许华. 俄罗斯借助俄语在后苏联空间增强软实力［J］. 俄罗斯学刊，2010（8）.

［2］张宏莉，张玉艳. 俄罗斯对外语言政策及其启示［J］. 甘肃社会科学，2011（11）.

［3］周力. 俄罗斯文化的基本精神与外交［J］. 俄罗斯研究，2010（8）.

［4］柳思思. 外交的文化阐释（俄罗斯卷）［M］. 北京：知识产权出版社，2012.

［5］戴桂菊. 俄罗斯文化［M］. 北京：外语教学与研究出版社，2010.

［6］汪宁. 重返后苏联空间——俄罗斯文化外交评析［J］. 社会科学，2012（4）.

# 跨文化传播视角下的美食类纪录

## ——《舌尖上的中国》与《发现中国：美食之旅》

张 萌

【摘要】

近年来，以《舌尖上的中国》为代表的美食类纪录片风靡全国，尤其是《舌尖上的中国》更是打着国际传播的名号，在世界各地放映传播。那么根据跨文化传播理论，《舌尖上的中国》是否适合国际传播，又有哪些利弊。本文通过其与BBC拍摄的同为美食类纪录片《发现中国：美食之旅》的比较分析，分别从艺术层面与文化层面分析两者的共通处与差异，从而给《舌尖上的中国》进一步的跨文化传播提出相应建议，同时为改善中国美食类纪录片国际传播，提升中国文化软实力提供参考。

【关键词】

舌尖上的中国　跨文化传播　纪录片

【作者简介】

张萌，女，汉族，中国传媒大学传播研究院2012级传播学研究生。

2012年5月14日，中央电视台《魅力纪录》栏目播出了美食类纪录片《舌尖上的中国》（以下简称"舌尖"），该片一举成名，刚刚播出不久就风靡全国。而就在《舌尖》热潮尚未平息之际，英国BBC在同年8月推出了主题同样为中国美食的纪录片《发现中国：美食之旅》（下文简称"发现中国"）。近几年来的美食纪录片热潮逐渐高涨，而支撑这一系列纪录片背后的是一个国家的文化底蕴。本文通过中西两种美食纪录片的比对，探索美食类纪录片跨文化传播之道，同时也给《舌尖上的中国》进一步国际化提出相应建议。

## 一 《舌尖上的中国》和《发现中国》的概况

《舌尖上的中国》是中央电视台"魅力纪录"栏目于 2012 年播出的一档美食类纪录片节目，主要内容为介绍中国的传统饮食文化。其按照食材的种类分类，分为一共有 7 集自然的馈赠、主食的故事、转化的灵感、时间的味道、厨房的秘密、无味的调和、我们的田野七个部分。《舌尖》的节目定位为通过中华美食的多个侧面，来展现食物给中国人生活带来的仪式、伦理等方面的文化。节目播出后，在全国范围内获得较大影响。据《2012IPTV 用户行为数据分析报告》5 月刊显示，该节目播出前收视并发数是 400，播出 20 分钟后收视并发数达到 800①，全国上下掀起了一阵"舌尖"狂潮，先是推出了"舌尖上的北大"等高校美食系列，后又出现了"舌尖上的成都"等地方菜的原创作品。与此同时，《舌尖》在海外市场也激起了不小的波澜，在法国戛纳电视节上收到诸多国外媒体的关注，仅播映权就卖了 20 多个国家和地区。

《发现中国》是英国 BBC 于 2012 年 8 月播出的有关中国美食的纪录片。纪录片全程以两位华裔走访游玩中国，探索中国饮食文化视角展开。同样纪录的是中国美食，《发现中国》与《舌尖》在内容上有略微不同，《发现中国》主要是介绍一些比较简单而基础的中国传统美食，如面条、饺子，等等。并且《发现中国》是按照地域来进行分类的，目前为止只播出了第一季，包括四集：北京篇，成都篇，云南、新疆篇，广东、台湾篇。主持人谭老先生是中国菜的教父，30 年前他通过电视节目将中国菜引入西方。节目播出的宗旨，即让更多的英国人甚至西方人更多地了解中国饮食文化。纪录片中，他们以西方人的视角、凭着对中国饮食和厨艺的熟稔，带给了大家一场中国美食与烹饪的精彩之旅，其中也附带着介绍中国的文化。纪录片在英国 BBC 播出之后也获得了广泛的关注与好评，并且收视率一路飙升。

---

① http://tech. cnr. cn/list/201207/t20120702_510087483. shtml.

# 二　《舌尖上的中国》和《发现中国》的对比分析

## （一）艺术层面对比分析

### 1．题材选择

无须赘述，美食类纪录片的题材当为美食，而两部纪录片恰巧选取的都是具有代表性的中国地方特色美食。"各个民族、种族，不论其生活在哪一个地理空间中，他们之间都有某些共同的、可以互通的文化内容，存在着某些共同的基线和色调"。① "民以食为天"，虽然各个地方存在着各种文化差异，但是食物却是可以互通的。并且食物的符号形式并没有文学作品那样复杂的建构，相对来说比较容易传播和接受。而特色美食凭借其色香味美的特征，成为传播国家文化简洁有效的"捷径"。

说到具体的题材，两个纪录片却有着明显的不同。同样是说中国美食，《发现中国》选取的是中国比较基本的美食，如面条、饺子、包子、火锅等。而《舌尖》却选取了丰富的各色美食，单单第四集一集讲述的腌制食品就包括腊肉、火腿、烧腊、咸鱼、腌菜、泡菜、渍菜。《发现》中诸如面条、饺子之类的食物过于基本，稍微对中国文化有一些了解的外国人都知道，这样就失去了"陌生化"的感觉，"陌生化正是一种重新唤起人们对周围世界的兴趣，不断更新人们对世界感受的方法。"② 而《舌尖》就很巧妙地利用了"陌生化理论"，各式菜品五花八门，大大满足了受众的视野期待。但是中国传统的"宏大叙事、海纳百川"的方式也需注意，题材选取不能过于偏碎，要保持代表性。

### 2．叙事策略

#### （1）相同的故事化叙事

纪录片强调的是纪实，但同时也要有观赏性。故事和戏剧化是包括纪录片在内的所有影视作品应该具备的基本要素。学者汪俊认为，缺少故事性的纪录片难免乏味，难称佳作。故事化的纪录片具备许多影视剧的元素，能够

---

① 曹明德．文化的差异性与共通性［J］．厦门大学学报（哲社版），1999（4）．
② 陈玲玲．论接受美学中的"期待视野"［J］．赤峰学院学报，2010（2）：12－16．

吸引观众，这种取长补短的做法丰富了纪录片的表现力。① 两个纪录片都巧妙地利用了故事化叙事这一技巧，并且都是与情感相关的、揭示人性和生活本质的个人化小故事。

《发现中国》自不必说，作为注重个体主义的西方代表，BBC 拍的片子必然是个人故事化的。整个片子是以两个主持人个人体验的视角来讲述的，中间穿插了谭荣辉和黄瀞亿童年的记忆。其中黄述说自己童年在国外长大，从来没感受过自己作为中国人有什么骄傲的。直到她遇到中国的美食并会做，她才找回了自己的根。用这样的经历唤起受众的怜悯，温馨感人。

《舌尖》很有规律性，基本上是一个人物故事搭配一种美食。而选取的故事也很特别，基本都是有关小人物的日常故事，如开厨师班的周赛群、为老年人志愿服务的梁以瑚、一天卖 700 个黄馍馍的黄国盛，"要获得更多观众的认可和共鸣，应该从看似平常处取材，以原始形态的素材来结构影片，表现一些个人化的生活内容，达到一种蕴含着人类具有通感的生存意识和生命感悟。"② 《舌尖》另一个突破性的地方是选取的故事更为人性化，避免了中国惯常的"高大全"思想，而改为选取更能揭示人类本性、生活本质的温情小故事，如描写大澳做虾酱的郭少芬奶奶和她逝去的老伴儿的爱情。情感是引起所有人共鸣的通道，这也是《舌尖》更为国际化的原因。

（2）不同的全知叙事和个人化叙事

除了故事化叙事这个共有的特点之外，两个纪录片在整体的叙述方式上还有很大差异的。《舌尖》采取的是全知叙事视角，所谓全知叙事最早来源于小说写作技巧，又叫零视角。作者在处理故事的时候，并没有一个固定的观察点，上帝般全知全能的叙述者可以从任何角度、任何时空来叙事。③ 《舌尖》的叙述视角很广，创造者自由出入，主导着叙事的进度和方向。在叙述美食的同时会连带着叙述美食的来源、采集、保存与美食背后的社会背景。如在介绍中国厨房的秘密"蒸"时，顺便介绍了藏族人烧制和挑选陶器的过程。这种叙事方式使整个作品饱满丰腴，信息量完整丰富，更易于理解和接受，也更有益于跨文化传播。

而《发现中国》则采取的是个人化叙事的视角，主要是两个主持人的个

---

① 汪俊. 当代纪录片市场化取向的思考 [J]. 福建艺术，2008（4）.

② 朱羽君、殷乐. 文化品质：电视纪录片——电视节目形态研究之六 [J]. 现代传播，2001（6）.

③ 申丹. 叙事学与小说文体学研究 [M]. 北京：北京大学出版社，1998.

人体验视角来呈现，旁白也采取主持人自述的口吻。戴锦华女士说："所谓个人化是从个人的视点、角度去切入历史。据笔者的理解，一个从颇为个人的视点切入的叙事，可能构成对权威话语和主流叙事的消解、颠覆，至少可能成为一道完整的想象图景上的裂隙。"① 个人的视角往往比较独特，另辟蹊径。《发现中国》谭荣辉以一个离开中国 25 年故土重返者的心态来阐释中国的变化。他认为中国比 25 年前更加的现代化，但同时他也看到了中国的工业化与令人堪忧的环保问题 。这是一条非常客观的评价，互补了一味的正面宣传，从而使世界了解到真实全面的中国。

3. 剪辑与节奏：紧凑拼接与一条线的差别

两个片子都采用了大量的特写镜头，表现食物的色泽诱惑，带给了受众视觉上的冲击。《舌尖》突破了传统的时间顺序剪辑的方式，蒙太奇式剪辑贯穿纪录片的始终。每一个叙事段落都由多个事件组合构成，呈碎片化的组合状态。比如第三集讲到发酵的食物，总的包括豆腐、黄酒、大酱三大类，其中豆腐又包括奶豆腐、毛豆腐等。虽然不同食物之间有关联，但是关联性并不是很强，再加上过渡解说很少，造成整个纪录片比较散化。另外，纪录片的节奏也稍显紧凑，针对每一个食物介绍时间过短，这会给对中国美食尚不是很了解的外国受众带来很大理解与接受障碍。

《发现》整个纪录片以游记的形式，以主持人的走访为线索，按事件发展的时间顺序进行剪辑，逻辑性比较强。整个片子有着轻松的氛围，不缓不慢的节奏，清晰的结构和事件发展的逻辑，让受众看着很舒服。比如讲到北京烤鸭，从取材到制作再到品尝，整个过程讲解用了 10 分钟，详尽周到、清晰明了。这样能让受众有足够的时间去深入了解和接受，而不是只是视觉上的应接不暇。

## （二）文化层面对比分析

### 1. 文化功能

文化无处不在，"文化物质主义"的倡导者雷蒙德·威廉斯曾经提出，"文化并不仅仅是物质现实的反映，而且是物质现实不可分的部分。"② 纪录片自诞生之日起，就打上了创作者自身文化背景的烙印，纪录片是文化与现

---

① 戴锦华. 犹在镜中 [M] 上海：知识出版社，1999. 198.

② 张颐武. 文化研究与大众传播 [J]. 现代传播，1996 (2).

实联姻后的物质实在。① 美食是各个地方文化中极其重要的一部分，而介绍美食类的记录片如果只是讲解如何做菜，那和平常的"电视厨房"并无两样。正因为纪录了美食背后的文化，纪录片才有了其价值和意义。虽然两部片子都有文化功能，但是阐释的视角却是截然不同的。

《舌尖》是中国人本土人拍的，文化意蕴则是渗透在字里行间的。《舌尖》展示了中国传统文化——尊老爱幼、和谐团圆。如陕西岐山老人做寿要吃寿面，面条的细瘦与人们渴求的长寿同音。《厨房的秘密》最后一段总结性的语言文本为："厨房的秘密，表面上是水与火的艺术。说穿了，无非是人与天地万物之间的和谐关系。"但需要注意的是虽然文化的传播无处不在，却都比较隐晦，不是具象的。这也正所谓中国的高语境文化。②

《发现中国》的文化彰显也很明显，如在讲四川火锅时，讲了四川的"火锅文化"。讲新疆喀什时讲述了新疆的诺鲁孜节（春节），并讲述了维吾尔族文化。不过毕竟是西方人的思维，在传达中国文化时只是对应每个食物、每个地点的散点式文化传播，缺乏系统性。但在讲述每个文化时却很具体直观，至少能让观众感受到他们在讲文化。从这一点上来看《发现》的低语境文化叙述更有利于跨文化传播。

2. 个人与集体、政治与商业

心理学家哈里·特里安迪斯认为，文化差异最根本的层面就在于个人主义和集体主义的价值观。③ 两部纪录片在个人与集体方面走向了两个极端，而这些因素与其背后的政治经济力量共同交织，促成了两类风格迥异的文化产品。

对个性的解放和对个人本身的重视一直是西方的文化底蕴，伟大的诗人但丁提出"人为了自己的目的，而不是为了别人的目的而生存"④《发现中国》的视角就是个人体验的，它最突出的三个特点就是"体验性"、"娱乐性"、"服务性"。纪录片讲述每个美食时，主持人都会亲自下厨尝试，这也给受众一种间接性的体验。另外，节目以探险的形式呈现，主持人吃到

① 吴慧雯. 跨文化传播环境下纪录片文化差异研究［D］. 南昌大学，2010.43.

② 【美】Hall, Edward T. 超越文化［M］. 居延安等译，上海：上海文化出版社，1988：96.

③ 孙英春. 跨文化传播学导论［M］. 北京：北京大学出版社，2010.112.

④ 周辅成. 从文艺复兴到19世纪哲学家政治思想家有关人道主义人性论言论选辑［M］. 北京：商务印书馆，1966.19.

美食时的赞叹、来到不同环境的兴奋，都增加了节目的娱乐性。最后，节目中在服务方面做得细致周到，甚至提到西方人没有的食材可以怎样代替和解决。如讲到四川的炒兔肉可以用鸡肉替代等。整个节目像是专门为受众"个人"定制的，考虑到了个人的体验与需求。这与西方国家纪录片的商业化密不可分，商业片需要靠自己盈利，所以节目要兼具以上三个特性方能得以支撑。

中国人传统的思想就是大一统形式的集体主义，强调文化的"和而不同"。《舌尖》虽然在叙事上增加了很多个人化的小故事，整个片子还是总——分——总的传统结构。此外，《发现中国》的纪录片是国家出资拍摄的，其少了商业因素的干扰，却多了几分政治因素的束缚。《舌尖》作为文化产业的一部分，自然也承担着文化软实力、文化宣传的重任。所以《舌尖》针对个人的服务性信息很少，更强调的是全面信息的传递，文化宣传的效果。这就给人相对严肃死板的教条主义感觉，从而失去了轻松的氛围。

### 三　结论与启示

通过以上对《舌尖上的中国》和《发现中国》从跨文化传播视角的详细对比分析，我们发现美食类纪录片的一些共性与优点，如题材选取的恰到好处、故事化叙事技巧的使用、大量特写镜头的运用、美食背后社会文化和生活的扩展等。

除了诸上共性外，《舌尖》也有很多突出的地方，如：题材丰富、涉及面广，迎合了"陌生化理论"，大大满足了受众的视野期待；采用了平民化叙事视角，选取更能揭示人类本性、生活本质的温情小故事；采用全知叙事手法，在叙述美食的同时会连带着叙述美食的来源、采集、保存和美食背后的社会背景和生活，使作品丰富充实；全片充斥着文化符号，展示了中国传统文化——尊老爱幼、和谐团圆，彰显了纪录片的文化功能等。

当然，纪录片专业制作团队 BBC 的《发现中国》也有很多值得我们学习的地方，这也为《舌尖》进一步提升跨文化传播效果提供了宝贵的借鉴：在题材的选取方面要保持地方的代表性，不能选取过于偏僻难懂的食物；在叙事方面我们除了全知叙事的"高大全"外，也应该穿插一些个人化的叙事手法，来带给受众独特的视角和体验；在剪辑与节奏控制方面，我们的纪录片应该以让受众理解和接受为目的，避免过于碎片化。在解释和传播文化方面多添加一些低语境的、具体直接的解释说明，尽量避免隐晦的暗示；最后，也是最需要注意的一个方面就是适度地增加纪录片的娱乐性、服务性、体验性，更加注意从受众的角度、从个人的角度来制作。考虑受众的体验和需求，增加个人视角，以更加轻松并明晰的方式来代替宏大的"灌输宣传"。

# 浅析中国电视剧的跨文化传播

## ——以《甄嬛传》进军美国市场为例

## 高 原

**【摘要】**

在东亚等高情境文化区域中我国电视剧往往能受到欢迎和追捧，相比而言在以欧美国家为主要地区的低情境文化区域，国产电视剧的输出情况并不尽如人意。《甄嬛传》走向美国，存在着台词翻译问题、播出时长形态以及剧情内涵等诸多关卡需要跨越。我国电视剧走向世界，不仅需要政府与主流媒体的支持，更需要电视剧制作单位本着创新的精神和国际化的视野转变自身拍摄理念与题材，这样国产电视剧才有更多的机会出现在海外观众的面前。

**【关键词】**

跨文化传播 中国电视剧 《甄嬛传》

**【作者简介】**

高原，女，汉族，中国传媒大学传播研究院传播学专业硕士研究生。

2012 年，《甄嬛传》这一部古装剧成为中国电视剧界的一个传奇——"视频网站点击总量破 10 亿人次、同步播出的两家卫视全国收视率 20 多天牢牢把持住同时段第一第二的位置，安徽卫视开播后一周便以 1.103 的收视位居全国排名第一，东方卫视更是以上海本地收视率最高破 9%、全国最高 1.87% 的数字，创下东方卫视电视剧有史以来在本地和全国的最高值。"[1] 随

---

① 沪本地收视率破 9%《甄嬛传》仍创历史最高纪录 [N]. 新闻晨报，2012 – 4 – 26.

着《甄嬛传》在大陆的热播，香港、台湾甚至东南亚等地，也掀起了一阵"甄嬛热"。而在2013年1月22日，该剧导演郑晓龙透露与一家美国公司草拟合约，《甄嬛传》将登陆美国主流电视台。《甄嬛传》要走向美国荧屏这一消息让广大"甄嬛迷"欢呼雀跃，但狂欢的背后是残酷的现实，国产电视剧走出国门困难重重，能真正登上欧美荧屏的更是少之又少。中国电视剧向欧美市场如何输出、去向哪里以及出国后会有怎样的境遇等一系列问题至今都还无解。

## 一 中国电视剧跨文化传播的概况

在具体探讨中国电视剧的海外传播这一论题之前，首先要搞清楚一个关键性的问题，即"跨文化传播"是什么？借助中国传媒大学孙英春教授的观点，可以认为跨文化传播，就是不同文化之间以及处于不同文化背景的社会成员之间的交往与互动，涉及不同文化背景的社会成员之间发生的信息传播与人际交往活动，及各种文化要素在全球社会中流动、共享、渗透和迁移的过程。[1]

爱德华·霍尔在1976年提出了两种文化情境：高情境文化和低情境文化。具体而言，高情境文化强调"我们"的概念，信息的发送者和接收者之间的交流建立在群体共享经验之上，双方有共同交流的信息；而低情境文化强调"自我"，信息的发送者和接收者缺乏共同的经验。中国电视剧在跨文化传播中，有高情境和低情境文化区域的区分，不同区域对中国电视剧的接受类型是不一致的。[2]

高情境文化区域就是电视剧的传播者和接收者之间具有相同的文化经验，因此受众在观看电视的过程中能够较好地理解电视中人物的行为言语、礼仪规范，从而使得文化经验在传播过程中的折扣减少。由于中国在整个东亚地区有着比较强的文化辐射力，中国与周边国家和地域自古以来就有着频繁的交流与深入联系，因此中国与东亚各国虽然彼此各有不同的文化构成，但是仍旧可以在许多层面分享共同的文化经验。一般来说，高情景文化区包括港澳台、东南亚区域、日韩区域以及欧美地区的华人聚居区。

低情境文化区域就是电视剧的传播者和接收者之间缺乏共有的文化经验，

---

① 孙英春. 跨文化传播学导论 ［M］. 北京：北京大学出版社，2008.4.
② 何晓燕. 全球语境下中国电视剧的跨文化传播研究 ［D］. 中国艺术研究院博士学位申请论文，2012.

观众缺乏相应的文化背景知识，这导致了文化折扣现象的发生。观众对电视剧剧情中的价值观念、行为方式、风格很难认同。但是出于文化的多元性以及电视观众对其他文化形态的兴趣，中国电视剧在低情境文化区域还是有发展空间的。欧美国家是世界上的电视剧强国，电视剧制作水平高，产业程度高，所以中国电视剧不容易进入欧美市场。

## 二　《甄嬛传》进军美国市场所面临的考验

作为一部网络小说，《后宫·甄嬛传》原先在中国就拥有广泛的读者受众。而经过了剧本团队的二次创作，电视剧《甄嬛传》的情节更加具有强烈的冲突性，同时众多实力派的演员的加盟、精致的细节以及华美的服装道具也使得这部古装剧获得了众多好评。尽管各方对于《甄嬛传》能否得到美国观众的认可表示怀疑，但事实上《甄嬛传》早已在美国中文台播出，且已重播两遍之久，在美籍华人内部有着坚实的受众群体，并得到广泛好评。此外，2013 年 10 月 8 日孙俪凭借《后宫·甄嬛传》（简称《甄嬛传》）入围第 41 届国际艾美奖最佳女主角提名，这无疑为《甄嬛传》进入美国电视剧市场制造了良好的宣传声势。然而，《甄嬛传》的"西游"之路并不容易，登陆美国还面临着重重考验。

### （一）台词翻译问题

《甄嬛传》中的台词颇有韵味，富有韵味的诗词典故为这部古装剧增添了不少色彩。《甄嬛传》中有诸多半文言的对话，其中不乏中国的传统诗词文典，要想让每个角色的说话方式既符合原意又能获得不同地区观众的共鸣，绝非易事。据导演郑晓龙透露，美版《甄嬛传》的翻译重任已经交给美国专业翻译团队，会力求忠实于原著，并会在修辞上下工夫。他表示："大家认同的好翻译，也不完全是直译原本，而是翻译者重新遣词造句后的艺术加工。"同时，郑晓龙也承认："部分台词确实难以翻译，比如甄嬛对皇上说：'那年杏花微雨，你说你是果郡王，或许一开始便都是错的'，'那年杏花微雨'可能就不用翻译了，后面的意思不会受到影响。"① 这样的翻译固然不会影响故

---

① 国产剧冲出亚洲要过几道关？［N］南方日报，2013 - 2 - 3.

事的整体进程，但在国人看来，那一丝独特的古典韵味也随之而无法体现了。

正如中山大学中文系副教授柯倩婷在接受"南方日报"采访时所说："其实翻译已经是再创作了，《甄嬛传》的剧组和导演花这么大的精力和时间进行新的剪辑和包装，已经表明这是一个再回炉，根据美国本土观众进行改编的再生产过程。它已经不是中国观众看的那个《甄嬛传》了。我们不能指望影视作品的翻译是100%的原汁原味和逐字逐句的精准，中国观众觉得给力的兴奋点肯定不能全部转换。"①

### （二）播出时长、形态的问题

时长是电视剧的播出长度，一般来说不同国家和地区对电视剧时长是不一致的。中国和美国电视剧在时长方面就有着很大的差异。美国的电视剧通常一集大约为50分钟，每周播出一次，10集左右为一季。如果市场反响强烈，则继续投资拍第二季。因此一部美国电视剧通常会延续好几年，从而该电视剧也会赢得固定的观众群体。中国电视剧则一般在一段时间内集中拍摄完成，剪辑为三四十集的剧集，然后在各大电视台以每天二至三集的速度集中播放。

电视剧是通俗化的叙事，所以在跨文化传播时不存在太多内容理解上的偏差，但是电视剧跨文化传播首先是要进入他国的电视剧的播出平台，要在播出形态和机制上实现文化适应，否则就不能播出，出现跨文化传播中的"文化休克"。正如前文所提到的，在国产电视剧对外输出过程中，日本、韩国、东南亚等国家于中国是高情境文化区域，因此电视剧的叙事形态也比较形似。但欧美国家于中国是低情境文化区域，所以电视剧的叙事方式和中国差异性大。

正因为中美两国之间存在收视习惯的差异，《甄嬛传》登陆美国势必要进行大幅的删减和改编。一般来说，将电视剧改编为电视电影的形态，是中国电视剧进入欧美国家主流频道的主要方式。例如，中国电视剧《李小龙传奇》在欧洲便是以迷你电影的形式播出，而《康熙王朝》在欧美市场播出的时候，也被剪成了一部两个小时的电影。② 2013年1月份《甄嬛传》制片人曹平在接受南都记者专访时表示，美国方面将预计斥资700万美元把76集的《甄嬛

---

① 国产剧冲出亚洲要过几道关？[N] 南方日报，2013-2-3.
② 何晓燕. 全球语境下中国电视剧的跨文化传播研究 [D]. 中国艺术研究院，2012.

传》改为 6 集时长为一个半小时的电影，而中方完全不介入《甄嬛传》美国版的任何改编活动。

为了情节紧凑的需要，《甄嬛传》在叙事方式上就只能突出故事主线，削减枝蔓篇幅，但这样一来《甄嬛传》可能就变成了一个有些俗套的复仇故事。《甄嬛传》的主要优势在于精致，与其说它的卖点在于描述甄嬛从一个不谙世事的单纯少女到工于心计的深宫嫔妃的蜕变历程，毋宁说导演郑晓龙花了大量篇幅笔墨，通过剧中人物的举手投足、一颦一笑，演绎出世间悲欢离合的大戏。若是按照美剧的叙事情节重新架构，失去了众多旁逸斜出的支线剧情的《甄嬛传》，可能只会成为一部披着宫廷外衣的复仇剧而已，其精彩程度必定会大打折扣。

## （三）剧情内涵问题

在国际范围内说起中国影视剧，可能留给外国人影响最深的就是"中国功夫"。动作片能在国外有广阔市场的原因，就是因为此类作品包含的思想内涵比较简单，通常是正义与邪恶的对抗，而且剧中也不会存在太多难以理解的台词，只要武打动作够花哨，便可以赢得满堂喝彩。因此，任何想要进入国际市场的文化产品想要被其他文化背景的人接受和认可，就必须寻找不同文化之间所共有的思维方式和价值理念。英国学者汤姆林森曾提出了"宽厚的普遍主义"，其观点认为这个星球上的所有人类都存在某种共同的、潜在的存在状况，还有在公共基础上建构起来的同感的价值观。① 因此我们看到，在国际上广受好评的文艺作品几乎都关乎人类历史社会最核心的话题：爱恨情仇、生离死别、正邪较量。

影视剧从某种程度上来说是对现实的映射或关怀，类似今日国内职场生态的后宫纷争、尔虞我诈，显然是吸引中国观众的一个重要元素。而美国电视剧，比如《傲骨贤妻》、《纸牌屋》还有连续夺得 4 年艾美奖最佳剧情类电视剧的《广告狂人》等，剧中人物的明争暗斗、猜疑嫉妒，其费尽心机的思谋，尽显职场竞争的残酷，丝毫不比《甄嬛传》逊色。再如另一部受人追捧的美剧《复仇》与《甄嬛传》有诸多神似之处，剧中女主人公在年幼之时，父亲被人陷害含冤而死，她小小年纪饱尝世间炎凉。多年之后，当了解了事

---

① 约翰·汤姆林森. 全球化与文化 [M]. 郭英剑译，南京：南京大学出版社，2002.98.

情的真相和父亲的冤屈后，她重返家乡，对仇人们实施复仇计划，最后使得这些人家破人亡、身败名裂。

受众的文化背景对电视剧的接受程度起到很明显的影响作用。当电视剧跨越文化背景进行传播时，不同地域受众的人生经历、社会认知、情感体验、审美经验等文化背景因素会成为影响传播效果的重要因素。从接受的文化消费来看，当电视剧传播的内容和表达的情感能够与观众的文化背景形成共鸣时，观众才会产生观看兴趣。

而通过比较，可以看出《甄嬛传》中女人们你争我斗的场景以及甄嬛复仇的情节对于美国人来说并不陌生，甚至他们还对这种不达目的誓不罢休的价值观表示认同。据美国方面称，他们关注《甄嬛传》，也是因为其传递了"正确"的价值观。

但同时中国电视剧毕竟与美剧有着不同的文化生长土壤，美国人关注《甄嬛传》，或许只是对中国传统的言行举止、礼仪风俗、皇宫制度产生好奇。作为一个自身是没有宫廷历史的国家，美国对于英国、丹麦宫廷题材的影视剧都是非常喜欢的。而不同于欧洲宫廷影视剧的中国的皇宫戏则从独特的视觉、感官上为美国人带来全新惊艳的感觉。

# 三 对于中国电视剧的启发

## （一） 政府与主流媒体对于国产电视剧的态度亟须发生转变

近些年来，韩剧风靡整个亚洲，并以一种势不可挡之势冲向全世界。究其迅速发展的原因，离不开国家的支持。1997 年亚洲金融危机后，工业受到大挫的韩国转变了立国之策，大力发展文化产业。在 1998 年韩国总统金大中的提议下，韩国政府专门成立了韩国文化内容振兴院，一方面提供无息贷款和奖励基金资助文化产业的发展，另一方面，该机构还在亚洲各地设立办事处，特设 5700 万美元的预算来推动影视文化产品的出口。

韩国电视台在对外推广电视剧时可谓不遗余力，他们免费将韩剧送给海外电视台播放，并且带动韩国企业以广告方式来给予支持，这便是韩国政府在最初推广韩剧阶段所采用的手法之一，目的在于将韩国推向海外，让海外市场了解韩剧，进而对韩剧产生依赖。一旦打出这样的王牌，其他国家的电视剧便很难在同一时间再去与韩剧竞争了。

　　与此相对，尽管中国政府也在积极投入物力财力来推动国产电视剧走向世界，但大多时候都是支持具有鲜明意识形态的电视剧。对于像《甄嬛传》这样类型的题材，不仅没有给予过多的支持，反而还发出了批评的声音。2013 年 9 月 19 日《人民日报》所刊登的文章——《比坏心理腐蚀社会道德》中指出"近年来，一些领域的道德状况令人担忧：犬儒主义盛行，人际关系恶化，社会诚信缺失"。① 对电视剧《甄嬛传》传递的价值观展开了批评——"电视剧《甄嬛传》就是一个很好的例子。甄嬛刚刚入宫时还是一个心地善良、简单纯朴的女孩，但在残酷的宫廷环境中，时刻受到以皇后为首的宫廷势力的暗算和迫害。经历了一系列惨痛教训之后，她终于懂得了一个'真理'：在残酷的宫廷斗争中，你必须学会比对手更加阴险毒辣，你的权术和阴谋必须高于对手，才能立于不败之地。也就是说，你必须更坏才能战胜对手。最后，甄嬛终于通过这种比坏的方式成功地加害皇后并取而代之，这就是《甄嬛传》传播和宣扬的价值观。"②

　　作者在该文章中对比同样表现宫廷斗争主题的韩剧《大长今》，以求看出两者价值观的差异："大长今在残酷的宫廷斗争中同样受到恶势力的迫害，但她没有通过比坏的方式战胜后者，而是始终坚持自己的道德立场和做人原则。这样，作品的主题就是：只有坚持正义才能最终战胜邪恶。也许有人会说，《甄嬛传》比《大长今》更真实，因为生活就是只有学坏才能生存。且不说这种对生活的理解是否过于狭隘、过于偏激，退一步讲，文艺作品也应该高于现实而不只是简单地复制现实。在评价历史题材作品时，最重要的标准还不仅仅是真实性标准，而是价值观标准。不正确的价值观会导致观众把不正确的生存理念带入现实生活。"③

　　中国的电视剧无论从国际影响力还是对外传播力上都还比较弱，因此更需要政府从国家文化战略高度做好政策上的引导和推广工作，从各方面予以扶持。《比坏心理腐蚀社会道德》这篇文章使用了比较激烈的言辞，对《甄嬛传》这样一部清朝后宫题材的电视剧进行了批判，并指责其所传达的价值观念存在问题。《人民日报》作为我国的一个重要的主流媒体，其所刊登的文章内涵必然是要起到一种引导广大人民思想的作用的。这无疑从侧面反映出，我国的文化部门和主流媒体对于此类电视剧并不看重，更不用说予以支持了。

---

① 比坏心理腐蚀社会道德 [N]. 人民日报，2013 - 9 - 19.
② 比坏心理腐蚀社会道德 [N]. 人民日报，2013 - 9 - 19.
③ 比坏心理腐蚀社会道德 [N]. 人民日报，2013 - 9 - 19.

### （二）电视制作单位转变自身拍摄理念与题材

尽管有句话叫"只有民族的，才是世界的。"但是在当今时代，中国电视剧若是依旧只是着眼于狭隘的文化领域、固步自封，吟诵帝王将相、才子佳人的故事，显然是难以适应广大观众的需要的。因此，电视制作单位应该有意识地转变长期以来的电视剧制作思路，从剧本题材到叙述形态都做出尝试性的改变，而不仅仅是为了追求一个稳妥的经济利益一再制作题材重复的电视作品。

这里需要说明的是转变拍摄题材与思路并不意味着要抛弃中国传统文化，而是要在电视剧的主题内涵的阐述视角方面有所创新。《甄嬛传》正是因为被导演郑晓龙从不同的视角切入讲述，并赋予其"严肃性、批判性"的拍摄态度，这样一部完全不同于以往的"清廷宫斗"剧才能够呈现在观众面前，并得到广泛认可。创意是电视剧生产中最为重要的环节，尤其是针对海外市场的创意，电视剧制作单位需要结合中西方的审美范式、民族文化心理等深层文化内涵和风俗习惯、日常生活方式等浅层文化内涵。中国电视剧的创新模式既不能照搬模仿其他国家的电视剧，又需要具有宽阔的国际视野，从其他国家电视剧创作中吸取有利于中国电视剧发展的有益因子，从叙事剧情、人物设计、题材选择、故事主题方面着力创新，发掘本民族丰富的历史文化、精神和个性，同时找到国际化的契合点，推销中国的价值观。

# 结　语

回顾近十年来中国电视剧在向外输出的征途上一路坎坷，《甄嬛传》赴美的消息仿佛一下又让国产电视剧看到了希望，然而《甄嬛传》的输出模式能否真正代表国产电视剧今后的输出模式还有待商榷。正如中山大学中文系副教授柯倩婷说的那样，"别把电视剧的使命感看得太崇高"。中国电视剧对外输出多年来的僵局不能仅仅靠这样一部电视剧就企图被打破。况且这样一部试图讲述中国古代宫廷最为复杂和扭曲形态的电视剧在经历了美国方面的剪辑之后，还能有多少原本的中国味道？电视剧里所传递的价值观念能在多大程度上被美国主流社会所理解和接受？这些问题，可能只有等到改编的《甄嬛传》真正在美国电视台播出之后，我们才能从大洋彼岸的观众口中得到答案。

**参考文献：**

[1] 孙英春. 跨文化传播学导论 [M]. 北京：北京大学出版社，2008.

[2] 赵军. 跨文化交际：认知差异与文化语言习得 [M]. 北京：北京大学出版社，2012.

[3] [英] 约翰·汤姆林森. 全球化与文化 [M]. 郭英剑译，南京：南京大学出版，2002.

[4] 董文杰. 中国电视剧的对外传播 [D]. 山东大学，2011.

[5] 何晓燕. 全球语境下中国电视剧的跨文化传播研究 [D]. 北京：中国艺术研究院，2012.

[6] 朱从从. 美国电视剧在中国的跨文化传播现象研究 [D]. 山东艺术学校，2011.

[7] 单波. 跨文化理论的基本理论命题 [J]. 华中师范大学学报（人文社会科学版），2011 (1).

[8] 童兵. 试析跨文化传播中的认识误区 [J]. 新闻大学，2004 (3).

[9] 姜飞. 试析跨文化传播中的几个基本问题——兼与童兵先生商榷 [J]. 新闻大学，2006 (1).

[10] 王雅楠. 从《生活大爆炸》看美剧在中国的跨文化传播 [J]. 东南传播，2012 (1).

[11] 马建丽. 从跨文化传播理论解析韩剧的热播——以《人鱼小姐》为例 [A]. 中国传媒大学第三届全国新闻学与传播学博士生学术研讨会论文集 [C].《中国学术期刊（光盘版）》电子杂志社，2009.

[12] 朱美虹. 沪本地收视率破9% 甄嬛传仍创历史最高纪录 [N]. 新闻晨报，2012 - 04 - 26. http://enjoy. eastday. com/e/20120426/u1a6514717. html.

[13] 吴敏，钟琳. 国产电视剧冲出亚洲要过几道关？[N]. 南方日报，2013 - 02 - 03. http://epaper. nfdaily. cn/html/2013 - 02/03/content_7165037. htm.

[14] 陶东风. 比坏心理腐蚀社会道德 [N]. 人民日报，2013 - 09 - 19. http://society. people. com. cn/n/2013/0919/c1063 - 22971444. html.

# 微博的舆情控制与言论自由

## 王 哲

【摘要】

新媒体技术的发展赋予了人们更多的言论机会和手段，相应地，政府机构为维护社会稳定，会实施更多措施来控制言论。在微博社交媒体兴盛的当下，如何处理舆情控制与言论自由的关系，政府和网民各自发挥了怎样的作用，都是值得关注和探讨的问题。本文旨在分析政府、网民两个主体在新媒体环境下的行为，浅谈二者关系。

【关键词】

微博　网络舆情　言论自由　张家川　公共领域

【作者简介】

王哲，女，汉族，中国传媒大学传播研究院 2013 级应用传播硕士研究生

自 20 世纪 60 年代末最早的互联网阿帕网诞生于美国，到今天 web3.0 的风生水起，新媒体技术的发展带来对社会、文化乃至整个国家建设的影响可以说是翻天覆地的。美国著名传播学者尼葛洛庞帝在其《数字化生存》中曾预言，新媒体使得每个人都成为没有执照的电视台。而在这些纷繁的变化中，其中既攸关政权稳定，又深系公众利益的一个引人注目的现象是网络舆情这个名词的兴起，借助微博、微信等社交媒体的东风，网络舆情所在的"草根

舆论场"，或是"民间舆论场"① 与传统主流媒体营造的官方舆论场呈现越来越大的区别，甚至在一定程度上是对立状态，如对同一事件的看法，官方信息的一片大好往往激发了网络上更深入的"扒粪"行为。"看半天微博，需要看7天的新闻联播来治愈"，这样的戏谑不仅仅是对传统主流媒体的讽刺挖苦，更透露着官方媒体的公信力危机。同时，相关法律法规不尽完善，网民言论的发表超出边界等问题也随着网络普及而日益凸显，因此，在新媒体环境下的舆情控制和言论自由二者如何权衡来保障国计民生，不仅具有重要的理论研究意义，更有着迫切的实际应用意义。

# 一　张家川少年案始末

2013 年张家川少年案可以算是最为瞩目的微博舆情控制与言论自由案件之一。2013 年 9 月 9 日，最高人民法院、最高人民检察院召开新闻发布会，联合出台关于规范办理利用信息网络实施诽谤等刑事案件的司法解释，规定"同一诽谤信息实际被点击、浏览次数达到五千次以上，或者被转发次数达到五百次以上的"，应当认定为诽谤行为"情节严重"，为刑法第二百四十六条第一款规定的"捏造事实诽谤他人"，可判刑，并于 9 月 10 日正式实施，这就是我们平时戏谑的"转发 500 条"。司法解释出台的一个星期后，即 9 月 17 日，甘肃省张家川回族自治县初三学生杨某因发微博质疑该县一名男子非正常死亡案件有内情，而被警方以"情节严重，发帖转载 500 次以上"，涉嫌寻衅滋事罪刑拘，后来改为行政拘留。根据南都深度对此事件的报道显示，杨某的微博转发量达到了 960 多次，其内容中出现了"看来必须得游行了"这样看似煽动性的字句。

张家川警方拘留了杨某后，在网络上迅速引起了广泛的关注和热议，不少大 V，如潘石屹等人纷纷发言，声讨言论自由；一些主流媒体也相继发问，《新京报》、《南都深度》等均质疑张家川警方此次执法的合理性和合法性。

① "民间舆论场"的概念由新华社前总编辑南振中在 1998 年新华社工作会议上提出，他指出当今中国客观上存在"两个舆论场"，即党报、国家通讯社、国家电视台组成的官方舆论场和都市报特别是互联网构成的民间舆论场。两个舆论场重叠的部分越大，舆论引导的针对性和有效性越强；两个舆论场重叠的部分越小，舆论引导的针对性和有效性就越弱。如果两个舆论场根本不能重叠，主流媒体就有丧失舆论影响力的危险。

有网友统计，包含"张家川"一词的微博原本每天只有十几到几十条，可 9 月 19 日突增到 5900 条，20 日 23200 条，21 日 44700 条，22 日 51700 条，23 日更是超过了 131 万条。① 经过律师和网民的不懈努力，9 月 23 日凌晨，少年杨某无罪释放，而此前数小时，公安还曾宣布其由刑事拘留改为行政拘留。②

## 二 言论自由与舆论控制

此次案件凸显两个热点问题：网络环境下言论自由的边界在哪和如何与时俱进地进行舆论控制。

### (一) 言论自由的边界

言论自由这个千百年来为国内外大多数有识之士探索、追求、奋斗终生的理想，至今在我国还是一种"不可承受之轻"。何为言论自由，是指按照自己的意愿自由地发表言论以及与听取他人陈述意见的权利。③ 美国哈钦斯委员会的报告指出，新闻自由是政治自由的基础。哪里的人民不能自由地彼此传递他们的思想，哪里就没有自由可言；哪里存在着表达自由，自由社会就在哪里发端，因而每一种自由权的扩展就具备了现实性。"因此，表达自由在各种自由权中是独一无二的；他促进和保护其他所有的自由。"④ 言论自由的重要性不言而喻。这也是美国《第一修正案》一直标榜言论自由的原因所在。在我国，《宪法》第三十五条也有明文规定中华人民共和国公民有言论、出版、集会、结社、游行、示威的自由。那么更切实的问题是新媒体时代的言论自由的边界在哪，是在匿名性的保护下无所顾忌、罔顾事实的发表言论，还是受到相应的约束和责任限制。张家川案中杨某在其微博上发表对案件的看法，更多的是一种自发的情绪表达和宣泄，对案件内情的质疑，至于是否和案件中发生的群众聚集、妨碍警方办案有直接的因果关系却无明显确凿

---

① 张家川发帖被拘初中生获释"转 500 刑拘"引质疑. 南都深度. http://ndnews. oeeee. com/html/201309/24/291078. html.

② 徐昕. 甘肃张家川造谣初中生获释是舆论的胜利. [Z/OL]. http://www. guancha. cn/politics/2013_09_23_174160. shtml.

③ 百度百科. [Z/OL]. http://baike. so. com/doc/3843028. html.

④ 展江等. 一个自由而负责的新闻界 [M]. 北京：中国人民大学出版社，2005.

证据，因此这种言论表达应当属于公民言论自由的范围，应当受到法律的保护，而不应该成为杀鸡儆猴的牺牲品。试想若是连这样的言论都要受到失去人身自由的威胁的话，那么当年"表哥"、"房叔"等由微博问政引起的高官落马就不会成功。张家川事件，是政府企图控制网络舆论的典型表现，也是对公民言论自由的一次明显侵犯。密尔在《论自由》中多次强调，人类之所以有理有权可以个别地或者集体地对其中任何分子的行动自由进行干涉，唯一的目的只是自我防卫。这就是说，对于文明群体中的任一成员，所以能够施用一种权力以反其意志而不失为正当，唯一的目的只是要防止对他人的危害①。因而，对言论自由的唯一约束是防止危害。网络转发500次的适用情况是诽谤信息，何为诽谤？我国《刑法》第246条规定，诽谤罪是指故意捏造并散布虚构的事实，足以贬损他人人格，破坏他人名誉，情节严重的行为。一个"故意"就足以拷问张家川警方的执法行为是否合乎法理。据南都深度调查报道，除杨某外，还有几人均对此事发表微博，他们都可以说只是对事件发表了自己看法，至于后来围观的人群是否是因为看了他们的微博内容受到煽动而聚集，微博内容是否存在恶意虚构事实诋毁警方办案，这都是缺乏确凿证据的，更不用说诽谤。若人人发表观点之前都需要考虑自己的言论是否可能招致失去自由的祸害，那么言论自由本身就已经丧失了。因此，或许政府应当对网络言论自由持有更加宽容的态度，促进网络言论的自由讨论、交流，形成观点的自由市场，推进社会民主进程。

## （二）舆论控制的必要性

网络环境下如何与时俱进地进行舆论控制？倡导言论自由并非否认舆论控制的必要性，相反，二者是相辅相成，相得益彰的。如2008年的"蛆橘事件"让全国柑橘严重滞销，2011年日本核泄漏事故后我国QQ群里散布谣言引发全国"抢盐风波"等，均呼唤对网络舆论的适当控制，只有良好的言论环境才能形成真正的"公共领域"。"我国对网络舆情的研究始于2005年，伴随着web2.0、web3.0的步伐不断成为舆情研究的热点。当越来越多的人倾向于通过网络这个平台发表各自观点时，网络舆情的爆发将是不可逆转的趋势。"② 北大新闻传播学院教授程曼丽老师认为，互联网的出现，博客、微博

---

① 约翰·密尔. 论自由［M］. 北京：商务印书馆，1982.

② 许鑫，章成志，李雯静. 国内网络舆情研究的回顾与展望［J］. 情报理论与实践，2009（3）：115.

等互联网使用新形态的普及，网民数量的快速增长，使得传统意义上人际交流的方式以至舆论形成的方式发生了根本性变化，它使人们有可能因为某些共同关心的话题而由分散的、游离的、互不相干的个体聚合起来，在网络空间里结成群体。这就使得舆论的形成过程大大缩短，它不再是像以前那样由量变的缓慢积累而逐渐发生质变的可控、可测、可逆的过程，而是在短期内就有可能因量的急剧增加而发生质变的不可控、不可测、不可逆的过程。可以看到，新媒体匿名性、即时性、低技术准入门槛等特点也带来了网络环境的暴戾之气，人肉搜索、恶意诽谤等层出不穷，"到此一游"的南京男孩一时间成为众矢之的，并且殃及其所在学校；雷政富"情人"赵红霞也被戏谑为"反腐英雄"，网民的刨根究底严重扰乱了她的家人生活。网络舆情比传统舆情更加来势汹汹，两极分化，这不仅凸显我国公民媒介素养教育的紧迫性和重要性，更拷问着政府对舆情控制的能力。如何控制？如之前所述，当言论内容明显严重地侵犯了他人或其他团体的利益，或危害公共利益的时候，舆论控制是重要且必要的。

## 三　正确处理舆情控制和言论自由

我国特殊的政治体制决定了媒体的性质。为保证宣传口径的统一，言论自由难免需要妥协。然而，英国前首相迪斯勒里曾说过，这个国家的未来，依靠其人民所受的教育。而教育除了家庭、学校以外，大众媒介成为最主要、最重要，也是最频繁的教育系统。媒介营造的拟态环境不仅屏蔽了现实环境，还深刻影响着人们的认知、态度和行为。"当电视还可以勉强地区分物理真实和它的媒介真实的时候，万维网的确已经更咄咄逼人地打破了这个屏障，并且坚持它自身的媒介真实。每件事情，从南极洲的雪地到火星上的荒漠，都找到了它通往万维网的道路。"[①] 因而，媒介对人们教育的影响可以说是潜移默化、润物细无声的，也是终身的，如何在媒介环境中学会独立思考、合理质疑，以及如何正确认识舆情控制与言论自由之间的关系，不仅关乎公民基本权利，更事关社会民主、安定，需要不断地积累经验、吸取教训、与时俱进。因此，如何正确处理舆情控制和言论自由是一个棘手但紧迫的社会治理

① 克劳利，保罗·海尔. 传播的历史 [M]. 北京：北京大学出版社，2011. 433.

问题。对政府而言，当网络言论危机国家、公众等利益时，及时果断的舆情控制是必要且重要的；对公民而言，摒除暴戾之气，理性、冷静的发言才是真正行使自己的言论自由权利。这需要政府赋予公众更多的言论自由，以及国民媒介素养的不断提高。

综上所述，Web3.0 的时代，新媒体技术赋予我们更多的机会、手段发表言论，新媒体平台也成为一个可以快速聚集大量讨论的环境。对于政府来说，如何更好地管理这个平台，为自由开放更多空间，是真正的当务之急；对于网民来说，如何做到逆"沉默的螺旋"发表意见，完全、充分的讨论，使真理在与谬误的斗争中脱颖而出，才是真正的把握自由。在自由市场中，一切谣言、诽谤、虚假信息都会不攻自破，行政、法律等手段只会显得多余、可笑。正是如此，构建网络公共领域的重要性更显突出。若我们连自由发表观点、意见的权利都受到政治的控制，那我们不是在沉默中死亡，就是在沉默中爆发。

# 关于中国新闻如何"走出去"的思考

姜艳红

**【摘要】**

中国新闻"走出去"是中国国际新闻传播的重要组成部分，是塑造我国形象、提升我国国际舆论影响力和文化软实力的必由之路。本文通过对新闻"走出去"基本构成要素（事实、媒体和受众）的分析，明确"走出去"的关键。在此基础上，探讨中国新闻"走出去"的现状和存在问题，得出中国新闻"走出去"，要想走得漂亮，走得有影响力，走得有"质量"，就得在提高中国新闻"走出去"的"内容质量"和"传播质量"以及"效果质量"上面下工夫。

**【关键词】**

中国新闻　"走出去"　国际传播　影响力　对外传播

**【作者简介】**

姜艳红，女，汉族，中国传媒大学传播研究院 2012 级国际新闻学硕士研究生。

中国新闻"走出去"是中国国际新闻传播的重要组成部分，是塑造我国形象、提升我国国际舆论影响力和文化软实力的必由之路。随着中国经济的发展，中国与世界的关系发生了重大转变，中国已经崛起为世界性大国。但是，我国在国际上的话语权还比较薄弱，中国媒体的国际传播能力还相当滞后，中国的对外舆论力量也十分有限。因此，让中国新闻"走出去"具有重要的战略意义。

# 一　关于"新闻'走出去'"的界定

"新闻'走出去'"，顾名思义，即新闻的对外传播，是一国国际新闻传播的重要内容，也是全球化对该国国际新闻传播提出的客观要求。"新闻'走出去'"是一个抽象的说法，因此，探讨新闻如何"走出去"，首先应该明确研究对象的基本构成要素，并进行相关界定。

刘笑盈教授在《国际新闻学：本体、方法和功能》一书中，对国际新闻做出如下定义："所谓国际新闻，是跨越了国家界限并具有跨文化性的新闻，或者更具体地说，新闻有事实、媒体和受众三个基本要素，国际新闻就是新闻要素被国家界限所割断的状态下所呈现出来的新闻。"① 该定义强调了构成新闻的三个基本要素：事实、媒体和受众，指出国际新闻的关键就是这三个要素有没有国际性或"超越国家界限"。在此定义的基础上，作者进一步分析得出国际新闻的三种模式：即国际新闻报道、对外新闻传播和全球新闻传播。其中，对外新闻传播作为国际新闻的一种类型，用新闻的三要素表现，即"对外新闻传播＝国内事实（包括国内媒体报道的境外事实）＋本国对外媒体＋境外受众"。②

根据以上分析，借用刘笑盈教授的理论，我们可以得到"新闻'走出去'"，即新闻的对外传播，是"一国对外新闻传播媒体对其国内及境外重大新闻事实进行的针对境外目标受众的传播活动"，其有三个基本构成要素：1. 事实：一国国内及境外重大新闻事实；2. 媒体：本国对外新闻传播媒体；3. 受众：本国对外新闻传播媒体的境外目标受众。

可见，新闻"走出去"就是围绕这三个要素进行的："走出去"依托的主体是本国对外新闻传播媒体，具体表现为向境外目标受众传播国内及境外重大新闻事实，目的是产生或达到一定的传播效果和影响力。其中最后一点，即新闻"走出去"的最终目的——对境外目标受众产生"影响力"，需要我们的特别注意。影响力（Influence）是文化活动者以一种大众所喜爱的方式

---

① 刘笑盈. 国际新闻学：本体、方法和功能［M］. 北京：中国广播电视出版社，2010. 13.

② 刘笑盈. 国际新闻学：本体、方法和功能［M］. 北京：中国广播电视出版社，2010. 14.

左右其观念和行为的能力。影响力是一种控制能力，这种控制能力表现为影响力的发出者对接受者心理过程和行为过程的控制作用。① 新闻作为人类获取信息的一个重要方式，无疑是"影响力"的一个重要载体。一国新闻"走出去"战略，其最终目的就是吸引境外受众的注意力，并对其观念和行为产生一定的影响。

## 二 中国新闻"走出去"的现状

具体在中国，新闻"走出去"依托的主体主要是中国的对外新闻传播媒体，"走出去"包括两方面的内容：一是向境外目标受众报道发生在中国国内的新闻，这关系到中国国家形象的正确塑造问题，目的是传播真实的中国；二是向境外目标受众报道发生在国际社会的重大新闻事件，在国际舆论环境中发出中国的声音，借以表达中国立场，提高中国声音的影响力。

随着中国经济的发展，中国与世界的关系发生了重大转变，中国已经崛起为世界性大国。但是，当代中国的崛起更多是经济等硬实力的崛起，而不是文化等软实力的崛起。中国在国际上的话语权严重缺失，中国媒体的国际传播能力还相当滞后，中国的对外舆论力量也十分薄弱。这一切与我国经济社会的发展水平和国际地位极不相称。中国的国际形象和国际舆论环境塑造权还掌握在西方媒体的手中。以 AP、AFP、REUTERS、CNN、BBC 等国际知名的媒体为代表的西方主流媒体，借数十年甚至是上百年的媒体从业历史和传播优势，早已奠定了其在世界范围的高认可度和影响力。它们所传播的中国以及他们在国际新闻报道中发出的声音，很大程度上左右了世界上其他国家受众关于中国和中国声音的认知。

为了应对来自国际强势媒体对外传播的挑战，中国在近年来也采取了一系列反制措施，力图让中国新闻"走出去"，传播真实的中国，并在世界上发出中国声音。如新华社主办的中华新华新闻电视网（CNC）从 2010 年起向亚洲、欧洲和非洲部分地区开播；中央电视台相继开播中文国际频道、英语频道、西班牙语和法语频道，快速在世界多个国家增设站点，建立海外新闻制

---

① 郭振玺，丁俊杰. 影响力营销［M］. 北京：中国传媒大学出版社，2005. 2.

播中心。① 通过对中国国内新闻的报道，塑造正确的中国国家形象；通过对国际社会重大新闻事件的报道，发出中国声音，表达中国立场。这些努力确实取得了一定成效。

但值得注意的是，虽然我们做了很大努力，效果却不尽如人意。国务院新闻办公室原主任赵启正曾在外交学院论坛上表示，由于意识形态的差异，国际上很多人仍然不了解甚至敌视中国。目前中国对国际舆论的影响还十分有限，所处的国际舆论环境中的地位也并不突出。赵启正说，发达国家要占到全球信息发布总数的76%以上，在这总数当中，中国所发布的消息所占的比例相当少；在互联网上中文消息只占所有消息的4%，这里还包括了新加坡等使用中文的国家和地区；文化作品上，中美两国的输出输入比例大概是1：14。② 仅以新华社为例，有资料显示新华社每天播发两千余条英语电讯稿，能落地的还不足播发总量的10%。这说明，固然打造国际性的媒体，让媒体走出国门并发出声音十分重要，但是如果你的声音不被他人认可，你的话语不被他人认同，那即使你发出了声音，表达了观点，你也会如同烟云瞬间飘过，不会在国际舆论环境中产生任何影响，留下任何痕迹。

可见，中国新闻"走出去"，不仅包括新闻"走出去的能力"，还包括其"走出去的影响力"。中国媒体近年来的努力，已经形成了一个多介质、多层次、全方位的对外新闻传播体系，其"走出去的能力"已经得到很大提升。但是与西方发达国家媒体相比，中国媒体的国际竞争力还相当欠缺，其"走出去的影响力"还很弱。中国新闻"走出去"目前面临的一种尴尬局面是："传而不通"，中国媒体拥有与西方一流媒体差不多大的全球覆盖率，但却只拥有为数不多的国际受众接触率、落户率、收视率、收听率、收读率；"通而不受"，在为数不多的接触率、落户率、收视率背后，更难见有实质性地中国媒体和新闻国际公信力和国际舆论引导力的提高。③

综上所述，面对长期以来"西强我弱"的国际传播环境，中国媒体虽然采取许多措施使中国新闻"走出去"，但重视的大多是"走出去"的数量，而非"质量"，即我国新闻虽然已经"走出去"了，但是"走出去"的竞争

① 张开. 中国模式：国际新闻话语选择的新视野 [J]. 南京社会科学，2012（11）：119.

② 国务院新闻办主任称中国需提高国际舆论地位. http://news.sina.com.cn/c/2003 - 12 - 04/08552279796.shtml，2003 - 12 - 04.

③ 吴立斌. 中国媒体的国际传播及影响力研究 [D]. 中共中央党校，2011.

力不够，影响力不强。而"质量"决定新闻"走出去"的影响力和实际效果，也是新闻"走出去"的关键所在。可见，要想让中国新闻真正"走出去"，走得有影响力，走得有效果，应该在"质量"上多下工夫。

# 三　中国新闻如何"走出去"

与国内新闻或地方新闻相比，国际新闻的主要特征就是新闻要素的错位，新闻的三要素事实、媒体和受众不在一个传播平台上。① 新闻"走出去"即对外新闻传播，受众在国外，事实（包括国内媒体报道的国外事实）和媒体在国内。错位是因为跨越了国家界限，那么国际新闻传播就必然带上了国家利益、意识形态、制度特征、文化观念等特征。不同的国家制度和文化观念是国际新闻传播巨大的驱动力，多样性和差异性使人类文明的表现形式丰富多彩，文明也因彼此不同而产生了交流融通的欲望和动力。② 但需要注意的是，由于新闻的传播者和接受者被国家界限割断，受不同国家意识和文化形态的影响，对同一新闻事件，新闻传播者和接受者有时会产生不同甚至截然不同的理解。

明确了我国新闻"走出去"的现状和关键所在，我们就可以有针对性地提出中国新闻"走出去"的建议和方法。根据上文的理论分析，由于新闻"走出去"就是围绕事实、媒体和受众这三个要素进行的，因此中国新闻"走出去"，要想走得漂亮，走得有"影响力"，走得有"质量"，就也得从这三方面下工夫，即提高中国新闻"走出去"的"内容质量"和"传播质量"，以确保其"效果质量"。

## （一）特色新闻的包装——提高新闻质量

中国新闻"走出去"的根本在于新闻作品的质量。中国新闻有无国际影响力，有无国际竞争力，最重要的标准是看对外媒体所提供的新闻作品，看新闻作品的"质量表现"，而不是看它是否标榜自己"客观、公正"或其他

---

① 刘笑盈．国际新闻学：本体、方法和功能 ［M］．北京：中国广播电视出版社，2010. 14.

② 刘笑盈．用中国特色的新闻影响世界——兼论我国国际传播能力的提升途径 ［J］．对外传播，2012（4）：39.

东西。国际传播的内容决定了媒体的国际竞争力。中国新闻"走出去"必须立足于"内容为王"的原则，树立创新意识、精品意识，通过不断地向国际受众提供优质、一流的新闻作品来引导国际舆论。

### 1. 对新闻事实的选择

在中国新闻"走出去"的过程中，对于事实的选择，一方面应该特别注意国际重大新闻事件，这些事件由于受众关注程度较大，是中国新闻"走出去"的契机，独特且全面的报道可以提升新闻影响力；另一方面应该对中国特有的新闻事实进行充分的优势报道，不仅可以向世界展示真实的中国，也可以成为一些世界媒体的重要新闻来源，例如在40天中有30亿人流动的春运，就是在世界上独一无二的新闻，如果用真实客观的原生态展示，一定能引起国外受众的兴趣。①

### 2. 用中国特色文化来武装中国新闻

中国新闻报道是中华文化的重要载体，是中华文明发挥全球影响力的有效手段。中国新闻报道所蕴涵的新闻观、价值观同中国文化的独特魅力、发展潜力和创新活力紧密相连，为丰富世界文化、维护人类文明多样性作出了积极贡献。我们要善于发掘中华文化博大精深内涵，倡导国际新闻领域的交流对话与合作，展示中华文化的感召力和魅力。② 要倡导与我国和平发展理念相一致的新安全观、国际责任观、地区合作观，在国际新闻报道中体现中华文化秉持的包容开放品格。我们要主动从中国人、中华文化视角，分析解读国际新闻事件，打造既有全球视野、国际水准，又富有中国风格、中国气派的国际新闻精品佳作。

## （二）对外媒体的建设——提高媒体影响力

国际新闻的媒体是国际新闻三要素中的重要组成部分，不仅是联系事实与受众的重要环节，是国际新闻的事实发现者、新闻发布者，而且掌握着国际舆论的引导权，意义非同一般。③ 当今世界，媒体资讯量猛增，受众注意力

① 刘笑盈. 用中国特色的新闻影响世界——兼论我国国际传播能力的提升途径 [J]. 对外传播，2012（4）：37.

② 王晨. 提升中国国际新闻报道的全球影响力——第十四届中国国际新闻论坛年会上的书面讲话 [N]. 光明日报，2012 - 12 - 9 (8).

③ 刘笑盈. 国际新闻学：本体、方法和功能 [M]. 北京：中国广播电视出版社，2010. 157.

越来越成为社会稀缺资源。为了争夺眼球，使中国新闻"走出去"，对外媒体需要全方位提升自己的竞争力，以提高公信力，增强影响力。

### 1. 提高对外媒体的公信力

所谓公信力，就是媒体所发布的新闻和信息的可信度有多高，以及其在受众中产生的影响有多大。它是媒体赖以生存、发展的基础，也是其立身之本。[①] 从根本上看，媒体的公信力主要受真实、客观、权威、快速等方面因素的影响。其中真实是新闻的生命，也是媒体公信力形成的最核心要素。所以，要增强我国对外媒体的公信力，首先要强化的就是新闻报道的真实性。此外，增强报道可信性的另一个途径就是要大大加强新闻信息来源的可信性和权威性，这样可以有助于树立媒体自身的权威形象。国外主流媒体通常利用这一方法建立和提升自身的公信力。比如在热点问题上，纵观世界一流媒体，我们发现，它们之间的共性就是信息来源权威，独家报道见解独特，拥有各自名牌的主持人、评论员、新闻记者以及品牌栏目等。这些都是媒体获得权威性和公信力的要素。

### 2. 主动设置议程，争夺国际话语权

可以说，西方媒体通常是通过预先设置新闻议题来控制世界舆论话语权的。因此，中国新闻"走出去"，要提升我国对外媒体在国际舆论中的地位和话语权，就一定要争取这种议程设置的权利。目前，我国对外媒体在国际舆论环境中依然陷于"被动挨打"的局面，面对国外媒体对我国诸多问题的"口诛笔伐"，我国媒体通常是在此之后作出回应，这种被动的回应的力量和声音以及对受众的影响力是不能与最先主动设置新闻议题的媒体相提并论的。所以说，要提高国际舆论影响力，我国媒体应主动地设置议题，积极引导那些内容重要、别人关切又于我有利的议题，只有主动出击，才能获得传播的主动权。此外，除了获得传播的主动权，除了设置有利的议题外，还需要积极抢夺国内国际新闻的首发权。信息的发布只有做到又快又准，才能在第一时间抢占国际舆论的阵地，也只有这样，我们才能更加有效地表明自己的态度和立场。

### 3. 运用新媒体技术手段，拓展传播渠道

随着信息技术的发展，网络已经成为跨媒体、跨区域、跨层次的舆论传播媒介，成为舆论生成的策源地。新媒体的发展日新月异，凭借其分散、互

---

① 刘素云，徐琴媛. 中国新闻报道［M］. 北京：中国传媒大学出版社，2011. 107.

动、海量、无界、迅速等特点，网络已成为目前国际传播的重要手段。因此，充分利用互联网技术是我们拓展传播渠道的重要法宝。我们在建设好、运用好、发展好传统媒体的同时，更要建设功能强大、运行高效、安全可靠的网络话语平台。我们要抓住新媒体发展带来的机遇，迎接新媒体提出的挑战，统筹各类传播资源，加快各类媒体形态融合。

## （三）受众差异的考虑——提高传播效果

新闻"走出去"定位首先要考虑的是——"传给谁"，"走到哪"，因此受众就成为对外传播中不可忽略因素。受众是指信息传播运行过程中的信息接受者，是信息传播的目标，按传播者的意图影响受众是信息传播行为的终极目的。只有受众发生传播者所期望的变化，传播者的传播意图与目的才算实现。

中国新闻"走出去"面对的受众文化背景、生活方式、思维习惯和世界观、人生观以及价值观与我们有着很大区别，因此要在"走出去"的过程中，满足新闻传播心理上的接近性原则，努力消除这种客观存在的文化差异性。而要认识这种文化上的差异性，就必须首先了解国外受众接受新闻信息的心理和习惯，了解国外受众的信息需求，并且在报道新闻时，不仅要在内容上满足西方受众的接受心理，还要在写作手法上符合他们的接受习惯。我国媒体的对外新闻报道在国外受众中的公信力并不高，达不到预想效果，主要原因就在于我们的报道写作没有站在对方的角度考虑问题，而是习惯性地用我们自己的文化背景、思维习惯、世界观和价值观来报道新闻、传播信息。[①] 中西方文化的巨大差异性导致我们传播的信息无法被西方受众正确理解和接受，从而影响了传播的效果。因此，我们在对外报道的过程中，要更加接近西方受众的心理和思维方式，增强报道的亲和力与感染力，提升对外传播的技巧，这样才能大大增强我国媒体"走出去"的影响力和公信力。

综上所述，中国在新闻"走出去"的过程中，应特别注意"跨文化"传播的特点，明确东西方意识和文化差异，针对目标国家受众，"投其所好"，消除因传播产生的"误解"，以达到最佳的传播效果。

---

① 刘素云，徐琴媛. 中国新闻报道 [M]. 北京：中国传媒大学出版社，2011.108.

# 文化路漫漫　内外而求索

—— 全球化背景下的中国文化安全

张泉婧

**【摘要】**

在经济全球化迅速发展的今天，文化安全在一国的综合实力中的地位与作用日益重要。西方发达国家的文化扩张战略充斥着中国大地，对包括中国在内的广大发展中国家发起了猛烈的"文化炮弹"，中国的文化安全面临着前所未有的挑战。作为一个文化资源大国，如何在全球化过程中站稳"文化脚跟"，成为中国不得不思考的一个重要课题。本文将对中国文化安全的概念进行简析，并以此为基础探究中国在文化引进和输出过程中需要注意和亟待解决的问题。

**【关键词】**

文化安全　经济全球化　引进与输出

**【作者简介】**

张泉婧，女，汉族，中国传媒大学传播研究院 2012 级传播学硕士研究生。

在当今世界，加拿大著名学者麦克卢汉所强调的"大众媒介已经将人类的触角延伸到世界各地，将人类重新部落化"[①] 的思想仍备受争执，然而其由此得出的"地球村"的结论却早已在全球化发展中深入人心。近年来，中国

---

① 胡正荣，段鹏，张磊. 传播学总论（第二版）［M］. 北京：清华大学出版社，2008. 197.

的国际地位不断提高、综合实力不断加强，也在不断打造自己负责任大国与和平崛起的国际形象，然而始终是一个拥有十几亿人口的发展中国家，在外来商品、文化、价值观充斥华夏大地的形势之下，是喜是忧，是福是祸，国人们不禁纷纷感叹"敢问路在何方"？如果不对"文化安全"有一个清晰明确的认识，对于道路的探索又何从谈起？

## 一 文化意识：不断发展中的安全观

对于文化的定义，可谓百家争鸣，涵盖甚广。一般地说，文化"是一个复杂的整体，包括知识、信仰、艺术、道德、法律、风俗以及作为一个社会成员的人所获得的任何其他的能力和习惯"。[①] 从广义上，文化泛指人类创造的一切物质财富和精神财富的总和；而狭义的文化则是指文学、语言、艺术及包括一切意识形态在内的精神产品。

国家文化安全对于一国的重要程度是与现代化进程相辅相随的。在《共产党宣言》中，马克思和恩格斯曾对这一现代性后果的图景进行了清晰的描述：由于科学技术、世界市场的发展和工业时代的来临，文化的"民族性藩篱"被逐渐拆除，"过去那种地方的和民族的自给自足和闭关自守状态，被各民族的各方面的互相往来和互相依赖所代替。物质的生产是如此，精神的生产也是如此。各民族的精神产品成了公共的财产。民族的片面性和局限性日益成为不可能，于是由许多种民族的和地方的文学形成了一种世界的文学。"[②]

冷战时期两级格局的出现，使国与国之间的竞争以政治、军事和意识形态的对立为主要特征。冷战结束后，在全球化的大背景下，军事力量慢慢褪去威严的光环，经济安全、文化安全、信息安全等在国家安全中的地位和作用逐渐上升。在这其中，国家文化安全主要包括文化政治安全、文化经济安全、文化意识形态安全、文化创新能力安全和文化民族安全等五个方面。[③] 如今的全球化时代，文化对人类社会的发展发挥着日益重要的作用。当和平与发展成为当今社会的两大主题，国家越来越多地利用文化的互动交流及其无

---

① Tylor. E. "Primititive Culture [M]. London: John Murray, 1871, 1.

② 马克思，恩格斯. 共产党宣言 [M] 马克思，恩格斯. 马克思恩格斯选集：第 1 卷. 北京：人民出版社，1995. 143.

③ 汤万文. 多元文化格局中的中国文化安全 [J]. 理论与现代化，2007 (2).

孔不入的渗透性，以实现扩大影响和保护主权的战略目的。

进入新世纪新阶段，中国的对外文化交流频繁，而由经济全球化带来的信息全球化、文化全球化进程的不断加快，使各种文化思想相互碰撞。以江泽民和胡锦涛为核心的第三代、第四代领导集体，通过对国际形势发展和世界各国综合国力状况的分析，对我国在新世纪国际格局中的定位做出了全新规划，提出了"我们国家的安全，归根结底要靠增强我们的综合国力"① 的准确论断，稳步向前地形成了以"互信、互利、平等、合作"为核心的新安全观。扩展到文化领域，新文化安全观必然是在此基础上的交流与融合。

然而，某些霸权主义国家以经济、科技强势为跳板，向弱势文化国家发起文化大战，更是使得国家文化安全问题不容小视，也成为中国构建社会主义和谐社会的一大重点。这个目标的实现，必然离不开文化安全的保障。作为国家安全的主要组成部分，国家文化安全对于中国社会的稳定和国家形象的树立有着举足轻重的理论意义和现实意义。

## 二 警惕引进：兼容并蓄下的权衡

以《功夫熊猫2》为例，熊猫阿宝于 2011 年的儿童节前夕卷土重来，在各国再掀票房高峰。这只憨态可掬的熊猫，带着他的身世之谜，又一次红遍了华夏大地。电影续集盛行是美国电影商业化、娱乐化的结果，是机械复制时代专业化、流行化、大众化的必然。它们拍摄时间短，耗资相对少，创新性略差，但是观众基础广泛，以致《功夫熊猫2》在上映以后，迅速登上票房宝座。以中国文化为背景，以中国"国宝"为主角，无疑是看中了中国这片广大的市场。

然而，熊猫阿宝其实是一只"香蕉熊猫"，外在博大精深的东方元素和内心持久不变的美国价值观的巧妙结合，再加上正义与邪恶、亲情与友情的主题叠加，使该部影片成功掳获了东西方观众的芳心。

事实上，《功夫熊猫2》能取得压倒性的胜利，除了第一部的成功铺垫外，还在于强大的宣传。正所谓"内容为王，渠道扩张"。如今，渠道的来源不再局限于电影转电视、碟片、或主题公园发展轨迹，跨行跨界的合作开始

① 李瑛. 论江泽民的国家安全观［J］. 党政干部学刊，2003（3）：65.

逐渐盛行。早在影片上映之前，梦工厂就通过后端形象授权、衍生品开发、多媒体平台业务等商业运作，先后与全球知名品牌可口可乐、麦当劳、好丽友、雀巢等企业就合作事宜进行了深入洽谈，于2011年3月先后推出了包括运动水壶、背包、毛绒玩具在内的多个系列、几十款《功夫熊猫2》的衍生品，并借助商家资源最大限度地拓大了影片宣传渠道。① 尤其是"熊猫阿宝"和好丽友"熊猫派派"的"一场强强联合演绎的完美无缺"，② 在为电影造势的同时，也把好丽友推出的新产品展现在消费者面前，可谓一举两得。

然而，对待这么一部作品，国人的反应大相径庭。但网上的观后影评倒是褒贬不一，有的夸奖其在换了女导演詹妮弗·余·尼尔森之后，变得幽默中不乏温馨；有的却说第二部明显不如第一部角色分明，幽默部分也牵强生硬，让人失望；有的说这是用中国的东西赚中国人的钱，就像是当年的动画片《梁祝》；更有甚者，认为该片实际上是映射中国政治，中美关系等，呼吁再掀抵制狂潮。

作为当今世界上最发达国家和最大的发展中国家，中美两国互相之间的关注是不可避免的。在这样的时代背景下，中国确实正面临着以美国为首的西方国家的文化扩张和渗透的压力，如何应对这种挑战、维护自身文化安全是中国实现民族伟大复兴的重要一步。也许正如王义桅所说，中国的和平崛起打破了"世界围绕美国转"的神话。世界不是圆的，也不是平的，而是椭圆的，中美是两大圆心。但是，有了"中国可以说不"的口号后，我们是不是什么都要站起来纠正中国的真实形象？历史是中国的，熊猫是中国的。笔者曾看过这么一句话，说中国人似乎总是对历史很执着，对现状很敏感。对于过去的沉溺容易让我们迷失，对于现状的紧张容易让我们激进。学者刘康对此做出阐述：我们现在不应从一个极端走到另一个极端，从十年前对美国的一片热烈浪漫变成今天的一片忿忿嘘声。我们也不必受美国主流媒体和某些政客反华逆流的影响，因为你不仁，我就不义，把问题搅得过于情绪化。我们需要的恰好是冷静和清醒的头脑和眼光……③我们应该看到，在外国人眼

① 功夫熊猫将宣传攻势打进好丽友终端. http://www.enorth.com.cn. 2011 - 06 - 10 16：42.

② 当梦工厂"熊猫"邂逅好丽友"派派". 央视网，2011 - 6 - 14 11：00. http://chinvan.cctv.com/20110614/104907.shtml.

③ 刘康. 中国人觉醒了（代序）[M] //李希光，刘康. 妖魔化中国的背后. 北京：中国社会科学院出版社，1996.5.

里，中国的形象到底是怎样，究竟是哪些符号能够代表中国。"取其精华，去其糟粕"，要实现这八个字，中国还有很长的路要走。

就像耶鲁、麻省理工开设《公开课程》在网上四散而开时，我们可以清醒地意识到这是一种文化价值无形的传播和植入，这确实需要我们去提防、去思考；但与此同时，这些大师课程确实可以带给当代大学生多元化学习的享受。还有美剧、韩剧、泰剧及印度电影在中国的流通中也一波三折，前段时间的美剧禁播似乎落了个无疾而终。完全抵制，真的是对的吗？在当今信息传播时代，又真的能抵制吗？外来文化充斥本土市场，是信息传播发展的必然，否则也就不存在跨文化传播的研究。作为一个兼容并蓄的国家，中国对待外来文化确实要权衡利弊，但也要勇于吸收多元文化。中国需要对外开放，当然不是放任自流，但也不是尖锐地明令禁止。BBC 的纪录片《The Chinese are Coming》，深究中国在全球影响的扩大，也屡屡提到敏感话题。我们在坚决反击西方媒体妖魔化中国的同时，是不是应该思考一下，我们眼中的自己是不是客观的呢？

## 三　特色输出：具有发现文化的眼睛

"文化是民族之根、民族之魂，文化的民族性是一个国家和民族独立生存和发展的深层的、内在的因素"。① 中国拥有上下五千年的历史，地大物博，是名副其实的文化资源大国。然而，中国距离从"文化资源大国"到"文化大国"的转变，还着实有着一段距离。中国不是没有文化资源，而是缺少发现文化的眼睛。一些看上去习以为常的事物，实际上有可能是中华文化非常宝贵的精神、人文财富。

当国外把东方元素和中国特色融入自己的文化产业商品的时候，我们不应该一边享受一边说着"还不是我们中国自己的文化"这种风凉话，而应该反思为什么自己没有发现和利用好如此博大精深的文化因子呢？"当代最引人注目的文化冲突是发生在各大文化领域（文明）和各个社会的内部，而首先不是在它们之间。"② 中国文化安全的威胁实际上来源于内部，西方外来文

---

① 方真后现代文化与当代中国社会［J］. 社会科学战线，2007（2）.

② ［德］迪特·森格哈斯. 文明内部的冲突与世界秩序［M］. 北京：新华出版社，2004. 10 – 12.

化的侵入只是文化安全问题的外因，而外因只有通过内因才能起作用。如果国人自身并不珍惜自身的民族文化，反思自己对于文化的态度，对于文化安全的保护意义，那么又怎么能科学理性地制订真正适合中国的文化安全战略呢？

在多元文化时代，好莱坞大片、英伦贵族风、日韩甜美系风靡全球，在这些国家有意无意的渗透下，人们的生活方式、价值观念都发生了变化。"面对斑驳陆离的文化图景，人们的文化家园变得越来越模糊，以致'我是谁'竟成了问题。这种问题带来的后果，不光是观念上的迷离，更重要的是精神信仰、价值观念的动摇。一旦文化根基发生动摇，整个民族的发展必然面临灾难"。[①] 文化一词，在当今社会，其含义在不断扩展。对于中国而言，不是没有文化底蕴，而是面对拈手即来的文化资源，中国却展现出一种"乱花渐欲迷人眼"的状态。名胜古迹承载着文化，城市形象代表着文化，民族风俗隐藏着文化，服饰饮食也可以发展为各种文化。

2012 年，一部央视纪录频道制作的高清纪录片《舌尖上的中国》，确实让中国纪录片这个听上去生硬严肃的字眼火了一把。此片一经播出，立马引起社会各界广泛关注，一跃成为网络红词，并带来了"舌尖上的清华"、"舌尖上的北大"等网友自拍视频，受到了国内外一致好评。

一部仅有 7 集的纪录片，其收视率甚至超过了同时段的电视剧，成为百姓们茶余饭后的谈话焦点。不仅如此，在 2012 年 4 月 2 日的"第 49 届法国春季戛纳电视节"上，法国纪录片公司的卡特琳娜女士看完《舌尖上的中国》的片花后也表示：片子精彩，质量很高，具备世界水平，她有意购买。[②] 在中国纪录片界，一部纪录片在国内外能获得如此效应，似属偶然。然而，当观看之后，我们会发现，无论是从制作画面的精良质感，还是从内容的真实、辞藻的贴切，都显现出《舌尖》团队精益求精的标准和由此所付出的努力，他们能取得如此成功是实至名归的。《舌尖》团队从大家习以为常的饮食出发，追踪溯源，从食材说起，把一道家常美食的产生所经历的各个阶段的整条产业链娓娓道来，为央视纪录频道和中国纪录片业界的发展，为中国饮食文化的传播，为中国良好的国际形象的构建都做出了突破性的贡献。

---

① 丰子义. 文化发展面临的机遇和挑战 [J]. 理论视野，2009 (9).

② 舌尖上的中国. 百度百科. http://baike.baidu.com/view/2874555.htm.

在 2012 年 12 月 21 日刚刚结束的中国纪录片学院奖颁奖盛典上，颁奖嘉宾中国传媒大学胡智锋教授对于创新一词发表了自己的看法。大致意思是，创新并不是天马行空的拍脑袋决定，而是对于原本就存在的具有价值的事物，别人没有发现，而你发现了并且深刻挖掘到了的一种行为。文化的自觉自醒也是一种发现和挖掘的过程。一滴水珠也能折射出斑斓彩虹，每一个文化事物的背后，都有一个故事。或小桥流水，或气壮山河。不要极力想要面面俱到，只需把一个角落展露无遗，那也可以代表文化的中国。

总之，中国文化安全问题涉及构建社会主义和谐社会的方方面面，无论是在理论上还是在实践上都可谓任重而道远。路漫漫其修远兮，吾将"内外"而求索。在全球化背景下，中国的文化安全，要内外兼修，要纳入到国际的视野下加以考虑。在国与国的博弈中，在人与人的交流里，中国应该做到警惕引进、特色输出，展示其文化最真挚最友好的底蕴。

**参考文献：**

[1] 张俊国，梁勇．论经济全球化背景下的中国文化安全 [J]．湖北行政学院学报，2005（4）：90 – 93.

[2] 张云筝．论中国文化安全问题的主要矛盾 [J]．河南师范大学学报（哲学社会科学版），2005（6）：129 – 131.

[3] 贾丽娟．试论和谐社会构建中的中国文化安全 [D]．河北师范大学，2008.

[4] 余日昌．论当代美国文化安全的战略特点 [J]．世界经济与政治论坛，2010（6）：127 – 139.

[5] 李春林．中国文化安全战略浅议 [J]．国防科技，2007（6）：71 – 73.

[6] 蒋旭东．经济全球化进程中的中国文化安全战略论纲 [J]．哈尔滨市委党校学报，2002（6）：69 – 73.

[7] 朱波，何艳萍．全球化背景下的中国文化安全战略 [J]．理论界，2011（12）：113 – 115.

[8] 蒋旭东．经济全球化背景下的中国文化安全战略论纲 [J]．理论与现代化，2002（6）：62 – 64，73.

[9] 朱传荣．试论面向 21 世纪的中国文化安全战略 [J]．江南社会学院学报，1999（1）：9 – 13.

［10］蒋旭东. 全球化进程中的中国文化安全战略论纲［J］. 江淮论坛，2002
　　　（5）：36－39，23.

［11］许明，花建. 文化发展论［M］. 北京：北京大学出版社，2005.

［12］余同元. 中国文化概要［M］. 北京：人民出版社，2008.

# 微博养生资讯传播规律探究

任玉达

【摘要】

随着社交媒体的发展，越来越多的养生健康资讯借助社交媒体得以传播，本文以新浪微博为例，采用内容分析研究方法，对当前新浪微博中的养生资讯及其传播方式进行初步分析，探讨养生资讯在社交网络中的传播模式和规律。

【关键词】

养生资讯　新浪微博　传播模式

【作者简介】

任玉达，女，汉族，中国传媒大学新闻学院 2012 级传播学硕士研究生。

随着现代人对自身生活质量的要求以及对疾病和身体的认识水平不断提高，人们对健康和养生信息的需求量与日俱增，互联网是获取相关资讯的重要平台，特别是提供海量组织和个人信息的自媒体平台。以新浪微博为例，每天有数十万的养生资讯微博被发表和转发，但这些半专业或非专业的是如何在这个平台上流通的，受众是如何使用这些资讯的尚需要探究。

## 一　互联网健康传播

随着 WEB2.0 技术的发展和网络信息的日益丰富，人们借助互联网搜索自己需要的信息，包括健康信息已是常事。互联网健康传播应运而生，即个体（消费者、病人、护理提供者、专家）与电子或通过电子设备、传播技术来传递健康信息和接受与健康相关的指导和建议。①

　　传统意义上的网络健康传播主要指健康网站的传播，包括：官方健康网站、医疗机构与医学研究网站、社会组织与民间组织健康网站、公共健康网站、传统媒体健康网站、企业健康网站、个人健康网站及网页、博客、播客等。② 这些网站致力于向网民提供健康知识、健康新闻、医疗咨询以及网上挂号、远程医疗等服务。

　　对于公众来说，互联网并非唯一的，也不是最重要的健康传播渠道。但由于它具备快捷、方便、个性化的特点，已经成为各类健康信息传播中的重要途径，特别是在为个人提供信息支持、工具支持，以及建立个人健康计划方面。互联网为受众提供的社会支持，表现在传播健康信息的同时，能够使个体通过分享其他人或组织传递的知识和经验来解决自己的健康问题，从而缓解他们由于日常健康问题产生的焦虑。

　　近年来，互联网上的健康网站越来越多，但普遍存在着重复雷同、可信度低、更新速度慢、用户隐私泄露以及医药广告泛滥等问题。这使得网民也开始批判地看待网上的健康信息。

　　此外，伴随经济的发展，人们的工作和生活节奏加快，越来越多的人受到亚健康问题的困扰，人们对健康问题的定义已经不再局限于疾病，对健康信息的索求也不再局限于去疾病，而是更注重各种疾病的防治、日常健康知识以及养生保健资讯的获取。健康网站大多拥有自己的养生板块，许多门户网站、传统媒体网站也开始推出自己的养生板块，此外还出现了老中医养生网、中医保健网等专门提供养生资讯的健康网站。

## 二　养生微博

　　值得一提的是，随着人人、微博等 SNS 网站的出现和用户的激增，越来越多的养生健康资讯通过社交媒体得以传播，各个社交网站上也出现了以专门提供养生资讯的账号。许多已有的养生网站也在社交网站中设立自己的账

---

① Institute of Medicine（U. S）. Speaking of health: assessing health communication Strategies for diverse populations. Washington, D. C . National Academies press, 2002.

② 张自力. 健康传播学［M］. 北京：北京大学出版社，2009. 273.

号平台，为受众提供即时的健康资讯。

以新浪微博为例，分别以"养生"和"保健"为关键词搜索微博用户，均出现500个以上的认证和非认证用户，微博中的"养生账号"数量可见一斑。这些微博账号大致可分为八类（如表1）。其中包括专业健康传播渠道的微博账号，如健康杂志、报刊、节目、网站、中医专家等，也有以广告宣传为目的的企业账号、产品账号，以及专门传递养生资讯的"草根大号"。同其他"草根大号"一样，养生微博的"草根大号"中自然不乏传媒公司为进行"微博营销"扶植和运营的账号。

表1  新浪微博中的"养生微博"账号分类

| 是否认证 | 养生微博分类 | 养生微博 ID |
|---|---|---|
| 认证 | 健康网站、网站健康板块的官方微博 | 就爱养生网（108万）、养生杂志（8万） |
| | 养生杂志、报刊、节目的官方微博 | 北京卫视—养生堂（14万）、中医养生资讯（17万） |
| | 名医、专家养生账号 | 西木博士（97万）、健康养生—郭宁（60万） |
| | 养生会所、养生产品等的官方微博 | 索菲亚美丽养生（20万）、三修堂养生苑（9万） |
| 非认证 | 提供养生资讯的草根"微博杂志" | 老中医健康养生（20万） |
| | 女性美容减肥草根大号微博 | 美容养生达人（176万） |
| | 养生会所的非认证微博 | 中医养生小常识（12万） |
| | 养生达人或营养师、医生 | 辟谷养生实修者张斌峰（5569） |

通过新浪微博关键词搜索抓取2014年1月19日9点至11点的微博数据（表2）发现，大量有关养生、保健信息的微博正在微博中传递着，其发表和转发者并不一定是以上八类"养生微博"账号，大量认证和非认真的用户都在进行养生资讯的传递。

表2  1月19日9：00—11：00新浪微博中的养生资讯数量

| 关键词 | 微博数 | 转发量 | | |
|---|---|---|---|---|
| | | >10 | >50 | >100 |
| 养生保健 | 4862 | 10 | 2 | 8 |
| 保健 | 41877 | 184 | 53 | 17 |
| 养生 | 49605 | 73 | 49 | 26 |

# 三　内容分析

## （一）研究方法

在对该时段发布的所有转发量大于 100 的微博进行且小于 1000 的 100 个养生微博进行了内容分析，并借助"独到科技"和"知微"两个传播分析网站，对所抓取的微博进行统计数据、转发人群和用户所在地以及传播模式的分析。

## （二）研究发现

### 1．信息呈现方式

养生微博资讯很少以文字的单一形式呈现，在此次调查的样本中，仅有 18 条微博是单独以文字的方式呈现，其他微博均配有图片，其中近三分之一的微博既配有图片，又配有相应的视频连接。

### 2．信息来源

传统的健康信息来源被分为三类：①正式来源，例如医生和其它的健康专家；②媒介来源，例如电视、报纸和杂志等；③非正式来源，例如朋友和亲戚等。①

微博上的养生资讯主要来自：①转自传统的健康传播媒介，如健康节目、养生杂志；②转自健康网站、传统网站的健康板块或养生版块；③个人经验总结；④广告商提供；⑤不明来源。

与传统健康传播相比，微博养生资讯的传播加深了信息的不确定性，社交网络中的健康信息无疑给网民的媒介素养提出了更高要求。

### 3．信息发布 ID 分类

在表 1 的基础上对样本用户 ID 进行编码，研究发现，在此次抽样中八类"养生微博"表现最为活跃的是"健康网站、网站健康板块的官方微博"，其微博数量占样本的 35.0%，"养生会所、养生产品官方微博"和"女性美容减肥草根大号微博"的表现次之。

---

① 徐晓君．以互联网为平台的健康传播研究［D］．广西大学，2007．

值得注意的是，样本中的用户类型认证用户居多，但由非"养生微博"类的其他用户在发布资讯方面同样占据相当份额（18.7%）。这意味着，在新浪微博中，并非只有标榜"养生"的用户在传递着养生资讯，其他类用户同样也贡献了大量的信息，后者对此类信息的传递虽然不是常态，但也足以产生相当的影响力。

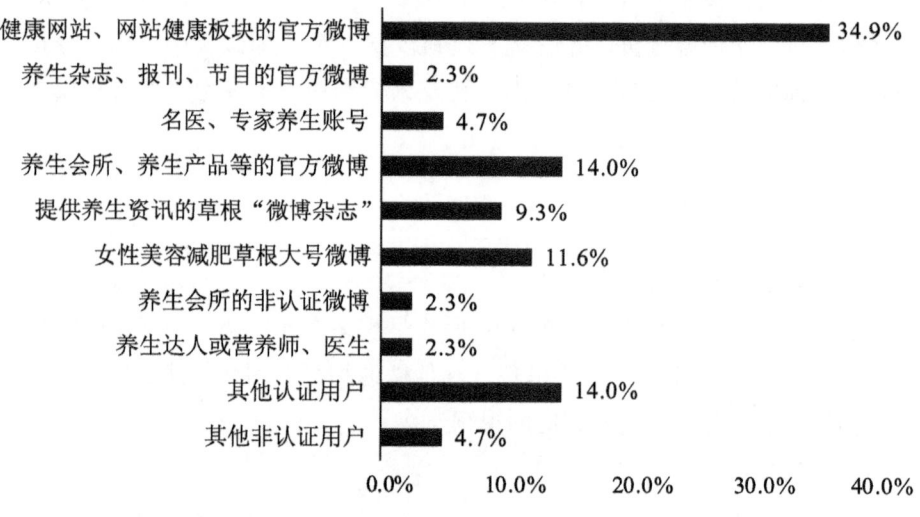

**图 1　样本微博发布者的 ID 类型分布**

### 4. 信息内容分类

样本中的养生信息主要包含六类：食疗保健、女性健康、中医调理、身体调养、养生箴言和广告。其中"食疗保健"类信息最多，33.9%的样本中包含此类信息，"身体调养"和"女性健康"类信息次之，分别占样本量的28.6%和17.9%。值得注意的是部分微博中夹杂了广告信息，有5.4%的样本中包含广告。

### 5. 传播模式

借助传播分析网站，笔者得以对样本的传播模式进行进一步分析。

根据表 2 发现，虽然新浪微博中有大量的"养生微博"，但单条微博的转发量并不高。这意味着，虽然养生资讯大量传递，但单个信息的覆盖率不高。

去掉极值后，样本的平均转发层级为 1.15（方差为 0.02）。平均转发层级：该微博平均每次传播的深度，该值越高，说明微博被转发后更可能被再

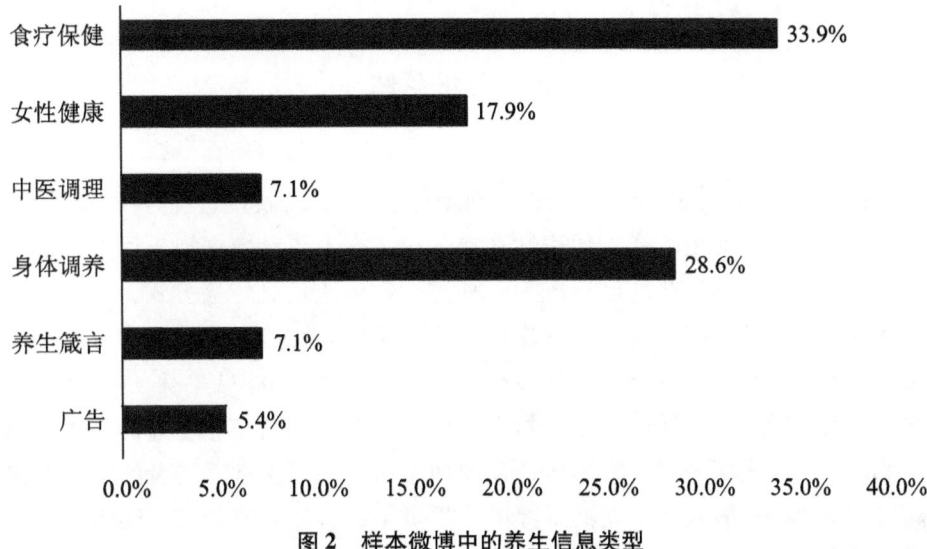

**图 2　样本微博中的养生信息类型**

次转发。①由于所抽样本为传播量较大的"养生资讯",这意味着该类信息的传播层级较低,绝大多数为一次转发。

去掉极值后,样本的非直接转发用户占总量的 32.9%,即有 32.9% 的用户在转发微博的同时对信息进行了评论,说明"养生微博"的受众参与度较高。

综上,新浪微博中"养生微博"的覆盖量较大,但单个微博的覆盖率较低,此类微博虽然传播层级较低,以单次传播为主,但受众的参与度较高。

6. 人口统计

样本的转发用户中女性平均占 64.3%,女性微博用户比男性更倾向于关注养生资讯。

样本中,40.6% 的养生微博其转发用户所在地分布最多的在广州,其次出现频率较高的地区为北京和上海。广东地区的用户对新浪微博中养生资讯的关注明显高于其他地区,其原因值得我们进一步研究。

---

① 独到科技. http://www.doodod.com/doodod/faq.

# 四 分析总结

此次研究初步探究了养生资讯在新浪微博中的传播特点，但样本量较小，通过关键词搜索而得的样本代表性存在争议，样本统计数据缺乏可参照的标准。研究发现，养生微博已经成为一种重要的健康信息传播方式，它与传统媒体的健康传播不同，这是一种建立在社交网络关系基础上的非专业的健康资讯传递，采用大众传播与人际传播相结合的方式：微博是一种建立在信任基础上的收听关系，微博大号对养生资讯的传播增加了信息传递的广度，而一般用户的转发则类似于人际传播，增加了信息的可信性，二者的结合会提高养生资讯的劝服效果。新浪微博中养生资讯的传播效果如何，还需要进一步的受众调查。

◆

传媒研究

# 媒介延伸下的当代设计媒介转向研究

石蒙蒙

【摘要】

在媒介融合的背景下，新媒介与传统媒体交织已经成现代人的信息传播网，设计者、创意者需要打破媒体之间的界限，媒介融合下的设计媒介转向正以势不可挡的力量充斥在我们的生活中。我们要继续探求新媒体为设计创意所提供的可能性以及传统媒体与新媒体之间相互融合所带来的创意灵感，找出设计行为的新的建构方式。

【关键词】

媒介延伸　设计媒介　媒介转向

【作者简介】

石蒙蒙，女，汉族，北京工业大学耿丹学院艺术设计系广告学教研室助教，硕士。

当今科技的迅速发展促使媒介发生着日新月异的变化，新媒介的出现更加无孔不入地融入我们的日常生活与工作之中。媒介延伸在当今社会已是大势所趋，在这种背景下，人们对于媒介的应用从单一的使用转向了不可或缺的依赖，网上购物代替了传统的逛街；QQ 或者 MSN 甚至 Email 代替了面对面交流和手写信；检索方式也已经变成了"百度"或者"谷歌"，人们从头到脚获得了最大程度的解放，媒介表现出来的代替人的各个部分向公共领域的拓展作用发挥到极致。媒介通过延伸满足和控制人们的欲望而表现出唤醒的精神、惊人迸发的动力、与固守相抗争的气势以及为自己赢得位置的野心。人们以前所未有的开放姿态来迎接媒介延伸的"挑衅"和"灾难"。此时此刻，媒介正以一种前所未有的"景观"形式呈现，媒介更是在与设计的融合中确认自己的精神并显示其威力，延伸了我们对完美的渴望。广告依托媒介进行传播，而广告的内容就是设计，因此媒介延伸通过一种成为共识的方式即设计的方式巩固下来并随之得以传递下去，蔓延至生活的各个角落。这种"视觉景观"已经如幽灵般侵袭我们的生活，我们已经自觉的被广告，被携带广告的媒介"自我殖民"了，甚至很多年轻人本身就已经成了"数字原住民"。因此，研究设计媒介的转向将是开拓设计发展新方向的重要分支。

# 一　何谓"设计的媒介"

媒介延伸使得人们的生活在弹指之间得以演化，媒介延伸即是力求拓宽生活广度的传播形式，媒介延伸至何地，信息便能到达何地。正如以前的传统媒体只能在有限范围内进行传播，而随着媒介的延伸，各种新兴媒体，尤其像手机媒体的快速发展，我们依靠手机就可以搜索到我们需要的信息。媒介延伸体现了一种传播的能动性。

当"设计"作为阐释的对象，它的视觉符号便是多重视角融合的产物，视角的融合实质上就是在阐释者与设计者之间构成的一个交互对象。阐释者与设计符号之间始终存在着视角的差异性，同一个符号在不同的阐释者那里产生不同的理解，不同的阐释完全可以用来表达对一个符号的理解，然而任何一种视角都不是封闭的，当理解发生了变化，视角也随之发生了变动，其中，我们在审视设计时，设计的媒介占据了大部分的内容。在这种情境下，对设计的阐释便产生了不固定性。同时，设计作为一种结构形式，它的现在携带者自身的过去，从设计所依赖的媒介运用上体现得尤为明显。

因此，设计需要运用媒介形式与任何一位阐释者进行沟通和交流。设计的媒介是指能够将设计传达出去所依靠的介质，是介于设计者与受众之间的、用以负载、传递设计信息的工具或载体，是传达工具、依赖方式和存在方式。设计的媒介反映了它自身的特点以及存在的形貌，它不仅仅是指材料的物理性质，还指某种文化或者个别设计师所特有的设计风格。设计的媒介被承传，它随着人类物质资源和情感水平的不断发展而不断地被操作、更改与完善，它被润饰，体现人类发现的尺度。设计媒介从最传统的物质性媒介发展到今日的非纸设计、概念化设计，等等，已经极大地改变了传统的设计观念。

## 二　设计媒介的"景观化"

设计的媒介无所不包，我们所追求的设计媒介是无限的，视听嗅触味觉全都囊括其中，因为它已默许了绵延不断的用途作为它存在的方式。媒介之于设计的关系是多方面的，首先，德国著名文艺理论家海德格尔在20世纪50年代所预言的"图像世界"正成为现实，美国当代理论家丹尼尔·贝尔曾断言"当代文化正在变成一种视觉文化。"设计媒介全然已成为一种社会景观而存在，正如居伊·德波所言"就技术层面而言，如果由个别人选择和建构的影像已经无所不在地成为个体与外部世界的主要联系，那么，应当记得，之前的外部世界是人们亲自观察的，而现在这些影像则包罗万象"①。当代的媒介已经成为设计师创作过程的一部分并积极与传统的设计形式相结合进行重新呈现，比如计算机及其软件的广泛应用，促使设计呈现的媒介不仅是传统纸质媒体，更是通过电子媒介来传播。

其次，设计师具有选择媒介的权力。当设计以清晰简明主动的身份得以确定时，设计师拥有了选择传统媒介或者新媒介的权利，媒介在此是服务于设计的，是从属和辅助对象，而它的广泛性也使得设计的界限得以拓展。如果设计师必须存活于整个技术环境之中，就必须允许任何技术媒介都拥有按其特性存在的权利并与之优化融合，设计师应当作出的全部努力是顺其自然地、恰如其分地利用技术媒介的特性，而不应该希图其本性有任何改变。

第三，媒介与设计在很大程度上是相辅相成的。设计并不是封闭的，它指向普通大众，它以最合适的内容、丰富的视觉语言向人们传达信息。设计不能被束之高阁，不能"犹抱琵琶半遮面"，也不可固步自封，它必须是开放的，能与人分享信息的，尤其随着媒介的多样化发展以后，设计可依托的载体也更有选择性。设计需要通过媒介得以表现和传达，他们之间是紧密相连的，依赖不同媒介的设计所表现出的特点也是不同的，只有二者以最佳的方式组合时，设计才能显示其魅力，而媒介也才能彰显威力。

---

① 居伊·德波. 景观社会评论［M］. 梁虹译，桂林：广西师范大学出版社，2007. 10.

# 三 设计媒介的延伸动力

设计媒介的不断拓展导致设计形态的变化所反映出来的内外因：

内因方面，首先，设计媒介的延伸基于设计本身的不断创新而表现出的自我拓展。设计本身的逻辑性、可定位性、可复制性让"设计"这一动态形式本能地与当下的各种技术积极结合，自然地吸纳各种利于设计作品传播和推广的技术手段来拓展和丰富自己。其次，设计师本身对新媒介使用频率的增多也是导致设计形态产生变化的重要因素。设计师作为创作主体，他的主观能动性决定了设计作品的表现形式和载体类型。从设计的角度讲新的设计因素的出现势必推动设计媒介的发展，而设计者本人作为设计的媒介也在变化多端的媒介环境中发生着更主动的改变，从设计理念到设计呈现方式都会遭受前所未有的挑战。

外因方面，首先，基于整个社会趋势的影响，客户对设计师的要求决定了设计媒介的使用范围。设计是服务于人的，所以我们在设计的各个环节都要对客户提出的要求做到尽可能多的满足。客户往往是想利用当下最先进的媒介传播方式来传播自己的企业或者产品，所以在这种条件下，设计师只能按照客户的要求来进行创意。人们的需求，特别是人们精神和心理的需要，需求永远是产生的动力和目的。其次，媒介的方便性、普及性和适用性也给设计师提供了更广阔的设计思路，这也是生产力发展孕育的结果。麦克卢汉说过："技术给我们提供了'自发'的冲动。"① 技术的不断进步，导致设计的载体和媒介不断丰富，设计所依赖的手段也随着媒介的丰富性而变得多样化起来。

# 四 当代设计媒介的转向思考

如今设计已然成为一种传媒经济，在中国创造时期，我们应该看看他国

---

① 麦克卢汉. 机器新娘——工业人的民俗［M］. 何道宽译，北京：中国人民大学出版社，2004.10.

的设计是如何与全球的技术环境相融合的，保持开放沟通的心态，这样才能更好地与整个经济环境同步发展。设计的商业化从来都不是一个值得怀疑的命题，自从上个世纪的工业革命开始，设计就以其促进销售的特殊功能深得商家的器重。尤其在经过设计史上著名的"科隆论战"之后，关于设计的标准化大讨论更给设计确立了自身服务于经济社会的角色和地位。设计师要选择以设计说话，但也不能回避大众。设计，最终是与观者进行交流，设计师的目标就是要有说服力或传递信息，因此设计师不仅要符合自我的审美追求同时也要预测观者的反映。设计是有目的、理性的创作，无论设计如何演变，设计的媒介如何转换，它都不会剥离其核心。

### （一）设计中的平面不仅仅止于平面

在媒介延伸的情况下，以平面设计为例，我们不禁会想到设计中的平面是否止于平面？笔者认为答案是否定的。一个平面要想为人所接受与流传是要有超平面的意义和超越一般界限的魅力的，平面设计的发展会有两个方向：一个是采用突破二维的元素，把三维或者是四维的因素吸收进来，为自己注入新活力、新内容、新载体；另一方面就是它的跨领域发展，被当做元素运用到其他的设计领域中，失去其独立性而作为整体的一个因素或部分，作为要体现目的的一种方式去拓展自己的生存空间。如原研哉为斯沃琪集团设计的标识系统一样，在建筑物入口处设计了一个时间一直在走的并且浮游在空中的表，利用天花板的投影，投射到我们身上不同手表的光影，通过各种技术手段，产生平面设计的效果。这让我们惊叹于时间的无所不在，更惊叹于设计的无所不能。

### （二）平面设计师也不仅仅止于平面设计

与此同时平面设计师是否止于平面设计呢？笔者认为这个答案还是先抱否定态度。一个真正的设计师应该是厚积薄发的专业性人才，如果止于某一类程式不仅不切实际，反而是对自己的一种束缚，故平面设计师的平面设计必须有游刃有余的工作态度，对于非平面设计的范畴也应是理所当然的尝试，多彩世界对于固步自封的止步不前是紧闭的。麦克卢汉曾经认为"媒介即讯息"，这意味着新媒介以旧媒介为内容，新媒介在完成自己"蜕变"的时候，温和而宽容地吸纳了旧媒介，整合了旧媒介的诸多优点，此为媒介即讯息；同时新媒介赋予旧媒介以新的尺度，此为媒介即创意。比如网络的独特在于它以所有之前出现的媒介为内容，想要有新的解决方法，就得向惯例和传统挑战，有创意地运用各种媒介，以此增加设计的魅力。在我们现在的平面设计中，已经出现了与各种新兴媒介相结合的方式来体现作者的理念和创意，比如在我们做过的关于"京剧"的创意海报设计中，大家的创作方式基本都是要通过电脑来完成，运用 PS，Indesign，Illustrater 等新媒体技术来做设计已经完全取代了我们传统的手绘，数字呈现方式也已经取代了传统的纸张表现方式。还有利用数码相机拍摄的方式，将自己的创意表达出来，再经过电脑的后期处理，来完成最终的设计稿的平面表达，如图一、二、三"京剧大餐"，即是利用这种方式来创作完成的。而像这种创意也是必须要通过运用新媒体技术来完成表达的，因为用传统的平面设计方式是不能表现出"京剧"与"大餐"之间的直观联系的。此次招贴，笔者运用我们日常生活中习以为常的各种蔬菜和主食来做关于京剧的创意。京剧文化积淀的深厚底蕴，正如日常食物给予我们营养一般。作品是"旦角"，"净角"，"丑角"。力求在不破坏蔬菜原形的情况下对京剧角色进行表达。阐释我们作为 80 年代的人对京剧的一种观点，更是一种呼吁。在此过程中，设计者需要熟练掌握的不仅仅是平面的知识，还要懂得各种新兴的新媒体技术，新媒体技术势必成为我们做设计时不可或缺的方式。

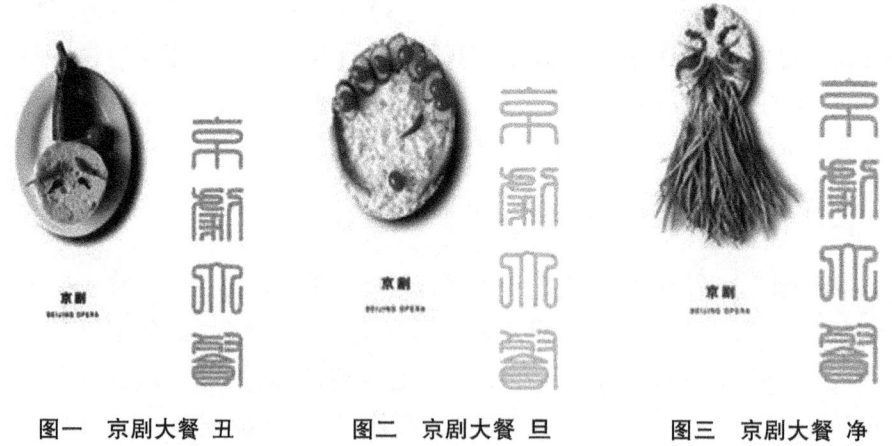

图一 京剧大餐 丑　　　图二 京剧大餐 旦　　　图三 京剧大餐 净

同样，在建筑设计上，现代设计媒介的广泛应用也改变了传统的设计方式。极具后现代主义风格的建筑"体验音乐计划"由著名的设计师弗兰克·盖里进行设计。正是基于对各种先进的媒介技术的运用，盖里才完成了他的体验音乐计划建筑。这座建筑物的激进形式很大程度上依赖于法国航空设计师启用的 CATIA 计算机系统。因为体验音乐计划建筑的形状的特殊性，必须倚重高科技才能完成对其结构等的制作。盖里也说过，他们借助电脑为一个搞电脑的家伙弄了一座建筑。试想如果用最传统的绘制草图的方式来表达他的设计理念，恐怕至今它也仅仅只是一个草图而已，而成不了如今的代表性的"体验音乐计划"。正是借助计算机软件的强大功能，设计师将自己的设计思想和创意通过与科技联姻，才产生了如此震撼的设计作品。当今设计已经摆脱了只有纸和笔的时代，它已经延伸至现在产生的任何一门新的技术媒介的最大化利用。

正是媒介的急剧增长给予设计以广泛的平台，因此，平面设计不止于平面，平面设计师也不再止于平面设计，他们必须适应新的媒介环境，在媒介融合中发挥自己的优势，利用媒介资源而不是被媒介景观所掩盖。设计师要做的就是寻找如何将信息转换为值得受众阅读的内容。设计需要注意，在此，注意力经济便衍生出来，人们必须在有限的注意力上，获取自己感兴趣的那一部分，而设计师要做的就是在受众短暂的注意力中传递信息，利用各种媒介传播方式吸引人们关注自己的设计。

# 五　结　论

设计媒介的拓展效应也是显而易见的，借助新的媒介，设计师的思维得到无限延伸，新的设计作品区别于传统设计作品的根本之处在于传统设计关注设计内容，而新设计则想表明设计的价值在于设计理念以及设计形态的生存语境。新媒介下的设计在多种力量的参与下，实质上变成了过程的艺术，媒介不仅延伸了人类的集体意识，同时也延伸了人类的文化，延伸了人类社会。设计需要与其他媒体组合运用，达到沟通的最大化，在数字移民到数字原住民的过渡时代，如何运用社交媒介积极构建设计的新的存在方式是值得我们探讨的新课题。

媒介拓展只是方式的丰富不是根本的转变基因。这个只是发展的一种结果，可以说这个问题有两面性。媒介的拓展在一定程度上肯定是会给设计带来新概念和发展上的新平台，但是说会最终导致设计的转型未免有点武断；另一方面设计的转型是多方面作用的结果，不能说媒介拓展了设计就要转型，只是有可能，这是一个非必要条件。

**参考文献：**

[1] 马歇尔·麦克卢汉. 理解媒介：论人的延伸 [M]. 北京：商务印书馆，2000.1.

[2] 昆廷·纽瓦克著. 什么是平面设计？[M]. 初枢昊译，北京：中国青年出版社，2006.1.

# 《爸爸去哪儿》节目形态解析

蒋秋雨

**【摘要】**

2013 年 10 月 11 日，湖南卫视全新制作推出的大型明星亲子野外真人秀《爸爸去哪儿》一经播出，以其纪实性融合娱乐性的节目风格，脱颖而出迅速成为国内收视率最高的综艺节目。本文通过分析《爸爸去哪儿》节目定位和形态来探寻其高收视高口碑的原因，并在其基础上浅议真人秀节目发展趋势。

**【关键词】**

亲子真人秀　《爸爸去哪儿》　节目形态　发展趋势

**【作者简介】**

蒋秋雨，女，汉族，武汉大学新闻与传播学院 2013 级研究生。

受传媒消费主义和后现代主义的影响，一场平民选秀狂欢的浪潮席卷中国。2005 年湖南卫视大型选秀节目《快乐女声》开启国内平民选秀时代，然而，在这场狂欢的背后，综艺节目的模式却寥寥可数。音乐类、舞蹈类、相亲交友类、职场类、益智类、户外竞技类真人秀泛滥银屏。选秀黑幕，身份造假、低俗煽情、恶意炒作已经偏离了节目的制作初衷，节目日益严重的同质化现象也造成了观众的审美疲劳。2013 年 10 月 11 日，一档名为《爸爸去哪儿》的明星亲子生存真人秀在湖南卫视播出，连续十期收视率节节攀升屡破纪录。更令人惊讶的是，相比其他火爆节目，《爸爸去哪儿》在观众和业界呈现了几近"零差评"的状态。因此，我们有必要对《爸爸去哪儿》的节目形态进行分析，寻找其高收视零差评背后的深层原因以及社会意义。

# 一 《爸爸去哪儿》节目介绍与定位

2013 年是内地电视综艺节目的"井喷期",音乐歌唱类、相亲交友类、舞蹈选秀类等节目全面开花。2013 年的电视台也忙于购买各种国外节目版权,国内综艺节目开始走出尴尬的"山寨"期,迎来版权意识时代。

《爸爸去哪儿》是湖南卫视在 2013 年第四季度全新制作推出的大型明星亲子野外综艺真人秀,也是湖南卫视继《我是歌手》之后再次从韩国 MBC 电视台引入版权的热播综艺节目。节目于 8 月开始录制,10 月 11 日登陆湖南卫视。该档节目将创新视角对准明星亲子关系,以亲子间温情交流与互动为主旨,由五位父亲与子女担任嘉宾,一起到偏僻的山村或者条件较为恶劣的野外环境下进行两天三夜的户外生存体验。节目为季播,第一季共 12 期,于每周五晚 22:00 同时登陆湖南卫视和金鹰卡通卫士晚间黄金档,实现 90 分钟双星联播。①

就综艺节目本身而言,准确的定位才是保证其生命活力的根本所在。《爸爸去哪儿》超越平民选秀,将节目定位于国内首档大型明星亲子生存体验真人秀。毫无疑问,亲子类的节目概念在国内电视圈内颇具创新意义。随着 80、90 后日渐成为社会主力军,家庭亲子教育已成为其社会生活重要组成部分。面对"父爱"普遍缺失的现状,湖南卫视的这档节目可以说是十分及时,不仅让爱回归,同样也能让初为父母的普通年轻人对育儿有一个全新的认识。中国人向来信奉传统儒家亲情观念,节目所传达的浓郁温馨和谐的亲子关系和回归家庭的美好愿望,直抵面临各种社会生存压力的家长的心灵深处。这种寓教于乐、集娱乐和亲子成长教育于一体的节目形式大获成功也就有其内在必然性了。

《爸爸去哪儿》以其小清新正能量的内容、纪实性融合娱乐性的风格,一经播出便力压同时段其他综艺节目,赢得观众一致好评,创造出口碑与收视齐飞的"绿色收视率"。节目首播收视飘红称霸全国。据 CSM 索福瑞调查显示双网均破 1,其中全国网收视率 1.1,收视份额 7.67,CSM46 城市网收视率

---

① 材料来源:维基百科. http://zh. wikipedia. org/wiki/%E7%88%B8%E7%88%B8 E5%8E%BB%E5%93%AA%E5%85%92.

1.423，收视份额6.74。① 在观众积极踊跃的口碑传播中，第二期收视再创新高，不仅维持同时段排名第一，市场份额较第一期更是突破百分之五十的增长。截止第十期《爸爸去哪儿》收视率一直保持着只升不降势头，同时段排名第一的地位从未动摇。湖南卫视凭借收视率爆棚的亲子节目《爸爸去哪儿》，在节目同质化、竞争白热化的综艺市场上再次巩固了自己的娱乐大佬地位。

## 二 《爸爸去哪儿》节目特色分析

### （一）野外综艺来袭

有别于传统综艺节目都是在摄影棚内制作完成或者以棚内拍摄为主外景拍摄为辅，《爸爸去哪儿》由棚内走进野外，由明星爸爸带领其子女在野外艰苦的生存环境下接受24小时全天候无死角拍摄，全程记录感动与笑点，力求在大自然的环境下还原明星私下最真实的一面。例如，节目第一季邀来林志颖父子、田亮父女、郭涛父子、王岳伦父女、张亮父子联手担任嘉宾。第一站五对嘉宾远离繁华的现代都市豪宅，来到位于北京西门头沟区的灵水村，居住在简陋的民宿里，在或者没有卫生间或者洗澡间等艰苦的生存条件下自力更生。第二站去到位于腾格里沙漠东南角的宁夏中卫沙坡头，在沙漠中接受生存挑战。明星家庭重归平民家庭，面临各种生活窘况和重重生存考验，参与者本人从起初不适应到逐渐融入到社会环境之中，这种戏剧性反差使得早已看惯镁光灯下明星的观众眼睛为之一亮。节目环境的自然化、前所未有的真实体验绝对不同于演播室里的精心编排，成功拉近明星与观众的心理距离，成为创造高收视的重要因素之一。

### （二）嘉宾个性化反差定位

《爸爸去哪儿》的成功还在于明星嘉宾形象的清晰定位。首先，节目组挑战中国最常见的家庭模式——父亲挣钱养家、母亲养家教子。爸爸们由于长期忙于工作，与子女的接触有限，让爸爸照顾孩子这种"反弹琵琶"的节目思路带来的观念反差，能吸引人们带着好奇心看下去。由爸爸单独肩负起照

---

① 数据来源：金鹰网 . http://www.hunantv.com/.

顾孩子饮食起居的责任，让星爸和子女在不熟悉的环境下来完成节目组设置的任务。透过镜头，观众亲眼目睹林志颖为儿子安睡用工作人员的剩饭糊窗，大导演王岳伦为女儿绑辫子额头急出汗的窘态，世界冠军需要安慰情绪失控号啕大哭的女儿，国际名模为儿子劈柴烧菜做饭。去光环化、去符号化之后的明星面临着大众同样的育儿挑战，明星的"草根式"回归进一步消除了与观众之间鸿沟般的距离。

其次，节目组将小嘉宾的目标锁定在4—6岁年龄段既保留了该年龄段孩子的古灵精怪童真童趣，又可以保证节目的顺利拍摄。简单天真的孩子面对复杂陌生的新环境所做出的纯天然反应直抵观众心底，孩子的萌态囧态赢得大量观众的疼爱。节目表现的是儿童真实的内心感受，真实记录孩子在参与过程中的各种状况，重点表现父子父女在相处过程中各自"成长"的过程。

再次，嘉宾身份背景上的差异以及不同育儿方式碰撞，增加了节目内容上的冲突性、戏剧性和观赏性。五位父亲虽均为演艺圈人士，但各自主要活动领域存在差异。林志颖有着台湾文化背景，田亮为前世界跳水冠军，郭涛是著名电影演员、王岳伦身兼导演制片，张亮是中国首席名模。过去明星常被各种光环所笼罩，与大众存在着鸿沟般的距离。节目中嘉宾褪去头上光环回归"草根"，向大众展示其普通人父的一面，和观众共同见证父亲对子女的成长呵护，使屏幕前观众产生参与感和认同感，提升观众对节目的好感度，揽获收视狂潮。

此外，嘉宾唱主角，主持人角色的弱化也是该档节目一大特色。在《爸爸去哪儿》前三期节目中，除了湖南卫视李锐为嘉宾布置任务时作为代理村长和代理主持出镜外，基本看不到主持人的存在。将舞台全部交给嘉宾们，有效地保证了观众注意力的集中，这是节目成功的又一重要因素。

### （三）纪录片叙事故事化风格

电视节目向来追求"内容为王"，好内容造就好口碑。《爸爸去哪儿》节目组每期都会给嘉宾布置多项任务。每项任务都可以看做是一个主题活动，明星嘉宾执行任务的过程实则是一场表演秀。在第二期节目中，围绕林志颖之子Kimi、王岳伦之女王诗龄以及田亮之女Cindy三位小朋友之间的友谊，节目制作组刻意将其与之前某部热播影视剧相联系，增强嘉宾人物关系之间的戏剧性，不断地为节目制造爆点和笑料。第三期沙漠之旅中，节目组只为五个家庭准备了四个帐篷，通过设置矛盾冲突在人文关怀中融入娱乐性，让嘉宾之间的生存竞争激烈化，情节发展故事化。叙事故事化的风格保障了节目的流畅性和完整性。

### （四）后期精心剪辑处理

观众收看综艺节目的目的是为了放松心情，获得快乐。《爸爸去哪儿》的后期剪辑抛弃了传统综艺贴罐头笑声的方法，采取原住民素人观看实况声录制，多角度拍摄、慢镜头回放、字幕、动画、音乐、声效等元素被运用得淋漓尽致。一旦捕捉到小朋友萌态的精彩瞬间，编导会依据画面人物表情、关系创造潜台词和笑点，配上时下流行的魂斗罗和超级玛丽音乐。有趣的字幕、精致的配图、动感的音乐、嘉宾形象卡通画共同烘托出温馨愉快的节目氛围，不断给观众制造"笑果"。

文化研究学派代表霍尔在其编码解码理论中指出：编码者在一个有意义的话语形式内生产符号。信息编码完成后，便开始进入流通环节，也就是信息从编码者被传送到受众的过程。早在节目拍摄期间，节目组在每天早上都会梳理当天拍摄流程，总监制、导演、摄像组之间紧密衔接确定好每个环节的拍摄。摄影师每天要扛着 20 多公斤的器材紧随嘉宾脚步，两名编剧跟在摄影师身后记录拍摄内容以便后期剪辑。占据充足丰富的影像资料后，节目组在后期剪辑处理上，用电视语言重新组织节目，优化了节目内容与结构，使其更加流畅，以更加喜闻乐见的方式传递给受众，强化了综艺节目的娱乐功能。

### （五）互动宣传整合传播

《爸爸去哪儿》的轰动效应，除以其新颖的节目形式、过硬的节目质量来征服观众外，还得归功于制作团队大力地运用整合营销传播。整合营销理论的开创者唐·舒尔茨提出："整合营销传播就是一种适合于所有企业中信息传播及内部沟通的管理体制，而这种传播与沟通就是尽可能与其潜在的客户和其他一些公共群体保持一种良好的、积极的关系。"① 节目未播先火在于湖南卫视敢为天下先的在长沙万达影城隆重启动推出了电视节目首映礼，节目中的五对明星亲子嘉宾与招聘来的全国 30 对亲子齐聚一堂，现场 80 多家媒体

---

① ［美］唐·舒尔茨. 整合营销传播：长造企业价值的五大关键步骤［M］. 王茁、顾洁译，北京：清华大学出版社，2013.

采访了嘉宾和观众最直接最真实的感受，第一时间报道出节目零差评高口碑的效果，吊足了观众胃口。首映四屏联动，呼啦互动升级，这种将看片会、媒体采访和新闻发布会、社会化互动媒体结合起来进行整合传播的方式，也让业界人士耳目一新。再加上湖南卫视频道不间断插播节目精彩预告，节目首播之后，微博、微信朋友圈以刷屏的速度迅速形成热门话题，制作团队为节目量身定制并邀请五对嘉宾共同演绎的主题曲《爸爸去哪儿》也火速登上音乐排行榜热播榜单。制作单位整合优化传播渠道、传播资源，全媒体的传播方式成功造就了信息传播的"规模效应"，引发媒体的广泛关注及观众的翘首期待和积极反馈。

# 三　总结与思考

《爸爸去哪儿》不仅具有综艺节目的娱乐性功能，更是兼具了道德价值导向的功能。商业价值和社会效应上的双重成功，背后更为深层的原因是节目对观众的尊重。有研究显示，中国式家庭教育大部分还停留在空白阶段，很多家庭依赖学校教育来填充家庭教育的苍白，忽视了孩子成长过程中有针对性的家庭教育。不少观众和教育学家，都开始通过它来反思父亲角色在中国家庭教育中的缺失。让父母们通过这样的节目，发现自己在孩子家庭教育上存在的不足，引导家长在孩子的成长中起到更好的带头作用，培养孩子健全的人格和积极向上的人生态度，并增强孩子在成长中的责任感和道德感。

当然，《爸爸去哪儿》绝非一档完全"零差评"节目，随着节目的陆续播出，一些不足也引起了笔者的注意。如观众对节目制作上笑点分布不均、节目内容单一、存在广告植入嫌疑的吐槽，以及对节目在版权方面过度依赖"拿来主义"阻碍中国综艺节目原创力的激烈讨论等。对于这些问题，笔者认为，首先必须得承认《爸爸去哪儿》是中国电视媒体在节目日益同质化的环境下，主动探索寻求差异化的一次成功尝试。海外版权的引进并不必然保障节目的收视口碑，"拿来"只是形式，而成效则取决于节目创新的境界。《爸爸去哪儿》为什么能这样红，非常关键的一个原因是，它把观众的眼睛从歌唱节目的死胡同中解放出来。亲子话题的引爆、户外综艺的形式、"大片化"制作发行模式以及传播过程中新旧媒体融合的运用，都为中国综艺节目发展提供了新的可能和借鉴意义。

**参考文献:**

［1］石义彬. 单向度超真实内爆: 批判视野中的当代西方传播思想研究
　　　［M］. 武汉: 武汉大学出版社, 2003.

［2］［美］尼尔·波兹曼. 娱乐至死［M］. 章艳译, 桂林: 广西师范大学出
　　　版社, 2011.

［3］张立春. 我国电视综艺节目存在的问题及对策［J］. 新闻知识, 2013
　　　（5）.

［4］陈莹峰, 从芳君. 借船出海: 中国电视综艺节目发展新思路［J］. 现代
　　　传播, 2013（10）.

# 试论新闻舆论监督的合法性与体制机制建设

秦学智　　潘振宏

**【摘要】**

围绕新闻舆论监督的合法性问题，对《宪法》、《党章》、《政府信息公开条例》等有关法律法规政策规定以及党政领导人有关讲话精神等进行梳理，对目前新闻舆论监督中存在的问题和对策进行论述，分析民、党、政府和传媒机构四者之间的辩证关系，并以此为基础，对我国新闻舆论监督体制和机制的建设做出几点思考。

**【关键词】**

新闻舆论监督　合法性　问题与对策　体制机制建设

**【作者简介】**

秦学智，男，汉族，中国传媒大学传播研究院副教授，博士。
潘振宏，男，汉族，中国有色十二冶金建设有限公司高级经济师。

新闻舆论监督是社会监督的一种重要形式，是实现民意表达的重要窗口。舆论监督被认为是现代社会除了司法监督、政党监督、行政监督的第四种权力，具有独特的作用和功能。能否发挥好新闻舆论监督的监察社会、督促社会问题解决等保障社会科学发展的功能，取决于新闻舆论监督的合法性、有效性以及体制机制建设等问题。本文重点探讨新闻舆论监督的合法性和体制机制建设问题。

# 一　新闻舆论监督的合法性

舆论是指众人的议论、意见和看法。舆论（本文中不包括那些被操纵的故意造作出来的舆论，如雇佣的网络水军制造出来的所谓舆论）虽不是全部的民意表达，但却是民意的一种重要呈现方式。在舆论的各种形式中，借助大众传播媒介传播的新闻舆论，因其影响力巨大而备受人们关注。而舆论监督，广义上是指国民通过一定的组织形式和传播媒介，对国家和社会事务进行曝光、评议、批评和制约。狭义上是指新闻舆论监督，即国民通过新闻媒体对国家和社会事务，特别是有悖于道德和法律的行为进行曝光、评议、批评和制约，以达到抑恶扬善、促进社会公平和正义的目的。① 整个新闻舆论监督的过程伴随着问题发现、分析和解决的整个过程。那么，作为一种舆论监督的形式，其合法性来自哪里呢？

新闻舆论监督的合法性只能来源于我国《宪法》和有关法律规定的授权，而国家有关政策方针以及国家领导人的讲话精神能够加深和巩固这种确认。换句话说，新闻媒体能够对社会问题进行舆论监督，必须有社会的授权。那么，一个社会中，谁最有权力进行这样的授权呢？

## （一）只有人民才有授权的权力

《中华人民共和国宪法》（2004 年修正，以下简称为《宪法》）第二条规定："中华人民共和国的一切权力属于人民。人民行使国家权力的机关是全国人民代表大会和地方各级人民代表大会。人民依照法律规定，通过各种途径和形式，管理国家事务，管理经济和文化事业，管理社会事务。"这里清楚地表明：只有人民才有权力授权给代表人民利益的机关和组织。

## （二）各级机关必须接受人民的监督

《宪法》第三条规定："中华人民共和国的国家机构实行民主集中制的原则。全国人民代表大会和地方各级人民代表大会都由民主选举产生，对人民

---

① 程少华. 中国古代舆论监督历史探源（上、下）［J］. 新闻研究导刊，2011（4，5）.

负责，受人民监督。国家行政机关、审判机关、检察机关都由人民代表大会产生，对它负责，受它监督。"第二十七条规定："一切国家机关实行精简的原则，实行工作责任制，实行工作人员的培训和考核制度，不断提高工作质量和工作效率，反对官僚主义。一切国家机关和国家工作人员必须依靠人民的支持，经常保持同人民的密切联系，倾听人民的意见和建议，接受人民的监督，努力为人民服务。"这里清楚地表明：各级各类机关和人员必须接受人民的监督。

### （三）国家必须发展为人民服务的新闻广播电视、出版发行等文化事业

《宪法》第二十二条规定："国家发展为人民服务、为社会主义服务的文学艺术事业、新闻广播电视事业、出版发行事业、图书馆博物馆文化馆和其他文化事业，开展群众性的文化活动。"而新闻舆论监督事关社情民意，是新闻广播电视事业发展的重要内容之一。

### （四）我国公民享有人格尊严和言论、通信自由

《宪法》第三十八条规定："中华人民共和国公民的人格尊严不受侵犯。禁止用任何方法对公民进行侮辱、诽谤和诬告陷害。"第三十五条规定："中华人民共和国公民有言论、出版、集会、结社、游行、示威的自由。"第四十条规定："中华人民共和国公民的通信自由和通信秘密受法律的保护。除因国家安全或者追查刑事犯罪的需要，由公安机关或者检察机关依照法律规定的程序对通信进行检查外，任何组织或者个人不得以任何理由侵犯公民的通信自由和通信秘密。"近几年微博等新媒体技术使得新闻舆论监督的范围和形式都有很大拓展，公民通过微博参与新闻舆论监督的数量和质量都在稳定增长，而我国宪法对公民人格权和言论通信自由权的规定，是进行如此活动的权力保障。

### （五）我国公民享有批评、监督和检举等权利

《宪法》第四十一条规定："中华人民共和国公民对于任何国家机关和国家工作人员，有提出批评和建议的权利；对于任何国家机关和国家工作人员的违法失职行为，有向有关国家机关提出申诉、控告或者检举的权利，但是不得捏造或者歪曲事实进行诬告陷害。"当然，我国公民在行使自由和权力的时候必须遵守社会公德和维护祖国集体利益，不得损害国家和集体以及其他

公民合法的自由和权力。因此，我国《宪法》第五十一条规定："中华人民共和国公民在行使自由和权利的时候，不得损害国家的、社会的、集体的利益和其他公民的合法的自由和权利。"第五十三条规定："中华人民共和国公民必须遵守宪法和法律，保守国家秘密，爱护公共财产，遵守劳动纪律，遵守公共秩序，尊重社会公德。"第五十四条规定："中华人民共和国公民有维护祖国的安全、荣誉和利益的义务，不得有危害祖国的安全、荣誉和利益的行为。"《中华人民共和国民法通则》第一百零一条也规定："公民、法人享有名誉权，公民的人格尊严受法律保护，禁止用侮辱、诽谤等方式损害公民、法人的名誉。"

### （六）《中国共产党章程》对党的领导权和党的服务目标的规定

《中国共产党章程》总纲中规定："中国共产党是中国工人阶级的先锋队，同时是中国人民和中华民族的先锋队，是中国特色社会主义事业的领导核心，代表中国先进生产力的发展要求，代表中国先进文化的前进方向，代表中国最广大人民的根本利益。……中国共产党领导人民发展社会主义民主政治。坚持党的领导、人民当家做主、依法治国有机统一，走中国特色社会主义政治发展道路，扩大社会主义民主，健全社会主义法制，建设社会主义法治国家，巩固人民民主专政，建设社会主义政治文明。……切实保障人民管理国家事务和社会事务、管理经济和文化事业的权利。尊重和保障人权。广开言路，建立健全民主选举、民主决策、民主管理、民主监督的制度和程序。加强国家立法和法律实施工作，实现国家各项工作法治化。……党的建设必须……坚持全心全意为人民服务。党除了工人阶级和最广大人民群众的利益，没有自己特殊的利益。党在任何时候都把群众利益放在第一位，同群众同甘共苦，保持最密切的联系，坚持权为民所用、情为民所系、利为民所谋，不允许任何党员脱离群众，凌驾于群众之上。党在自己的工作中实行群众路线，一切为了群众，一切依靠群众，从群众中来，到群众中去，把党的正确主张变为群众的自觉行动。我们党的最大政治优势是密切联系群众，党执政后的最大危险是脱离群众。党风问题、党同人民群众联系问题是关系党生死存亡的问题。党坚持标本兼治、综合治理、惩防并举、注重预防的方针，建立健全惩治和预防腐败体系，坚持不懈地反对腐败，加强党风建设和廉政建设。"党章中这些规定对党和人民的关系作了明确的规定。

### （七）国家领导人讲话精神和政府信息公开条例对新闻媒体进行新闻舆论监督工作的重视和规定

几代领导人都对新闻舆论监督工作高度重视。邓小平同志曾经指出：监督来自三个方面，它们是党的监督、群众的监督、民主党派和无党派人士的监督，而新闻舆论监督是实现这三个方面监督的有效途径，是人民群众行使民主权利，建设社会主义民主政治的重要内容。① 江泽民同志也指出：新闻宣传工作要弘扬时代的主旋律，以正确的舆论引导人，要重视对社会舆论情况和群众思想情况的调查研究，积极反映群众的意见和建议，做好舆论监督。②

前总理朱镕基对舆论监督大力支持。1998 年 10 月 7 日，他专程到中央电视台看望《焦点访谈》节目组的工作人员，并题词："舆论监督，群众喉舌，政府镜鉴，改革尖兵。"2001 年 12 月 6 日，朱镕基在新华通讯社总社各部门负责同志座谈会上再次强调，对不良现象要进行揭露，这样才能得到人民群众的拥护，也才能使人民群众看到信心。③

胡锦涛 2009 年 10 月 9 日在《在世界媒体峰会开幕式上的致辞》中说："在推进改革开放和社会主义现代化建设的过程中，中国政府始终高度重视媒体发展，鼓励和支持中国媒体贴近实际、贴近生活、贴近群众，创新观念、创新内容、创新形式、创新方法、创新手段，增强亲和力、吸引力、感染力，在弘扬社会正气、通达社情民意、引导社会热点、疏导公众情绪、搞好舆论监督和保障人民知情权、参与权、表达权、监督权等方面发挥重要作用。"④

2010 年 8 月 27 日，前总理温家宝在国务院召开的全国依法行政工作会议

---

① 邓小平. 邓小平文选第 1 卷 [M]. 北京：人民出版社，1994. 270－271.

② 郭超人. 关于以正确的舆论引导人的思考 [J]. 党建，1994：(8).

③ 南方日报. 从朱镕基批示看舆论监督权之保障. http://old. nbd. com. cn/newshtml/20110920/20110920131149682. html. 郭超人. 关于以正确的舆论引导人的思考 [J]. 党建，1994：(8). 南方日报. 从朱镕基批示看舆论监督权之保障. http://old. nbd. com. cn/newshtml/20110920/20110920131149682. html. 胡锦涛. 在世界媒体峰会开幕式上的致辞（全文）. http://www. ce. cn/xwzx/gnsz/szyw/200910/09/t20091009_20165313. shtml. 国务院召开全国依法行政工作会议 温家宝作重要讲话. http://news. xinhuanet. com/politics/2010－08/27/c_12492582_3. htm. 习近平在十八届中央纪委二次全会上发表重要讲话. http://news. xinhuanet. com/politics/2013－01/22/c_114461056. htm.

④ 胡锦涛. 在世界媒体峰会开幕式上的致辞（全文）. http://www. ce. cn/xwzx/gnsz/szyw/200910/09/t20091009_20165313. shtml.

上指出："全面推进政务公开。要使公开透明成为政府依法行政的一项基本制度。凡是不涉及国家秘密、商业秘密和个人隐私的政府信息，都要向社会公开。要重点推进财政预算、公共资源配置、重大建设项目、社会公益事业等领域的信息公开。政府所有公共支出、基本建设支出、行政经费支出预算和执行情况都要公开透明，让老百姓清清楚楚地知道政府花了多少钱、办了什么事。面向社会服务的政府部门以及医院、学校、公交、公用等公共事业领域，都要全面推进办事公开制度。""健全行政监督体系和问责制度。要更加重视人民群众和社会舆论监督。要依法保障人民群众直接监督政府的权利。支持新闻媒体对违法或者不当行政行为进行曝光。要正确对待和认真做好行政应诉工作。各级政府和工作人员特别是领导干部，一定要摆正位置，尊重法律、尊重当事人、尊重并自觉履行人民法院的判决和裁定。要进一步加强审计、监察工作。严格行政问责制度，督促和约束政府机关和工作人员依法行使职权、履行职责。"①

2013年1月22日，现任中共中央总书记、中共中央军委主席习近平在中国共产党第十八届中央纪律检查委员会第二次全体会议上发表的重要讲话中指出："要继续全面加强惩治和预防腐败体系建设，加强反腐倡廉教育和廉政文化建设，健全权力运行制约和监督体系，加强反腐败国家立法，加强反腐倡廉党内法规制度建设，深化腐败问题多发领域和环节的改革，确保国家机关按照法定权限和程序行使权力。要加强对权力运行的制约和监督，把权力关进制度的笼子里，形成不敢腐的惩戒机制、不能腐的防范机制、不易腐的保障机制。各级领导干部都要牢记，任何人都没有法律之外的绝对权力，任何人行使权力都必须为人民服务、对人民负责并自觉接受人民监督。要加强对一把手的监督，认真执行民主集中制，健全施政行为公开制度，保证领导干部做到位高不擅权、权重不谋私。"②

新闻出版总署柳斌杰署长也曾针对新闻记者合法权益不断受到侵犯的问题，明确表示，对于侵害记者合法权益，甚至采取非法手段阻止记者正常采访活动的行为，将坚决制止，严正谴责。为了切实维护记者权益，新闻出版总署近几年来出台了《关于保障新闻采编人员合法采访权利的通知》、《关于

---

① 国务院召开全国依法行政工作会议 温家宝作重要讲话. http://news. xinhuanet. com/politics/2010 - 08/27/c_12492582_3. htm.

② 习近平在十八届中央纪委二次全会上发表重要讲话. http://news. xinhuanet. com/politics/2013 - 01/22/c_114461056. htm.

加强新闻采编活动保障工作的通知》等系列规范性文件。①

除了国家领导人以及有关负责人的讲话精神外，《中华人民共和国政府信息公开条例》对行政机关的信息公开工作作了明确规定，这些规定为新闻舆论监督提供了很大便利。第十五条规定："行政机关应当将主动公开的政府信息，通过政府公报、政府网站、新闻发布会以及报刊、广播、电视等便于公众知晓的方式公开。"第二十三条规定："行政机关认为申请公开的政府信息涉及商业秘密、个人隐私，公开后可能损害第三方合法权益的，应当书面征求第三方的意见；第三方不同意公开的，不得公开。但是，行政机关认为不公开可能对公共利益造成重大影响的，应当予以公开，并将决定公开的政府信息内容和理由书面通知第三方。"

## 二　我国新闻舆论监督体制和机制目前存在的问题与对策

改革开放以来，尽管对于我国新闻舆论监督的作用和重要性，党和国家领导人以及历次的人大报告中都有涉及和强调，如十三大报告要求"通过各种现代化新闻和宣传工具，增加对政务和党务活动的报道，发挥舆论监督的作用，支持群众批评工作中的缺点和错误，反对官僚主义，同各种不正之风作斗争"，十四大报告要求"重视传播媒介的舆论监督，逐步完善监督机制，使各级国家机关及其工作人员置于有效的监督之下"，十八大报告要求"更加注重健全民主制度、丰富民主形式，保证人民依法实行民主选举、民主决策、民主管理、民主监督；更加注重发挥法治在国家治理和社会管理中的重要作用，维护国家法制统一、尊严、权威，保证人民依法享有广泛权利和自由。""推进权力运行公开化、规范化，完善党务公开、政务公开、司法公开和各领域办事公开制度，健全质询、问责、经济责任审计、引咎辞职、罢免等制度，加强党内监督、民主监督、法律监督、舆论监督，让人民监督权力，让权力在阳光下运行。"② 但是，由于各种社会体制和机制的原因，我国的新闻舆论监督体制和机制仍然存在着难以令人满意的问题。譬如，（1）新闻舆论监督

---

① 李东东. 在舆论监督维权热线正式开通新闻发布会上的讲话. http://www.gapp. gov.cn/cms/html/21/1018/201011/705735.html.

② 中国共产党第十八届中央委员会第三次全体会议公报. http://news.qq.com/a/ 20131112/016612.htm.

的对象、内容、力度和权限等方面存在较大不足。对中央委员和省部级以上干部监督的权限有限。存在着不敢监督、不能监督和监督不够的问题。（2）当事的实权部门和个人对涉及自己的新闻舆论监督工作的不支持或敷衍。（3）存在对新闻舆论监督人士进行打击和报复以及法律预防和救助不力的现象。（4）新闻舆论监督力量受新闻舆论监督对象的领导，导致被监督对象的领导角色和被监督角色的混同，从而造成新闻舆论监督有名无实的现象。（5）新闻舆论监督者自身素质的低下和不足。（6）有关新闻舆论监督的法律法规和政策规定形同虚设，难以有效实施。新闻舆论监督在体制和机制上还有很多欠缺之处。尽管出台有一些相关法律法规和政策规定，但这些法律法规和政策规定与党制定的一些法律法规和政策规定又存在模糊的地方，具体执行时容易导致无法执行的情况。这也正是制度规定的不完善之处。等等。针对这些问题，有研究者提出八种应对措施，即（1）营造良好的舆论监督的氛围和环境；（2）实行异地监督；（3）加强连续和追踪报道、健全舆论监督的信息反馈和责任追究机制；（4）健全舆论监督与其他监管部门的协调配合机制；（5）建设高素质的新闻工作队伍；（6）加强新闻行业自律；（7）赋予新闻媒体一定的独立自主地位；（8）加强新闻立法。①

事实上，上述对策中的许多也是党和政府一直强调、已经做或正在做的。但是，毋庸讳言，我国新闻舆论监督的现状仍然难以让人满意。我们需要在理清新闻舆论监督方面存在的问题和对策的基础上对新闻舆论监督的体制和机制做出深入的思考和反思。

## 三　对新闻舆论监督体制和机制建设的思考

基于以上对新闻舆论监督合法性、存在问题及对策等问题的探讨，笔者认为，我国新闻舆论监督的体制和机制建设，首先必须遵循我国《宪法》精神，必须符合我国的国体和政体，必须符合我国的国情，必须处理好人民、党、政府和传媒机构四者之间的关系。

如前所述，我国《宪法》对人民、党和政府的权力和机构职能有着明确

---

① 何水福，刘浪．舆论监督的现状、问题及对策．http://rd.bl.gov.cn/show.aspx?nid=4795.

的规定。《宪法》第二条规定："中华人民共和国的一切权力属于人民。人民行使国家权力的机关是全国人民代表大会和地方各级人民代表大会。"第三条规定："全国人民代表大会和地方各级人民代表大会都由民主选举产生，对人民负责，受人民监督。国家行政机关、审判机关、检察机关都由人民代表大会产生，对它负责，受它监督。中央和地方的国家机构职权的划分，遵循在中央的统一领导下，充分发挥地方的主动性、积极性的原则。"我国《宪法》序言中指出："国家的根本任务是，沿着中国特色社会主义道路，集中力量进行社会主义现代化建设。中国各族人民将继续在中国共产党领导下，在马克思列宁主义、毛泽东思想、邓小平理论和'三个代表'重要思想指引下，坚持人民民主专政，坚持社会主义道路，坚持改革开放，不断完善社会主义的各项制度，发展社会主义市场经济，发展社会主义民主，健全社会主义法制，自力更生，艰苦奋斗，逐步实现工业、农业、国防和科学技术的现代化，推动物质文明、政治文明和精神文明协调发展，把我国建设成为富强、民主、文明的社会主义国家。"而传媒从纯粹党的"喉舌"逐渐变成一个受党的领导，但党政分开、半事业半市场化的自主经营、自负盈亏的经营主体。然而，无论传媒体制如何变化，传媒的监测社会环境、协调社会关系、传承文化、提供娱乐等基本功能不会消失，特别是随着传媒体制的改革开放，传媒的新闻舆论监督功能将更为强大，将更能代表人民的声音和更广泛民意的诉求。

如下图所示，人民、党、传媒（机构）、政府四者形成了如下关系：人民是社会的权力所有人，它授予党以执政的权力，授予政府以管理国家事务的权力，同时授予传媒机构以新闻舆论监督的权力。党有领导传媒机构的权力，政府有管理和规范传媒活动的权力，而它们同时又有接受传媒机构舆论监督的义务。传媒机构不仅对党和政府负责，而且更对人民负责。无论是党、政府还是传媒机构都要最终对人民负责，因为它们的权力都来自于人民。

党、政府和传媒机构都各有层级。无论是党、政府还是传媒机构，下一级的机关或机构接受上一级的领导、指导，并对上一级负责。需要指出的是，传媒机构不仅接受上一级传媒机构的领导和指导，对上一级负责，而且接受同级党和政府组织和机关的领导和指导，也对同级党和政府机关负责，更对所属地方的人民负责。无论哪一级的党、政府和传媒机构，都要最终对人民负责，都要以人民的意愿和福祉为旨归。总之，我国新闻舆论监督体制和机制的建设，应当以上述人民、党、政府和传媒机构四者的辩证关系为基础进行。

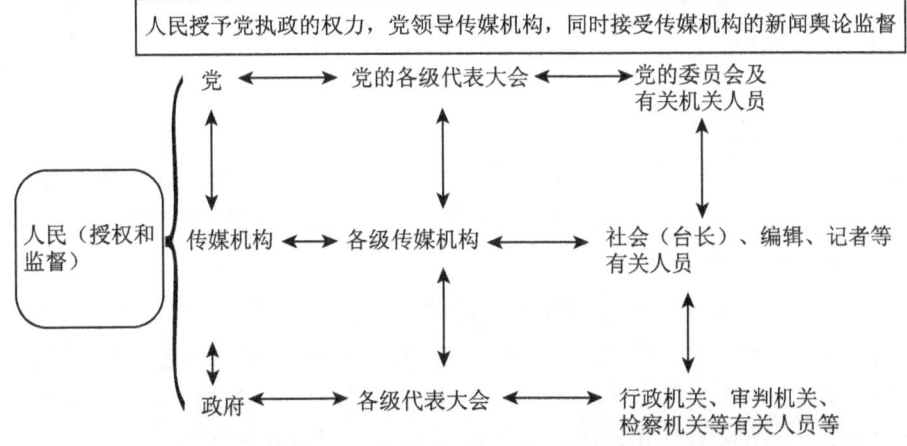

**人民、党、政府和传媒机构关系图**

要处理好党、政府、传媒机构和人民四者的关系，必须以人民利益为根本。如果切实认识到人民利益高于一切，并真正决心做到一切从人民根本利益出发，那么就能切实地摆正新闻舆论监督与社会稳定和发展的关系、新闻舆论的宣传导向与新闻舆论监督的关系、全民舆论监督和专人新闻舆论监督的关系、公权力监督和私权利监督的关系，以及正常新闻舆论监督和借着新闻舆论监督幌子造谣生事、破坏社会稳定的关系，就能从立法的高度完善新闻舆论监督的主体、范围、手段和方式，建立健全全方位、立体化的新闻舆论监督体制和机制，也才能充分有效地发挥公民监督、舆论监督和社会团体监督等社会监督的功能。

其次，我国新闻舆论监督体制和机制的建设，媒体作为新闻舆论监督的主体之一要搞好自己建设，加强自身修养。俗话说，打铁还得自身硬。随着社会经济政治体制和传媒体制的改革开放，我国传媒机构有了越来越多的新闻舆论监督的自由和权力，原来党包办一切的"苏联模式"得到了摈弃。但正如新闻出版总署副署长李东东在舆论监督维权热线正式开通新闻发布会上的讲话中所指出的，"在为不断改善外部舆论监督环境感到欣慰的同时，也应该看到媒体行业中仍然存在的一些不良现象。随着媒体之间竞争的日益激烈，受市场经济条件下各种不良因素的干扰和影响，新闻界的浮躁之风时有抬头，有些媒体和记者的价值观发生了错位。他们或为个人利益或为部门利益，或制造假新闻，或利用手中的舆论监督权，以'曝光'相要挟，搞有偿新闻、新闻敲诈等。这些违纪违规甚至违法的行为，严重违反了新闻从业人员的精神追求和职业道德，不仅损害了一些媒体的声誉，也影响了整个传媒行业的公信力。"① 由此可见，新闻舆论监督不仅仅是新闻媒体外部环境好坏的问题，也是新闻媒体人职业道德操守的问题。新闻舆论监督体制和机制的建设，除了考虑到新闻媒体外部的体制和机制建立健全问题，还要考虑到自身内部体制和机制的建立健全问题。

最后，新闻舆论监督体制和机制建设必须取得法律制度的保障。新闻舆论监督体制和机制的建立健全以专门的新闻法的出台为重要标志。毋庸讳言，尽管《宪法》、有关法规文件和党的有关政策方针规定了新闻舆论监督的权力和正当性（《中华人民共和国政府信息公开条例》、《中华人民共和国突发事件应对法》、《新闻记者证管理办法》、《报刊记者站管理办法》等），但一切对人民负责的精神依然因为种种客观的原因尚未得到全面贯彻和落实，我国急需对《宪法》精神和新闻规律等进行深入细致研究，并早日出台专门新闻法规，以统一和规范新闻舆论监督的权力、责任和义务，将新闻舆论监督工作彻底纳入到对人民利益负责的法治轨道。

---

① 李东东．在舆论监督维权热线正式开通新闻发布会上的讲话．http://www.gapp. gov. cn/cms/html/21/1018/201011/705735. html.

# 中国国家形象宣传片创制特征分析

牛梦笛

**【摘要】**

近些年以来，中国政府以积极的姿态展开对外传播，影像传播就是其中重要的组成部分，由政府主导制作的国家形象宣传片，更是国家形象对外传播中的典型案例。这类宣传片涉及的拍摄领域多样、投资额度高、生产周期长、传播途径丰富、影响力大、并且肩负着塑造国家形象的任务，拥有极其重要的研究价值。本论文是在这样背景下，从国家形象的概念切入，从生产过程进行剖析，探究国家形象宣传片在制作传播过程中存在的成功和不足之处。

**【关键词】**

国家形象　宣传片　生产　传播

**【作者简介】**

牛梦笛，女，汉族，中国传媒大学新闻传播学部传播研究院传播学（国际传播）硕士研究生。

2011年1月12日，《中国国家形象宣传片》在美国纽约时报广场上播放。30秒的短片，20余天的播放时间，8000余次的播放频率，结合中国国家主席胡锦涛主席访美的契机，在海内外引起了极大关注。这次集中投放，也被解读为中国政府进行国家形象攻关的标志。

借重大事件推广国家形象，在中国已经不是第一次。这也被认为是国家形象传播的恰当时机。以影像来传播国家形象的过程中，电视新闻、电视剧、电影等影视产品都起到了相应的作用。而专门制作的宣传片，则是将这种传播集中化、扩大化。

在西方媒体的话语体系中，中国的国家形象一直由国外主流媒体所塑造。而国外媒体根据自己的意识形态和宣传需要，长期以来对中国国家形象的判断存在偏差。负面的报道和误读让西方主流社会对中国的认识十分片面。中国的国家形象模糊、不清晰，甚至带有贬义。这样的报道让世界和中国之间产生了壁垒。偏见引起误解，误解引发冲突。长时间的负面报道使得世界对中国的误读逐渐加深，而更改这些误读十分紧迫和必要。这样的情况，使得中国把对外传播正面国家形象、提升国家"软实力"提高到了国家高度。而正确树立国家形象无疑是"对外传播"布局中核心的诉求之一。影像是突破语言、文字等形式，最能被普世所接受的一种传播样态。通过拍摄宣传片、在短时间内集全力打造中国形象，成为最直接的一种表达方式，也是改变中国在国际社会中总体评价的有效手段。

## 一 制作模式：打破制作常规、倾力制作精品

2009 年 11 月 23 日，中国制造广告正式登陆 CNN。一条标准的商业广告策划和讨论周期一般为一个月，制作和修改周期为一个月。在正常市场运作的条件下，一条广告从征集比稿开始，到修改结束，周期一般不超过两个月。但是实际上，"中国制造"广告片的制作，要追溯到两年前。

2007 年 10 月 23 日，针对西方媒体对中国制造的普遍怀疑，中国国际公共关系协会牵头组织了"中国制造"与国家形象公共关系研讨会。此次研讨会，汇集了来自政府部门、新闻媒体、高等院校以及专业机构的 20 多位专家学者，他们在会上达成了共识："中国制造"遭遇的信誉危机，固然有中国出口产品质量问题，但引起国际媒体广泛的负面报道，公共关系层面上的信息传播和沟通缺位、反应迟缓也是一个主要原因。中国政府和企业运用正确的公关传播策略和有效的危机管理策略进行积极应对刻不容缓。① 这一次的会议，制定了恢复"中国制造"品牌形象的大方向。

随后，商务部公开公布比稿计划，并选择了几家广告公司进行合同比稿。最终，国安 DDB 广告制作公司在竞标中胜出。随后商务部对外宣布，将在全

---

① 于冬.30 秒"中国制造"形象广告幕后［N］.国际先驱导报，2009－12－04.

球范围内推出电视及平面媒体广告，强调"中国制造"良好的质量和安全性能，以此改变海外对"中国制造"的负面看法。①

2009 年 11 月，广告在夏威夷拍摄完成，并于次月在海外媒体播出，在制作过程中，商务部、行业协会同广告制作公司的合作，是符合国际标准的广告操作模式。但由于其中主题意义重大，整个制作周期是普通广告的数倍，而国安 DDB 广告制作公司也表示，这次制作是不计成本的。

## 二　主题营造：熟悉事物陌生化处理

影视创作表现需要遵循一定的规律，而对熟悉事物陌生化处理，是一种常见的表现手法。这就是陌生化理论。陌生化理论源于艺术创作，是俄国形式主义的核心概念。俄国文艺理论家维克多·鲍里索维奇·什克洛夫斯基认为，所谓"陌生化"，实质在于不断更新我们对人生、事物和世界的陈旧感觉，把人们从狭隘的日常关系的束缚中解放出来，摆脱习以为常的惯常化的制约，不再采用自动化、机械化的方式，而是采用创造性的独特方式，使人们面对熟视无睹的事物也能有新的发现，从而感受到对象事物的异乎寻常及非同一般。②

这则广告在策划之中就将陌生化理论作为创作的核心。广告表现的是西方人最普通的生活状态：公园晨跑、家庭聚餐、欣赏音乐、摄影创作、乘坐飞机。这五种情景是生活中最常态的表现。而在影视创作中，却不能是完全对生活的复制，而是要运用不同手段对生活进行加工，使得生活中出现的常态变得不同，在镜头中出现其并不熟悉的一面。选择这五个场景，并且在国外拍摄，目的就是尽最大可能复原西方生活的常态，制造出熟悉化场景。这种场景在平时是熟视无睹、司空见惯的。甚至人们都会对这样的场景产生审美疲劳，但如果能在常态场景中产生陌生感，就会带来受众心理上的变化，从而引起对广告的关注。广告界有一句行话：能引起人们注意你的广告，你推销商品就已成功了一半。因此，将熟悉事物陌生化，是能够吸引观众、从而达到广告营销目的的有效手段。

---

① 于冬. 30 秒"中国制造"形象广告幕后［N］. 国际先驱导报，2009 – 12 – 04.
② 陌生化理论. 百度百科.［OL］. http://baike. baidu. com/view/3160738. htm.

在广告中，采取了商标的方式将熟悉的事物陌生化。鞋舌上标签、冰箱拉门的文字、音乐播放器刻着的产地、服装的标签，都是平时不易察觉的细节。实际上，中国制造的产品在各个领域都大量存在着。而这样的特写、就让人对平时司空见惯的产品有了新一层的感知。观众会因此注意到出现在日常生活中的产品，并形成自己新的价值判断。音乐播放器是不是容易坏掉？鞋的质量是否不堪一击？在比较自己的使用体验后，用户会得到新的心理感知，这种心理感知会对之前媒体传播的信息进行对比，通过广告不断传播和受众自己的判断，逐步形成新的心理感知。世界制造业快速发展，唯一能够识别在哪里制造的标识就是标签。将这样的标签作为表述重点，从正常的生活中提炼出来，是一种新的视觉体验，维克多·鲍里索维奇·什克洛夫斯基在《作为手法的艺术》也认为，"陌生化"并不只是为着新奇，而是通过新奇使人从对生活的漠然或麻木状态中惊醒过来，振奋起来。① 因此，这样的主题营造，是不露痕迹的有效传播。

## 三 表达方式：中国元素全球化处理

有一种说法，叫做民族的就是世界的。人们对这种提法普遍持有两种观点。一种是认同，认为世界是由多少个民族组成的，民族与世界实际上是一个个体与集体的关系，互相依存。而另一种则认为，世界是普遍的，民族是世界中一个特殊的群体，民族的并不是世界的。这两种说法都有它的道理。在中国当今对外传播的内容中，民族性的元素已经成为一个最主要的传播内容。中国的形象龙、汉字、武术、京剧、熊猫等等已经广为西方社会所熟知，这也成为象征中国的符号。但是千篇一律的传播内容使得中国形象过于趋同、民族性被反复强调，融入世界的方式却鲜有创新。在这则广告中，创意有了新的突破。民族主义的概念被弱化，取而代之的是中国元素融入世界环境的新姿态。在这样的创意下，中国的元素没有被刻意表现，只有在标签中的"中国制造"方可显示出来。实际上，在国际品牌的对外传播中，特别是在电视广告的拍摄中，品牌商经常会根据销售国所在地的情况专门制作广告。如麦当劳、肯德基等品牌，在中国播出的电视广告，不仅拍摄地点、演员是在

---

① 陌生化理论．百度百科．[OL]．http://baike.baidu.com/view/3160738.htm.

中国，品牌更是会根据所在国的情况推出不同新的产品来打开销路。除了食品类的商家，这也成为各种品牌海外营销的特有方式之一。主动地融入规则，而不是自己建立规则，不仅在行为方法上更不含侵略性，同时也更容易在同等条件下达到预期的效果。从民族主义的角度来讲，过于"自话自说"，会凸显本民族的优越性，而民族主义者视民族性为排他且非自主，也就是不像其他自主性团体般可自由加入。与其这样的策略会让适得其反，不如主动改变表法方式，将民族主义的叙事方式更加有所弱化，把冲突转化为融合，形成中国融入世界的全新概念。《中国制造》广告，在五个并列的段落中，均采用了这样的方式进行叙事，先后以中国制造携手美国运动科技、中国制造携手欧洲风尚、中国制造携手硅谷软件、中国制造携手法国设计师从四个不同的领域进行了表述，而在最后一个镜头中，则以中国制造携手全球工程师的字幕，将这一情绪累计推向高潮，同时顺利转接到广告的 Slogan 上：Made in China，Made with China（中国制造，世界合作），将广告所要传达的信息一步步地传递给观众，不仅在形式上做到了递进，更是在内容上以融合为线索，来构建一种中国同世界共赢的场景。

## 四　深层意义：中国制造应用化处理

　　"中国制造"在国际上遇到重重困难，如何借助广告化解这样的困难就成为广告的首要目的。除了将熟悉情景陌生化、将中国元素全球化以外，更重要的是，将中国制造从制造的表象中抽离出来，把中国制造的最终产品进行应用化处理。西方媒体对"中国制造"的另一种怀疑的声音，指的是中国目前缺少原创、自主研发的产品，而只是成为加工厂。于是"中国创造"的提法已经屡次被提到案头上来。但是"中国创造"在这种情景下却未必是改善"中国制造"所需要采用的方法。过于激进强调中国在各个方面所取得的成就，迎来的可能是"中国威胁论"的再一次重提。在全球经济危机的时刻，以谦逊的态度，低姿态的方式谋求他国好感的做法，也是处于国际弱势地位的国家有效的公关策略。最早提出媒介生态学的波兹曼认为认识论，我们感知到的世界是处于传播媒介结构中的。梅洛维茨借助戈夫曼"前台与后台行为"的理论，将媒介、空间、情境、行为等概念联系在一起，提出了媒介正通过混合了过去泾渭分明的不同情境，导致人们的行为出现变化，从而影响了社会。① 这则广告借助西方日常视觉定了中国制造的原有刻板印象，从生产情境成功地转移到"中国制造"的应用中。在过去，西方媒体对中国制造的宣传多以工人、工厂、半成品的形态出现，而现在，成品的出现使得中国制造的美感和直接应用通过画面表现出来，将观众的眼光从制造转移到了应用，是一种构建良好国家形象的有效手段。

## 五　结　论

在中国经济高速发展的背景下，中国越来越多地引起世界的关注。但是由于国外媒体对中国国家形象的塑造长期以来存在偏差，使得中国的国内形象和国外形象存在很大区别。这种区别让世界对中国存在误解和偏见，这也成为中国发展所遇到的重要问题。

针对这样的问题，近些年以来，中国政府以积极的姿态展开对外传播，影像传播就是其中重要的组成部分。由中国政府主导制作的国家形象宣传片，更是国家形象对外传播中的经典案例。《中国制造》和《中国国家形象宣传片》两部宣传片的生产和传播，标志着我国迈入国家形象公关时代，意义重大。

这两部宣传片具有鲜明的开拓性，它们在合作模式、主题营造、表达方式等方面上均拥有其独有的特征：政府会以行业最高标准来严格要求，公开招标选择最优秀的广告公司合作；宣传片制作周期为一年以上，大大超过普通广告的制作周期；宣传片的主题更具针对性，当中国制造在受到质疑时，选择以"中国制造、世界合作"的主题进行回应……这一系列的举措，开创了一种国家级形象宣传片的制作模式，具有很强的借鉴意义。

主流媒体的信息权威性使得国际受众乐于或易于接受它所传达的信息。这种情形，使得主流媒体传播什么样的他国信息，国际受众就容易根据什么信息形成对一国的印象，这种印象进而逐渐演变为该国在国际上的国家形象。因此，在传播策略上，政府选择在国际主流媒体上购买广告时段播出宣传片，起到了良好的传播效果；在《中国国家形象宣传片》通过配合国家主席胡锦

---

① 汤筠冰. 从 made in china 看国家形象的视觉建构与传播 ［J］. 新闻记者，2010 （3）.

涛访美进行播出，让传播更具新闻效应；另外，通过新媒体等途径进行媒介整合传播，丰富了传播方式，使得效果更加明显。宣传片的成功制作和传播，也在逐步地改变着中国对外传播的现状。2011 年以来，成都、杭州纷纷依据这种模式生产和传播城市宣传片，以期达到吸引游客、拉动经济增长的目的。

改革开放以来，中国在政治、经济、外交上取得的成就有目共睹，综合实力不断增强。但国家形象却存在着内外不一的情况，让中国的发展受到了制约。主动输出国家形象，不仅可以向世界发声，改变世界对中国国家形象的认识，同时也成为展示中国"软实力"的有效手段。国家形象宣传片以影像的方式塑造并传播了国家形象，丰富了对外传播的手段，也打开了对外传播的新思路。

最近两年中国政府非常重视软实力的提升，其原因无非是随着国力的大规模提高，在全球范围内都产生了越来越巨大的影响。但是，随着中国经济、政治、外交乃至军事实力的增强，也必然带来外界的忧虑和恐惧，毕竟从历史的角度而言，任何一个新兴大国的全力崛起往往意味着地区乃至世界地缘政治的重大变更。所以此类《中国国家形象宣传片》的播出，各界反响不一是能够理解的。另外，中国希望提升自己的国际形象，除了斥巨资拍摄这类广告片外，还要从自己身上找原因，要修文化、立道德，才有可能建立一个具体生动、丰富活泼的国家形象。

总而言之，随着时代向前迈进，良好国家形象的塑造已成为综合国力较量的一个舞台。着眼于尽快提升其公共外交效用，未来中国的国际传播需要我们不断"开动脑筋"，有时甚至需要"更换脑筋"去筹思方略，并因时顺势去精心塑一个让国人骄傲、受世界欢迎的国家形象。思在行先，行胜于言。

# 大数据环境下的隐私保护

张灵然

**【摘要】**

随着互联网、物联网、云计算等技术的快速发展，全球数据量出现爆炸式增长，大数据的发展进一步扩大了信息的开放程度，随之而来的数据隐私保护问题也被人们越来越关注。本文通过对大数据的解释、大数据侵犯隐私的表现以及我们应该如何保护隐私等内容，探讨大数据环境下的隐私保护，以期在网络快速发展的当今保护个人隐私不受侵犯。

**【关键词】**

大数据　云计算　数据开放　隐私保护

**【作者简介】**

张灵然，女，汉族，中国传媒大学经济与管理学院 2013 级企业管理硕士研究生。

大数据技术是继云计算、物联网技术之后 IT 界的又一次颠覆性的变革，数据的开放性要求与个人用户信息的私密性相冲突，是政府、工业界和学术界不得不长期面对的一个两难问题。前美国中情局局长戴维·彼得雷乌斯与其传记作者兼美女记者宝拉布罗德维尔通过 Gmail 草稿箱调情，Google 的强大存储功能记录了这一切，甚至包括位置信息。近期发生的事件：2000 万开房数据被制成文件传到网上，每天有 4 万人次的网友下载，对很多民众造成了严重困扰。美国国家安全局一直进行国内信息监视活动，已收集数以百万计的美国人的信息数据，这一棱镜计划被披露后，在国际上激起轩然大波。此类事例不胜枚举，这就是大数据时代关于隐私和信任的危机。

# 一　何谓大数据

## (一) 大数据的定义和特征

大数据（Big data），或称巨量数据、海量数据、大资料，指的是所涉及的数据量规模巨大到无法通过人工，在合理时间内达到截取、管理、处理并整理成为人类所能解读的信息。[①] 业界（IBM 最早定义）将大数据的特征归纳为 4 个"V"（大量 Volume，多样 Variety，价值 Value，速度 Velocity），或者说特点有四个层面：第一，数据体量巨大。大数据的起始计量单位至少是 P（1000 个 T）、E（100 万个 T）或 Z（10 亿个 T）；第二，数据类型繁多。比如，网络日志、视频、图片、地理位置信息等；第三，价值密度低，商业价值高。第四，处理速度快。

从科学研究到医疗保险，从银行业到互联网，各个不同的领域的共同特点就是爆发式增长的数据量。我们周围到底有多少数据？增长速度到底有多快？在 2000 年的时候，数字存储信息只占全球数据量的四分之一，另外四分之三的信息都存储在报纸、胶片、黑胶相片和盒式磁带这类媒介上。到了 2007 年，只有 7% 的数据是存储在报纸、书籍、图片等媒介的模拟数据，其余全部是数字数据。但是到了 2013 年，世界上存储的数据约达到 1.2ZB，[②]其中非数字数据只占不到 2%。人类存储信息量的增长速度比世界经济的增长速度快 4 倍，而计算机数据处理能力的增长速度比世界经济的增长速度快 9 倍。IDC（IntemetData Center，互联网络数据中心）预计，到 2020 年全球数据量将增加 50 倍。

## (二) 大数据侵犯个人隐私

大数据的主要来源包括大型的电子商务系统、基于互联网的社交网络、电信通话记录和计费信息以及无线传感网络等。在平时生活中，我们几乎每天都要接触电子商务网站、接听电话等，而这些行为无一不在记录着我们的隐私。腾讯曾经推出一款内测产品"QQ 圈子"，可将网上用户按照实际生活

---

① 　维基百科. http：//zh. wikipedia. org/wiki/大数据.

② 　ZB：泽字节，等于 $2^{70}$ 字节.

中的关系自动归类，该功能会根据用户当前 QQ 好友关系、分组名、备注名等信息智能生成圈子，而不会涉及任何用户的聊天内容、历史操作等个人信息。包括腾讯现有的推荐好友功能都涉嫌侵犯个人隐私。当我们在百度输入任何搜索关键字时，我们的爱好、地点、性别等都早已为百度所了解。人们在网上留下的痕迹，无处不在的"第三只眼"监控着每个人的行动，带来权利与自由遭到侵犯的隐忧。

## 二 个人隐私保护的难题

大数据背景下，大部分的数据，尤其是我们的"行为数据"并非我们上传，而是散落在各个地方，例如银行、医院、政府，等等。在这些数据收集的最开始，公司可能并无意用作其他用途，最终却产生了很多创新性的用途。公司很多时候不能征得个人同意，设想如果百度使用信息要征得数亿用户的同意，这不仅是技术上的障碍，也几乎是不可能支付得起的人力物力消耗。所以，要使用任何信息前都经过用户同意是行不通的。

还有人提出匿名化策略，很多时候人们有意识地将自己的信息（比如名字、性别、身份证号）隐藏起来，试图达到隐私保护的目的。但提出这一观点的人忽略了随着数据的越来越大量和各种数据的交叉使用，技术人员可以从这些相互相关的数据里解读出用户的信息，互联网尤其是社交网络的出现，使得人们不自觉地在不同的地点产生越来越多的足迹，这些数据具有累积性和关联性，单个信息可能不会暴露用户的隐私，但是如果有办法将某个人的很多行为信息聚集在一起，个人的隐私就可能会暴露，而这种隐形的数据暴露往往是个人无法预知和控制的。而且如果仅仅因为保护隐私而将所有的数据都加以隐藏，那么数据的价值根本无法体现。所以匿名化在大部分情况下也是不可行的。

## 三 如何保护个人隐私

个人隐私保护关系到国家、社会、公司和个人的利益，如果我们不能正确地处理，会造成巨大的损失和意外。我们应该重视大数据背景下的隐私保护，在利用数据和保护个人隐私中间寻求一个平衡点，以期让大数据发挥更大的作用。

作为国家，以法律规范形式保护用户信息在网络中不受侵犯，已成为我国亟待解决的问题。目前用户信息的收集、存储、管理和使用缺乏规范，更缺乏监管。用户无法确定自己隐私信息的用途，也无法对侵害个人隐私的行为进行指控。在我国，隐私侵犯事件不在少数，但由于相关法律的不完整，使得个人隐私保护难上加难。所以，保护个人隐私，国家应首当其冲，制定相关法律法规，使得隐私保护有章可循，有法可依。

用户信息的直接使用者对个人隐私保护应承担直接责任，数据使用者比任何人都明白他们想要如何使用数据，他们是使用数据的最大受益者，理应对自己的行为负责。建立行业内的规范，比如在使用大规模数据前要评估风险，在使用过程中要对数据严加保密，防止产生泄露，在规定的时间范围内安全使用数据后，要负有删除个人数据的义务并为自己的行为负责。

技术上的革新是大数据时代的鲜明特征，而对技术的创新是我们保护个人隐私的又一利器。我们可以设想以下功能：在云存储时，个人有随时对个人信息删除的权力，而数据使用者不得进行任何有痕迹的存留。另一方面，将数据进行模糊化处理，当运用大数据进行查询时无法得到精确的结果，只有相近的结果，这样既不影响通过分析大数据得出某种结论，也使得个人的隐私得到了很好的保护。当然这需要技术人员的开发以及时间。

个人对个人的行为同样负有责任，在技术如此发达、信息如此开放的今天，在网络中的我们应该树立保护个人隐私的意识，对于发布的个人信息要深思熟虑，不要随意填写较为详细的个人信息，比如住址、家庭关系等，正确看待大数据的双面性。

# 结　语

大数据时代的到来使得全社会日益成为一个整体，在这个体系中大量个人信息的使用无疑给我们的生活带来诸多便利，与此同时，隐私泄露也成为不可避免的难题。我们鼓励创新和进步的同时，也要清醒地看到，大数据的使用和公开都应该是有选择性和原则性的，这不仅受到法律的限制，也是行业内我们必须遵守的准则。

**参考文献：**

[1] ［英］维克托·迈尔·舍恩伯格，肯尼思·库克耶. 大数据时代［M］. 盛杨艳，周涛译，杭州：浙江人民出版社，2013.

[2] ［英］维克托·迈尔·舍恩伯格. 删除：大数据取舍之道［M］. 袁杰译，杭州：浙江人民出版社，2013.

[3] 徐子沛. 大数据［M］. 南宁：广西师范大学出版社，2013.

[4] ［美］艾伯特·拉斯洛·巴拉巴西. 爆发［M］. 马慧译，北京：中国人民大学出版社，2012.

# 电视节目编排比较分析

## ——以济南市三家电视台为例

## 刘 秦

【摘要】

不同频道的节目编排不仅是其节目定位的体现，更是其重要的竞争策略。本文通过对济南地区收视份额最大的三家电视频道，即山东卫视、山东齐鲁频道和济南台新闻综合频道的节目编排进行研究，试图探明他们各自的节目编排理念和竞争策略，期望获得有益的启示。

【关键词】

节目编排　收视率　山东卫视　山东齐鲁频道　济南台新闻综合频道

【作者简介】

刘秦，女，汉族，中国传媒大学新闻传播学部新闻学院 2012 级硕士研究生

"节目编排是指按照观众收视规律和频道定位的要求，将各种类型的节目依时间顺序进行系统的排列和组合，并形成节目排期表"，[①] 有美国的传播学者根据自己的经验估算出对观众规模产生影响的三个因素的大概比例，其中节目选择影响为 40%，节目推广为 10%，而节目编排影响为 50%，从这个比例可以看出节目编排对于频道竞争的重要性。[②]

---

① 刘燕南 . 电视收视率解析——调查、分析与应用 [M]. 北京：北京广播学院出版社 . 2001. 1.

② 徐纯等 . 收视率分析与电视台运营决策 [M]. 广州：羊城晚报出版社 . 2006. 1.

伴随着媒介制度的不断变迁，中国电视节目的编排相应地经历了"竞争意识缺失阶段"、"竞争意识自发阶段"和"竞争意识自觉阶段"，[①]本文通过对济南地区收视份额最大的三家电视频道，即山东卫视、山东齐鲁频道和济南台新闻综合频道的节目编排进行研究，试图探明他们各自的节目编排理念和竞争策略，期望获得有益的启示。

# 一　研究方法

本文采用个案研究的方法，研究济南地区的三家电视台的节目编排。笔者随机抽取了2013年上半年（1－6月）三家电视台为期一周（7：00－23：00）的节目排期表。由于电视台在平日与周末的节目编排存在较大差异，每月的节目排期也可能存在些微调整，所以为了保证节目排期的代表性，本文选择了周一到周日、1－6月全部覆盖的抽取策略，将星期与月份随机搭配，最终的日期选择如表1。

根据随机抽取到的日期，笔者在网站"电视猫"获得了三家电视台在这七天的节目单，采用内容分析的方法，研究三者的节目内容编排比例和编排策略，并通过比对三家电视台全天收视率走势情况，对其节目编排效果进行了分析。

表1　时间抽样

| 序号 | 月份 | 第几个 | 星期 | 日期 |
|------|------|--------|------|------|
| 1 | 6 | 1 | 周一 | 6月3日 |
| 2 | 5 | 1 | 周二 | 5月7日 |
| 3 | 4 | 3 | 周三 | 4月17日 |
| 4 | 3 | 4 | 周四 | 3月28日 |
| 5 | 2 | 1 | 周五 | 2月1日 |
| 6 | 1 | 1 | 周六 | 1月5日 |
| 7 | 6 | 3 | 周日 | 6月16日 |

---

① 胡智锋等．电视节目编排的理念与策略［J］．中国编辑．2007.1.

# 二　三家电视台的节目构成分析

电视台编排策略的不同首先体现在节目构成的差异上。笔者对三家电视台在样本周内播出的各类节目的时间进行了统计，将其节目大致分为信息类节目和娱乐类节目。信息类节目包括全国新闻节目、本地民生新闻节目、新闻评论类节目、宣传题材类节目、法制节目和民生服务类节目，娱乐类节目分为综艺娱乐节目和影视剧。下表是在样本周内三家电视台的节目播出时长构成。

表2　三家电视台一周节目（7：00-23：00）构成（单位：分钟）

| 电视台 | 指标 | 节目类型 | | | | | | | | | | 合计 |
|---|---|---|---|---|---|---|---|---|---|---|---|---|
| | | 信息类节目 | | | | | | | 娱乐类节目 | | | |
| | | 全国新闻 | 本地民生新闻 | 新闻评论类节目 | 宣传题材类 | 民生服务节目 | 法制节目 | 合计 | 综艺 | 影视剧 | 合计 | |
| 山东卫视 | 播出分钟 | 210 | 371 | 114 | 80 | 0 | 910 | 1685 | 443 | 3510 | 3953 | 5638 |
| | 播出比例 | 3.7% | 6.6% | 2.0% | 1.4% | 0.0% | 16.1% | 29.9% | 7.9% | 62.3% | 70.1% | 100.0% |
| 山东齐鲁频道 | 播出分钟 | 315 | 1421 | 0 | 0 | 292 | 90 | 2118 | 45 | 3460 | 3505 | 5623 |
| | 播出比例 | 5.6% | 25.3% | 0.0% | 0.0% | 5.2% | 1.6% | 37.7% | 0.8% | 61.5% | 62.3% | 100.0% |
| 济南新闻综合频道 | 播出分钟 | 555 | 1562 | 600 | 138 | 200 | 8 | 3063 | 70 | 2295 | 2365 | 5428 |
| | 播出比例 | 10.2% | 28.8% | 11.1% | 2.5% | 3.7% | 0.1% | 56.4% | 1.3% | 42.3% | 43.6% | 100.0% |

新闻、电视剧和综艺节目是电视频道的三驾马车，频道定位的不同，使得三家电视台在相应节目的编排比例上存在明显差异。

## （一）山东卫视：全国新闻、本地新闻平分秋色，娱乐类节目比重突出

山东卫视是山东地区唯一的省级上星综合频道，信号覆盖全国，是山东地区面向全国的媒体窗口。山东卫视信息类节目一周的播出时长只占其全部播出时长的29.9%，比重明显小于娱乐类节目。其新闻节目的地域性较弱，

缺少民生服务节目。影视剧的播出时长占总播出时长的 62.3%，平均每天播出 11 集电视剧，加上其综艺节目 7.9% 的比例，娱乐类节目的总体比重突出。面对其他省级卫视以及省内地面频道的双重竞争压力，山东卫视的娱乐类节目比重明显高于其他两个电视台。

### （二）山东齐鲁频道：做强本地民生新闻，剧多综艺少

山东齐鲁频道是山东地区的省级地面频道，在收视率、广告创收等方面名列省级地面频道首位，有超过 1 亿的电视观众。齐鲁频道的信息类节目播放时长占其总播放时长的 37.7%，一周的播出时间比山东卫视多出 503 分钟，本地民生新闻的播出时长是全国新闻播出时长的 4.5 倍，信息类节目地域色彩较强。影视剧依旧占据最大比重，占总播放时长的 61.5%。综艺节目比重较小，只占 0.8%。综合来看，山东齐鲁频道对本地民生服务类信息节目和电视剧的投入较多，新闻的区域色彩较浓，对综艺的投入较小。

### （三）济南台新闻综合频道：主打信息类节目，娱乐类节目比重降低

济南台新闻综合频道是山东省的市级地面频道，频道定位为新闻综合，是济南地区主流的新闻信息传播平台。

济南台新闻综合频道的信息类节目播出时长占其总播放时长的 56.4%，节目类型丰富，包括全国新闻、本地新闻、新闻评论类、民生服务、法制节目、宣传类节目等。基于市级地面频道的定位，本地民生新闻的播出时长最长。娱乐类节目的总体播出比重低，电视剧的播出时长只占到总播出时长的 42.3%，比其他两个频道低了接近 20 个百分点，而综艺娱乐也只占 1.3%。

综合起来，济南台新闻综合频道以信息立台，重点制作播出信息类节目，电视剧的比重明显降低，对综艺节目的投入更小。

## 三　三家电视台的节目编排分析

三家电视台在电视节目类型和比重不同的基础上，形成了各自的节目编排特点。下图是笔者根据样本周内三家电视台的节目单大致绘制的每日基本节目播出时间轴，①代表播出信息类节目，②代表播出电视剧，③是不固定播出综艺的时间段。从中可以看出三家电视台的节目版块区分、时间把握和编排策略。

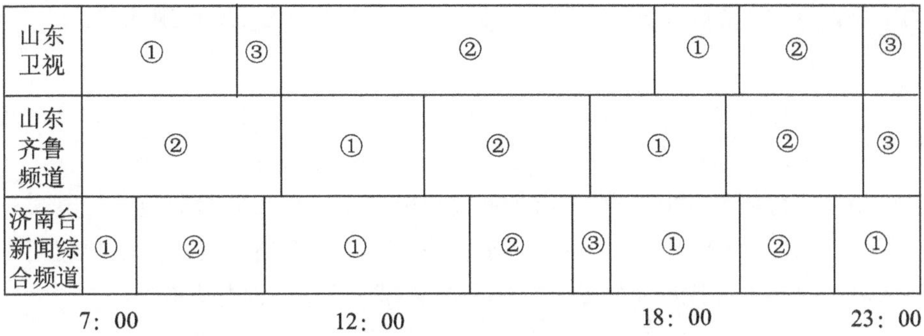

| 山东卫视 | ① | | ③ | | ② | | ① | | ② | | ③ |
|---|---|---|---|---|---|---|---|---|---|---|---|
| 山东齐鲁频道 | | ② | | ① | | ② | | ① | | ② | | ③ |
| 济南台新闻综合频道 | ① | ② | | ① | | ② | ③ | ① | | ② | | ① |

7：00　　　　　　　　12：00　　　　　　　　18：00　　　　23：00

图1　三家电视台每日节目编排（7：00 – 23：00）

## （一）三家电视台的节目编排

山东卫视将一天的节目主要分隔为 4 大部分：信息类节目和娱乐类节目交叉播出。上午 10 点之前和傍晚播出信息类节目，将上午和下午的时间打通，全部播出电视剧，晚间 19 点半以后的"黄金时段"播出电视剧。

山东齐鲁频道的节目版块分为 5 部分，信息类节目在一天中的中午、傍晚和 22 点以后三个时段播出，上午、下午和晚间黄金时段则播出电视剧。

济南台新闻综合频道对节目版块的切割更细，一天中分四个时段播出信息节目，分别是早上 8 点前，中午的 4 个小时，傍晚的 3 个小时以及晚上的 1 个半小时。上午、下午和晚上黄金时段播出电视剧。

## （二）节目编排中的策略分析

中国传媒大学刘燕南教授将电视节目编排策略总结为五大类，即正反类、横直类、拉抬类、导入类和其他，共计十三种策略。笔者通过观察三家电视台的节目排布，总结了他们的节目编排策略。

### 1. 横直类——版块策略

从节目类型的编排区分上可以看出，三家电视台都或多或少地运用了节目编排中的"版块"策略，即将性质相近或诉求对象相同的节目编排在相邻时段，形成版块。这种策略之所以成立是由于两个节目之间存在着较大比例的重复观众，通过紧密的衔接能够将一个节目的观众顺流到下一个节目。

对这一策略运用最充分和有效的是山东齐鲁频道，它的中午时段和傍晚时段的信息类节目类型基本一致，《新聊斋》、《拉呱》、《么敢当》、《小溪办事》、《每日新闻》等都是民生服务类新闻，观众群重复率较高，以明星节目《拉呱》

为中心，将三个节目或四个节目编排在一起，有效地拉宽了高收视区间。

**2. 导入策略**

导入策略也可以称为桥梁策略，它的关键在于"打时间差"，即让节目开始和结束的时间与竞争对手不同，从而使观众尽可能留在自己的频道。

山东齐鲁频道在 19：20 左右开始播出电视剧，比其他两个频道的电视剧早了 20 分钟，而济南台新闻综合频道在中午和傍晚时段比其他两个频道率先进入到信息节目，这种时间差的优势可能会提前聚集一部分观众。

**3. 反向策略**

所谓反向策略是指在同样时段播出与竞争对手不同类型的节目，与竞争对手区分开，从而吸引到观众。

在上午时段，齐鲁台和济南新闻综合频道把重心放在了电视剧上，山东卫视则在 10 点前播出信息类节目，这一策略可能会吸引习惯早上看新闻但不习惯一早就看电视剧的观众。

### （三）节目编排效果分析

下图是三家电视台 2012 年上半年在济南地区的全天收视情况，笔者将根据这一数据进行分析说明。

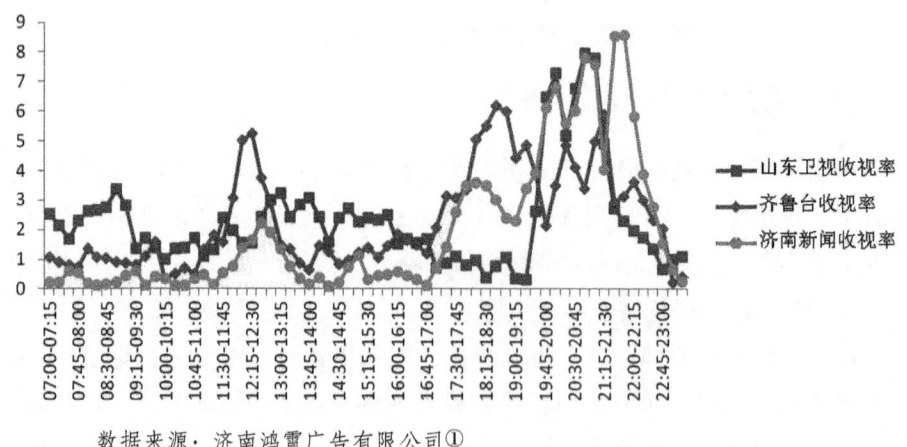

数据来源：济南鸿霄广告有限公司①

**图 2　2012 年上半年三家电视台济南地区全天收视情况**

---

① http：//www. jnhxgg. cn/News. asp？m = 28960&page = 1.

1. 山东卫视

山东卫视在上午10：00前的收视率明显高于其他两家电视台，并在9：00左右形成一个收视峰值，这段时间山东卫视播出的是《早安山东》和《道德与法制》两档信息类节目。与其他两家电视台正好形成反差，吸引到一部分观众。在电视剧时段，下午的收视情况好于上午。

从16：00－19：00，山东卫视的收视率持续下降，在19：00左右到达谷底，相应的是另外两家电视台收视率的持续上升。这表明，山东卫视在傍晚段的节目缺乏吸引力。

从19：00开始，山东卫视的收视率直线上升在20：00形成第一个晚间收视峰值，之后经过短暂回落在21：00左右形成第二个收视峰值。在这个时间段，山东卫视借助电视剧与黄金时段的契合，形成两个收视高点，但是与济南台新闻综合频道相比，它的高收视区间宽度不够，仅持续了1个半小时。

综合来看，山东卫视上午信息类节目和下午的电视剧版块收视较好，傍晚的观众分流严重，黄金时段收视率较高，但高收视区间较窄。

2. 山东台齐鲁频道

齐鲁台在上午11：00之前的收视平平，低于山东卫视。从11：00开始，收视率持续上升，并在12：00左右形成收视峰值，达到5个百分点，形成了近2个小时的高收视区间。这段时间，齐鲁台播出的是《拉呱》等版块式的民生新闻节目。

下午时段的电视剧收视不及山东卫视，但从16：45左右，收视率再次上升，在18：30左右达到6个百分点，形成一个近3个小时的高收视区间，这段时间是齐鲁台第二波民生新闻版块，表现强势。

19：00直到23：00，齐鲁台收视波动较大，整体收视率虽然也较高，但是不及另外两家电视台，电视剧竞争力不足。

总体来说，齐鲁频道在午间时段和傍晚时段的民生新闻属于明星版块，竞争力强，收视强势。黄金时段高收视区间较宽，但收视点不高。

3. 济南台新闻综合频道

整体来看，济南台新闻综合频道在白天的表现不好，收视率低于其他两家电视台，在11：00－13：30之间形成了白天的收视峰值，这段时间播出的是民生新闻类节目。

从16：30开始，济南台新闻综合频道的收视率开始不断上升，接连在晚间形成四个收视高峰，在 21：30 左右达到三家电视台全天中最高的收视点，第一波高收视区间段播出的是《天天讲故事》、《有么说么大社区》和《济南新闻》等民生新闻节目，收视较高，但是不敌齐鲁台同时段同类型的节目。

第 2 和第 3 个收视波峰归功于电视剧，其黄金时段播出的电视剧竞争力较强。

第 4 个波峰对应的是电视剧剧场之后的《今晚 20 分》，属于晚间时段的民生新闻节目，与其他两个播出电视剧的频道形成差异。

综合地说，济南台新闻综合频道白天收视一般，但在晚间，收视态势一路高涨，黄金时段高收视区间较宽，且收视点最高。

# 结　语

山东卫视将目光放眼全国，注重对电视剧和综艺娱乐的投入，电视剧对其收视率的贡献功不可没，新闻没有明显的地域特点；山东齐鲁频道在注重播出电视剧的同时，正在做成一批本地新闻"明星"节目，在中午时段和傍晚时段形成无法匹敌的收视劲头；济南台新闻综合频道主打信息类节目，信息节目类型丰富多样，电视剧的比重相较其他两台明显降低，在晚间，收视态势一路高涨，表现抢眼。

从以上的分析可以看出，三家电视台由于各自的覆盖情况导致了频道定位的差异，最终影响了他们各自的节目播出比例和播出编排，形成了各自的收视效果。

电视节目编排充满了不确定的随机因素，每一次调整都是在冒风险。现实的编排的制定或变化不仅要考虑上面这些基本成型的策略，更要考虑的是现实的诸多环境因素。综合起来，电视编排牵一发而动全身，是踩在钢丝上保持平衡的艺术。

**参考文献：**

[1] 刘燕南. 电视收视率解析——调查、分析与应用 [M]. 北京：北京广播学院出版社，2001.

[2] 刘建明等. 收视率透视 [M]. 北京：中国广播电视出版社，2000.

［3］苗棣等. 欧洲三大综合频道节目编排策略分析［J］. 现代传播，2012（9）.

［4］胡智峰等. 电视节目编排三论［J］. 现代传播，2006（5）.

［5］陈一凡. 节目编排的影响因素与策略［J］. 新闻窗，2013（1）.

［6］卢南飞. 如何"选"与"编"——浅谈电视剧的选择与编排对收视率的影响［J］. 视听，2013（1）.

# 网络对大学生精英意识影响的调查报告

## ——以武汉市七校为例

## 高凯丰

**【摘要】**

精英意识是当代大学生需要而又欠缺的一种价值观，这种价值观的树立不仅需要大学生自身的努力，也需要社会创造的良好环境，而网络是大学生接触的一种重要的大众传媒，是大学生接触外界社会的重要方式。本研究发现，网络对于大学生的精英意识有着重要的影响，网络的舆论、新闻等内容会引导大学生精英意识强化，本文也会根据调查结果对大学生及网络监管机构提出建议。

**【关键词】**

精英意识　大学生　网络　调查研究

**【作者简介】**

高凯丰，男，汉族，武汉理工大学政治与行政学院社会工作 1002 班。

指导老师：周萍（武汉理工大学）

基金项目：武汉理工大学自主创新研究基金项目　　项目编号：126819015

社会精英是能够引领国家正道而行的中坚力量，而大学生又是最有可能成为这中坚力量的一个群体，因此他们对社会精英的认同感和自身的精英意识对社会的发展是至关重要的。网络已经成为人们生活的重要组成部分。一方面，网络可以提供丰富的资源、前卫的信息，丰富人们的精神生活，增强人们的自由、民主、平等、开放意识；另一方面，网络的存在对个人的责任心、诚信度等传统的社会意识产生冲击。在大学生群体的生活中，网络也占有十分重要的位置，因此通过调查网络对大学生精英意识的影响来给大学生和网络监管机构提出建议，以促进大学生精英意识的培养。

近年来，关于我国网络对大学生精英意识影响的研究成果丰富。傅霞对当代大学生思想的由精英转向大众化进行了分析和研究，提出了提高大学生思想水平的方法和对策。① 段徐等分析了在中国 2002 年高等教育毛入学率达到 15% 的背景下，高等教育大众化对于大学生群体中的医学生的精英意识影响的程度，并提出如何培养大学生精英意识的问题。② 孔军辉对北京中医药大学、北京经贸大学、北京体育师范学院的大学生的主要价值观进行了调查分析，发现大学生的价值倾向总体是社会取向的。③ 龚萱等对于大众传媒对大学生价值观的影响进行了调查，研究发现网络对于大学生的价值观影响较大。④ 张英对大学生的责任感不强、利己主义膨胀、贪图安逸生活、蔑视艰苦奋斗进行了批判与思考。⑤ 其他学者对这一问题的研究方式，主要以理论研究、问题探讨为主，如很多都是提出建议，探讨培养精英意识，进行状况及对策研究，然而进行调查研究，通过问卷调查，结构式或非结构式访谈来支撑自己观点的却不多，所以在这一点上需要补充。

大学生精英意识在高校扩招后随大学生人数的增多出现了式微状态，加上大众传媒的大众化文化更加广泛的传播，使精英意识受到了更加严峻的挑战。作为大学生接触最多的媒介，也是对大学生影响最大的大众传媒，网络对精英意识的作用不可小觑。

# 一　研究目的与研究方法

## (一) 研究目的

大众传媒是传播价值观、思想、文化的重要介质，而对大学生来说，网

---

① 傅霞. 高校学生精英意识淡化的原因探析 [J]. 教育探索，2006 (7).

② 段徐，郑明华. 高校医学生精英意识现状的调查研究 [J]. 中国高等医学教育，2010 (2).

③ 孔军辉. 大学生价值观的调查分析 [J]. 中医教育 ECM，第 18 卷，1999 年 (3).

④ 龚萱，任丹. 大众传媒对农科大学生价值观的影响分析——以武汉某农科高校为例 [J]. 东南传播，2008 (8).

⑤ 张英. 当代大学生价值观调查研究 [J]. 科教导刊，2011 (2) (上).

络是接触频率最高的传媒，网络上的各式各样的内容影响着大学生的价值观。精英意识是一种重要的价值观，高校的大学生都是从小到大经过层层选拔的优秀学生，若是他们没有树立正确的观念，挥霍自己的青春，那将是对社会资源的一种浪费。因此笔者希望通过探究网络对大学生精英意识的影响，来对网络经营者提出相关建议，呼吁社会为大学生创造一个良好的社会环境来培养他们的精英意识，同时也希望大学生能够主动地去提高自己的精英意识，在毕业后为社会的发展做出自己的贡献。本研究假设网络接触对大学生精英意识产生影响，网络内容能够引导和强化大学生的精英意识。

### （二）抽样对象和方法

在 2012 年 10 月至 2012 年 12 月期间，笔者在武汉大学、华中科技大学、武汉理工大学、华中师范大学、华中农业大学、中国地质大学、中南财经政法大学这七所 211 （包括 985）高校，采用问卷调查的方法，共发放 700 份问卷，其中回收有效问卷 678 份，有效回收率为 97%。其中大一、大二、大三、大四分别占 25.5%、52.9%、19.6%、1.9%，男生女生各占 50%。有效问卷经编码后输入 VFP，然后采用 SPSS 17.0 统计软件进行数据分析和处理，得出统计结果。在问卷中，将大学生对网络的使用情况从上网的频率、上网的动机、对网络的态度以及常选择何种网络内容这几方面进行提问。将大学生的精英意识细分为了奋斗观念、社会历史主体意识、社会责任感使命感、忧患意识、对学术的态度及创新意识，涵盖主流社会对大学生期望的方方面面，也是一个社会精英做应具备的基本素质。

## 二 研究结果

### （一）网络接触对精英意识影响

根据统计调查结果发现网络对大学生的生活是十分重要的，在被调查对象中有 80.6% 的大学生每天上网一小时以上，36% 的大学生每天上网 3 小时以上，大学生在网络上接触各种各样的信息。因此选择"你使用网络的频率大概是多少？"作为自变量，精英意识操作化后分项相对应的问卷题目作为因变量进行分析：

1. 奋斗观念。如表 1 所示，SIG. = 0.000 < 0.005，两者之间相关关系成

立，即网络接触程度与大学生的奋斗观有联系，但关系不大。用网络接触频率来衡量大学生的奋斗观，只能消减 0.9% 的误差。

**表1　网络接触频率与奋斗观的双变量分析（n=678）**

| 相关变量 | 渐进标准误差 a | 近似值 sig. |
|---|---|---|
| 网络接触频率与奋斗观 | 0.009 | 0.000 |

2. 社会历史主体意识。如表 2 所示，SIG. = 0.079 > 0.005，两者不存在相关关系。因此网络接触程度的高低不会影响大学生的社会历史主体意识。

**表2　网络接触频率与社会历史主体意识的双变量分析（n=678）**

| 相关变量 | 近似值 sig. |
|---|---|
| 网络接触频率与社会历史主体意识 | 0.079 |

3. 社会责任感使命感。如表 3 所示，SIG. = 0.002 < 0.005，两者相关关系成立，网络接触程度高低会对社会责任感使命感强弱有影响。例如在"郭美美事件后，是否认为自身有责任推动慈善事业健康发展？"问题上，每天上网频率在一个小时以上的大学生，超过半数认为有责任，相较于上网时间在一小时以下的人，责任感和使命感较强。

**表3　网络接触频率与社会责任感使命感的双变量分析（n=678）**

| 相关变量 | 近似值 sig. |
|---|---|
| 网络接触频率与社会历史主体意识 | 0.002 |

4. 忧患意识。如表 4 所示，SIG. = 0.000 < 0.005，如同大学生奋斗观与网络接触频率，两者之间虽相关关系成立，但关系不大。用网络接触频率来衡量大学生的忧患意识，仅仅能消减 0.9% 的误差。

**表4　网络接触频率与大学生忧患意识的双变量分析（n=678）**

| 相关变量 | 渐进标准误差 a | 近似值 sig. |
|---|---|---|
| 网络接触频率与忧患意识 | 0.009 | 0.000 |

5. 对学术态度及创新意识。如表 5 所示，SIG. = 0.337 > 0.005，因此网络接触频率对于学术态度及创新意识没有影响，两者之间不存在相关关系。

**表5　网络接触频率与对学术态度及创新意识的双变量分析（n = 678）**

| 相关变量 | 近似值 sig. |
|---|---|
| 网络接触频率与对学术态度及创新意识 | 0.079 |

综上所述，网络接触频率与大学生的奋斗观、社会责任感使命感、忧患意识存在着相关关系，也就是说网络接触频率高的大学生其奋斗观、社会责任感使命感、忧患意识较强，这也与网络上的大量的新闻资讯及评论有关。而网络接触频率与社会历史主体意识、对学术的态度及创新意识之间不存在相关关系。另外，上网动机与精英意识间存在着相关性，但是相关性较小，而对网络的态度与精英意识间不存在相关性。

### （二）网络内容对精英意识影响

调查结果显示，53%的受调查者认为网络内容会影响自己的价值观状况，其中包括精英意识。所以验证了网络对大学生精英意识是有着影响的。不同网络内容对精英意识的不同方面产生不同影响。

1. 奋斗观念。如表6所示，在"你认为网络上的内容对你的奋斗观是否有影响"的问题上，超过半数的人选择了"有影响"，在"网络上我们经常看到社会精英的奋斗历程、社会经历，这对你自身是否有激励呢？"的问题上，有68.7%的受调查者选择了"有的"，因此，网络上大量的精英演讲视频、精英传记以及精英的经历介绍对于提高大学生的奋斗观念是有着促进作用的。

**表6　网络内容对奋斗观的影响（n = 678）**

| 题项 | | | 选项 |
|---|---|---|---|
| 你认为网络上的内容对你的奋斗观是否有影响？ | 有影响 60.4% | 没影响 15.5% | 说不好 24.1% |
| 网络上我们经常看到社会精英的奋斗历程、社会经历，这对你自身是否有激励呢？ | 有的 68.7% | 没有 25.7% | 其他 5.6% |

2. 社会历史主体意识。如表7所示，浏览网络内容的不同对大学生社会历史主体意识有不同的影响。在关于"公益活动"的网络内容中，84.5%的受调查者"愿意"参与或"说不好"是否参与，说明适当的网络内容能够激发这部分大学生的社会历史主体意识。而"你认为下列网络内容哪些提醒自

己应具有社会历史主体意识?"中，63%的受调查者选择了"新闻信息"，从另一个角度证明了网络内容的不同对社会历史主体意识有影响，在网络上常关注新闻信息类、学习类内容的大学生，相较于关注娱乐类内容的大学生，社会历史主体意识较强。

**表7 网络内容对社会历史主体意识的影响（n = 678）**

| 题项 | | | 选项 |
|---|---|---|---|
| 你愿意参与微博或论坛上发起的"网络植树"等公益活动吗? | 愿意<br>64% | 不愿意<br>15.5% | 说不好<br>20.5% |
| 你认为下列网络内容哪些提醒自己应具有社会历史主体意识?（多选） | 新闻信息<br>63% | 学习类<br>47% | 娱乐类<br>12% | 其他<br>9% |

3. 社会责任感使命感。如表8所示，网络上传播的好人好事会增强大学生的社会责任感，说明正向的网络内容能够增强大学生的精英意识，而不文明网络用语和网站的存在也促进了大学生的反思，思考其存在的危害赋予了大学生推动网络文明的责任感和使命感。因此部分负面的网络内容在危害网络文明的同时也推动了大学生的责任感。

**表8 网络内容对社会责任感使命感的影响（n = 678）**

| 题项 | 选项 | | |
|---|---|---|---|
| 网络上对于好人好事等的报道对自身的社会责任感是否是一种激励? | 是<br>72.6% | 不是<br>13.4% | 说不好<br>14% |
| 不文明网络用语和网站的存在是否会让你感到有责任去推动网络乃至社会文明呢? | 是<br>65% | 不是<br>14% | 不清楚<br>21% |

4. 忧患意识。如表9所示，有75%的受调查者认为网络新闻有助于提高自身的忧患意识，说明网络的新闻类内容对于大部分受调查大学生来说是能够培养自身的忧患意识的。

**表9 网络内容对忧患意识的影响（n = 678）**

| 题项 | 选项 | | |
|---|---|---|---|
| 你认为浏览网络新闻是否有助于提高自身忧患意识? | 有<br>75% | 没有<br>10.7% | 不清楚<br>14.3% |

5. 对学术态度及创新意识。如表10所示，网络上的创意物品和想法能够激发70.3%的受调查大学生的创新意识，说明网络创意内容会对创新意识

产生影响。而观看网络创意视频会对 58.5% 的受调查大学生产生积极影响，但由于有部分受调查者没有看过此类内容，所以网络上的创意视频还是对大学生的创新意识是有积极影响的。而关于网络娱乐节目方面的内容，超过半数的受调查大学生认为对学习生活没有促进作用。因此网络内容的不同对于精英意识的影响是不同的，网络上的创新型和励志型内容对大学生创新意识和学术态度有积极影响。

表10　网络内容对学术态度及创新意识的影响（n＝678）

| 题项 | | | 选项 |
|---|---|---|---|
| 网络上有大量的创意点子和物品，对你自身的创新意识有影响吗？ | 有影响<br>70.3% | 没影响<br>15.1% | 说不好<br>14.5% |
| 观看创意网络视频是否能启发自己的创新意识呢？ | 会的<br>58.5% | 不会的<br>12.4% | 不了解<br>29.1% |
| 你认为网络上的娱乐节目对于自身的学习生活有促进作用吗？ | 有<br>29.8% | 没有<br>50.5% | 说不好<br>19.7% |

另外，在推动网络舆论真实化方面，也有 59% 的受调查者认为有责任去推动，这说明网络舆论真实性问题是使大学生感到困扰的问题，不真实的网络内容会干扰大学生的判断，但同时这也激发了大学生的社会责任感，让网络成为一个助推大学生精英意识的途径。

# 三、小结和建议

通过数据分析发现网络接触的频率、程度对于精英意识的各方面影响不尽相同：对大学生奋斗观念和忧患意识，网络接触频率与其之间有着正相关关系，但关系较弱，这点可以理解，毕竟不可能接触网络时间越长奋斗观和忧患意识就越强，另外小部分大学生接触网络的目的可能是游戏等娱乐，这一群体的存在又进一步减弱了其相关关系；对社会历史主体意识和对学术态度与创新意识，网络接触频率与其之间没有相关关系；对社会责任感使命感，网络接触频率与其之间存在着正相关关系，且关系较强，说明对于网络的接触频繁程度增加，大学生社会责任感使命感就会增强，这与大学生这一特殊群体所浏览的相关内容有关，对新闻等类别的关注是双变量相关关系成立的重要因素。调查结果显示网络接触对大学生的精英意识有影响，但影响没有研究假设所设定的强烈，仅仅是对精英意识的部分方面产生影响而不是全部。

而网络内容对大学生精英意识的影响则与研究假设相同。网络内容能够影响到精英意识，两者之间存在着正相关关系。对于精英意识的各方面，网络内容都有影响，说明良好的网络内容能够强化大学生的精英意识，促使大学生由学生向社会人的顺利过渡。

当代大学生处于价值观成长与成熟阶段，因此网络这种对于大学生十分重要的传播媒介对价值观的引导有着重要作用。调查显示出的网络影响的积极和不足的地方都需要加以注意，继续保持好的影响力，减小甚至消除网络对大学生精英意识的不良影响。依据调查结果，并结合调查中显现的问题，提出以下建议：

1. 网络相关监管机构要加强对网络舆论的指引。针对大学生群体受影响大，抗影响力小的特点，多发挥网络对大学生精英意识的积极作用，以促进高校学风建设，为社会储备精英人才。网络上应多一些促进大学生社会责任感的相关内容，而不要一味地批判大学生缺乏社会责任感，否则只会造成大学生的逆反心理，更加缺乏对社会的一种责任，这对于社会最终将是不利的。

2. 大学生自身要加强精英意识的培养。增强自身受网络消极影响的抵抗能力，坚持正确的价值观，对网络的不良内容要自觉抵制，对网络影响自身正确价值观的内容也要正确看待。树立良好的社会责任意识，同时也要继续延续自身的其他精英观念，争取做到更好。同时，痴迷网络也会对自身的精英意识产生不好的影响，因此大学生也应该多参与到社会生活中去，而不要迷恋网络。

3. 网络经营者应有职业道德，不要为了赚取访问量或是其他利益而制造噱头，造成一些非积极价值观叫嚣尘上，让当代大学生受害，最终对社会发展造成不良影响。网络建设者应多做些有意义的内容以进一步增强大学生的精英意识，促使其成为有责任有担当的社会主人翁。

4. 政府应承担起提高人口质量的责任，加强对于高校的意识形态建设，从各方面提高高校在教育学生中所发挥的作用，让高校为社会提供高素质的人才。同时高校也应加强教育，将增强大学生精英意识作为一项重要工作，在教授学生专业课的同时对于大学生的精英意识进行强化，促进其向上奋进。

# 《天桥骄子》全明星赛季节目创新特征分析

## 刘　倩

【摘要】

本文主要选取美国真人秀节目《天桥骄子》全明星赛季内容，从节目人物特征、赛程设计、情感诉求、节目社会性与商业性的结合、节目拍摄手法以及新媒体元素等方面，综合分析了以《天桥骄子》为代表的真人秀节目的创新特征，从而总结对中国真人秀节目的参考借鉴价值，如何提高节目的传播效果。

【关键词】

《天桥骄子》　真人秀　创新特征

【作者简介】

刘倩，女，汉族，中国传媒大学传播研究院 2012 级国际新闻专业硕士研究生。

《天桥骄子》是美国一档真人秀节目。真人秀节目通常指由制作者制定规则，由普通人参与并录制播出的电视节目。真人秀节目通常以纪实为特色，即为"真"；同时要以人为核心，突出展示人的个性特点，普通人生活中最真实的流露，即为"人"；还要制定相关的游戏规则，让人们把个性差异展示出来，并且过程要具有观赏性、趣味性，能够吸引大众，即为"秀"。而《天桥骄子》即"Project Runway"是一档时装设计类美国真人秀节目，节目旨在为天才设计师提供一个展示自己精湛设计才华和独特审美观的机会。节目开播以来屡次获得艾美奖提名、荣获文化成就奖。该节目由 Bravo 电视台制作，由超级模特海蒂·克鲁姆主持。由顶级时尚专家担任评委，每季大概 12 至 13

名参赛设计师，每次节目都有一个主题人物，在规定时间、规定地点和规定材料的情况下完成要求的设计任务，整个设计过程都将被节目记录并播出，节目以淘汰制进行，每期节目淘汰一名选手，最终三名选手进入总决赛。

在全明星赛季中，同样是在美国纽约进行，本季比赛邀请到 13 位在之前比赛中进入前五名但未获得总冠军选手参加，每个选手都具有鲜明的特色。节目以全新的规则、裁判、全新的方式进行，给选手制造更大的挑战，设置更加意想不到的主题、更少的设计经费、更加新奇的材料以及更加紧张的设计时间，使得整季节目更加引人入胜，更具吸引力和趣味性。它曾入围《时代》杂志评选的"年度最佳电视节目"榜单，理由为：具体入微地呈现出"艺术最难呈现的创意过程。"[①]

# 一 《天桥骄子》节目人物特征

从人物特征来说，虽然评委、顾问都有所更新，加入了更多时尚界的大牌明星，但评论风格并没有改变，依旧是延续前几季的"毒舌"风，点评中喜好分明，一针见血地点出服装的优劣，因此评委的本色点评以及选手听到点评后的真实反应依旧是该节目的一大看点。

但是在这里，主要分析一下全明星赛季的选手特点。由于该季选手都是从前几季中选出的最具才华或特点的出色选手，因此选手的整体水平有所提高，设计议题的难度也普遍增大，成为该赛季的一大看点。该赛季的选手共十三名，其中虽然该节目以设计为主，对参赛人群有一定的技术要求，但并不影响参赛选手的多样化，在全明星赛中依旧如此。其中包括同性恋、单身妈妈、非洲裔美国人等，体现了节目的多元化色彩，以及平等自由的价值观。在这个擂台上，无论是否是社会中的边缘人群，都可以在这里凭借实力光彩照人，实现自己的梦想，在这里人人平等，享有同样的机会。该节目通过对选手的选择，渗透了美国的价值观，与观众心理达成契合，同时也体现了美国文化，把文化价值和自我个性融入创作的作品中，用作品表达感情，沟通情感，在情感价值上得到了观众的认可与关注。

同时，该季的选手很多位明星选手，如第一季的 Austin ，第八季的 Mon-

---

① 石岚. 赢在时尚真人秀——天桥骄子 [J]. 新闻世界，2010.5.

do，选手们各具特色个性迥异，在节目中真实地展现出了矛盾冲突与温情团结的一面，如 Mondo 在其中一期因找不到灵感而自闭，不与伙伴交流，闭门设计，晚餐时与同伴的冲突，以及其他选手面对困难时的相互鼓励等。这些对选手生活中看似无用的细节的抓取，更加真实地向观众展示了选手的个性特色，让观众感同身受地体会设计过程中的艰辛，而不仅仅只是看到光鲜亮丽的设计成果，用真实的设计过程来打动观众，而不仅仅是在结果上设计悬念。

## 二　赛程设计

在整个赛程设计中，整体节奏性更强，时间更为紧张，设计任务更具挑战性。如在最后一期总决赛中，他们被要求在 4 天时间里完成六件衣服的设计，形成一迷你系列，紧张的时间与看似不可完成的任务进一步吸引了观众的眼球，让观众的心情随着设计师的紧张工作而跌宕起伏。这就要求对节目规则强度有高度的把握，既能达到挑战选手能力极限的目的，又不会让选手完不成任务处于尴尬境地。

除了更好的节奏性以及紧张的时间控制，在本赛季中该节目还大胆改变节目规则，节目形式灵活多变，对观众设置了更多的悬念，时刻使节目保持新鲜感。除了和其他赛季一样的每期节目运用天马行空的创意为参赛者指定任务，如给特殊体型的卡通人物 MRS PIGGY 设计，用发光材料设计，从冰激凌或国旗来寻找设计灵感以外，该赛季还在最终任务中加入临时要求。如要求在 4 天时间里完成六件衣服的设计之后，又给最终参赛的三名选手每人配一名已经被淘汰的选手作为助手，帮助他们从以前设计衣服的废料中再完成一件同系列的衣服。对于设计师来说，伙伴的加入不一定总是好事，很有可能会因为设计理念不同而成为灾难。因此通过节目规则的灵活变化，为选手增加挑战的同时也吊足了观众的胃口，把选手的心态变化，矛盾冲突清晰地展现在观众面前。

## 三　情感诉求

这里的情感诉求，是指融入节目叙事方式中的一条暗线。这一点和新闻访谈类节目有共同之处，即在节目生硬冰冷的规则之后讲述一个温情故事，寓故事于节目之中，让人们在感受节目紧张的惊心动魄之余还能体会到一丝温情，从而使节目更加丰满有血有肉。目前，国内的真人秀节目也开始模仿这一点，如近期热播的《中国好声音》中就大打温情牌，通过温情故事的潜在穿插触动观众的感性神经，从而更好地达到节目的传播效果。

在全明星赛季的节目中，更是着重突出节目的人性化特点，在波澜不惊时以情感因素打动观众。首先，该节目隐形强调了美国价值观—美国梦。在参赛选手的选择中，有的是职业设计师，有的是无业青年，有的是几个孩子的父亲，有的是不被大众接受的问题青年，无论他们的职业背景，家庭因素如何，无论有没有受过专业的培训，他们来到这里，都是抱有一个热烈的美国梦，每个人都有自己的梦想，每个人都有对服装设计的无比热爱，每个人都希望赢得大奖解决家庭面临的困难，实现自己的梦想。因此，节目在暗处时刻穿插着美国梦的价值观，而明处则向观众展现他们为了梦想奋斗的过程，因此很容易达到情感的共通，赢得观众的情感支持。因此，在本赛季节目最终决赛时，节目一改往期精简的 T 台设计，而是改到一个奢华的走秀场地进行外景拍摄，并请来时尚界的各类明星，营造出梦想照进现实的氛围，把最后一天的比赛打造成属于设计师个人的时尚秀。同时，在最后一期的时间分配上，也没有过多地强调 Mondo 获胜情节，而是将重点放在决赛中三位设计师最后紧张的赛前准备，以及模特上场后配合的画外音，每一个设计师介绍自己的系列，抒发自己对设计的热爱，用设计师自己的声音以及不时切换设计师在后台激动的表情，向人们传达梦想实现的激动心情，向人们展示最真实的心理变化，通过三位设计师最后的表情和声音打动观众，传达该节目鼓励人们追逐梦想的价值理念，向人们展示在梦想面前，人人都是赢家。这一点中，我们可以从《中国好声音》最后总决赛的万人演唱会形式看出一些对于情感升华的相似性。在此类真人秀节目中，有名人平民化、平民特别化的特征，观众可以感受到梦想面前，人人平等，人人都有追求梦想的权力。

通过情感暗线，挖掘了节目深度，用平凡的小人物映射出大社会，让受众在节目中可以回归自身，追求自己的梦想，在高潮达到情感共鸣。

## 四　社会性与商业性的结合

一档电视节目的播出都体现了社会性与商业性的结合，其中社会性主要指满足人的诉求，而商业性则指满足文化产业的诉求。而真人秀节目是在文化消费化、电视市场化、电视节目日常化、故事化和娱乐化的背景下产生的。《天桥骄子》的巨大成功，不仅仅只在于以上分析的几个要素，也在于节目作为文化产业的商业塑造共同营造出轰动的效应。但是如何将商业性与娱乐性有效完美地结合则是需要讨论的问题。真人秀节目普遍易采用的方式是，在节目悬念之后，立即接入广告，从而既增加节目的关注度和影响力，也增加广告收入。但过于频繁的广告接入则容易引起观众的反感情绪，在这一点上《中国好声音》就是一个反例，广告接入过于频繁，接入广告过多导致主持人不断加快语速，虽然达到了品牌传播效应，却引起了观众的反感情绪。而在《天桥骄子》中，商业元素的接入就较为自然。由于时尚设计本来就是一种流行的文化符号，可以在发展过程中结合多种商业元素。比如，每次任务下达后设计师们采购衣料的地点 MOOD，和在全明星赛季采购衣料的地点 99 美分店的宣传。以及为模特们提供发行、化妆服务的欧莱雅，为设计师提供鞋、包等饰品的赞助品牌等，都体现了节目中商业元素的充分开发。同时，该节目的评委、顾问也代表了对相应品牌的宣传，如《ELLE》杂志主编以及全明星赛季的顾问 Jonna Coles 的出现等，Jonna Coles 作为 Marie Claire 时尚女性杂志的主编，本身就是一个主流的娱乐文化符号，因此她的每次闪亮出场以及她的意见表达，不仅满足了观众个人了解流行娱乐文化的社会需求，也满足了公司的商业发展需求，从而自然地满足了社会与商业双重需求，达到了最好的文化传播效果。同时，在该季中，Mondo、Austin 等人去 Marie Claire 杂志工作室设计服装，以及该期的获胜者担任 Marie Claire 的时尚顾问等环节设计，都体现了节目中商业性与社会性的完美结合，而不仅仅只是生硬地在节目中加入广告。

同时，除了将商业与社会性结合，该类真人秀节目还具有造星的功能。比如《美国偶像》、《美国好声音》以及本土化的《中国好声音》，都通过节目推出了一系列平民明星，丰富了娱乐文化产业。在《天桥骄子》节目中，可以说全明星节目的设置从名称上就体现了它的造星意图。比如节目中个性选手的选择，该节目通过往期受众的反馈，选择的选手不仅仅才华横溢、个性迥异，他们还有一个共同的特点就是，同为人气学员，受关注程度较高，不仅能引起受众的兴趣，同时还能通过自身的人气起到商业效益。如 Austin，白皙的面孔，独特的时尚品位，倾向女性化的肢体语言以及在设计中对于优雅高贵的执着追求，让他第一次参赛就在观众心目中留下了深刻印象。加之后来赛季他的一件件惊艳的作品，不出意料地把他推上了人气的顶峰。明星参赛者的塑造，不仅仅吸引了大批观众，同时也在最短的时间内打造出了受高度关注的文化符号，具有高度的商业开发价值。因此，也就不难分析为何几位"毒舌"评委会把 Austin 留到最后，不仅仅是因为他自身的才华，也源于他自身已经具备的高度社会及商业价值，在参与节目的过程中，他已经成为必不可少的一部分。当然，对于明星参赛者的塑造不止一个，通常还会塑造出风格不同的对手展现出更加激烈的冲突与竞争。那么 Mondo 的成名也就在意料之中了，Mondo 不仅仅极具设计天赋，作为灵感型选手，他也有着独特的个性和创造习惯，因此该节目在拍摄过程中，则着重突出了他们之间的冲突矛盾，起到了无形中的议程设计作用，将观众的目光引导到他们身上，从而开发出更大的社会商业价值。因此，该节目中一些纪实的拍摄，对选手日常生活的展现，细节的抓取，都看似自然而然，实则精心设计，一步一步将受众引入节目情节之中。因此，该节目商业运作的自然植入以及造星的独特方式也是一大创新之处。

## 五 节目拍摄手法特征

《天桥骄子》在节目拍摄过程中，由于不断变换场景，如 T 台、演播室、工作室、户外等，因此拍摄手法也呈现多样性。主要特征为，不同于国内的节目大多采用远景的全局性视角，该节目在拍摄过程中多用中近景拍摄，并且不断跟拍，经常变换角度，对比拍摄，尤其是在幕后制作过程中，为了更好地还原设计制作过程中的真实场景，突出矛盾冲突，比如在顾问 Jonna 探访设计师时，首先出现了一个全景镜头，即 Jonna 进屋时所有人的工作场景展现给受众，随后，在 Jonna 开始讲话时，镜头瞬间拉近到 Michael 给了一个近景，让观众清楚地看到他脸上的表情，从而对他的工作有一个初步的猜测。在快速拉近镜头时，影像平稳清晰，没有一丝晃动。同时，在拉近镜头时还会出现虚化离镜头最近的设计师而以他背后的设计师聚焦，此类镜头就具有明显的对比性效果，也是拍摄的一大特征之一。

同时，在录像的制作过程中，除了播放设计师在后台设计的不同片段外，还时刻插入后续对不同设计师的采访，有时作为画外音配到正在播放的录像中。比如，Jonna 在评价完一个设计师的作品后立即切入对设计师的采访，通过采访解读当时设计师的心理表情，从而更好地为下一环节做铺垫，使节目衔接更加流畅，节目发展脉络更加清晰。同时也使无声的设计过程脱去枯燥的外衣，变得有声、更具趣味性。

中间的过渡环节通常通过拍摄钟表和城市中川流不息的人群，来表现时间紧迫以及该节目的都市化时尚性色彩，也通过快进镜头播放人群川流不息的场景营造出一种紧张的比赛气氛。

在模特走秀过程中，极简的白色 T 型舞台设计，加上有放大背影效果的白色幕墙，在极简中体现了前卫的都市感，同时更好地突出了模特完美的身材曲线以及模特的服装，配上闪灯，给人很强的视觉冲击。在拍摄模特展示效果的同时，也呼应设计师的表情，配上设计师画外音的解说，和后续评委的评价形成鲜明的对比，呈现出独特的个性色彩。不得不说，在服装展示环节是整个节目浓墨重彩的一笔，给人一种经历重重困难之后能量呼之欲出的感觉，具有强烈的视觉吸引力。

## 六 节目中新媒体元素的应用

在网络时代日益发展的今天，新媒体的应用也成了节目创新必不可少的要素。由于《天桥骄子》主要代表当代时尚流行文化，因此受众群主要为年轻观众。对于年轻观众来说，新媒体的作用更是不容忽视。如该节目每一期的冠军作品都会享受一定殊遇。如拿到线上或者线下进行销售，登上某时尚杂志的封面，或者参加某次时装周的展览等。每一次推广、销售等都充分运用了当前新媒体，如迎合了人们的线上网购习惯，在销售的同时又进一步对节目进行了宣传。同时该节目拥有大量的贴吧、网站，在 Facebook、Twitter 上都有相应的注册，从而实时更新信息，与观众进行互动，培养了一批忠实受众，达到了美剧的连贯性效果。该节目对新媒体的有效应用，也是将社会与商业价值完美结合的表现。

## 结 语

正如传播学理论所说的，"所有媒介产物都不可避免地含有意识形态或透露某种价值观，比如宣扬某种生活方式或者价值理念，并传递性别、种族、职业、年龄各层面的文化内涵。"① 真人秀节目将普通人推上了绚丽的舞台，同时带动社会的纪实性、真实感，满足观众的窥视欲，调动观众的参与度，从而达到娱乐、文化、商业的三位一体。对于娱乐性真人秀节目，不仅仅需要展现娱乐价值，同时也向社会传递着一定的理念、价值观，是一种文化符号的代表，也是文化产业化的突出表现，因此应该持有健康的价值取向，在本土化的基础上，基于民族特点、价值取向以及商业发展机遇进行创新，达到社会和商业效益的有效集合，达到最好的传播效果。

**参考文献：**

[1] 张绍刚. 电视节目策划笔记 [M]. 北京：新星出版社，2010.

[2] 张绍刚. 全球金牌电视节目解析 [M]. 北京：北京大学出版社，2011.7.

[3] 何珂苇. 论真人秀节目的成功要素 [J]. 科技风，2010. (20).

[4] 石岚. 赢在时尚真人秀——天桥骄子 [J]. 新闻世界，2010 (5).

[5] 天桥骄子全明星赛季节目.

[6] 朱晓彧. 电视娱乐节目与中国传统文化 [J]. 中国广播电视学刊，2005 (8).

---

① 朱晓彧. 电视娱乐节目与中国传统文化 [J]. 中国广播电视学刊，2005.8.

# 从地缘政治角度看中国周边国家媒体研究

邢　翀

【摘要】

地缘政治是当前国际关系研究中的一个重要内容。周边国家在地缘政治上对中国的意义重大，因此研究周边国家媒体也具有一定的意义。但与对西方发达国家媒体的研究相比，当前我国学界对周边国家媒体的研究在数量上相对较少，研究深度有待提升。研究周边国家媒体具有一定的可能性和重要性。

【关键词】

地缘政治　周边国家　媒体研究

【作者简介】

邢翀，男，汉族，中国传媒大学传播研究院 2013 级国际新闻硕士研究生。

地缘政治是国际关系分析中的一个热门词汇。地缘政治研究是指基于地理条件的政治分析。有人曾说，现今中国所面临的地缘政治环境是新中国成立以来最好同时又是最差的时期。说其最好，是因为我国可以利用一切有利的机会促使国家关系朝着有益的方向发展；说其最差，是因为我国当前的地缘政治环境较为险恶，需要进一步努力弱化不友好的氛围。在寄希望于传统的政府努力之外，媒体也能够利用其得天独厚的功能在其中发挥作用。近年来，随着领土争端等问题的出现，中国在周边国家的好感度逐渐降低。如何更好地利用媒体为我说话，是值得研究的问题。但是，要想利用他国媒体，首先应当对他国媒体进行分析研究，而在当前，我国学界对周边国家媒体的分析研究要远远少于对欧美发达国家媒体的研究，尤其是英美国家的研究。

# 一　地缘政治的相关理论及对周边国家媒体研究的启示

地缘政治理论在中西方的发展历史悠久。中西方在漫长的地缘政治实践中积累了一定的理论，而这些理论也可以为周边国家的媒体研究带来一定的启示。

## （一）地缘政治的层次论

地缘政治可以大体分为三个层次。① 第一个层次是指一个国家与周边国家的地缘关系；二是指中等层次的地缘关系，是比一个国家周边范围更为广泛的地区地缘政治；第三个是更为广泛的地缘政治，是世界范围内的地缘政治。这三个层次从联系的直接性上来看是逐渐减弱的。若将地缘政治的概念逐步放大，其"地缘"的色彩就会逐步减弱，不少学者认为，第一层次上的地缘政治环境应当是一国首要考虑的。因此，我国当前的地缘政治研究应当十分注意对第一层次即周边国家的考量。同理，在对国际媒体进行研究时，是否应当加强对周边国家媒体的关注，是当前学界应当思考的问题。

## （二）地缘政治规律

地缘政治现象自古就有，错综复杂的地缘政治现象中总有规律可循。地缘政治规律对一国判断地缘政治环境、实施地缘政治战略有着重要的作用，同时对地缘国家媒体的研究和利用也必然有所启发。

一般认为，地缘政治中存在明显的边际效应。周边国家的友好程度对一国有着重要的作用，基于地缘的关系，可能会出现好上加好、坏上愈坏的结果。传媒领域亦是如此。处于地缘关系中的国家之间进行的新闻传播无疑仍属于国际新闻的范畴，国际新闻的事实、受众、媒体依旧处于错位之中，② 诸如主观性强、检验性差等国际新闻自身固有的属性依旧存在。但不可否认的是，由于地理位置上的接近性，两国间新闻事实的传递距离大大减小，两国

① 叶自成. 地缘政治与中国外交 [M]. 北京：北京出版社，1998. 2.
② 国际新闻的错位理论详见刘笑盈《国际新闻学：本体、方法和功能》[M]. 北京：中国广播电视出版社，2010. 13.

受众对新闻事实的检验能力有所增强，两国媒体在互动交往上的成本要小了很多。因此，当地缘接近的两国关系友好时，两国传媒业相互之间的良性报道可能会进一步提升双方友好关系，但如果两国关系恶化，传媒业则可能会进一步加剧紧张态势。再者，一国可以利用友好国家的传媒进一步传播自身的形象，也可以运用一定手段引导自身甚至对方国家的传媒以弱化双方之间的敌对情绪。例如，中日媒体在钓鱼岛问题上的报道已经引起两国传媒界的反思，两国学者均提出要通过报道两国之间正面新闻的方式来弱化双方民众对钓鱼岛问题的激进情绪。①

地缘政治环境处于不断变化之中，而决定这一变化的是每个国家的利益。没有永恒的朋友和敌人，只有永恒的利益，这一国际关系中的著名论断在地缘政治中同样适用。传媒业作为一国政策的风向标和晴雨表，与一国政治之间保持着紧密的互动，是一国发布政策、传播政策的重要方式。此外，有些媒体本身就会带有一定的党派特征。以日本为例，《产经新闻》一直以来都代表日本右翼分子利益，而《读卖新闻》则较为亲华，《朝日新闻》受时局波动明显，表现出忽左忽右的倾向。通过对各大报纸进行研究，便可分析当前日本政坛的现状。因此，分析研究周边国家媒体，是研究该国政治社会生态的一个重要渠道。

### （三）我国三线地缘战略体系②

我国所处的地缘政治环境是世界上最为复杂的地缘政治环境之一。基于对历史现实因素等各方面考量，有学者将我国地缘政治大致分为三条地缘政治线：北线指的是与中国的北部和西北部相邻的国家，俄罗斯无疑是这一条地缘线上的中心国家；西线是指与中国的西藏和新疆相邻的国家，印度对这一地区的影响最大；东线是指与中国东部和东南部有陆地相邻或隔海相望的国家，日本无疑是其中最主要的国家。但近年来，由于南海问题的不断演变，以及日本自身所面临的经济颓势，东盟国家在这一区域内的重要性逐渐凸显。还有学者曾称，中国的地缘政治呈现出"网状结构"的特征，"在这种结构中，大国或者力量中心是关键之点（纽结），这种分析框架也符合中国的

---

① 第九届北京－东京论坛上媒体分论坛的发言. http://world. people. com. cn/GB/8212/191816/370304/index. html. 2013－10－28.

② 叶自成. 地缘政治与中国外交 [M]. 北京：北京出版社，1998. 19－22.

总体地缘战略布局，即大国是关键。"① 在对中国地缘政治环境进行研究时，应当把周边大国作为研究的重点，在对周边国家媒体进行分析研究时，也理应关注周边大国的媒体业发展状况。

在分析这三线的地缘大势时，还有些学者提出了"安西靠北争东南"的基本战略，认为中国在很长的一段时间内，应当稳定西线、联合北线、争取东南线。这样的论断不无道理。在对周边国家媒体进行研究时，也应当把握这样的总体战略原则，一方面利用西线和北线媒体进一步推动双边国家关系，为中国说话；另一方面，在研究东南一线国家媒体的基础上，争取与更多国家的媒体展开合作，利用媒体来促进双方关系的发展，缓解可能产生的紧张态势。

### （四）中国特色的地缘政治学

中国的地缘政治学并不是取材于西方，在起源上是自成一家的。在漫长的历史发展过程中，形成了具有中国特色的地缘政治理论，中华民族丰厚的文化底蕴是中国特色地缘政治学的文化渊源。

中国特色的地缘政治学是一种微观的地缘政治学，主要关注周边国家和地区。此外，中国地缘政治思想与西方最大的不同之处在于，中国的地缘政治思想强调与周边国家的和平共处，绝不像一些西方国家一样将周边国家视为自己的势力范围。同样，我国在与周边国家的媒体交往中以"和"为准则，绝不存在类似于西方的媒介帝国主义行为。在这个框架下，强调双边国家媒体之间的研究交往，更好地为双边国家关系的发展进步服务，这也是符合双方国家利益，也能够为两国政府及民众所接受的。

## 二　加强周边国家媒体研究的重要性

从地缘政治的相关理论出发，笔者认为，加强对周边国家媒体研究具有一定的重要性。

首先，加强对周边国家媒体研究可以了解周边国家传媒业发展状况，为我国传媒业的发展提供一定经验教训。我国与周边各国均受到东方文化价值

---

① 刘从德．地缘政治学导论 ［M］．北京：中国人民大学出版社，2010.195.

体系影响，但各国的政治制度与经济发展状况各异。在这些形态各异的国家体制之下，各国的传媒业发展必然存在不同的特征，也必然有着可供借鉴的经验教训。我国当前仍是一个发展中国家，自改革开放以来，传媒业的发展十分迅速，但仍需进一步地提高。借鉴欧美等西方国家成熟的传媒业发展经验固然十分重要，但也应当注意从同种文化体系、同等发展水平、同种社会制度的国家中寻求一定的经验。

其次，加强对周边国家媒体研究可以反映当前周边国家的国家政治生态，为我国的外交决策、战略制定服务。媒体具有发布信息的功能，是一国政府对外新闻传播的重要窗口。由于我国与周边国家地理位置的接近性，制定对周边国家的外交政策显得更为重要。通过对周边国家媒体进行研究，可以从中探究其当前国内状况，其中包括政治生态、经济形势、国民情绪等各方面的信息，进而为我国政府制定外交政策、对外战略等提供有益的参考。换言之，媒体的功能由于"地缘"条件的存在进一步得以放大。

再者，加强对周边国家媒体研究有助于开展媒体公关，利用他国媒体为我发声。一国软实力归根结底是文化、观念、意识形态的吸引力，软实力的传播离不开媒体。在我国周边地缘政治环境中，既有复杂的矛盾冲突，也有稳定的双边关系，这就需要在进行相关研究时认清形势，区别对待。研究周边媒体是为了更好地利用周边媒体。针对一些存在利益冲突的国家，如何能够开展媒体公关，使得他国媒体能够客观公正地报道中国实情，并在此基础上进一步传播中国正能量，而对于和中国关系良好的友好国家，如何能够利用友好国家媒体为我发声，帮助我国在其国内乃至国际上树立良好的国家形象，是研究周边国家媒体的重要内容。

另外，加强对周边国家媒体研究有助于传播国家形象，增进周边国家民众好感。两国间的友好往来离不开双方民众的支持，民众在推动双方关系的发展上有着至关重要的作用。当两国关系恶化时，民间交往有助于缓和双方紧张态势；而两国关系的密切发展，最终得益的还是双方民众。因此，通过对周边国家媒体进行研究，可利用一些他国媒体传播我国正面的国家形象，弱化我国在与周边国家领土等冲突中的不利印象，增进周边国家民众对我国的好感度，这对于我国周边地缘政治环境的稳定有着积极影响。

最后，加强对周边国家媒体研究，尝试通过媒体报道弱化敏感问题，有助于促进我国与周边国家友好共荣。在有关国家利益冲突的报道中，一些媒体存在着歪曲事实、刻意渲染等行为。媒体应如何进行敏感报道已经成为国际新闻界讨论的一个话题。一味地宣扬、迎合政府的言论只会导致民众不理性行为的出现，也不利于矛盾问题的最终解决。但国内外学者公认的是，媒体在报道敏感问题时应当把握好"度"，既不过于迎合也不刻意回避。更为重要的一点是，媒体应当承担其应有的社会责任，在坚守事实的基础上全方面地进行报道，通过设置一定的议程，弱化敏感问题可能带来的不利影响，引导社会舆论的转向，最终促使双边关系朝着良好的态势发展。

## 三 我国周边国家媒体研究现状

笔者于 2013 年 11 月 10 日搜索中国国家图书馆网站、中国知网等学术研究网站发现，当前我国对域外媒体的研究主要以英美等西方媒体为对象，对与中国有着紧密的地缘政治联系的周边国家媒体的研究则相对较少。

表1 中国国家图书馆文津搜索相关数据内容①

| 国家<br>类别 | "美国<br>媒体" | "欧洲<br>媒体" | "英国<br>媒体" | "法国<br>媒体" | "亚洲<br>媒体" | "日本<br>媒体" | "俄罗斯<br>媒体" | "印度<br>媒体" | "东南亚<br>媒体" |
|---|---|---|---|---|---|---|---|---|---|
| 图书 | 95 | 无 | 21 | 1 | 2 | 30 | 1 | 1 | 2 |
| 论文 | 7900 | 1000 | 2000 | 860 | 1300 | 2700 | 1000 | 580 | 220 |

表2 中国知网中国学术期刊网络出版总库相关数据内容②

| 国家<br>类别 | "美国<br>媒体" | "欧洲<br>媒体" | "英国<br>媒体" | "法国<br>媒体" | "亚洲<br>媒体" | "日本<br>媒体" | "俄罗斯<br>媒体" | "印度<br>媒体" | "东南亚<br>媒体" |
|---|---|---|---|---|---|---|---|---|---|
| 论文 | 121966 | 11093 | 17405 | 7971 | 7900 | 26004 | 11479 | 7636 | 2505 |

经上述表格分析可得：

（一）从研究成果的数量上来看，对中国周边国家媒体的研究要远远小于对欧美等发达国家媒体的研究。美国媒体研究的图书和论文在数量上均是最多，且遥遥领先于其他国家。在以区域为对象的媒体研究中，欧洲媒体的研

---

① 数据来源：http://www.nlc.gov.cn/，2013 – 11 – 10.

② 数据来源：http://epub.cnki.net/kns/brief/default_result.aspx，2013 – 11 – 10.

究数量要多于亚洲媒体的研究，但是对亚洲总体媒体产业的发展研究还是较为丰硕的，但大多是从当前整体国际局势下探析亚洲媒体的发展状况。在对周边国家的媒体的研究中，中国学者对日本媒体的研究占据上流，其次是俄罗斯和印度，日俄媒体的研究数量远远大于印度媒体，这在无形中体现出中国学者对中国周边地缘政治态势的判断。

（二）从研究成果的质量上看，对中国周边国家媒体的研究深度要小于对欧美等发达国家媒体的研究。以印度媒体的研究为例，在数据库中虽然能够找到一定量的研究文献，但其研究涵盖面过于广泛，有些对于"媒体"两字只是草草带过，其研究重心并不在媒体本身。比如，在中国国家图书馆数据库的检索中，可以发现大量诸如此类的研究题目：《印度媒体预言印度国内煤炭将短缺》、《印度媒体拿中国军力说事儿》、《印度媒体：印度约 3/4 邮件是垃圾邮件》。这三篇文章虽然冠以"印度媒体"的名称，且在文献检索时能够检索到，但实际上研究的问题却是能源、军事、信息产业等内容，对印度媒体本身的研究相对较少。而对于美国等国家媒体的研究则相对深入了许多，在文献检索时能够检索到一定量有深度的研究课题，比如《美国媒体对伊斯兰世界的形象建构——以＜时代＞个案为例》、《美国媒体关于中国 SARS 报道中的政治化倾向分析》、《从社会力量模式看美国媒体与政府在伊拉克战争时期的共生与冲突》等，这些论文的层次程度则显得更为深入一些。

（三）我国对域外媒体的研究现状与中国地缘政治环境有不相适应之处。结合前文对地缘政治的相关分析，我国当前对域外媒体的研究与中国地缘政治环境存在一定的不适应之处，主要体现在以下方面：

1. 从地缘政治层次论的角度看，我国当前对域外媒体的研究主要集中在第三层次，第二层次和第一层次地缘范围内的媒体研究相对较少。第一层次的周边国家最能体现出"地缘"的内涵，也最应当作为地缘政治环境考量的重心，而周边国家媒体由于地理位置的接近性有了更多交流沟通的可能，也能够为双边国家关系的发展发挥积极作用，这种作用由于地理位置的接近性能够进一步地放大。

2. 我国三线地缘战略体系中强调"安西靠北争东南"的战略格局，而当前的域外媒体研究显然存在与之不相适应之处，稳定西线、巩固北线、争取东南线的政治战略部署同样应当应用于媒体研究之中。在我国当前的周边国家媒体研究中，过多强调了对日本媒体的研究。当前中日两国在钓鱼岛问题上争端愈演愈烈，强调对日本媒体的研究，发挥媒体对促进双边关系的积极作用，是应当鼓励和支持的，但是不应当减少对西线及北线媒体的相关研究。正是基于良好的国家关系，才可以通过友好国家的媒体报道在国际社会上为我说话，在一些富有争议的问题上能够站在我方立场。因此，继续安稳和巩固与西线、北线国家的关系至关重要，在媒体研究中注意对印度、俄罗斯等国家的媒体进行研究。

综上所述，一国地缘政治环境对该国国家安全、国际交往等有着重要的影响。从地缘政治理论出发，研究周边国家媒体有助于传播国家理念、树立国家形象、增进双方关系。但从当前我国学界相关研究来看，对周边国家媒体的研究在数量和质量上都略显不足，对印度、俄罗斯等重要国家的研究相对较少，与欧美等西方国家媒体相比还有很大差距，因此，周边国家媒体研究在理论体系和实践总结上亟须补充。

**参考文献：**

［1］程广中. 地缘战略论［M］. 北京：国防大学出版社，1999.

［2］李华锋. 西方地缘政治思想的演进及其对中国地缘战略的启示［J］. 国际关系学院院报，2007（6）.

［3］陆俊元. 地缘政治的本质与规律［M］. 北京：时事出版社，2005.

［4］张小明. 中国周边安全环境分析［M］. 北京：中国国际广播出版社，2003.

# 新媒体与我国电影产业

侯 波

【摘要】

新媒体的发展，在逐渐改变着整个电影产业。新兴的新媒体形式成为电影发行的新渠道，为许多无法进入院线的电影提供了与观众见面的机会，有利于电影的多样化发展，并凭借其发行时间灵活、受众针对性强等优势获得了广阔的发展前景。同时，新媒体也在逐渐影响着电影的制作环节，出现了微电影和互动电影。新媒体改变了电影产业，也为电影发展带来了全新的理念。

【关键词】

电影产业 新媒体 发行

【作者简介】

侯波，女，汉族，中国传媒大学传播研究院 2012 级传播学专业硕士研究生。

## 一 电影产业概述

### (一) 我国传统的电影产业

电影产业包括制作、发行和放映三个部分。处于产业链上游的是电影制作环节，由电影公司承担。电影公司拍摄电影，是整个电影产业的片源。处于产业中心的环节是电影发行，以发行权为经营对象。电影公司可以直接与影院进行沟通，商讨电影的发行事宜。但是，这样做的交易成本比较大，电影公司需要花费大量的人力、物力来监督影院对电影的发行。因而，诞生了电影发行商。电影公司将电影的发行权转让给专门的发行公司，由发行公司全权负责电影的推广发行。发行公司同影院进行交易，同时监督电影的上映事宜和票房收益。

电影产业链的下游环节是电影放映。我国电影放映的单位是院线，遵循院线制。院线制是以几个影院为依托，以资本和供片为纽带，由一个发行主体和若干影院组合形成，实行统一品牌、统一排片、统一经营、统一管理的发行放映机制。电影通过电影院的放映直接面向观众，接受市场的检验。电影进入院线所获得的票房收入由制片方、发行商和放映方按比例分账。

### （二）我国传统电影产业的弊端

#### 1. 我国电影产业整合程度不够，电影市场风险大

国外发展比较成熟的电影产业，往往具有较高的产业整合程度。电影的制作、发行和放映环节整合成一个整体，由统一的电影企业经营管理，具有较高的垂直整合程度。电影产业链纵向垂直一体化能够有效地组合电影资源，整体运作，降低交易成本，对市场的适应程度高。同时，国外实现纵向一体化的电影企业往往背靠更大的传媒集团，方便电影产业的跨行业整合。电影收入的重要来源是电影衍生品的开发，这需要电影产业同其他产业实现有机整合，而背靠跨行业、全球性的传媒集团无疑具有得天独厚的优势，有助于电影衍生品的深入而充分地开发，实现电影利益最大化。

然而，我国电影产业的整合程度并不高。在纵向上，我国电影制片、发行和放映环节没有成为一个整体，体现为各自为政的状态。只有少数几家民营发行公司在电影产业垂直一体化上做出探索，除了发行业务外，也涉及电影制作和影院经营，例如博纳影业。但是从整体上看，我国电影产业垂直一体化程度不高，电影资源较分散。这使得电影的放映情况和市场状况难以及时和充分地反馈到制片方，市场规划性不高，而制作出来的电影也面临着较高的市场风险。此外，我国电影产业的跨行业整合程度不高，版权保护不完善，电影衍生品市场发展不成熟。电影产业难以做大做强。

#### 2. 过于重视票房成绩

这与我国电影发行模式密切相关。一直以来，院线是我国电影发行的主要渠道，电影票房成为判断电影市场价值的重要因素，也成为衡量整个电影

产业繁荣与否的重要标准。票房收入不仅是电影收入的重要组成部分，也是"影响一部影片向其他发行窗口推广，向消费品经营商进行特许使用权转让，以及向其他国家和地区发展潜力的重要元素。"① 而我国对电影版权的保护不完善，电影通过其他发行渠道所获得的经济收益有限，这也促使整个行业更加重视票房收入。

我国的电影票房遵循着"二八法则"。"二八法则"由意大利经济学家巴莱多提出，就电影票房而言，可以理解为电影票房80%的收入是由20%的影片创造的，剩下80%的影片虽然是大多数，但只贡献了20%的票房。我国每年电影票房成绩依靠进口大片和少数国产"大片"，影院从这些票房中获得收益，而票房前景和票房表现不佳的影片难以获得较多的拍片量，往往难以获得较好的经济收益。

3. 大量电影难以进入院线

我国目前的银幕数难以满足电影放映的需求，这意味着有大量的影片难以进入影院同观众见面。"2012年前11个月，我国电影故事片产量达到686部"，② 进入院线上映的约为291部。许多电影面临着零拷贝的尴尬局面。

这些无法进入院线的电影，往往具有如下特点：中小成本制作，没有名导演、名演员，服务于国家意识形态宣传的特殊题材电影，小众的艺术电影。总而言之，这些电影不是"大片"。这部分电影同市场的联系并不紧密，带有一定的盲目性，一些特殊题材的电影得到国家的补贴，成本都比较低，发行商也不会对这类电影投资太多。影院在满足了国家配额的最低标准后，不会为这部分影片提供上映机会。而我国小城镇、农村等地分散的影院建设并不成熟，这类电影大多将版权卖给电影频道，市场价值没有得到最大程度开发。这也在某种程度上，造成了我国电影资源的浪费。

## 二　新媒体与我国电影产业

如前所述，一部分票房前景或票房成绩不佳的影片往往难以在影院获得

① 高红岩. 美国电影企业的市场发行模式分析 [J]. 当代电影，2006 (6).
② 2012年前11个月全国电影票房达143.5亿. http://www.g-film.com/news/hqnew-show.asp?id=20930.

充分的拍片量，或者根本没有机会进入院线上映。然而，这类影片真的没有观众需求吗？

2010 年，视频网站优酷与中影集团合作，推出了专门在视频网站播出的新媒体电影——《11 度青春系列电影》。其中《老男孩》以优良的制作和梦想与青春的主题引起了从 60 后到 90 后网友的广泛共鸣。从 2010 年 10 月 28 日在优酷上映开始，《老男孩》以"病毒式"的传播速度迅速席卷了整个网络，点击量近 5000 万（截止到 2010 年 11 月 15 日）。通常，这类没有名导演和名演员的小成本电影或艺术电影很难获得在院线上映的机会，更难以设想获得如此的反响。

新媒体是电影发行、放映的全新渠道，给每一部影片提供了机会。电影的新媒体发行以"长尾理论"突破了"二八法则"。"长尾理论"由美国人克里斯·安德森提出，是适用于网络时代的理论。"长尾理论"指出，当商品储存、展示的场地足够大而流通渠道又足够宽广时，那些看似需求极低的产品，只要有卖，都会有人买。这些产量和需求都不高的产品不断积累而占据的共同市场份额，同热门产品所占据的市场份额相比，可能更大。中小成本制作，没有名导演、名演员，服务于国家意识形态宣传的特殊题材电影，小众的艺术电影，这部分电影相比于"大片"，观众号召力较低，在市场前景上面临着更大的风险。寻求票房成绩的院线放映这部分影片的成本较高，也不会给予这部分影片太多的上映空间。而新媒体得益于技术的进步，能够随时随地覆盖网民，每部电影都能给找到自身或多或少的观众。电影通过互联网存储和流通基本上是无成本的，点对点的传播方式和广泛的受众覆盖率能够使每部电影的观众在最大程度上聚合，使较冷门的电影获得最大的市场价值。

近年来，许多视频网站开始利用自身的优势为电影、视频提供发行渠道。YouTube 于 2008 创立了 Screening Room，专门播出原创的电影和纪录片。新媒体丰富了电影发行和放映的方式，电影产业可以利用新媒体所提供的新的发行渠道，实现电影的多元化发展。

新媒体提供了多种电影发行的渠道，这些新渠道的优势在于：

首先，电影发行时间和观影时间、方式比较灵活。传统电影产业中，电影收入被制片方、发行方和放映方按比例分账，影院会随时将票房成绩不佳的电影撤下。而新媒体使比较冷门的影片不用受制于院线的拍片时间而寻求最适合的新媒体平台，观众也可以自由选择观看影片的时间和环境，不用受控于影院的安排。

其次，新媒体的受众针对性强，能够提升电影的市场适应能力。新媒体的传播方式是点对点的、互动式的。电影的新媒体传播能够直接连接到每一个受众，及时了解观众的反馈，可以随时根据观众的反应来调整发行方式和发行平台。在新媒体环境中，不同的新媒体形式联系着不同特点的受众，电影的发行、营销需要找准目标受众，找到最合适的新媒体平台。可以说，在新媒体语境下，影片在某种程度上已经不是稀缺物，观众的注意力才是稀缺资源。

电影新媒体发行渠道的劣势在于伴随性的收看方式和电影的视听效果无法同大银幕相比。电影院为观众提供黑暗空间中的大银幕，观众的目光和行为被限制在有限的空间里，能够在最大程度上被带入影片的环境，获得身临其境的共鸣。而网友通过新媒体收看影片多是伴随式的，可能随时被其他的事务所干扰，难以深入进入影片所营造的环境中。观众真正进入影片所营造的"场"中是对创作者和电影作品的尊重和认同，也是电影创作者希望观众进入影院观看的重要原因。而且，大银幕在场景、色彩和造型上具有较大优势，其视听效果是小屏幕难以比拟的。

但是，电影新媒体发行渠道的优势和劣势都是相对的，并且可以相互转化。这些不同于传统影院的特点使电影的新媒体发行成为院线制的重要补充。虽然新媒体为电影发行提供了良好的发展前景，但只有优质的内容、完善的版权保护以及成熟的收益模式才能使电影的新媒体发行实现其产业价值，真正成为院线制的补充。

**参考文献：**

[1] 高红岩. 美国电影企业的市场发行模式分析 [J]. 当代电影，2006（6）.

[2] 2012年前11个月全国电影票房达143.5亿. http://www. g – film. com/news/hqnewshow. asp?id = 20930.

[3] 蔡滢. 浅谈网络对电影发行方式的影响 [J]. 浙江传媒学院学报，2003（5）.

[4] 曹祎娜. 中美电影发行比较初探 [J]. 北京电影学院学报，2008（6）.

[5] 潘彧. 新媒体语境下电影发行模式流变探究 [J]. 中华文化论坛，2011（3）.

[6] 程阳，张晗. 全媒体背景下电影发行放映的新趋势 [J]. 现代电影技术，2012（1）.

# 参与观察法分析 DOTA 中的网络语言暴力

## 李 杰

**【摘要】**

"网络语言暴力泛滥"这种误解的产生表明，互联网并不像人们所认知的那样是个缺乏管束、语言暴力泛滥的世界。虽然互联网的特性（如匿名性）会对传播内容造成一定的影响，但它可能仍然是网民在真实世界中的情感、态度和语言方式的折射。因此总体上看，互联网的语言风格或许是网民真实语言与网络匿名性共同作用的结果。

**【关键词】**

DOTA；网络语言暴力；参与观察法

**【作者简介】**

李杰，男，汉族，中国传媒大学传播研究院 2012 级传播学专业硕士研究生。

网络语言暴力是以网络为载体，用言语攻击的形式侵犯公民的合法权益，从而在思想或心理上对他人产生某种程度的伤害的行为。这种无形伤害他人的行为正在网络上迅速蔓延，开启了一个新的网络群氓时代，网民也得到了"网络暴民"的称号。[①]

对网络语言暴力的研究有很多。但少有研究能够真正客观看待网络语言暴力。根据某些学者的"网络群氓时代"、"网络暴民"等描述，似乎互联网虚拟社区已经没有正常的交流，取而代之的是一群群"暴民"不断的言语攻

---

① 李哲. 透视网络语言暴力 [J]. 青年记者，2009 (5).

击，一群群"流氓"不断伤害他人。互联网游戏也是互联网的一部分，互联网游戏的玩家通常也是网络社区的一员。因此也同样被认为是"网络暴民"。但是事实可能并非如此。本篇论文试图分析网络对战游戏：DOTA 中的网络语言暴力情况，以探究和说明互联网游戏中的交流并非充斥着言语攻击，或从思想与心理上对他人产生伤害的行为。

# 一 研究对象与研究方法

本文采用参与观察法，以目前最热的游戏对战平台：妖妖（11）对战平台及其所属中国最火热的游戏：DOTA（Defense of the Ancients）为工具，以个人参与的 38 场游戏为研究对象，分析该游戏中的语言暴力情况。

11 对战平台是目前国内最大的游戏平台，同时在线人数超过 80 万人，许多网民都聚集在 11 对战平台参与游戏。而 Dota 则是近年来最大的网络对战游戏，玩家人数超过 200 万。网络对战游戏是网民生活中很重要的一部分。因此研究网络对战游戏 Dota 中的网络语言暴力情况，有助于我们对网络社区的语言暴力状况进一步理解、分析和思考。

# 二 数据搜集和分析

## （一）整体情况：互联网游戏中的语言暴力占总交流语言的比例

由于游戏采用积分制，因此将其分为两部分：其中前 19 场为 1200 分以下分数段；后 19 场为 1400 分以上分数段，分别进行数据处理和分析。

1. 通过数据搜集发现，1200 分数段的语言暴力占总交流语言的 7%；而 1400 分数段的语言暴力占总交流语言的 7%，因此无论是哪个分数段，其语言暴力总比例差距很小。

对数据的分析发现，网络游戏语言暴力仅仅占网络游戏交流的 1/14，可能并没有人们想象中那么频繁。虽然采用的抽样方法并非随机抽样，因此无法直接推及总体。但仍然可以预见，互联网语言暴力可能也并没有许多研究所认为的那么频繁和严重。之所以产生"网络暴民"、"网络群氓时代"等概念，可能是观察者通过自身的认知做出判断，但没有通过大规模统计调查来

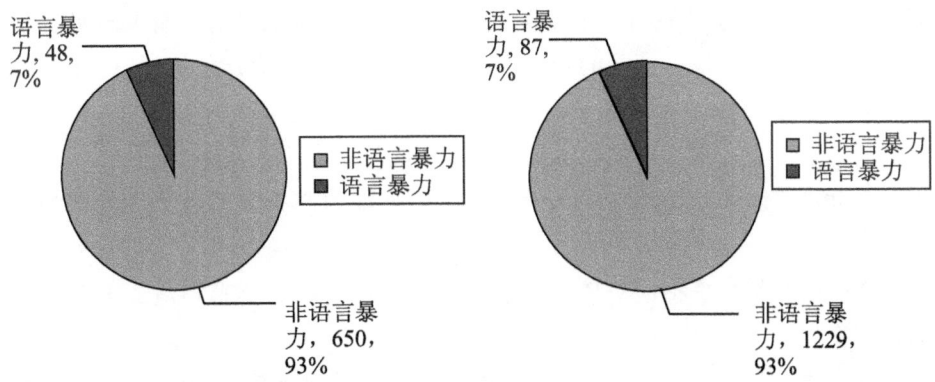

**图1　1200 分数段（左）与 1400 分数段（右）**

进行分析导致的认知偏差。

2. 通过方差分析发现，语言暴力占语言交流总量的比例方差分别为 0.005257（1200 分数段）和 0.002840（1400 分数段），表明 1400 分数段的交流较之 1200 分数段的更加稳定。

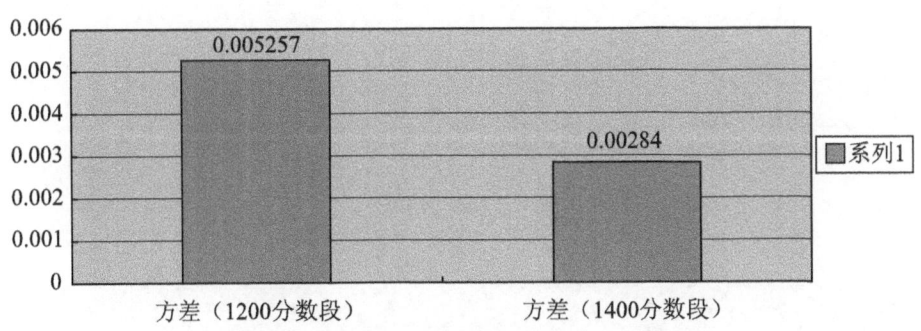

**图2　1200 分数段和 1400 分数段的方差比较**

这意味着 1200 分数段的交流中经常出现或某一局产生较少语言暴力，或另一局产生较多的语言暴力，相互攻击的情况。而 1400 分数段则较为平稳，大多数局都会产生比较稳定的语言暴力，但相互攻击的情况较少。这可能是由于不同分数段的玩家人口统计学特征不同造成的。

### （二）暴力层级：轻度、中度、重度

分析互联网网络语言暴力的层级之前，有必要对分类标准做出界定。通过文献的查找，目前还没有对网络语言暴力有明确的界定。即便是法律界也

没有对案件中的轻微暴力、中度、重度暴力做出明确的区分。有鉴于此，本文引申了清流县人民检察院的叶淑珍同志对轻微暴力的界定的探讨。① 语言暴力的划分标准是指涉对象的感受和反应。所以即使是同一个语言暴力词汇，在不同的语境下也应当根据情况划分在不同的语言暴力层级中：

轻度语言暴力：指涉对象能够接受的，无法引起指涉对象不满情绪的语言暴力；

中度语言暴力：指涉对象不太能够接受，可能引起心理不适或不满情绪的语言暴力；

重度语言暴力：指涉对象完全不能接受，会引起不满、愤怒等强烈情绪，并可能伴随激烈的语言反抗的语言暴力。

根据以上标准，对 1200 分数段和 1400 分数段的语言暴力分别进行分析：

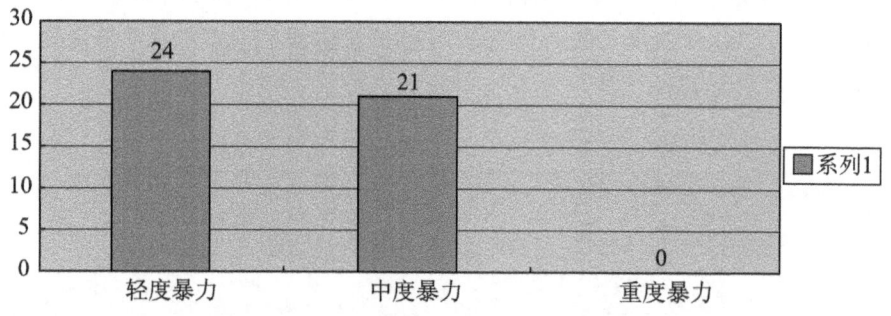

**图 3　1200 分数段**

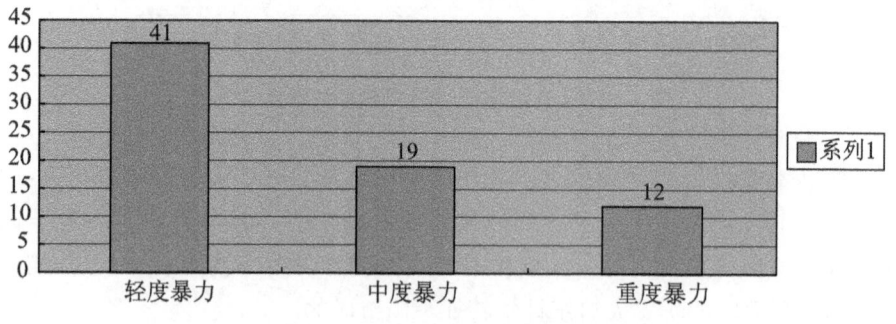

**图 4　1400 分数段**

---

① 叶淑珍. 浅谈未成年人犯罪案件中"轻微暴力"的界定. http://www.sanming. jcy. gov. cn/ql/Article_Show. asp?ArticleID =93, 2014 -01 -01.

通过数据分析发现，轻度暴力在网络游戏语言暴力中占据主要地位。表明在网络游戏语言暴力并不占互联网语言交流的主流的基础上，其程度也较轻微。网上的交流并不都存在互相谩骂、攻击和伤害的情况。

同时也发现，1400 分数段的"重度暴力"远高于 1200 分数段。对于这一数据畸高的情况，我返回原始数据进行了分析。经过分析发现，在 1400 分数段的 12 例重度暴力中，有 10 例发生在同一游戏局。该局游戏出现异常情况，对战双方的其中一方出现内讧，队友之间进行了相互的人身攻击，并一直持续到游戏结束。同时游戏中不仅存在语言攻击，也存在损害队友装备、给敌人利益等情况。对该个案分析表明，如果游戏交流中存在明显的重度语言暴力情况，有可能形成情绪的"剪刀差"，即交流双方都进入越来越激烈的对抗状态，而游戏胜利所需要的理智和冷静再难挽回。这可能和其他研究中的"网络暴民"的描述相符合，但该局只占游戏总局数的 1/38，比例很小。个案并不能代表总体，以一种情况的发生代替整个互联网的情况显然是有失偏颇。

### （三）具体的语言暴力内容分析

1. 涉性别的暴力

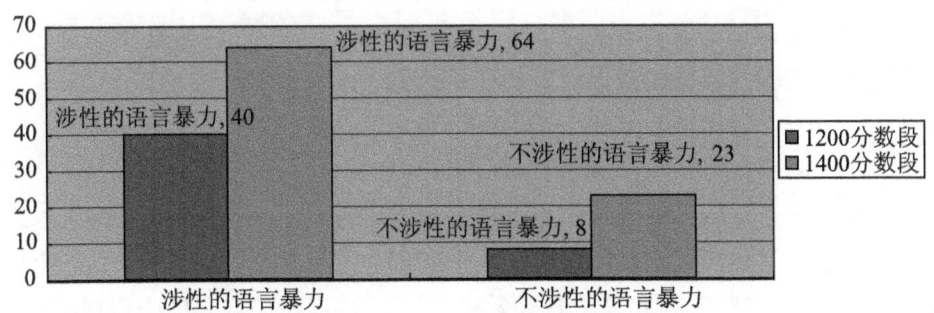

**图 5　涉及性别的语言暴力比例图**

图表表明，涉性别的语言暴力要远远高于不涉性别的语言暴力。由于研究者在统计中，将被媒体管理屏蔽的词都归入不涉及性的语言暴力中，因此实际上涉性的语言暴力比不涉及性的语言暴力高出的比例更大。

在这些涉及性别的侮辱性的词语中：

词语"傻逼"作为第一位，被不同的玩家频繁使用。而第二位的"草、

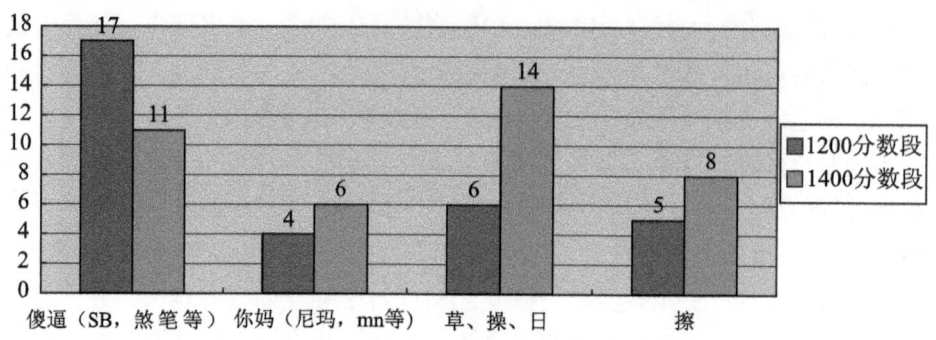

**图 6　侮辱性词语的频率直方图**

操、日"等词汇也非常常见。傻逼的逼字来源于"屄",具有女性性器官的含义。而"草、操、日"都是通俗的"做爱"动作含义。"擦"字来源于"操"。他的流行来源于魔兽世界在游戏中需要一只手操作鼠标,而键盘上的 CAO 的 O 键单手不好按,因此使用 CA(擦)代替 CAO(操),最终导致了"擦"的流行。因此可以得出结论,网络游戏中的语言暴力"可能以涉及性,尤其是女性为主"。

2. 网络语言暴力的含义分析

但不能据此判断互联网游戏中的语言暴力就是低俗的。从语言暴力的层级中看到,交流内容以不会引起人不适的轻度暴力为主。

事实上,无论是轻度暴力的"擦"、"日"、"尼玛",还是中度暴力的"傻逼",都是交流的手段。看以下对话记录:

44:37 〔Allies〕spiralt_:这尼玛咋老是这么多炸弹

49:23 〔Allies〕D 东皇太一 D:gan ta men

这里的"尼玛"是本身没有实在意义,而是作为语气词表达懊悔之意。而"干他们"则经过两次语义引申。查阅字典得知,"干"是"做"的意思,常用做"干事情"。因此其宾语不能为"人"。然而在语言发展中出现了较为低俗的用法,"干"的宾语是人,作为"违背某人意志,强行和某人做爱"的意思。"干他们"最初就是这样出现的。但在这里,语义再次发生的变化,并不是表示和他们强行做爱,而是表达"击败他们","和他们打"的含义,同时起到提振气势的作用。

经统计发现,在总计 135 次的语言暴力中,只有 12 次属于人身攻击,即以打击对方为目的,使用低俗语言对指涉对象进行侮辱。而且这 12 次攻击全部发生在编号 109 的一局内。

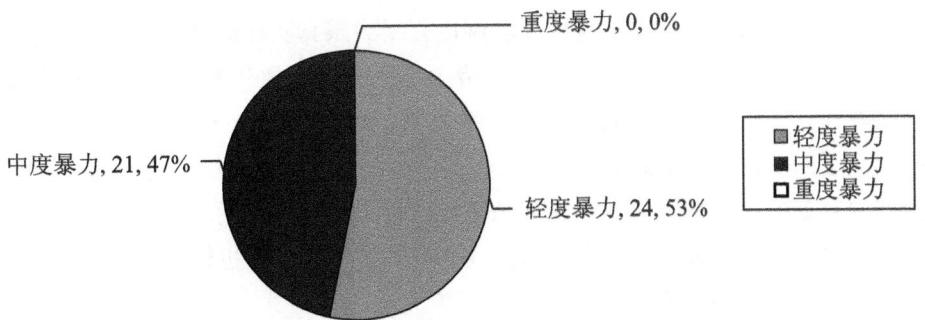

**图7　1200 分数段轻度/中度/重度暴力的比例图**

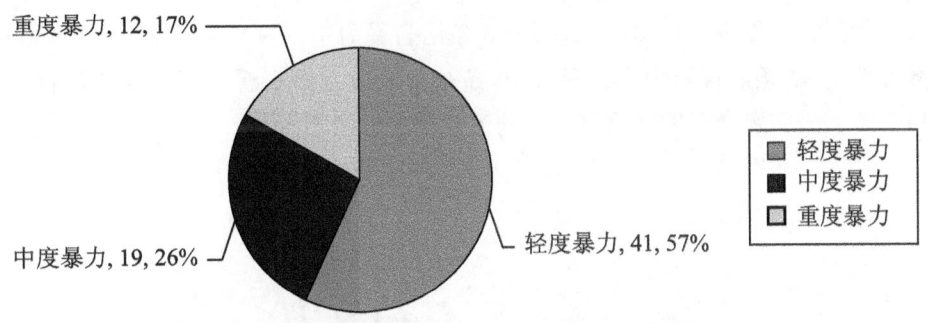

**图8　1400 分数段轻度/中度/重度暴力的比例图**

虽然互联网语言暴力的词汇大部分都含有侮辱意味，并且容易受到女性主义批评。但在实际使用中，这些词汇的意义和用法出现变化和发展，多用于相互交流。又或者说，大部分情况下，它们并不是用做谩骂和攻击。它是作为互联网玩家相互交流的工具而出现的，是互联网交流的符号系统中的一部分。

3．网络语言暴力和真实社会的联系："傻逼"的频繁出现

互联网语言暴力不一定是互联网特有的。以出现次数最多的"傻逼"和"操"（京骂）为例。这个辱骂性词汇最早出现在东北地区，后传到北京。上世纪末，首都工人体育场掀起京骂狂潮，曾经出现数万男女观众在体育场齐声喊"傻逼"的盛况，使京骂传遍全国。① 而中国 CBA 则将京骂发扬光大，

① 鄢烈山．我们今天的文化何以粗鄙化．http：//paper. people. com. cn/fcyym/html/2012－06/08/content_1064373. htm，2014－01－01．

引得外国人侧目。所以很难说，互联网语言暴力跟真实社会没有联系。

从时间上看，上世纪末京骂就已传承不断，而千禧年互联网的应用率和普及率才开始迅速增长。时间先后关系表明，是真实社会的"京骂"习俗直接影响了互联网，再由跨越时空界限的网络发扬光大的。互联网匿名性会对传播内容造成一定的影响（如输入法造成"傻屄"演化成了"傻逼"），但它可能仍然是网民在真实世界中的情感、态度和语言方式的折射。

4. 媒介治理情况分析

从参与式观察的个人体验中，发现 DOTA 游戏中的媒介治理方法是"关键词屏蔽"，即对于侮辱性字眼予以屏蔽，显示成方框："口口"。如：29：15〔Allies〕股饭饭：真口口口傻逼

但经统计发现，1200 分数段的 48 条语言暴力中，只有 4 条被屏蔽；1400分数段的 87 条语言暴力中，只有 16 条被屏蔽。总体来看被屏蔽的总量只有14.8%，表明媒介对网络语言暴力的治理情况效果不大。

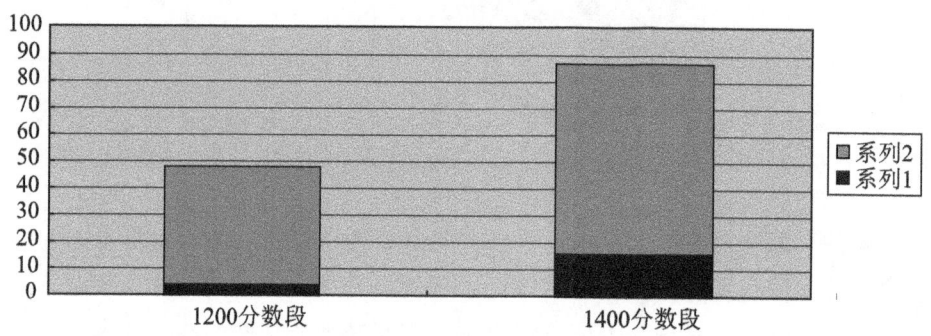

**图 9　关键词屏蔽频率直方图**

通过内容的分析发现，造成这种有限治理效果的原因有以下几种：

（1）妖妖对战平台的运营商消极处理。仅仅屏蔽了有限的几个关键词，且并没有反馈和更新应当屏蔽的关键词；

（2）媒介特性也会对传播造成影响。互联网的信息输出依赖输入法。输入法出现的失误形成了互联网语言暴力的独特现象、而这恰恰是网络管理所管理不到的一面。字符控制远远比不上错别字来得更多。如"傻屄"这个语言暴力词汇，在互联网中可以有傻逼、煞笔、傻比、SB 等多种表达方式。并且它们的流行使"傻屄"这个词的本来写法反而不为人所知。这也造成了媒介治理的困难。

# 三　结论和讨论

通过以上数据搜集和分析，可以得出结论：网络游戏的交流中确实存在着低俗的语言暴力情况。但首先，这种语言暴力并没有想象中多。并且在互联网语言暴力中，以不引起人反感和不适的轻度暴力为主。绝不至于说中国互联网民都是"网络暴民"。

其次，这种语言暴力在大部分情况下只是由互联网交流中所衍生出来的互联网语言符号系统的一部分。他成为互联网交流的表征。但它并不必然是相互攻击、相互伤害的工具。

再次，互联网语言暴力很大一部分是来自于真实社会。如京骂"傻逼"、"牛逼"等。即使没有互联网的存在，它们也不会消失。相反，它们在互联网的盛行是对真实社会的映射以及互联网跨越地域和时间的特性双重作用的结果。因此，互联网语言暴力不可能仅仅靠媒介治理来消除。

最后，互联网语言暴力和性有很大关系。女性的社会角色在互联网语言暴力中表露无遗。但是这并不代表中国女性的社会地位低下。因为大部分情况下，互联网语言暴力已经转化成交流所使用的符号，其本义已经被忽略。而余下的小部分针对指涉对象的女性亲属的人身语言攻击，目的是为了攻击指涉对象本身。发言者本身也并没有真的想这么做。所以，并非互联网语言暴力和女性有关，就代表女性地位低下。个人认为这只是中国人性崇拜和性冲动的一种体现。

# 逃离 1997

## ——《春光乍泄》叙事浅析

## 付箫然

【摘要】

1997 年 7 月 1 日香港回归，王家卫导演的影片《春光乍泄》就是在这一背景下横空出世的。虽然获奖无数，但它并未引起学界诸如对《花样年华》的热烈研究。本文主要以布雷蒙的叙事序列作为框架，对《春光乍泄》（以下简称《春》）进行详尽叙事分析，进而阐述影片的叙事结构，探索影片背后的深层次主题：逃离。表达导演对于香港回归后何去何从的迷茫以及当下香港本土居民的孤寂无助，但同时面对未来依然坚定、乐观的态度。

【关键词】

王家卫 《春光乍泄》 叙事序列 叙事结构 后殖民主义

【作者简介】

付箫然，女，汉族，中国传媒大学新闻传播学部传播研究院 2012 级传播学硕士研究生。

港人在回归以后的生活将发生什么样的变化这一命题对港人本身以及大陆人都是非常具有神秘感的，《春》就是在这一背景下创造出来的。这一影片虽然是同性恋题材，但因为与"97 回归"这一政治事件相关，因而同时也具有一定的政治意味。王家卫导演的影片重要主题之一是"逃离"：逃离喧嚣、逃离背叛、逃离孤独等等。这里王家卫将自己的感受、想法在香港回归的时候用电影这一艺术表现形式展现出来，其背后隐喻的后殖民主义式的"港人回归后何去何从"、"香港在被英国统治了 100 年以后是否还能跟大陆和谐相处"等问题也一并铺展开来，导演留给我们的更多的是思考。

## 一　《春》的叙事结构

《春》从表面上看仿佛是二元叙事，甚至多元叙事模式，因为熟悉王家卫的人都知道，他会用一些很琐碎的镜头来进行阐释，所以很多受众会抱怨说看不懂，认为是一堆东西的堆砌。在这部影片中，有很多镜头是闪回的，并不具有连贯性，所以给人一种混乱的感觉。影片中的人物关系也并非清晰明了，观众可以根据自己的意愿进行解读，因而这部影片的叙事结构会给人复杂的感觉。

实质上它是单一的直线型叙述。我们可以将《春》的整个故事分为三个部分，即"散—聚—散"。这部影片总共 90 分钟，阿辉是自始至终都在讲独白的，阿荣大部分出现在前 60 分钟，而第三个主要人物小张只出现在后 30 分钟，这 30 分钟里阿荣几乎不存在。阿辉在与两个男人的对手戏中阐述出影片主题，因而《春》的绝对主角是阿辉，影片以阿辉的活动为主要叙述线，而阿荣与小张的生活仅仅是作为一种插曲嵌入主要叙述线索中。

影片的思路是很清晰的，"散－聚－散"的每一部分的原因跟结果都很明了，故事也正是以这种方式推进，只是王家卫善用自己的方式将这种线路表达得更深刻。

## 二　布雷蒙的叙事序列以及对《春》的叙事分析

这部分主要对布雷蒙的叙事序列进行介绍，并且以此作为理论框架对《春》进行叙事分析。

普罗普是媒介分析理论研究中一个不得不提的名字，他在分析了 100 多个童话以后提炼出 31 种功能，对于叙事学的贡献着实不小，但是他的分析仅是依靠时间顺序对各种功能进行了简单的排列组合，并没有考虑到逻辑关系。因而这一点得到了布雷蒙的批评，同时布雷蒙做了改进，提出了"叙事序列"的概念，用来阐明功能之间的逻辑关系。罗刚在《叙事学导论》里对布雷蒙的叙事序列进行了详细的介绍。布雷蒙将他的序列概念分为基本序列与复合序列。其中，复合序列又分为：连接式、镶嵌式、两面式。就本文的研究对象《春》来说，基本序列已满足分析的要求。

## （一）基本序列

基本序列是由三个功能组成的，其中功能与功能之间存在着严密的逻辑关系，三者构成不可分割的整体。①

1. 一个功能以将要采取的行动或将要发生的事件为形式表示可能发生变化（情况形成）。

影片中，何宝荣与黎耀辉是一对同性恋人，何宝荣生性不羁，他总能以"让我们重新开始"来挽回黎耀辉。为了修复感情两人决定去阿根廷旅行，一起去看瀑布。这样的前提就造就了整个影片的叙述，因而"一对同性恋人（功能的主体）企图修复感情而相约去看瀑布（将要采取的行动）"这一事件导致了接下来一系列事件的发生，因此情况形成。

2. 一个功能以进行中的行动或事件为形式使这种潜在的变化可能变为现实（采取行动）。

影片开头的几分钟是这对同性恋人的亲热场景，虽然作为边缘人物，但场景的唯美与自然也会让人产生这对恋人关系紧密，感情稳定的印象，因而在他们决定去旅行看瀑布以后，是一定会采取措施使这一愿望成真的，很自然的，他们采取了行动：租车去伊瓜苏瀑布。

3. 一个功能以取得结果为形式结束变化过程（达到目的）。

按照影片最后的结局，功能最终是没有达到目的的，因为影片的最终结果是男主角黎耀辉一个人来到了瀑布，何宝荣却没有看到瀑布。从这点来看，目的是没有达成的。

## （二）叙事循环

布雷蒙认为在第一个功能（情况形成）后，有可能采取行动，有可能没有采取行动；第二个功能（采取行动）后，有可能达到目的，也可能达不到目的。这也是他所说的叙事循环。在这一循环下，故事可能朝着悲剧的方向发展，也可能最终变为喜剧。因此《春》的基本序列具体如图所示：

---

① 罗刚. 叙事学导论 [M]. 昆明：云南人民出版社，1994. 93 - 94.

A 何宝荣与黎耀辉期望修复感情→$\begin{cases} \text{A2a 两人租车去看瀑布→} \\ \text{A2b 没有采取行动（不适用本片）} \end{cases}$

→A2a$\begin{cases} \text{A3a 达到目的（不适用本片）} \\ \text{A3b 站在瀑布下的是黎耀辉一个人，两人分手（行动失败，未达到目的）} \end{cases}$

即：一对同性恋人为了重新开始他们的恋情而离开香港，相约看伊瓜苏瀑布，于是两人租车前往，但中间发生了一系列阻碍目的达成的事件，最终目的未达成。

### （三）基本序列是具有弹性的

在基本序列的三个功能中，每个功能下都存在着两种情况：改善或者恶化。故事的发展也跟主人公的选择有着紧密的关系，这样看来，主人公的个人选择与故事息息相关。而同时怎样的选择也能体现人物的性格，这种选择具有必然性。

1. 基本序列下《春》功能分析

①本片中，A 功能有以下两种可能→$\begin{cases} \text{改善：两人准备采取修复感情的行动（A2a）} \\ \text{恶化：两人虽有想法，但未采取行动} \\ \text{主人公选择了第一种可能，因而有了 A2a。} \end{cases}$

②而 A2a 也有两种可能→$\begin{cases} \text{改善：两人在旅途过程中互相体谅，感情加深，} \\ \quad\text{甜蜜回到香港。} \\ \text{恶化：两人在旅途过程中，因为一方或者双方的争执、} \\ \quad\text{互相猜疑而导致分手，承诺破碎。（A3b）} \\ \text{主人公选择了第二种可能，因而有了 A3b。} \end{cases}$

2. 主人公选择的必然性

因为主人公的选择推进了故事的发展，假若选择与上述的不同，那么故事也一定不会是我们现在看到的《春》。具体分析后，可以得出主人公的如上选择是具有必然性的。

首先，在影片的一开始，阿辉独白中那一句"'让我们重头来过'是何宝荣的口头禅，每次他这样说的时候，总能引起我的同情，因而选择重新跟他在一起"这句独白就强烈的显示两人恋爱关系的不对等关系，何宝荣处于主动地位，而黎耀辉则比较被动。这时，人物性格的强烈对比也显现出来了：

| 人物 性格 | 何宝荣 | 黎耀辉 |
|---|---|---|
| | 放浪不羁、任性、自私 | 隐忍、体贴、内敛 |

因而当何宝荣在此提出和好的请求并建议去阿根廷旅行的时候，黎耀辉是不会拒绝的。因而阿辉做出了选择，在此证明自己处于相对被动的地位，同时让观众感受到他对于阿荣的深爱。

其次，两人在租车以后迷路的情况下，阿荣很快厌倦了与阿辉在一起的生活，他自私任性的性格导致他选择离开。（散）当再次遇见阿辉的时候，他又企图跟阿辉在一起，被人打伤以后重新找阿辉，阿辉义无反顾地照顾受伤的阿荣。（聚）后来阿辉同事小张的出现，让阿荣误以为小张是情敌，同时他的伤已经好了，再次厌倦的阿荣选择了离开。（散）即：

阿荣：自私、任性、不负责任→寻求刺激新鲜→导致了"散"

阿辉：隐忍、包容、责任心强→照顾受伤的阿荣→俩人"聚"

阿荣：猜疑心强、再次厌倦、经不住寂寞→再次离开→再"散"

从以上分析可以看出，《春》的叙事结构是属于格雷马斯所言的"离合型"组合，即人际间的聚散邂逅迁徙流离，相会相失等等。仅仅用基本序列就能将一个故事说的很透彻，也说明了王家卫导演叙事风格的简洁明了。

# 三 《春》背后的"逃离"社会主义

《春》上映于 1997 年，在影片的最后王家卫用邓小平去世的新闻消息提醒观众这是香港将要回归大陆的一年。而王家卫出生于上海，后来跟随家人移居香港，他的个人经历注定了他的拍摄风格跟讲述方式是有别于其他导演的，作为一个自我身份很难界定的导演，他也体现了大部分香港人的心态：自己到底是香港人还是中国人呢？在这样的状态下，王家卫用一部影片表达了自己的思考结果，那就是借以黎耀辉的名义宣布了想要逃离但是又不得以积极面对的乐观态度。

## （一）影片中时刻表现出逃离的情绪

开头就是逃离的基调：主人公从地球的这一端逃到地球的另一端，为的是修复两人的感情。我们还是根据文章的"散—聚—散"这三部分进行分析：

| 散 | 阿荣为了逃离寂寞、疲惫、平淡 |
|---|---|
| | 阿辉为了逃离一份不负责的爱情、为了逃离再次受伤 |
| 聚 | 阿荣在这部分中仍然会出去买烟、透露出不安定的情绪 |
| | 阿辉在这部分中想要控制阿荣、透露出不自信与不安 |
| 散 | 阿荣为了再次逃离这份厌倦的感情 |
| | 小张是为了逃离烦恼才来到阿根廷 |
| | 阿辉意识到真爱已去，他选择逃离一份没有结果的感情 |

从上表可以看出，三位主要人物在影片中时刻表现出一份逃离的意愿，即使在影片中最具有幸福感的第二部分"聚"的叙述中，阿荣也还是表现出不羁与放浪，在阿辉悉心照料下仍旧想要摆脱平凡的生活，而阿辉虽然深爱阿荣，但是最终他还是选择逃离这份感情，重新生活。

### (二) 资本主义 VS 社会主义

王的电影一定程度上都在体现着港人的生活状态，《春》也不例外。它通过人物的逃离来表达港人生活的寂寞与繁忙，同时也暗示现代人生活节奏的紧张与无聊，当然这只是影片揭示的一小部分。

凭这部影片，王家卫获得了当年夏纳电影节的最佳导演，笔者认为除了艺术上的造诣，影片还暗示着一种意识形态。香港在英国管辖下是资本主义的，虽然实行"一国两制"，但是港人一定还有担忧，在大陆社会主义的大体制环境下，港人最终的归宿是什么呢？王家卫在影片最后加入了邓小平离世的新闻消息，阿辉在台北看到这则消息。

香港已经回归，那么台湾呢？也许王家卫在这里也给观众一个想象的情景，最终结果如何我们现在都还不清楚，而对于香港的未来会如何，也许王家卫也不知道。

### (三) 坚定乐观

虽然王家卫导演的影片一直以"拒绝与追寻"为主题，《春》也在表达一种逃离的主题，但是不能忽略的主题是"回归"。影片也贯穿着一种回归的情愫：阿辉最终回到香港，因为他知道只有自己有一个地方可回，那么在外漂泊的日子才不会那么苦，正如小张，他在台北有幸福的家，是他永远的归宿，所以他才可以无忧无虑的在外流浪。

王家卫借这一点来表达两种观点：第一，走到地球的另一端，改变的只是环境，人物还是回到了最开始的地方。第二，阿辉在阿根廷的日子里，虽然丢失了感情，但是修复了亲情，认识到家与根的含义，香港还是一个他必须回去的地方，虽然不知道香港的明天会怎样。他去到了台北，那里尽管生活安逸、华灯初上，但是在影片最后他面带微笑离开。预示着坚定乐观的态度，一切都没那么坏，香港的明天会更好。

**参考文献：**

［1］罗刚．叙事学导论［M］．昆明：云南人民出版社，1994.

［2］阿瑟·阿萨·伯格．通俗文化、媒介和日常生活中的叙事［M］．姚媛，姚媛译，南京：南京大学出版社，2006.12.

［3］阿瑟·阿萨·伯格．媒介分析技巧［M］．李德刚、何玉译，北京：人民大学出版社，2005：8.

［4］利萨·泰勒，安德鲁·威利斯．媒介研究：文本、机构与受众［M］．吴靖、黄佩译，北京：北京大学出版社，2005.4.

［5］周静．电影《春光乍泄》中音乐的隐喻作用分析［J］．艺术学苑，2013（3）.

# 浅谈《爸爸去哪儿》的中韩对比

王 哲

【摘要】

真人秀节目如火如荼，引发业界和学界思考：几乎大部分热播真人秀均引进国外，这是不是本土创新力的一种式微？只有将实际节目进行相互对比，看出异同，才能更好地回答这个问题。故以当下最火的亲子类真人秀节目《爸爸去哪儿》为例，将中韩两版进行内容分析，对比两者的叙事手法，从中发现异同。结果显示，中国版《爸爸去哪儿》在保留原韩版节目的核心元素的基础上，根据我国本土情况增加了不少中国元素，更符合我国观众的收视偏好。创新的目标任重道远，借鉴他国也是一个好的起点。

【关键词】

真人秀 本土化 叙事手法 中韩对比

【作者简介】

王哲，女，汉族，中国传媒大学传播研究院 2013 级应用传播硕士研究生。

版权引进类节目在中国的发展已经不是新话题，近几年来的真人秀节目也大多出身海外，如最早开始引起全民狂欢的《超级女声》，效仿了美国版的《美国偶像》，迅速成为收视热点，一路飙红。《中国最强音》、《中国好声音》、《中国梦想秀》、《中国达人秀》……一系列打着"国字号"的综艺选秀连同《我是歌手》、《谢天谢地你来了》等诸多真人秀几乎在一夜间覆盖了所有电视台，营造了空前盛大的收视奇观。可以说引进版权在中国真人秀节目的发展兴盛过程中起着非同一般的作用和影响，而其中最突出的例子可数韩国节目的引进。同为东亚文化圈的中韩两国，在历史、文化、思想、审美等诸多方面有着许多共通点，这成为了韩国节目能够在我国迅速引爆的一个不可忽视的宏观背景。此外韩国系统完善的娱乐产业催生了形态丰富的综艺节目，其扎实丰厚的经验对于我国的电视节目来说不失借鉴的必要。当下创造收视长虹的《爸爸去哪儿》，也是引进韩国版权的一档亲子类真人秀综艺节目，在中韩两国均获得口碑和高收视，成为此次研究的良好范本。

何谓真人秀，其实国内学术界并没有一个公认的定义，而随着新媒体的发展，真人秀节目的内涵与外延也在不断变化。但其中几个主要的、关键的元素是必不可少的：真人、纪实，还有表演。《爸爸去哪儿》是湖南卫视继《我是歌手》后，又一档从韩国购买版权、本土制作的真人秀综艺节目。中韩两地同时期的热播，使得亲子类真人秀节目顿时成为继歌唱竞技类真人秀节目的又一大热点。其总体特点是全程展现在没有妈妈参与的情况下，爸爸与孩子如何在一个陌生的环境相处并解决问题。爸爸们主要是从事演艺娱乐事业、家喻户晓的明星，孩子们一般在 5 岁左右。通过真实展现明星父子/女之间的相处故事，营造亲子温馨，甚至是难得一见的亲近氛围，一改过去明星在戏剧中的虚构角色和故事，呈现真实生活中的角色关系。"在强调空间的观看性、强调空间本身的娱乐性的同时，一般也强调空间的真实性、自然性，是具有陌生性的真实空间，或者是具有封闭性的现实空间"，① "对参与者的日常生活形成障碍，迫使他们更加充分地展现自我，环境本身的奇观性也增强了节目空间魅力"。② 这种将明星及其孩子的种种有意无意的反应暴露在观众面前，让他们的隐私、窘迫之处暴露在镜头前供人们品评、讨论的方式，满足了大多数观众的窥探心理和好奇欲望。另一方面，从明星的角度来说，这种略带表演成分的真实生活写照也是提供了一个给自己粉丝们更全面、充分了解自己的难得机会，可以趋利避害而又不失自然，能够大大增加自己的人气。

韩国版《爸爸去哪儿》开播于 2013 年 1 月份，首播即获得了较高的收视人气，并持续升温。节目选取的五位爸爸主要是歌手、主持人、运动员、演员等职业，由摄制组清早前去各家接人开始，记录了活动全过程，具有一定的真实感和悬念。中国版的《爸爸去哪儿》首播于 2013 年的 10 月 11 日，同

① 尹鸿，陆虹，冉儒学. 电视真人秀的节目元素分析 [J]. 现代传播，2005（5）.
② 彭娜. 中韩综艺节目叙事结构对比分析 [D]. 重庆大学，2012.

样创造了收视长虹，"收视率、市场占有率、网络播放量连续'涨停'，每周雄踞收视榜冠军，单期节目的重播次数高达 8 次，创下国内综艺节目重播纪录。"① 这种收视奇观不仅仅来自于韩国版的预热和湖南卫视的雄厚实力，更主要的是湖南卫视充分地将优秀的节目模式和具有话题性的人物结合在一起，根据人物个性制作节目，营造轻松自然的氛围，大牌云集极大地激发了观众的收视热情，充分发挥了明星效应。近期关于李亚鹏、文章等人有意加入节目录制的炒作又使得节目关注度保持高温不下。

为更好地进行对比分析，选取韩国版《爸爸去哪儿》中与中国版首播内容类似的 10 月 13 日一期，二者的故事都发生在农村，讲述爸爸与孩子如何在偏远农村自己动手，度过两天一夜的生活的故事。具体内容见表 1.

表 1　中韩两版《爸爸去哪儿》节目内容对比

| | 地点 | 嘉宾 | 主要活动 |
|---|---|---|---|
| 韩国版 | 全罗南道奉化郡南回龙里夏家村 | 金成柱（主持人）、成东日（演员）、李钟赫（演员）、尹民秀（歌手）、宋钟国（足球运动员）及他们的子女共 10 人 | 洗衣服、摘辣椒、做辣椒酱、夜晚找蔬菜、讲鬼故事 |
| 中国版 | 北京市延庆灵水村 | 郭涛（演员）、王岳伦（导演）、林志颖（赛车手）、田亮（演员）、张亮（模特）及他们的子女共 10 人 | 抽签分房、爸爸做饭、孩子独自找食材 |

# 一　韩国版《爸爸去哪儿》内容分析

通过对韩国版这期内容的分析，可以总结出四个关键词：礼仪、富足、勤劳和独立。无论是老人、小孩、年轻人，都无一不处处体现着这几个词。

## （一）礼仪

韩国的国家形象之一就是礼仪。长幼之间的，尊卑之间的，男女之间的，

---

① 赵斌.《爸爸去哪儿》重播 8 次受热捧引 20 档节目跟风. [J/OL]. http://www.hb. xinhuanet. com/2013 - 11/01/c_117972716. htm.

工作同事之间等等，其实这种印象很大一部分来自韩剧、韩国音乐、韩国电影等传播内容，正如马歇尔·麦克卢汉所说：就像鱼没有意识到水的存在，媒介构成了我们的环境，并维持着这种环境的存在。在这期的《爸爸去哪儿》中，无论是土生土长的村民、商店的店主；还是6、7岁的小孩、事业成功的爸爸们，都时刻践行礼貌这个词。如孩子们刚进村子就热情出来迎接的老奶奶，耐心教导孩子认识不同蔬菜的阿姨，孩子们无需提醒的客气恭敬，分别前的鞠躬道别，爸爸们毫无架子地融入农家生活，都给人以自然的谦逊感。不过值得一提的是，韩国艺人的社会地位并不高，除非特别有声望的，其他都不过是供人娱乐玩笑的"伶人"，韩国艺人挨打之类的事件也不是奇闻，因此这种社会文化下成长的艺人内心自然保持着一种低调谦逊、明哲保身的态度。

## （二）富足

作为一个人口密集型国家，韩国在短短几十年里从一个贫穷落后的国家一跃成为中等发达国家，创造了令世界瞩目的"汉江奇迹"。这种经济的发展不仅体现在现代化的城市，也深入乡村。在这期节目中，我们能发现规模化的农产品种植，产业化的农产品加工店等丰衣足食的场景。更值得注意的是，画面处处呈现一片人与自然和谐相处的景象：清澈见底的小溪，河底成群的鱼儿，村民在溪边洗衣，漫山遍野的绿色等。这种毫不做作、没有扭捏装饰的画面也在有意无意地宣传了韩国的自然风光。

## （三）勤劳

节目通过一件件传统农家活的完成将整个真人秀串联起来。采摘辣椒、修剪辣椒、磨成辣椒粉、制作辣椒酱，直至腌制泡菜，整个过程均由爸爸和孩子来完成，少了娇生惯养的扭捏，多了自己动手的乐趣。而在孩子们遇到困难或者情绪低落时，爸爸们总是通过言语、行动等方式激励、教育。其中常听见的一句话是"加油，你能做好的"。而几乎所有爸爸都是做饭能手，从生火到切菜、切肉，煎鸡蛋饼，娴熟的手法让人看到一个顾家、负责人的爸爸的形象。

## （四）独立

5、6岁的孩子给人的印象往往是弱小、恋家的。而节目中的孩子们却展现了另一种特质：独立。单独坐车外出买东西，夜晚独自出行找蔬菜，大哥哥如何带好队伍、分配任务，这些看似会难倒他们的事情均被很好完成。男孩被赋予了更重要的责任，爸爸总会说"男子汉是不会累的"，"作为男生要吃点苦"等，这也是韩国文化中重男轻女观念的一种延续。

以上是韩国版《爸爸去哪儿》的叙事分析。总的来说，既充分体现了人的因素，突出孩童的可爱、懂事，爸爸的责任心、担当，又展现了韩国令人向往的风土人情，如友好、谦逊、生态等，因此节目的收视成功也在情理之中。

## 二 中国版《爸爸去哪儿》的特点和本土化改进

通过对这期中国版《爸爸去哪儿》的观察，可以看到中国版有如下特点：

### (一) 人物更具话题性

节目选取的5位爸爸有导演、演员、歌手、运动员还有模特。导演王岳伦的另一个身份是湖南卫视前著名主持人李湘的丈夫，演员郭涛一直塑造谐星形象，歌手林志颖的不老传奇已经成为一种神话，运动员出身的田亮现在从事着演艺事业，最后是国际名模张亮。可以说每一个人本身都有不少看点，更不用提当他们第一次和孩子独自旅行时所发生的不可预知的问题了。

### (二) 悬念增加

节目一开始就告诉大家，这是"第一次以父亲身份出现在镜头前的爸爸们"，现实生活中的他们是不是如我们从戏剧中认识、了解的他们？初为父亲的他们和普通人有什么不同？事业的成功会不会让他们不太懂得如何与子女相处？他们的孩子会不会因为娇生惯养而大发公主脾气、耍性子？5对父子/女由抽签形式挑选居住的房间，谁会是那个住在破败屋子里的人？几乎不下厨房的爸爸们面对新鲜肉类食材，该如何下手，他们能做好一顿饭给孩子吗？一环接一环的悬念设置减少了节目环节连接的空档，也令故事中的人物笑料百出。

### （三）男女搭配的组合形式

"利用性别来推动叙事从来都是一种重要的文化叙事方式，通常好莱坞电影中总是英雄配美女，美女得英雄。"① 相比较韩国版，我国的《爸爸去哪儿》添加了更多的八卦元素，三角关系、情侣档等噱头，成为卖点之一。这种消费方式恰恰也符合我国观众收视趣味。

### （四）更多矛盾

戏剧教育家阿·尼柯尔教授认为："所有的戏剧基本上都产生于冲突"。冲突是抓人眼球的杀手锏。"男主外，女主内"的传统虽然式微，但依旧深刻影响着80后、90后，相信还有更多。不出意外的，中国的爸爸们相比韩国爸爸们更加四体不勤、五谷不分。他们为每天的食材发愁，为生火做饭发愁，为孩子的哭闹发愁，而这种真实展现的矛盾恰恰成为节目的最大看点。爸爸们如何克服困难完成晚饭的制作，如何说服哭闹的孩子听话已经成为一种表演。而第一次到偏远农村的孩子们，面对破旧的房屋和设施，陌生的村民和动物，更多的是不适应、反感，他们如何克服困难慢慢融入甚至从中寻找乐趣，这种矛盾的转化、化解推进着节目的收视高潮。

### （五）其他本土化改进

虽然《爸爸去哪儿》的版权引自韩国，但湖南卫视为了使节目的内容更适合中国观众，除了在节目的上述环节做出改变，还在其他方面进行了本土化尝试，如增设主持人这一环节，通过一个固定的主持人来主持秩序，下达命令，这有利于观众更好地理解节目的进展；中国节目中间穿插着动画、带拼音的字幕，更活泼生动，也更符合孩子的收视习惯；每一个看点过后都有对相关爸爸的独立采访作补充，来解释他当时的反应、心理活动，具有一定的煽情色彩。

需要指出的是，节目在展现人文精神上，有得有失。得在于其也同样宣扬了责任感、合作意识等普世价值，感受到家长言传身教的正面作用；失则在于相比韩国，我国的明星孩子明显更娇气，我国的明星本人也较缺少劳动

---

① 尹鸿，陆虹，冉儒学."电视真人秀的节目元素分析"［J］. 现代传播，2005（5）.

者不畏辛苦的可贵之处。这或许与我国目前贫富差距持续拉大的社会背景有关。同时，节目中也可以看出妈妈在家中扮演的角色、承担的责任，或许是研究女性社会地位的一个很好角度。

## 三 结 语

近年来，跟风韩国综艺节目一直为我国业界和学界所诟病，对本土创新力的呼吁也从未减弱。而娱乐成风，对大众媒体教育功能的侵蚀，也为不少学者所担忧。其实，娱乐并不代表低俗，跟风也并不一定盲目。韩国的娱乐产业发达程度并非一日之寒，其影响力也不止步于我国，如何在跟风过程中添加中国元素，结合本地观众收视习惯，才是自主创新的第一步，毕竟完全的开拓创新是需要试错的勇气和足够的财力的，如同芒福德在《城市发展史——起源、演变和前景》中说过一句话：最初只是自给自足的城市小水珠，竟被强制吹成多彩的帝国肥皂泡，尺度大得可怕，这种规模极易破碎。"韩国综艺节目不以色情为噱头，不以绯闻来炒作，具有健康积极的内容；节目形式明快、内容新颖、嘉宾养眼；参与的嘉宾敬业、谦虚、阳光；节目制作精良，环节设置、布置、后期制作（表情、画外音等都非常讲究，等等），对传统美德的弘扬也很令人欣赏"。[①] 此外，节目的本土化需要法律的肯定，引进版权是我国电视产业为保护知识产权迈出的重大一步。

总之，引进节目模式能够在吸取前人经验，避免走弯路的同时，也能够使本国节目策划者从中摸索规律，自主创新，而这些都需要时间、经验、财力等多方面的累积，踏实下来，回归本真。通过上述对比，《爸爸去哪儿》可以说是一次模仿＋创新的尝试，其效果也是得到肯定的。

**参考文献：**

[1] 刘燕南. 电视收视率解析［M］. 北京：中国传媒大学出版社，2006.2.
[2] 【荷】丹尼斯·麦奎尔. 受众分析［M］. 刘燕南译，北京：中国人民大学出版社，2006.3.

---

① 彭娜. 中韩综艺节目叙事结构对比分析［D］. 重庆大学，2012.13.

[3] 刘燕南. 电视传播研究方法 [M]. 北京：北京师范大学出版社，2003.10.

[4] 刘燕南，史利等. 国际传播受众研究 [M]. 北京：中国传媒大学出版社，2011.10.

[5] 孙英春. 跨文化传播学导论 [M]. 北京：北京大学出版社，2008.10.

# 被遗忘阶级的困顿与救赎

## ——关于影片《钢的琴》的分析

### 王　祎

【摘要】

影片《钢的琴》延续了导演张猛惯用的底层叙事，用黑色幽默讲述、风格化叙事符号和超现实主义手段，勾勒出中国经济转型期东北重工业基地下岗工人的生存群像。采用叙事分析、文本分析和话语分析方法，剖析该影片取材的特定历史和社会现实，以及在此背景下影响人物命运走向的决定性力量，可折射出人类工业文明和现代化发展过程中资本扮演的重要角色及其对人的物化，有助于探讨中国改革进程中工人阶级与农民阶级主体性的丧失与寻回。

【关键词】

钢的琴　改革　工人阶级　主体性

【作者简介】

王祎，女，汉族，中国传媒大学传播研究院 2012 级传播学专业博士研究生。

20 世纪 90 年代，伴随改革开放的进一步深化，指令性计划经济越发难以适应时代发展，经济转型迫在眉睫，计划经济的典范、共和国的长子——东北重工业基地首当其冲。短短数年间，几千万工人失去了工作、福利和各类保障，经济状况和社会地位急转直下。一时间，各种鼓励再就业和自谋生路的宣传（口号、条幅、影视、歌曲、广告等）层出不穷，"下岗"一词盘踞年度最热关键词数年。让人遗憾和痛心的是，仅仅十余年后的今天，社会各界却对那些人"集体失语"。建国初，需要他们奋斗，于是他们一手缔造了共和国发展的扎实根基；经济要转型，需要他们告别原有的光环，于是他们离开了倾注大半生心血的"单位"。在这个工人阶级领导的国度里，这一代工人群体作为时代的牺牲品成就了今天经济的辉煌，可他们这些年的困顿与苦苦挣扎却被人们如此轻易地遗忘了。往事并不如烟，电影《钢的琴》就是在这一背景下铺陈开来的。

## 一　张猛的底层叙事

影片《钢的琴》表面看来打的是"温情牌"：主人公陈桂林下岗后组建了一支小乐队，靠为婚丧嫁娶、开业庆典、商品促销表演勉强维持生计，妻子不堪生活重负跟了"卖假药"的大款，向陈提出离婚，并以"更好的教育"为名要争夺女儿小元的抚养权，除非陈为女儿买一架钢琴。为了留住女儿，从蹭琴、借钱买琴、偷琴，到最后召集昔日工友共同造了一架"钢的琴"，这一系列过程中，陈桂林极尽逢迎巴结之能事，死缠烂打、到处碰壁。贯穿影片始终的除了浓得化不开的父爱之外，社会底层小人物的卑微与辛酸一览无遗，底层叙事风格极为明显。

导演张猛在重工业基地的典型范本——沈阳出生、成长，人生记忆里充满了灰蒙蒙的工业情结，这也在他的作品里展露无遗。无论是之前的《耳朵大有福》（2008年），还是这部《钢的琴》（2011年），都弥漫着浓浓的时代印记和工业情怀，延展着他钟爱的题材和惯有的风格。在这部影片里，他跳脱出家庭的叙事单元，用一种黑色幽默的方式全景式地讲述着东北老工业基地下岗工人的悲与欢，手法与库斯图里卡（Emir Kusturica）极类。《钢的琴》既是一曲献给对已渐渐逝去往昔的悲怆挽歌，也是一枚重新唤醒人们关于那个群体的记忆，关于那个时代的反思的重音符。

## 二　风格化的镜头语言与符号

影片伊始，就展现出张猛超强的对工业废墟的调用与借景构图能力。静止的长镜头，恰到好处的景深，对称的构图方式，近景是陈桂林和妻子小菊一左一右站在镜头前宣告婚姻的终结，谈着离婚的条件，人物冷漠的表情营造出强烈的疏离感；中景是检斤站左右张开的遮雨棚，像翅膀一样嵌在二人身后，小菊身后的一半完整丰满，陈桂林身后的一半则残破不堪，昭示着二人生活境况迥然，与衣着光鲜养尊处优的小菊相比，昔日同一屋檐下的陈桂林就像是"折翼的天使"，失落感由表及里直至内心；镜头拉开，透过残破的"羽翼"越发明晰的远景是所有工业区的标志性建筑——烟囱，敦实岿巍，直插云端。

转场到下一个镜头，陈桂林们穿着黑色的雨衣，偶尔走音却极为投入地演奏，淑娴用半调子的美声唱着前苏联歌曲"三套车"，荒诞而又辛酸。移动镜头转成乐队全景，再转到葬礼远景，背景仍是烟囱，慢吞吞地冒着烟。其后几乎每一场外景，每一个移动镜头都有烟囱作为背景的嵌入，直到汪工叹惋烟囱要被炸掉，这一符号终于从背景走向台前，成为这一段叙事的焦点。烟囱的形象在全片共出现了 18 次。这些比陈桂林的父亲还要大两岁的烟囱，是那个时代的表征，是那个群体的寄托，承载的意义远不止功用本身，它们是"成长的记忆"，是"回家的坐标"，是"一个被遗忘了许久的老朋友"。即便工人们写联名信，即便汪工绞尽脑汁研究烟囱的改造再利用，即便全厂召开职工大会集体研讨，烟囱被炸掉的命运还是没能避免。这一决定在工人们的集体注视中执行，围观的工人们并没有流露出过多的伤感与眷恋，而是淡定坦然地面对，就像面对突如其来的集体下岗，面对接下来的一切。爆破瞬间，漫天烟尘，围观工人们的影像被瞬间吞没。正如张猛所说，烟囱就像是工人阶级的"阳具"，在市场化来临的时刻被无情地"阉割"了。伴随这场仪式性"阉割"的，是一个时代的终结和工人阶级的集体退场，他们的青春记忆，他们的热情与理想，全部隐匿在历史的尘埃中，被深深地埋葬。

与烟囱这一潜含的符号相对应的是"钢琴"这一显性符号。伴随情节的推进，这一符号的能指完成了"小元上钢琴课用的琴——陈桂林用纸板糊的琴——偷的钢琴——最初图纸中的木制钢琴——最后造成的钢结构的琴"等一系列演进，层层递进。而这一系列能指所对应的所指则是朴实浓烈的父爱、生活的艰辛与无奈、苦中作乐的精神内核、工人阶级的坚毅品格与创造精神等。这些能指和所指之间依靠情节的进展和人物关系的变化，为观众建构起主体间性，使整部影片的情怀与主旨更加鲜明。

全片大量运用空镜头和移动镜头，满是破败的废墟景象，废弃的厂房反复出现，占据画面的绝大部分，人物以超远景的形式嵌入其中，这种风格化的冒险越发凸显了在不可逆转的滚滚时代洪流面前，小人物的卑微与无力感。此外，与影片灰色忧郁的基调和纪录片式的构图风格形成鲜明反差的是貌似"跳戏"的超现实主义手法的呈现。从贯穿始终的斯拉夫味道极浓重的音乐，到彩色追光的大胆运用，再到诸如陈桂林偷琴失败后飘雪中忘我的钢琴独奏、陈桂林终于向淑娴承诺婚约后狂欢式弗拉门戈群舞等场面的设置，体现出一种剑胆琴心的戏谑味道，荒诞而不荒唐。用蒙太奇的剪辑手法和诗性的镜头语言，追忆了重工业时代这一群体生活和文化的充实光鲜，体现出工人阶级乐观坚韧的品格，也更加反衬出他们下岗后潦倒生活的窘迫与灰暗。

# 三 资本的逻辑与延展

《钢的琴》讲述的是一个关于中国经济转型和社会发展的寓言，影片中那些对工厂废墟的场景和逐渐丧失主体性的阶层群像的呈现，折射出了现代化转轨过程中特定的社会、历史问题，揭示了一个我们共同经历并逐渐遗忘的过去，并提出了对未来的质疑。这种质疑不仅仅面向中国，新中国工业化的历史与整个人类工业文明发展进程之间的联系是无法割裂的，在这一进程中，资本的力量瓦解了旧有的一切，商业主义因子嵌入人类社会每一处罅隙，人的物化贯穿始终并日趋深化，作为领导阶级的工人阶级，逐渐步入主体性黄昏。

改革开放以后，中国工人"群体"的命运发生了翻天覆地的变化，如果说 80 年代还只是经济上的冲击，那么 90 年代则是所有的一切被毫无保留的剥夺然后再驱逐出人们的视野。昨日还是"领导一切"的核心，今日却被人"同情"从头再来，外界全方位的冲击和内心的孤独与反差给中国工人带来了全方位的心理冲击。片中工人们通过合力造一架"钢的琴"，完成了对昔日辉煌的追忆，唤醒了这一阶级固有的"钢"一般坚毅的内核，貌似消解了现实生活中的迷失与困顿。然而希望是美好的，现实却是残酷的。正如影片结局的悬置一样，琴是造好了，小元的归属却没有交代。这一表面看来最不应缺席的关键叙事环节，在潜移默化的铺垫中层层递进，昭然若揭。小元小小年纪便已感受到了资本的强大力量，父亲费尽心机、历尽周折为她造的琴，并没有引起她丝毫的激动与兴奋，母亲的物质贿赂早已重重压在了她内心情感天平的一端。亲情的逻辑如此轻易地被资本的逻辑改写。工人阶级作为一个整体被蚕食、瓦解，散落在社会各个角落。一个被时代抛弃的工人，在与资本的博弈中，无论如何也占据不了丝毫上风。在这样一个时代底色上，故事怎么讲述都无法圆满，结局早已注定。他们面临的是社会角色和家庭角色的双重失落，昔日光景渐行渐远，早已泡影般虚幻，再次团结起来也只是营造出一种寄托与幻象，无力完成自我救赎。

## 四　遗忘与重拾——工人和农民

改革开放三十年，相比较而言，中国的工人阶级无疑是最悲剧的一环，在经济和政治上受到双重冲击。即便所谓"领导阶级"的提法有几分意识形态动机和色彩，但至少在相当长的一段时间内，中国工人阶级的优越地位是一个不争的事实。然而，此后他们不但被当做历史问题的"包袱"被清理，更被世人有意识地遗忘了十余年。

固然，企业效益下滑，企业内工人亦有部分责任，但是这些工人曾为企业、国家付出汗水与大半生青春，最终却被如此扫地出门，不免让人齿冷。须知，他们过去几十年，甚至几代人都是以低工资而为"单位"劳作的，单位则以提供相应的保障为补偿，包括医疗、养老，乃至子女的教育等福利。但是，他们"被"下岗时，曾经的承诺并没有付诸实践，当时的社会保障网络也形同虚设，距健全尚远。数年之内，千余万上有老、下有小的"主人翁"被冠以"下岗"之名，丢进了市场化的汹涌浪潮中，留给他们傍身的不过微薄的"遣散费"和一身"屠龙之技"。与此形成强烈反差的是，那些本该为单位破产背负更大责任的"厂长"、"经理"们却通过一系列的资本运作和权钱相交攫取了大量的财富。正是这种强烈的反差为那场轰轰烈烈的"下岗潮"画上了意味深长的句号。

类似的命运戏码也曾在中国工人的同盟军——农民身上上演。改革前三十年，中国农民的生存处境较之工人（无论是过去还是现在）更加不堪。他们失去了祖辈千百年来一直赖以生存的土地，农产品价格长时期被人为地压制，同时又被长期禁锢在土地之上、农村之中，解脱无门。随着改革的推进，农民重新拥有了土地使用权，并被允许入城务工，此前加诸其上的各类禁锢也不断放宽并逐渐消弭。尽管类似"违规征用农用地"、"强拆"等行为穿插其中，但农民的境遇也在不断改善，其中东部部分地区的农业户口更成为致富的"终南捷径"。不过，建国初的"工农业剪刀差"到今天的"工业反哺农业"，整整花费了半个世纪才完成了这一轮回。五十年相对历史不过一刹那，可人生又有几个五十年？在这个以"工人阶级领导的、以工农联盟为基础的人民民主专政国家"为国体的国家，工人和农民却始终面临着主体性不断丧失的困顿，并在商业主义和资本的力量面前显得越发力不从心，被抛弃、被遗忘，沦落为社会边缘人群，何等吊诡！资本对农民的剥夺与其对产业工人的剥夺出于同一逻辑，并通过不断加深的物化过程愈演愈烈。同为无产者，"工人阶级主体性的重建只能以农民阶级的主体性的获得为前提"，① 素来渊源颇深的工人和农民阶级的命运，在共同对抗资本侵蚀的历史背景下重新紧密联结在一起，成为改革渐入深水区的中国不得不面对的关键问题。

# 结　语

正如习近平总书记所强调，"改革开放前和改革开放后两个历史时期，……不是彼此割裂的，更不是根本对立的。不能用改革开放后的历史时期否定改革开放前的历史时期，也不能用改革开放前的历史时期否定改革开放后的历史时期"。② 影片结束时陈桂林对女儿小元说："越简单越好"，当大势将至无力抵抗时，他们唯有默默承受，唯有祈求该来得快点来，该结束的快点结束。或许今天，那一批"下岗工人"已经熬过他们人生最为黑暗的岁月，我们现在需要重新拾回那段被遗忘的片段，不单只是因为同情心的泛滥和猎奇心的驱动，也不只是对他们自始至终奉献与牺牲的感恩，更需要站在人类工业文明和现代化发展进程的历史宏观角度，进行重新审视与反思。"只有在最广泛的现实联系的基础上，历史的总体的辩证法的力量才有可能出现，工人阶级的主体性才能够被辨认和重建。"③

现在，中国工人的背后已无多少"下岗工人"的存在，更多被他们的子

---

① 吕新雨.《铁西区》：历史与阶级意识［J］. 读书，2004（1）：9.

② 习近平. 在中央党校新进中央委员会的委员、候补委员学习贯彻党的十八大精神研讨班开班式的讲话［Z］. http://www.npopss-cn.gov.cn/n/2013/0106/c219468-20102847.html，2013-1-6.

③ 吕新雨：《铁西区》：历史与阶级意识［J］. 读书，2004（1）：9.

女、农民工和农民工子弟所填充，同时"下岗"也被"失业"重新取代，但是，工人群体依旧底层和弱势，中国工人的经济地位和社会地位并没有得到明显改善。如果改革必须以一部分人的牺牲为代价，如果民族的复兴需要农民、工人、中产阶级……这一个个群体前仆后继的牺牲为基石，那么，唯有希望未来被牺牲的对象不再是那些弱势群体，希望社会多点温情和妥协，更希望我们父辈和祖辈，那些为这个国家和这片土地的牺牲和付出，能够在价值和意义上有所体现。

# 《环球时报》对台湾形象的构建

牟文婷

【摘要】

近年来，台海关系错综复杂，两岸政策也不断有新的发展，民众日益迫切需要通过媒体来了解台湾问题的动态。形势和政策的发展变化对大陆报纸选择、报道台湾新闻的方式以及对台湾形象的建构有着深刻的影响。本文以2010年至2012年三年中的《环球时报》作为调研对象，通过内容分析的方法探讨在此报如何通过对台湾地区新闻题材和报道方式的选择来建构台湾形象。调查发现，总体来说，《环球时报》关于两岸关系的报道与两岸政治形势密切相关，而对台报道以负面的政治报道为主，在题材选择和语言编码上都有失偏颇。

【关键词】

《环球时报》 形象建构 内容分析

【作者简介】

牟文婷，女，汉族，中国传媒大学传播研究院2012级传播学专业硕士研究生。

随着两岸交往的深入，对于台湾地区新闻的报道也日趋增多。但由于历史和现实的原因，台湾地区和中国内地的政治、经济、文化、生活的方方面面都存在差异，对于大多数人来说，媒体的报道是人们了解台湾的一扇窗，从这扇窗中看到的台湾构成了人们头脑中台湾的形象。在这几年里，台海关系错综复杂，两岸政策也不断有新的发展，民众日益迫切需要通过媒体来了解台湾问题的动态。形势和政策的发展变化也必然对大陆报纸选择、报道台湾新闻的方式以及对台湾形象的塑造有着深刻的影响。

2010 年胡锦涛总书记与国民党荣誉主席连战、吴伯雄，亲民党主席宋楚瑜等台湾各界人士多次会面，两岸经济合作框架协议正式生效，大陆游客赴台人数也达到百万。2010 年两岸关系发展迈上了一个新台阶，岛内民意朝有利于两岸关系和平发展的方向发展，但两岸关系发展仍仅局限于经济层面，政治议题未有根本进展，处于"政冷经热"阶段，影响两岸关系和平发展的不利因素依然存在。

2011 年，两岸经贸交流飞速发展，文教交流不断深化，胡锦涛总书记分别会见国民党荣誉主席连战、吴伯雄，对"九二共识"作出重要阐述，提出了推动两岸关系发展的四点意见。两岸共同纪念辛亥革命 100 周年。《富春山居图》360 年后首次在台湾"合璧"展出……但政治议题难有实质突破，两岸关系仍呈现"政冷经热"局面。2011 台湾进入"选举年"，马英九为获取更多选民支持，大陆政策更趋谨慎和保守。

2012 年，随着马英九的连任成功，两岸关系和平发展的局面得以维系，两岸关系进入不断巩固与深化的新时期。从今年上半年两岸关系发展的综合情况来观察，总体上继续保持着和平发展的良好态势，两岸各界的大交流、大合作都在持续有序地进行。台湾政局仍然上演蓝绿恶斗。从 2012 年上半年台湾政局的发展来看，台湾地区领导人选举结束后，蓝绿恶斗的情形并未改变，反而有愈演愈烈之势。在钓鱼岛事件中两岸三地保钓人士同往钓鱼岛宣示主权，一定程度上促进了两岸关系的发展。

《环球时报》作为人民日报社主办的国际新闻报纸，对日本、美国及台湾的新闻较为关注，并在第十版辟有"台湾传真"专版，着重报道台湾风土人情，宝岛政经百态。因此本文选取近三年来《环球时报》第十版中对于台湾地区的新闻报道进行梳理和分析，以了解其中的发展、变化和趋势，以期能够以小见大，通过深入研究了解中国媒体对台湾形象的构建。

# 一 《环球时报》与拟态环境

## （一）《环球时报》

《环球时报》是人民日报社主办的国际新闻报纸，创刊于 1993 年 1 月 3 日。现在世界 120 个国家和地区驻有 500 多位特派、特约记者，单期发行量超过 240 万份。同时，《环球时报》也是被海外媒体转载最多的中国媒体之一。央视市场研究公司读者调查（CNRS）数据显示，《环球时报》以中青年读者为主，公务员、公司中高层管理人员、白领人群和专业人士占读者总数的 89%，呈现高学历、高收入、高消费能力的特征。

虽然发行量和转载量可观，学者和其他媒体对《环球时报》仍褒贬不一。支持者的关键词是：爱国主义、中国的声音、正能量；批评者的关键词是：民族主义、煽动仇恨、造谣。[①] 在《环球时报》的反对者看来，它并非一家真正的媒体，只是官方的"传声筒"。《环球时报》总编胡锡进则认为《环球时报》的观点"在相当程度上反映了中国主流社会的声音"，所述观点都充分听取了众多专家的意见，吸收了他们的观点。[②]

无论是正面还是反面评价，都反映出《环球时报》试图与政府主流意识形态保持一致的定位。这样的定位使其在对台报道中能够敏锐地捕捉到两岸关系变动，其建构的台湾形象也一定程度上代表了政府的倾向。

### （二）拟态环境及其环境化

早在 20 世纪 20 年代，美国政论家李普曼就在其所著的《公众舆论》一书中论及拟态环境问题时就曾指出，在某种意义上，大众媒介把"外在的世界"变成了"我们头脑中的图画"。按照李普曼的观点，人类欲得到关于现实环境的真实图景是枉费心机。现实环境巨大、复杂而稍纵即逝，无法直接获知，而大众媒介恰好为人们重新建构了一个更为简单的模式。经过这种中介后形成的"主观现实"，已经不可能是对客观现实"镜子式"的反映，而是产生了一定的偏移，成为了一种"拟态"的现实。因此，我们通过媒介看到的，不是现实的模样，而是媒介塑造的样子。[③]

显然，读者们从《环球时报》中获取的台湾形象是经过记者、编辑们加工提炼后呈现到人们面前的，这样的媒介形象潜移默化地塑造着受众对于台湾的感知，形成受众对于台湾或认同或排斥的印象。

根据 1968 年日本学者藤竹晓提出的"拟态环境的环境化"理论，大众传

---

① 路琰．环球时报为谁撒谎．http://opinion.hexun.com/2013 - 09 - 27/158364474.html.

② 胡锡进．《环球时报》社评是怎么写出来的［N］．环球时报，2011 - 7 - 09（10）．

③ 胡正荣，段鹏，张磊．传播学总论［M］．北京：清华大学出版社，2008：274.

播提示的虽然是"拟态环境"，与客观环境有很大差异，但由于现代社会中人们在很大程度上是根据大众媒介的信息来判断和采取环境适应行动的，这些行动的结果作用于现实环境，便使得现实环境越来越带有了"拟态环境"的特点，以至于人们很难在两者之间做出明确的区分。①

　　基于这两个理论，媒体中呈现出的台湾形象并不只是媒体自己的把关问题，而是关系到两岸交往的重要问题。读者通过阅读媒体呈现的新闻来了解台湾，形成自己对台湾的印象，反过来又深刻地影响着两岸关系的进一步发展。如果媒体中建构的台湾形象是有失偏颇、消极负面的，反映到大陆人民对待台湾的态度上，长此以往就将对两岸交往产生不利影响。

## 二　对台形象建构的内容分析

### （一）研究问题与抽样

　　本文研究的主要问题是《环球时报》如何建构台湾形象？台湾在《环球时报》的形象是负面形象为主还是多元丰富的真实形象？是否随着形势的变化而变化？

　　以《环球时报》为例，抽取三年期间共 334 期报纸为样本进行分析。对所抽样的 334 条新闻，分为两大类：报道台湾地区单方面的新闻及涉及两岸关系的报道。

　　就报道方式进行再细分，台湾地区单方面新闻划为三类：正面新闻、负面新闻、中性新闻。正面、负面和中性新闻的区分主要看新闻报道的核心事件对台湾地区产生了积极还是消极的影响，是推动发展还是引起混乱。

　　涉及两岸关系的报道也细分为三类：报道两岸关系积极发展、报道两岸关系紧张、报道两岸正常交往。其划分依据主要是报道的核心事件是否有利于两岸关系的发展，利于则划为第一类，不利于则划为第二类，没有影响则划为第三类。其中对涉及两岸关系的报道中，关于美国对台军售及美国作出阻碍两岸发展之言行的报道，列为第二类。

　　前后两次编码的趋同率（percentage of agreement）按照两个大类逐年逐类进行。其可信度系数（reliability coefficients）分别在 89.286% 和 95.694% 之

① 郭庆光．传播学教程［M］．北京：中国人民大学出版社，1999.11.

间，超过了 Kassarjian 提出的 85% 最低互判可信度（minimum interjudgement reliability）。由此可见，本次抽样的可信度系数令人满意，本次调查结果是可信的。①

表1　三年数据总览

| | 正面新闻 | 负面新闻 | 中性新闻 | 总计 |
|---|---|---|---|---|
| 台湾地区单方面新闻 | 11 | 119 | 94 | 224 |
| | 积极发展 | 关系紧张 | 正常交往 | |
| 涉及两岸关系的报道 | 30 | 40 | 40 | 110 |
| | | | | 334 |

表2　2012年

| | 正面新闻 | 负面新闻 | 中性新闻 | 总计 |
|---|---|---|---|---|
| 台湾地区单方面新闻 | 5 | 42 | 44 | 91 |
| | 积极发展 | 关系紧张 | 正常交往 | |
| 涉及两岸关系的报道 | 11 | 16 | 17 | 44 |
| | | | | 135 |

表3　2011年

| | 正面新闻 | 负面新闻 | 中性新闻 | 总计 |
|---|---|---|---|---|
| 台湾地区单方面新闻 | 1 | 30 | 17 | 48 |
| | 积极发展 | 关系紧张 | 正常交往 | |
| 涉及两岸关系的报道 | 2 | 16 | 8 | 26 |
| | | | | 74 |

---

① 郭可，严怡宁. 大陆报纸如何塑造台湾形象——从《参考消息》、《新民晚报》五年新闻报道方式说起. http：//academic. mediachina. net/article. php？id＝4239.

表4　2010 年

|  | 正面新闻 | 负面新闻 | 中性新闻 | 总计 |
|---|---|---|---|---|
| 台湾地区单方面新闻 | 5 | 47 | 33 | 85 |
|  | 积极发展 | 关系紧张 | 正常交往 |  |
| 涉及两岸关系的报道 | 17 | 8 | 15 | 40 |
|  |  |  |  | 125 |

## （二）数据分析与形象塑造

通过统计数据我们可以发现，在台湾地区单方面新闻中，负面新闻占了绝大部分，而正面新闻的比例非常之少，而且从这三年的数据来看，负面新闻占多数是一种常态，受两岸形势的影响不大。

在 2012—2010 年的抽样中，非政治类新闻数量分别为 13、4、18，占各年总抽样数量的 9.62%、5.41%、14.4%。可见，《环球时报》的对台报道以负面的政治报道为主。

负面新闻的标题多采用"惹争议"、"遭痛批"、"引不满"、"搅动台湾"等具有鲜明负面意义的字眼，如《民进党"水果月历"惹翻果农》、《记者挨打震惊社会，选举"秋后算账"伤台湾形象》、《台用日本军国照片惹争议》等。而正面新闻的标题用词则隐晦得多。以 2010 和 2011 年抽样中仅有的 6 篇正面报道为例，分别是《跆拳道夺银，岛内平静》、《台 2 亿元重奖亚运夺牌选手》、《"中华台北队"首金破"北京魔咒"》、《台全球招商超过 3000 亿》、《台湾品牌自称在大陆很成功》、《台频借救灾亮相国际》。其中涉及政治的仅有一篇。《台湾品牌自称在大陆很成功》一文，报道台湾品牌在大陆获得了巨大的经济效益，而标题中的"自称"一词，却容易让人误会台湾品牌的"成功"是单方面吹捧的结果。

萨丕尔认为，语言不仅是人表达思想的再生工具，也是思想的塑造者、程序的制定者。因为语言左右个人的心理活动、印象分析，所以，人对世界的理解总是会受到语言环境的影响。需要明确的是，在语言塑造人的同时，人也通过对语言的运用和理解不断地创造出新的意义。① 媒介不仅告诉我们该想些什么，而且告诉我们该怎样想。新闻报道所使用的语言，带给读者的不仅是对事件描述的信息，还通过褒贬词的运用传递着一种情绪，一种是非判断的价值观。显然《环球时报》对于台湾地区单方面的报道，无论是题材选择还是编码上，都是有失偏颇的。

2010—2012 年两岸形势与《环球时报》中涉及两岸关系的报道所呈现出的图景大致相似。2010 年两岸关系获得较大发展，因此对于"两岸关系积极发展"的报道所占比例大大超过"两岸关系紧张"的报道。而 2011 年由于台湾大选前的蓝绿斗争，两派为了争取更多的选民，在两岸关系政策上都较为敏感。国民党政府为争取中间选民采取保守路线，而民进党一直主打"台独"。因此，2011 年的两岸关系报道呈现出"关系紧张"超过"积极发展"的趋势。

但总体上来说，关于"两岸关系紧张"的报道在数量上超过了"两岸关系积极发展"，这说明两岸关系并没有人们想象得那么乐观，而是处在深水区，想要取得大的突破非常困难，必须付出更多努力破解政治难题。

## 三　结　论

总体来说，《环球时报》的对台报道以负面的政治报道为主，在题材选择和语言编码上都有失偏颇。其关于两岸关系的报道与两岸政治形势密切相关。

《环球时报》对台湾地区的报道，对大陆人民来说，确实通过解构台湾形象，见证"不回归祖国的台湾如何混乱"增强了自己的民族认同。但对于台湾人民来讲，是把他们排斥在民族认同之外，这种选择性的负面报道也无疑增加了他们的反感情绪，长此以往，将不利于两岸关系和谐。因为资料有限，笔者对台湾地区《中国时报》网十月下旬十天的大陆新闻略作分析，发现在 44 篇新闻报道中，对大陆的负面报道也达到了 19 篇。两岸政治经济展开密切交往的同时，媒体论调却仍然不够友好。而要营造一个友好的氛围，笔者希望大陆媒体能够首先调整好自己的论调。

---

① Benjamin Whorf, "language, Mind and Reality" in John Carroll ed. , Language, Thought and Reality( New York, NY: Wiley, 1956). 134.

　　或许受众会通过其他途径，如台湾综艺节目等获得关于台湾的其他方面信息，这些信息可能会中和，甚至超过负面影响。也有可能读者对这些台湾地区的负面政治报道有自己中立的理解和判断，笔者的担心只是出于第三者效果。不过究竟这样的报道会对受众产生怎样的影响，也许还需要进一步的受众调查才能有所了解。

　　大陆报纸作为政府喉舌，接受政策导向，应有方向地将新闻报道朝着有利于实现政府方针政策的方面推动。为了促进两岸关系的发展，营造一个公正、和谐的媒体氛围，希望《环球时报》及中国媒体能够减少敌意，更多地运用中性新闻，塑造一个客观、公正、真实的台湾形象。同时不局限于政治报道，增加其他类的新闻数量，全面地、多角度地解读台湾。

# 大众传媒下的知识沟现状及对策

## 王文婷

**【摘要】**

随着大众传媒向社会传播的信息日益增多，社会经济状况较好的人将比社会经济状况较差的人以更快的速度获取这类信息。因此，这两类人之间的知识沟将呈现扩大而非缩小之势。在中国，知识沟在东西部、城乡、强势弱势群体中呈现了程度加深、范围扩大的趋势。为了解决这一问题，本文从三方面提出对应措施：首先，西部大开发应继续贯彻实施；其次，逐步完善农村传媒体系，并且进一步完善社会保障体系；最后，重视教育，重视弱势群体。

**【关键词】**

知识沟　现状　对策

**【作者简介】**

王文婷，女，汉族，中国传媒大学传播研究院 2012 级传媒教育专业硕士研究生。

在大众媒体的今天，中国当代社会呈现出城乡、东西部、强弱势群体间的知识沟日趋加深的状况，为此对知识沟现状的认识研究以及对策分析的重要性显而易见。

## 一　知识沟（Knowledge-Gap）的概念阐述及影响因素

知识沟假说产生于 20 世纪 60 年代的美国。为了响应"平等教育机会"

的呼声，美国政府推出了一项为了使得贫穷儿童也能获得平等的教育机会的
项目，推出了《芝麻街》栏目。在栏目播出之后，对贫富儿童都产生了良好
的教育效果。但是，享有"平等教育机会"的初衷却并未实现。这是由于对
节目的接触和利用情况不同，对于经济情况较好的儿童产生的教育效果更好。
因此，教育效果不仅没有缩小，反而扩大了。

最早提出知识沟这一假说的是 P. 蒂奇纳、G. 多诺霍和 C. 奥里恩于 1970
年出版的《大众媒介流动和知识的增长》中。"知识沟，即随着大众传媒向社
会传播的信息日益增多，社会经济状况较好的人将比社会经济状况较差的人
以更快的速度获取这类信息。因此，这两类人之间的知识沟将呈现扩大而非
缩小之势。"E. M. 罗杰斯倡议将这种现象定义为"传播效果沟"。而关于"知
识沟"假说的成立，蒂奇纳等人认为有以下论据的支持：

1. 社会经济状况及文化程度高的人在基本信息处理能力（如阅读、理
解、记忆等）上有更坚实的基础。

2. 这类人在预先获得的信息数量及知识背景上有更多或更深入的了解。

3. 这类人有更多的相关社会联系，他们与同样了解公共事务或科技新闻
的人们有交往或探讨。

4. 社会经济状况较差及文化程度较低的人都可能因为找不到与他们价值
观和态度相协调的信息（有关公共事务或科技新闻），于是对此类信息兴味
索然。

5. 大众媒介系统（尤其是印刷媒介）自身的本性就是为较高社会阶层的
人使用，以他们的兴趣和取向为标准。

蒂奇纳提出知识沟的理论的积极意义在于，它揭示了产生知识沟的根源
是人们经济社会地位的不同。

传统的知识沟研究集中在知识获取与社会经济地位的研究，随着大众传
媒的影响日益显著，研究视野也逐步扩展到知识沟与大众传媒的关系上来。

就传统媒体与新媒体而言，知识沟的趋向可见一斑。传统媒体，报纸是
人们获取政治新闻的重要渠道，这是由其深度报道和评析的特点所致。而电
视是集声画于一体的媒体，其生动的画面和音响作用，使得其成为人们娱乐
的重要媒介。随着新媒体的兴起，其多用途功能，使得信息的获取更为便利。
经调查显示，新媒体的相对异质性在知识沟方面所起的作用要大于传统媒体
的作用。社会经济状况较好的客户更多的是利用互联网获取信息，而经济地
位低的客户更多的是利用互联网娱乐，这将会拉大知识沟的差距。因此，随

着新媒体互操作性、开放性功能的日益显现，知识沟将会继续呈现程度加深、范围扩大的趋势。

此外，在媒体对差距的长期影响中，如果不同的媒体宣传多，知识差距会缩小或是不变。首先，由于每一次的问题相同，"天棚效果"就会与差距缩小这个发现混淆；第二，在知识差距的缩小上，问题的种类和涉及的地理范围起到很重要的作用；第三，有几个特殊的条件看来也会影响有关差距缩小的发现，比如某个事件有冲突、与事件有关的组织活动多，个人的动机、兴趣和社会结构的类型。①

# 一 大众媒体影响下中国的知识沟现状

随着改革开放的发展，我国经济迅猛发展，传媒产业也取得了显著进步，不断缩短与发达国家传媒产业的发展距离。目前我国已经形成了以四大媒体和以网络为主的多层级的覆盖全国城乡的传播网络，我国已经进入数字信息时代。但是，由于经济发展的不平衡，传媒业的发展呈现出不平衡的状态，导致了知识沟呈现扩大的趋势。

## （一）区域之间的知识沟现状

改革开放的先驱地是东南沿海地区，经济的飞速发展带动了传媒业的发展，无论是硬件设施还是软设施，东部地区都有着先行发展的优势。这就为东部地区信息传递提供了优越的条件，而西部地区，无论是资金、技术还是人才方面的发展起步较晚，制约了传媒业的发展。因此，西部地区的信息传递较为滞后，这就使得东西部地区人们接受信息有着明显的差异，东西部地区的知识沟，并没有因为网络的出现而改变，反而加剧了知识沟的加深、扩大。2005 年的数据调查显示：从 CN 下注册域名来看，华北、华南、华东三地区占78%，西部地区虽然有所增长，但所占比例较小。从 www 站点数来看，华北、华东、华南三地区占85%，而西北、西南、东北仅占15%，② 这足以说明知识沟的发展趋势扩大。

---

① 常昌富．大众传播学：影响研究范式 [M]．北京：中国社会科学出版社，2000．348．

② 郭化．浅议我国"知沟"现状及对策 [J]．东南传播，2006（2）：28．

### (二) 城乡之间的知识沟

城乡之间的知识沟更为明显，由于农村的文化程度较低，所以获取信息的能力受到制约，首先报刊所传递信息的功能严重受约，其次电视、网络在农村的普及较晚，而且利用电视和网络获取知识、技能的作用在农村也受限。所以在农村，报刊、电视、网络传播信息的功能大大削弱。而在城市，竞争日益激烈的现实状况，使得快速获取信息和掌握知识成为人们必须具备的技能，而网络的兴起，使得获取信息更为自由、自主，也使得城乡之间的差距也进一步拉大。

### (三) 个体之间的知识沟

由于受教育程度不同、经济状况不同、受媒体影响不同是个体之间知识沟产生和扩大的原因。高学历的使用者会利用报刊、电视，尤其是网络媒体获取知识和信息，以适应竞争激烈的生存环境；而受教育程度较低的个体，更多的是选择大众媒体的娱乐功能，这使得原本就有知识差距的知识沟进一步拉大。

## 二 针对知识沟现状解决对策

### (一) 西部大开发应继续贯彻实施

针对东西部地区存在的知识沟现状，我国应该继续贯彻实施西部大开发发展战略，加大对西部地区的资金投入、技术和人才的引进。在发展传媒业方面，应当引进先进的技术设备和精英人才，为西部传媒业注入新鲜血液。在硬件设施上，应当引进东部地区的知名传媒产业，使得东西部发展协调。最重要的是引进精英人才，使其能够发挥独有的影响力和感染力，带动更多的知识型、技术型人才去西部发展。精英人才能够根据不同地域的不同情况，有效地传播信息和知识，并且与西部群众建立起良好的互动，将新的信息知识传播出去。这对于地区之间知识沟的扩大，有着一定的控制作用。

### (二) 逐步完善农村传媒体系，进一步完善社会保障体系

城乡之间知识沟的产生和扩大，是由于经济差距和农村待完善的传媒体

系造成的。虽然农村的电视机、电脑硬件设备已经进入家庭，但是有关农民的栏目和信息却寥寥无几。为了使得电视和网络能为农民带来更多的致富信息和知识，应该完善有关农村的电视栏目，网络中也应当多一些农业发展的科技信息。此外，虽然农村生活在逐步改善，但是城乡之间的经济发展仍然有差距，使得一部分农民难以接触传媒，传媒业的信息无法起到有效的效果。因此进一步完善社会保障体系，是信息传播的有效物质保证。

### （三）重视教育，关怀弱势群体

对于个体之间的知识沟问题的解决，重视教育，是关怀弱势群体的有效途径。由于受教育程度不同，对于电视、电脑的娱乐性和知识性用途的选择也不同。所以为了充分发挥传媒业传播知识的作用，重视教育是前提。在我国现实行的九年义务教育的基础上，政府还应当重视那些由于经济条件有限而难以进入高校的弱势群体，并在资金方面给以支持。此外，应当改革教育体制中不合理的方面，加强奖学金和助学金的执行，为弱势群体提供更多平等的受教育的机会。最后，还应当为那些没有进入高校的弱势群体，提供就业培训平台，使其更好地适应激烈的竞争，而不被信息边缘化。

大众传媒已经成为人们生活的一部分，到处可见其影响的痕迹。在东西部、城乡、个体的知识沟的形成和扩大趋势中，大众传媒无疑扮演了重要的角色，网络的出现，更使得这一趋势程度更深、范围更广。应对中国知识沟现状，我们应该针对每一问题的不同情况，具体问题具体分析和解决，本文为知识沟问题的解决提供了一些途径和方法，其效果还需要经过事实的检验。

# 媒介视角的现代民族发展

## ——观点梳理及创新初探

徐金忠

**【摘要】**

从媒介视角看待现代民族发展的研究有诸多取向，他们的研究并不是为民族媒介发展进程量身定做，更多的是把思考媒介的作用放在宏大的民族叙事中加以叙述，呈现研究层次的分裂态势：从宏观上的民族交往（民族内部和民族之间）着墨或者是在微观上（民族阶段历史中媒介的身影）考量。前一研究层次可以列举置身传播学事业之外的卡尔·马克思和媒介环境学代表人物之一的哈罗德·伊尼斯，当然也还有横跨两个层次的马歇尔·麦克卢汉。而后一研究层次因为研究点较窄，又与语言学、认知学等学科较近，常散见于一些学者的研究中。本文主要通过文献法对马克思、伊尼斯和麦克卢汉三人在媒介/民族问题上的论述进行梳整，并尝试在新媒体环境下对该问题形成有益的认识。

**【关键词】**

媒介　民族交往　民族发展

**【作者简介】**

徐金忠，男，汉族，上海交通大学媒体与设计学院新闻传播学专业 2011级研究生。

传播学的发展中，一直存在着媒介与民族发展研究的宏观视角，这一视角的研究将媒介的发展演化看作是现代民族发展的产物，更看作是现代民族形成发展的推动力之一，我们可以认为现代民族与现代媒介之间存在着"同构"的关系。

而在对媒介与民族发展的论述中，马克思、伊尼斯以及麦克卢汉的研究无疑具有各阶段里程碑式的意义，从三者的研究及论述中可以窥见研究逻辑的聚焦化和精细化，对三人研究的系统梳理将有助于我们进一步的研究。

# 一　马克思关于媒介与民族发展的论述

马克思对于媒介的洞见集中在现代交往方式带来的世界交往革命，他的"交往革命"理论准确地分析了现代传播技术带来的巨大冲击的实质，同时科学地预见了人类交往的发展趋势。

在马克思的视野中"de Verkehr"（德文，意为"交往"）的范畴广泛，马克思和恩格斯在英文著作中均使用"intercourse"一词作为"Verkehr"的对应词。德文、英文中两个词的意思是一样的，既指物质意义上的商业贸易、交通运输，也指精神意义上的信息传通，还指男女间的性爱。"[1] 在这样宏大的概念定义下，马克思视野中的媒介进步也具有了宏大的意义，正是在这样的意义上，马克思关于媒介与民族的关系才成为一个独创。

"随着十五世纪中叶以后欧洲以外的世界的发现，资产阶级得到一个更广大得多的通商地区，从而也得到了发展自己工业的刺激……建设起现代的新式交通工具——轮船、铁路和电报。……在充分认识了该阶段社会经济状况（而我们那些历史专家却完全没有这种认识）的条件下，……历史破天荒第一次被安置在它的真正基础上"。[2] 在身处的时代之前，马克思认识到，传播在小范围内存在，哪怕是广义的传播也只是"偶然"，但"偶然"的传播却孕育了"必然"的人类世界交往，现代民族萌芽于"偶然"的交往，成型于交往的长期化、范式化，最终民族的存在甚至寄托于特定交往的存在，民族可以因交往畅通而被辨认也可以因交往中断而离散。在身处的时代之后，马克思预见机械技术以及其后的技术带来的世界交往革命存在着维系民族的因素，也存在着民族分崩离析的隐患。民族内部的交往在从仪式化和制度化中汲取

---

① 陈力丹. 马克思主义新闻观教程 [M]. 北京：中国人民大学出版社，2011. 16.

② 马克思，恩格斯. 马克思恩格斯全集中文 1 版第 19 卷 [M]. 北京：人民出版社，1963. 122 – 123.

的认同与凝聚会因为交往的变化而消逝，甚至成为其对立面，乃至在传播中产生"逆认同"，滋生民族分裂。"历史上的民众交往十分有限，主要是通过战争（民族大迁徙、十字军东征等等）、贸易两大途径实现的。自从现代市场经济逐步形成世界市场以来，民族交往的方式开始转向以物流（贸易）、信息流（现代新闻业和其他信息传播渠道）为主。"① 马克思在这样的判断基础上预见未来民族交往向世界交往发展的趋势。但世界交往的时代民族认同将会是怎样的状态？这个问题马克思用没有阶级利益的无产阶级革命来解决，没有阶级利益的世界解放，将世界交往状态的民族认同问题打成"伪命题"，从全人类发展的视角观察问题是马克思的希望，至此民族淡出了马克思的视野，媒介也随之淡出。

## 二 伊尼斯关于媒介与民族发展的论述

伊尼斯在观察媒介与民族以及国家之间的关系时强调的是媒介的不同属性，这样的媒介属性进一步推论就能看到对于民族以及国家的不同影响。在《帝国的传播》和《传播的偏向》两部著作里，伊尼斯天才地看到了传播在历史发展中的作用，把媒介作为历史中重要的影响因素看待，用媒介的历史来诠释人类的历史，但又不仅仅局限于历史，在预见未来时也把传播作为重要因素纳入理论视野。

在《帝国与传播》中，伊尼斯用媒介来分析历史，分别讨论了埃及、巴比伦王国的媒介史，探讨口头传统与希腊文明、文字传播与罗马帝国的关系，又专门以媒介发展的视角看待历史，讨论羊皮纸与纸张、纸张与印刷机这样的媒介技术进步带来的历史进步。这样的视角也在《传播的偏向》中被继承："我这篇讲话按传播媒介将世界史分为以下几个时期：从两河流域苏美尔文明开始的泥版、硬笔和楔形文字时期；从埃及的莎草纸、软笔、象形文字和僧侣阶级到希腊—罗马时期；从苇管笔和字母表到帝国在西方退却的时期；从羊皮纸和羽毛笔到 10 世纪或中世纪的时期，在这个时期，羽毛笔和纸的使用相互交叠，随着印刷术的发明，纸的应用更为重要；印刷术发明之前中国使用纸、毛笔和欧洲使用纸、羽毛笔的时期；从手工方法使用纸和印刷术到 19

---

① 陈力丹. 马克思主义新闻观教程［M］. 北京：中国人民大学出版社，2011. 21.

世纪初这个时期，也就是宗教改革到法国启蒙运动时期；从 19 世纪初的机制纸和动力印刷机到 19 世纪后半叶木浆造纸的时期；电影发展的赛璐珞时期；最后是 20 世纪三四十年代的现在的电台广播时期"。① 在这样的"媒介历史观"的基础上，伊尼斯以媒介为中心组织历史。

在《传播的偏向》中，伊尼斯详细地解释了媒介时间/空间倚重性问题，这一问题在他的视野里具有民族或者群体的意义，"印刷工业有一个特征：非集中化和地方主义，西方世界的民族主义分歧就是其表现，国家内部的地区分割和不稳定也是其表现。广播传通万里，覆盖广大地区，由于它不受文化程度的限制而打破了阶级界线，有利于集中化和官僚主义。"② "造纸术和印刷术在民族主义和国家对空间的垄断中，起到了推波助澜的作用。印刷术着力于通俗语，减弱思想的运动速度，分裂欧洲人的思想。"③ 基于这样的认识，伊尼斯提出了自己对西方文明和西方大学的担忧，"我们被迫承认机械化知识作为力量源泉的重要意义，我们不得不承认，通过国家这个工具，机械化知识屈从于权力的要求。大学处在危险之中，可能成为军事力量的一个分队。英联邦的大学必须了解机械化知识的后果，要坚定不移地解决一系列的难题。这些难题是由于西方文明忽视文化的立场引起的。"④ 伊尼斯在此表达的是在洞悉媒介对历史的影响力之后，对媒介环境下的文明发展的担忧。这样的担忧让人想起了芒福德关于机械论的意识形态和有机论的意识形态的论述，"弗兰肯斯坦因"⑤ 式的技术是学者们所反对的。

---

① 哈罗德·伊尼斯. 传播的偏向 [M]. 何道宽译，北京：中国人民大学出版社，2003.2.

② 哈罗德·伊尼斯. 传播的偏向 [M]. 何道宽译，北京：中国人民大学出版社，2003.66.

③ 哈罗德·伊尼斯. 传播的偏向 [M]. 何道宽译，北京：中国人民大学出版社，2003.103.

④ 哈罗德·伊尼斯. 传播的偏向 [M]. 何道宽译，北京：中国人民大学出版社，2003.169.

⑤ 弗兰肯斯坦因是玛丽·雪莱科幻小说中的一个人物，"弗兰肯斯坦因"一词用以指代"顽固的人"或"人形怪物"，以及"脱离控制的创造物"等。

## 三　麦克卢汉关于媒介与民族发展的论述

当我们审视麦克卢汉的媒介与社会观（宏观意义的社会，麦氏的理论很难用"媒介/民族"或者"媒介/国家"这样的概念来概括）的时候，依据他晚年提出的颇有争议的"四元论"的框架清晰地为理解他的学说提供了方便。麦克卢汉"四元论"的理论框架可以概括为四个问题："这种媒介或科技延伸了什么？""这种媒介或科技淘汰了什么？""什么被恢复了？""过度延伸的科技把什么逆转了？"① 在麦克卢汉 1964 年出版的《理解媒介——论人的延伸》一书中，提出一个惊人的观点，即每种媒介其实都是人的某种感觉的延伸。在麦克卢汉的理论里，"媒介与人的关系是相对独立的，反过来对于人的感知有强烈的影响，不同的媒介对不同的感官起作用。书面媒介影响视觉，使人的感知成线状结构；视听媒介影响触觉，使人的感知成三维结构。"② 麦克卢汉的观点跨越到媒介与民族的层面需要一个过渡，那就是在强调媒介的延伸作用之后带来的"媒介即讯息"的理论，"所谓媒介即讯息只不过是说：任何媒介（即人的任何延伸）对个人和社会的影响，都是由于新的尺度产生的；我们的任何一种延伸（或曰任何一种新的技术），都要在我们的事务中引进一种新的尺度。"③ 这样的一种新的尺度才是媒介的最终意义。民族或国家的历史中，媒介技术的进步带来的不仅仅是传播领域的变化，而是整个社会环境的改变，在口语时代神话传说被置于部落文化之中，文字的出现使得中央集权制度的存在有了现实基础，印刷术的发明在基督教世界范围的宣扬中具有重要作用，广播出现对于幅员辽阔国家的领土主权，网络媒体带来的"地球村"的世界认同……一种媒介的出现使某种传播成为可能，媒介被置于现代世界的"祭司"地位，媒介面向着"真理"，贩卖信息给普通的受众，媒介技术的进步带来信息传播广度或者是深度的变化，广度使辽阔的幅员成为可

① Todd Kappelman. Marshall McLuhan: "The Medium is the Message", Christiantimes, 2003.

② 马歇尔·麦克卢汉. 理解媒介——论人的延伸 [M]. 何道宽译，北京：商务印书馆，2000.1 - 2.

③ 马歇尔·麦克卢汉. 理解媒介——论人的延伸 [M]. 何道宽译，北京：商务印书馆，2000.33.

能，深度使多民族的认同成为现实。但这中间也潜藏着风险，技术的进步使分裂的声音传递更远，使全新的认同成为可能。顺着麦克卢汉的理论，口语时代的部落文化，印刷时代民族、国家成为世界的主体，在电子媒介时代地球重新部落化，民族和国家是否就消解了？这样的疑问在麦克卢汉隐喻的语言中没有得到明确的回答。面对一个科技化和媒介主导的社会，麦克卢汉说道："假若城市的功用，是把人类从其祖先过着游牧生活的状况，重塑或转化为更佳的生活形态，那是否就是要把我们目前的整体生活，转变为非物质的信息形式，即把全人类这大家庭结连为一个相通的意识呢？"①

麦克卢汉"一直应用实用批评去唤醒人们的媒介意识，他要使人认识到，一切技术都是媒介，一切媒介都是我们自己的外化和延伸。一旦获得这样的意识，我们就可以在一定程度上控制媒介，正如我们能够从修辞的角度控制说话一样。他不是媒介极乐世界新时代的预言家；他凭借诗意的手法，给人们提供探索的手段；他用外形—背景分析法和四元律来判定媒介变革的影响，使人能够预见并抗衡媒介最坏的影响。"② 麦克卢汉对人类这样的警醒也为媒介与民族的关系所印证，媒介技术带来的信息传播的变化深深改变了民族内部的联系方式，去中心化是否预示着分裂？重新部落化是否意味着民族的分裂、国家的疆界成为多余？技术的兼容是否会带来内容的平等传播？多民族国家如何平衡主流认同和少数民族的独立性？……这些问题都需要进一步解答。

从马克思到伊尼斯再到麦克卢汉的论述，完成的是聚焦化和精细化的过程，三人研究媒介/民族关系的技术背景也发生了从机械文明向电子媒介的转化。在目前网络媒介以及新媒体环境下，这种研究背景的转换昭示的是研究根本性的调整。在国内有学者从作为媒介使用者的少数民族族群成员及相关社会文化变迁，虚拟世界的真实文化话语建构和民族地区政治博弈、经济发展和现代性变化的过程中网络传播的现代性效能对网络传播与云南少数民族文化的现代建构进行了研究③。这一研究即是媒介/民族关系研究在新媒体环

---

① Marshall McLuhan. Understanding Media: The Extensions of Man, The MIT Press, 1994. 61.

② 林文刚. 媒介环境学——思想沿革与多维视野 [M]. 何道宽译，北京：北京大学出版社，2007. 151.

③ 庄晓东等. 网络传播与云南少数民族文化的现代建构 [M]. 北京：科学出版社，2010.

境下的调整方向之一。综合国内外研究，新媒体环境下的媒介与民族关系研究将在微观研究技术改进、中观研究体系构建以及宏观研究范式创新方面，获得更多根本性的突破。

# 生活与希望

## ——对影片《天气预报员》的分析

### 王 祎

【摘要】

影片《天气预报员》选取看似荒诞实则遍及生活各处的故事作为呈现重点，辅之以精妙的画面调度和流畅的台词安排，展示了绝望与希望只一线之隔并相互转化的生活哲学。贯穿全片的亲情线索和生活中亘古不变的主题，成功唤起了不同受众的心灵共鸣。

【关键词】

《天气预报员》 中年危机 影评

【作者简介】

王祎，女，汉族，中国传媒大学传播学专业2012级博士研究生。

《天气预报员》是尼古拉斯·凯奇的扛鼎之作，讲述的是一名离异中年男人，遭遇人生危机，在经过绝望、挣扎、反抗等一系列斗争之后，重新理解生活，认识自我，找回希望的故事。片中没有史诗巨作的场面，也没有荡气回肠的爱情，有的只是生活中的一件件小事，仿佛触手可及，表面上似乎无法泛起心湖的半丝涟漪，却处处暗潮涌动，牵动人心，这便是"生活"最真实的写照。片中情节看似一波未平一波又起，表现失望的场景一个接着一个，层层递进，处处显露着希望的力量，绝望之处却暗藏生机。最直接的，从主人公的职业设定就可以看出：天气预报员，正是为了向人们播报未来的天气信息，以便大家把工作、生活变得更美好。生活与希望，自人类诞生的那一天起，就是一对老冤家：他们互为对手，彼此厮杀；互为知己，彼此交杂；互为依伏，彼此转化。下面，让我们以时为轴，以《天气预报员》为幕，来看看这幅奇妙的图画。

《天气预报员》在故事情节的逐层递进中，细节的展开与铺陈对主旨的烘托起到了重要作用。影片开始的场景，是在将融未融的冰层覆盖下的水面，冰层断裂为一片片的冰块，密密麻麻的堆积在水面之上。在轻风的吹拂下，水面柔柔荡漾，带动冰块互相倾轧，发出一阵阵刺耳的声音，然后镜头抬升、拉远，显现出岸上繁华而匆忙的芝加哥城。这一具有强烈符号意义的场景是意味悠长的：冬天，暗示了本片冷酷、肃杀的基调，恰似生活的无情；密密麻麻堆积的冰块，象征了生活总是问题叠着问题；风生水起，类似人总受外界环境影响而变化；水动冰浮，表明在静静流淌的时间面前，一切都无可掩饰；冰块摩擦的噪声，就如问题尖锐到不得不引起人的注意；远方繁华而匆忙的城市，如同生活的冰山一角，正是这一切的始作俑者。更为巧妙的是，导演在这幅场景中，揉入了希望的元素：冰层断裂，正是最寒冷的时候已经过去，一阳渐生之机；冰浮于水，本是同源，终将回归一体；噪声虽扰，然既已引人注意，便再无隐匿，自可一鼓作气，连根拔起；断冰乱而有序，好像洁白的花朵怒放满地，于冷漠中透出一丝美丽；城市繁华而匆忙，反衬出一派静谧，每个人心底都有这么一片净地；水声、冰声、风声，声声入耳，恰是大自然独有的乐曲。中国文化向来推崇写意，讲究以简单的画面蕴涵丰富的内容，处处不言主题，却处处飞泻胸臆。此开篇之场景，深得其中三昧。生活也好，希望也罢，全看观众如何想象，如何理解，从而为下面情节的展开留下无穷余地。借用绘画里的语言来评价就是："空本难图，实景清而空景现。神无可绘，真境逼而神境生。虚实相生，无画处皆成妙境。"颇有滴水之中，尽知沧海之意的味道。

《天气预报员》主人公出场的场景也很耐人寻味：洗漱声音过后，主角先是叹了口气，然后抬起头，看着镜子里自己呆板而麻木的脸，心想："那很提神"，接着悄悄告诉自己："我已经充满活力了"，随之脸上绽放出职业式的灿烂笑容，但紧接着笑容凝固、消失，心里冒出一个念头："我正在振作起来……"这三句话对应的英语分别是"That is refreshing.""I am refreshed.""I am refreshing."理解主人公心理变化的关键就在这心里默念的三句话上。开始的那声叹气，表明主人公最近一直心情不好，所以才会起床洗漱时就唉声叹气，而且只有这一声是真实发声的，其他三句都是默想的画外音，因此这一声叹气就决定了主人公片中现实的心境，暗示他正受到极大困扰，而且这种困扰是精神上的、独有的、隐私的，难以向外人言道；第一句强调的，从客观上来说，洗漱应该让人精神为之一爽，这本来是再平常不过的道理，但主人公居然需要在心里提醒自己，说明他迫切需要精神上的振作；第二句，明显是主人公在自己欺骗自己，脸上的笑容很灿烂，但如果我们接着看下去，那正是主人公作为天气预报员每天都必须做的职业式笑容，知道应该振作并且努力振作这是很好的，但如果欺骗自己的话，那就有些"过犹不及"的意思了。而主人公也正是意识到此，所以僵化住了笑容，慢慢平静下来，在心里说了第三句话："我正在振作起来。"生活中的希望往往在一念之间，这幅场景中，又一次展现无遗。所以，开篇的两个场景，一重景，一重人，貌似毫无相关或者并不起眼，却真正起到了画龙点睛的作用，随着下面情节的展开，它们的统领性、前瞻性与预见性才一点点显露出来。此时，虽只是惊鸿一瞥，但已然可以想象故事大概的主线了。

影片讲述的是中年危机，主人公大约在四十左右，上有父母，下有儿女，中间既要应付妻子，又要奋发工作，多方面产生问题互相叠加、互相作用，其结果很可能是所有问题都无限被扩大，这正揭示了中年危机的必然性。同时，由于人到中年，经济收入比较可观，社会地位也处于一个比较高的层次，所以尽管别的年龄段也可能出现上述情况，但作为个体在各个问题之中所承担的角色，社会舆论对个体的要求也是不尽一样的，这也正是中年危机的特殊性所在。在现代社会形态下，无论在任何文化背景中这都是极为常见的。家庭是生活中的最为重要的部分，与其他家庭成员的关系几乎决定了一个人的生活境况。中年危机的造就必然有来自家庭的压力，其解决也一定要倚重家庭的力量。《天气预报员》中穿插了主人公与其父亲、孩子和（前）妻子的三条线索，展示了家可以是一个人生活的希望之源，也可能成为使其绝望的肇端。

首先，片中主人公自接到 Hello America 剧组的邀请起，一直到影片结尾，始终想得到父亲的肯定与支持。而影片中父亲始终对主人公拥有优势心理，这从父亲粗鲁地把主人公特意摆在驾驶座上的邀请信坐在屁股底下，看主人公节目时肆无忌惮的贬低评论，直至开导主人公时居高临下的语气以及愤慨的遣词措句，都可以充分展现出来。这让主人公内心充满了自我质疑和挫败感。但是，也正是因为父亲去世之前的一番谈话，他才最终从危机中走出来，坚强面对生活。主人公面对父亲的内心情绪波动，充分反映了父母对于子女生活的影响不仅体现在子女幼时对其的抚养和教育上，而更多体现在子女漫长人生的心理和精神上，父母是子女发展自身人格时的天然榜样，也是在生活中遭遇挫折时重塑希望的力量源泉。

《天气预报员》中主人公对孩子的爱护，可以从许多情景和细节中反映出来。这些互动与主人公与其父亲的交流形成鲜明对照，既有相似的严厉，也有不同的柔情。通过这种并置，体现了同一家庭不同代父母对待子女的不同态度，及其在子女成长过程中所扮演的不同角色。严格来说，主人公不算一个称职的父亲，简单粗暴的手段并无益于父子（女）的沟通。但是，不能不说他也是一个深爱子女的好父亲，在他百忙之中抽出时间来陪女儿买衣服，以及他痛打儿子后又谆谆教导令其戒毒等情节，都让观者体会到了这种深沉的父爱并为之感动。而前文所提到的主人公的父亲在葬礼后特意找他谈话的场景，正昭示了这种深沉父爱的缘由。生活就是一轮轮的循环，在继承与差异中向前推进。

《天气预报员》中主人公与妻子离婚的原因没有正面给出，但是从主人公与妻子争吵的几个场景可以推断出一鳞半爪：主人公购物时忘记妻子叮嘱的东西，主人公指责妻子对女儿缺少关心，做心理治疗时的不信任等，正是日常琐事的分歧，造成了最后不可弥补的鸿沟。从剧情而言，主人公并不值得同情，因为在对这些事情的处理上，他把男人与女人相处时所共有的傲慢自大展现得淋漓尽致。这在日常生活中也是屡见不鲜的，当一个人在社会、家庭中占有主导地位时，往往控制不住自己无尽的欲望。这种生活"霸权"不仅关乎男女不平等的社会文化根源，也是人生来固有的弱点。人们对自以为尽在掌握的人和事物通常不愿花费心力呵护，往往酿成无可挽回的绝望。开始是主人公的傲慢自大伤害了妻子，于是妻子疏远了丈夫并且同他离婚，此时主人公才幡然醒悟，想寻求办法弥补自己的过失，但作为男人可怜的自尊令他难以低头，导致事情一发而不可收。耐人寻味的是，导演让主人公选择了弓箭作为自己的爱好，并且安排他的失落情绪在父亲在世时的葬礼上到达顶峰：妻子选择别的男人、即将失去自己敬爱的父亲、两个孩子都陷入麻烦以及前途的不确定性，拼命地挤压着他的心灵。而这一切，在葬礼上突然停电打断了他的致辞时，通通爆发出来。当他孤单地站在川流不息的宾客之中时，特别是当他把弓箭对准抢走了他妻子的男人（实际上是他自己一手破坏了自己的幸福）时，观者完全可以感受到他内心的无助与绝望。弓箭自远古时起，就是男人狩猎的工具，或许，主人公正是把它当成捍卫男人尊严的最后武器。这个场景让人忍不住去想：假如那支箭射出去，会发生什么？片中箭最终没有射出，也许，这正是中年男人的气质。当主人公转身的那一刻，他悲壮得像一个英雄。夫妻战争、家庭琐事、男人的尊严，几乎任何人的生活中都不会缺少的元素，在该片中演绎得淋漓尽致也发人深省。

以上三条线索很好地解释了中年危机的必然性。与之相对应的，是主人公的心路历程。他的内心伴随与对方的交流波动，形成三条波浪状曲线，交替演绎着生活的辗转起伏，从而体现着其中希望与绝望的辩证关系。在此，要特别提及主人公走出危机后的感悟：年轻时，我幻想过一切可能的优秀的品质。但是随着时间的流逝，它们都渐渐离我远去，如今只剩下一种可能，那就是，现在的我。生活与希望，就是如此的倾轧！子曰："吾十有五而志于学，三十而立，四十而不惑，五十而知天命，六十而耳顺，七十而从心所欲，不逾矩。"通过中年危机的形式，主人公完成了从浮躁到淡定的心理过渡，达到了四十不惑的境界，从此明朗豁达。"福兮祸之所伏，祸兮福之所倚"，生活不平坦，要从绝望中寻找希望，这是横亘古今中外的生活哲学。

一部伟大的作品，之所以打动人，是因为它能直接与心灵对话，无论语言，无论国家，无论肤色，无论文化。《天气预报员》正是这样一部影片。

# 为个人目的复制网络音乐作品
# 合理补偿问题的思考

李木子

**【摘要】**

当前大量的网络音乐作品被毫无节制地免费下载，越来越多的音乐权利人要求立法，对下载网络音乐的个人进行收费。而在这场私权与公共利益的博弈中，我们可以看到的是关于合理使用中，为个人目的使用他人已发表的作品作为适用除外的法定情形，早已落后于时代。本文就此提出，在为个人目的复制网络音乐作品时通过对版权人进行合理补偿的方式，协调双方矛盾以实现二者之间利益的均衡。

**【关键词】**

版权 私权 音乐作品 合理使用 公共利益 合理补偿

**【作者简介】**

李木子，女，苗族，中南民族大学法学院 2011 级法学本科生。

版权法的永恒困境是决定版权人专有权的止境和公众获取作品自由的起点。① 不论是在我国还是在法制健全的西方国家，维持权利人与公众利益的动态平衡对法的制定无疑是一个考验。几年前，美国一女子未经许可从网上下载了 1702 首歌曲，并向其他网民提供下载，被法院罚款 22.2 万美元。为此，

---

① Neil Weinstock Netanel. Copyright and a Democratic Civil Society[J]. Yale Law Review, 1996. 106.

美国唱片协会负责人凯瑞·谢尔曼发表评论："从网上下载并分享音乐几乎成为司空见惯之事，而此案判决使它重新成为新闻，我们希望公众明白，音乐有价，音乐是财富，而财富的产权必须受到尊重。"① 当个人对合理使用制度滥用以至于侵害到版权人的合法权益时，同样应该受到法律的制裁，美国法院作出此判决亦是希望借此作为警示，告诫公众尊重他人的智力成果。正是因为美国对知识产权保护力度如此之大，对网络音乐下载的监管之严，才造就了美国当今繁荣的音乐唱片市场；而也正是美国政府对版权保护谨慎的态度，才使得在音乐市场上涌现了大批优秀音乐作品。反观我国，早先盗版猖獗的历史毒瘤，如今网络音乐的免费大餐，致使目前的唱片行业经济萧条，市场惨淡低迷，乐坛也陷入青黄不接的境地。在唱片已死，音乐行业发展的春天迟迟无法到来的时代，本文中合理补偿原则就是针对这样一种现状而提出的。合理补偿原则作为市场经济与信息网络双重作用下时代的必然产物是解决音乐行业发展障碍的绝佳利器，它既满足保护著作权人合法权益的需求，也能让公众享受到优秀的精神文化作品。

版权是一个历史的概念。② 正如一切法律制度都是在特定社会生产方式的背景下产生的，它也会随着时代的变迁而偏离最初的轨道。版权法中合理使用制度的设计初衷是为了限制作者的权利扩张，平衡公众的利益。然而，技术革命的兴起和发展给现有的合理使用制度带来了新的挑战。尤其在数字信息蓬勃发展的今天，为个人目的复制信息网络上的音乐作品不同于传统意义上的私人复制，而实际上这样的行为已经超出合理使用本质的范畴侵害到版权人的利益。因此，在时代提出的新课题面前有必要重新对合理使用制度进行思考探究，创立合理补偿原则能够完善现有的合理使用制度。为个人目的复制网络音乐作品时，通过支付一定合理费用作为对版权人的经济补偿，实现权利人与公共利益间的协调与平衡。

## 一 为个人目的复制网络音乐作品合理补偿的内涵与功能

对为个人目的复制信息网络上的音乐作品而言，合理补偿是指为个人目

---

① 新华网. 美国首次判决网络音乐下载案. http://news.xinhuanet.com/newscenter/2007－10/06/content_6835994.htm.

② 郑成思. 版权法［M］. 北京：中国人民大学出版社，1997.3.

的复制信息网络上的音乐作品时，即使是属于版权法所规定合理使用的法定情形，也应当按照作品的实际不同情况，向版权人支付一定合理的费用作为利益的补偿。合理补偿旨在弥补现实中出现版权人的合法权益受到损害，但权利人又无法找到合理的抗辩事由请求司法救济的漏洞。其核心在于即使为个人目的复制网络音乐作品只是为了欣赏、学习或者研究，主观上不存在营利目的，版权人也应当获得合理报酬。

合理补偿作为利益调节机制能有效地平衡版权法所保护的利益，除了维持版权人与代表公共利益的个人之间的利益平衡，它的积极作用还体现在版权人与版权产业商，公共利益与版权产业商利益的平衡上。[①] 首先，音乐网站的网络服务提供者作为版权产业商的典型，需要大量资本投入才能维持整个网站的正常运作，而在效益最大化的观念的驱使下，很多音乐网站可供个人无偿复制的音乐作品往往是未经过版权人许可并且未支付报酬的。即使网络服务提供者与版权人签订了音乐作品许可合同，大多数支付的报酬也不是真正意义上的公平对价。现实中更有运营商向公众提供未发表的音乐作品，这样网络服务提供者不仅侵害版权人信息网络传播权，也侵犯了版权人的发表权，财产权与人身权的双重侵害对版权人的法益损害无疑是巨大的。再次，由于为个人目的复制网络音乐作品无须支付补偿金，运营商因而失去了重要的成本来源，加重了利益风险负担。运营商一方面要向大量版权人支付许可费，另一方面又必须承担起网站管理费及其他一系列的必要费用，这无异于对其形成了一个巨大的资本黑洞。在如此利益失衡的情况下极易催生出基于非法使用他人音乐作品所需成本低于合法许可使用成本的理念，从而选择侵害版权人权益的后果。而之所以出现版权人与版权产业商之间、版权产业商与个人之间利益失衡的原因，追根溯源还是由于我国的法律、法规中并未针对为个人目的复制网络音乐作品作出应当支付合理补偿的明确规定。在利益冲突纠纷中，如果一方的利益受到威胁并且双方难以调和，或者利益分配不能保障参与分配的利益主体都得到满足，就需要运用利益调节机制协调利益冲突。[②] 合理补偿作为一种新的利益调节机制能有效协调各方间利益冲突，缓解分配的矛盾，同时也为版权法填补了立法的空白。

---

① 徐强平. 数字环境下版权保护的利益平衡 [J]. 大学出版，2005 (1).
② 丛雪莲. 论知识产权视域下的利益平衡原则 [J]. 改革与战略，2011 (11).

## 二 合理补偿的必要性

### (一) 合理补偿是对合理使用的矫正

隶属于民法部门的版权法，其本质上是对私权的一种法律确认和保护。然而，假若不对私权加以限制，就很可能导致个人权利的触角伸入公众领域，从而打破原有的利益天平。合理使用就是这样一种平衡利益的砝码，我国《著作权法》第二十二条规定了合理使用的法定情形，其中为个人目的使用他人已发表的作品属于侵权行为的例外与免责情形。然而，与传统的复制技术不同，信息网络时代的极速传播以及简便获取的特性，利用者可以轻易、无偿地从互联网上获取一些受版权保护的音乐作品，[①] 使得版权人的合法权益受到威胁，平衡利益的合理使用已经开始变质。

为个人目的对网络音乐作品进行复制，从合理使用的角度来看，由于版权人的权利受到法律的限制，即使复制权归版权人所有，为个人目的而对音乐作品进行复制当然也不构成侵权。然而，信息网络本身存在着特殊性，它允许个人在自选地点、自选时间对音乐作品进行复制，作品被数以千计的个人复制，版权人却并未因此获得相应报酬，造成了权利人实质性的损害。同时，由于数字时代原件和复制品在品质之间并无差异，[②] 势必对音乐作品的潜在市场产生消极影响。

根据《伯尔尼公约》、TRIPs 协议以及《世界知识产权组织版权条约》的规定，有关各国合理使用的制度必须遵守"三步检验标准"，即只能在特殊情况下作出，与作品正常利用不相冲突，不会损害权利人的合法利益。我国是这些国际条约的缔约国，在关于合理使用制度的法律适用上与国际公约的立法旨意存在着出入，而在国际法与国内法适用问题上，我国《民法通则》规定了在国内法与国际法对民事法律规定不同时，应当适用国际法。显然，我国现有的合理使用的规定不符合其真实内涵的要求，而在大动干戈进行立法修改难度较大或者通过司法解释难以穷尽所有情形下，对版权人的合理补偿

---

① Dan Thu Thi Phan. Will Fair Use Function on the Internet? [ J ]. Columbia Law Review v98, n1( Jan, 1998) : 169 - 216.

② 【日】中山信弘. 数字时代著作权法的变化 [ J ]. 外国法译评，1995 (2).

便是对合理使用进行矫正的最佳选择。

## （二）合理补偿是对合理使用的补充

合理补偿作为对合理使用的一种补充机制，它既是对原有制度的一种矫正，也是对我国现有合理制度的一种重构。补偿金的基本理念是版权人不得以复制权反对为个人使用目的而进行复制，但是可以得到经济补偿，其功效不是权利与义务相对等，而是使权利人获得合理补偿。① 数字信息时代背景下为个人目的复制丧失了原有的合理性，不可避免地与版权人的利益产生冲突。合理补偿的出现能消除这样的紊乱情况，并重新建立起使用人与权利人都被公平对待的新的利益的平衡。相对于其他的方法，合理补偿更具有现实可行性，为个人目的复制是一种广泛存在的客观现象，在法律否定和单独许可难以真正实施的情形下，合理补偿更能有力地实现版权人的合法利益，做到对其利益切实有效的保护。它既满足了为个人目的复制的实际需要，又使版权人获得一定补偿；既避免了著作权人将行使权利的手伸入私人领域，同时又巧妙地绕过了为个人目的复制网络音乐作品的行为是否构成"著作权财产权的限制或独立的例外规定"等复杂法律问题。②

## （三）合理补偿顺应了当今国际立法的潮流

在国外早已出现版权补偿金这样类似于合理补偿的立法。上个世纪中期，德国最高院认为当时的著作权法并没有预见到家庭录制技术的发展，旧法适用于新科技自然会有不足，因而在法律解释上应倾向于保护著作权人，不能因为著作权人难以向个人私下的复制主张权利，就认为他们没有权利禁止私人复制行为。③ 因此，德国于 1965 年新修订的《德国著作权法》出现了"版权补偿金"制度，其中明确规定了"允许私人为个人使用目的复制作品，但是复制者需要履行支付报酬的义务"。版权补偿金制度在德国率先施行之后，欧洲大多数国家将其引入本国法律，现在除了英国、爱尔兰及卢森堡版权法

① 张今. 版权法中私人复制问题研究——从印刷机到互联网 [M]. 北京：中国政法大学出版社，2009.249.

② 曹世华. 论数字时代的合理补偿制度及其导入 [J]. 法律科学，2006（6）.

③ 张今. 版权法中私人复制问题研究——从印刷机到互联网 [M]. 北京：中国政法大学出版社，2009.239.

无此制度外，欧洲其他国家均建立了补偿金制度，征收"私人复制税"。① 由欧盟颁布的《欧盟信息社会著作权指令》的陈述部分提到，在某些例外或限制的情形下，权利人应当获取合理的补偿，以就他人使用其保护的作品或其他客体获得适当地补偿。从欧盟颁布的指令中可以看出，成员国必须保证在私人复制例外的情形下，要规定版权人获得补偿的权利，指令中的立法旨意是适应数字信息社会需要的。在美国，从事在线数字音乐服务的网站可通过对最终用户收取一定额度的使用费以实现利益均衡、社会公平，这样的强制许可协议同样体现了合理补偿的作用效果。加拿大于1999年颁布的新版权法中规定，允许个人为自己利用而复制音乐作品，但必须交付法定使用费以补偿音乐版权人。亚洲各国如日本在《日本著作权法》第三十条规定，允许以个人使用目的进行录音、录像但必须支付相当金额的补偿金给版权人。

从以上各国的立法中可以看出，各国都已经观察到之前的合理使用制度已经不能保证各方利益达到平衡，因此通过个人支付一定合理补偿来恢复各方利益平衡的状态。

## 三 为个人目的复制网络音乐作品合理补偿运作的构想

### （一）关于合理补偿费用的收取主体

毫无疑义，为个人目的复制网络音乐作品合理补偿费用的收取主体，应由音乐作品的网络服务提供者充当较好。第一，音乐网站运营商作为直接提供复制音乐作品服务的主体，收取补偿费具有便捷性。当个人进行音乐作品复制时，与他直接接触的对象就是音乐网站的运营商，作为最终用户的个人有更为明确的支付对象，同时心理上也会更倾向于给直接提供服务者支付对等的报酬。设想如果个人在音乐网站上下载音乐作品之后，却要去其他行政机关支付费用，在产生不便利的同时，由于类似纳税行为也易使之产生反感心理。第二，网络服务提供者收取费用有基于合同义务的需要。运营商与版权人达成音乐作品许可合同协议后，必然要按合同的约定支付给版权人一定

---

① Prof. Bent Hugenholtz, Dr. Lucie Guibault, Mr. Sjoerd Van Geffon, "The Future of Levies in a Digital Environment" [N], p. 11, from http://www.ivir.nl/publications/other/ORM&Levies-report.

数额的许可费，而这些许可费的部分就来自于个人支付合理补偿的费用。网络服务的提供者是直接使用版权人作品的一方，作为中间媒体提供给个人欣赏学习使用，其支付的许可费部分是依靠个人缴纳的版权补偿费用保证的。每个音乐作品被复制的实际情况不同，网络服务提供者可以通过查看复制记录，清晰地了解到应当支付每个音乐作品相对应的版权人具体费用的数额，因而运营商来收取更利于实际运作。

### （二）关于合理补偿费用的收取方法

合理补偿费用按照作品实际不同的情况可以根据不同标准来收取。对于刚刚发表或者发表时间不长的音乐作品来说，因其是最新的智力活动成果，市场的潜力也更为巨大，所以应当收取一定数额的补偿费用；对已经发表但又未超过版权保护期的音乐作品，由于作品的商业价值已被开发，即使能够再开发也难以超越之前，所以在收取补偿费用时可以适当地降低；而对已经超过保护期限的音乐作品，因其已不再受到版权法的保护，而属于为公众共享的资源，这类音乐作品没有法律依据再对版权人进行合理补偿，因而个人复制这类音乐作品能无偿复制，不应当被收取任何费用。网络音乐作品的复制存在着单个作品复制和多个作品复制的情况，基于量大从优的理念，多个作品的复制应与单个作品复制加以区分对待。多个作品复制的版权补偿费用可以按照其内含的单个作品的补偿费用总和的一定比例收取。考虑到存在多次复制音乐作品的个人，音乐网站运营商还可以开设会员制度，属于会员的个人能享受比普通用户更为优惠的待遇。

## 结　语

音乐作品特别是优秀的音乐作品，作为文化产品的一部分是人类文明进步的智慧阶梯。创设合理补偿制度对网络音乐作品进行立法保护并不是为了限制个人对其使用，而是为了音乐作品能更为广泛地传播于社会，造福于社会，最终使得整个国家的文化素养和文明程度得以提升。我国制定《著作权法》的立法目的也在于此。

在经济日益发展的今天，人们对精神产品的关注与需求日渐增长，只有积极保护作者的智力成果才能更好地使公众享受到优秀的精神智力产品。合理补偿的创设能让现有版权法的体系更为完善，构架更为稳定与牢固；同时在我国建设精神文明社会的目标下，合理补偿也有益于保障创作者的物质基础，激发创作者的热情，为更多优秀音乐作品的产生创设有利条件，也让音乐行业发展的春天不再遥远。

# 中国媒介环境下乔姆斯基新闻过滤器模式意义探究

张　蒙

**【摘要】**

在《制造共识：大众传媒的政治经济学》一书中，乔姆斯基和赫尔曼提出美国媒体遵循着一种特殊的宣传模式，即某一事件在被确定为值得报道之前，它必须通过五大新闻过滤器。这五大过滤器模式在中国的媒介环境下存在一定的借鉴意义，能够为媒介研究提供范式，虽然有一些已经过时，不再符合世界潮流。本文将进行初步探讨。

**【关键词】**

乔姆斯基　新闻过滤器　制造共识

**【作者简介】**

张蒙，男，汉族，中国传媒大学传播研究院 2011 级传播学专业硕士研究生。

诺姆·乔姆斯基，美国麻省理工学院的语言学和哲学教授，杰出的语言学家、哲学家、思想家和政论家，被誉为"语言学界的爱因斯坦"、"最伟大的持不同政见者"。他笔耕不辍，正如"U2"乐队主唱波诺所说，他是一个"永远的叛逆者"。在乔姆斯基与赫尔曼合著的《制造共识：大众传媒的政治经济学》一书中，作者提出美国媒体遵循着一种特殊的宣传模式，即某一事件在被确定为值得报道之前，它必须通过五大新闻过滤器，分别是：（1）大众媒体的规模、所有权分配和利益取向；（2）作为大众传媒主要收入来源的广告；（3）对政府、商业公司、信息源的依赖以及由权力机构和上述信息源资助和认可的专家的依赖；（4）新闻批评和新闻批评家把"炮轰"作为惩戒媒体的手段；（5）利用意识形态把反共作为国教和控制机制。这五个过滤器相互作用、相互加强，使大公司和政府的精英"达成精英的共识，制造出民主认同的表象，并在普通民众心中制造了混淆、误解和冷漠，以便精英的规划得以前行"。乔姆斯基对美国媒体的深刻剖析对中国语境下的宣传报道会有何借鉴？五大过滤器在如今中国媒介环境下有何意义？接下来将对此做出初步探讨。

## 一 第一层过滤：大众媒体的规模、所有权分配和利益取向

以报纸为例，乔姆斯基在《制造共识：大众传媒的政治经济学》（以下简称《制造共识》）中研究了 19 世纪工人阶级的报纸在企业报纸的大规模兴起的大潮中被淹没的案例。19 世纪中叶以来，随着技术不断进步，报纸投资成本相应提高。伴随着自由市场扩张，开办报纸的起步费用逐步飙升，并购现象开始出现，形成了几家媒体巨头控制较低层次媒体的局面。"决定新闻议程并给较低层次媒体机构和普通大众提供大部分国内和国际新闻的正是这些顶层媒体机构、政府机构和大的通讯社。"此外，还有另一个重要的结构关系即媒体和政府之间千丝万缕的关系。媒体在政策上依赖政府的支持，于是它们不惜重金游说议员，经营与政客之间的关系。十大媒介巨头的 29 名外界董事中有 15 位是前政府官员。媒体已经和大公司、大银行及政府紧密地结合在一起，它们有着许多共同利益。由于美国媒介多为私营，这与我国现状有较大不同。但我国随着报业等媒体的开放，也产生了大型媒介集团，这些媒介集团会在追求其自身利益最大化的同时，还要面临政府以及中央媒体所带来的压力。媒介之间相互关系错综复杂，竞争并不充分。在此种格局下，传统媒体的新闻过滤，则仍以中央媒体的标准为重要参考。例如在对 911 事件十周年的报道中，国内所有党报、党刊遵循了其一贯党性原则，未将这条重要信息列入头版。传统媒体几乎集体"失语"，但在网络媒体，这条重要新闻还是得到了其应有的重视。

## 二　第二层过滤：广告

　　乔姆斯基在文中有所论述：从广告引入报纸以来，工人阶级报纸与激进报纸就处于不利地位。他们的读者一般较为贫困，这一事实大大影响广告商们对报纸的兴趣。乔姆斯基发现，这种广告与报纸之间的故事不断地重演。在一战前的英国如此，在二战后的英国和当代的美国也是一样。国内报纸杂志在对广告的选择上非常慎重，因为广告的选择将会影响媒体的兴亡。除去一些特定的杂志（如在飞机、高铁中的杂志）对低消费水平用户的无视，经典男性视角杂志《男人装》对于广告的选择也定位在名车、名表和高端时尚消费品等。定位于高端媒体的宣传无非也对中、低层受众构成了歧视。在接受其宣传效果方面，难免受到广告定位影响而效度不佳。这一方面说明媒介与广告、受众三方相互吸引、相互制约，另一方面也说明广告作为一种有效的分化受众的手段，在中国同样发挥了过滤器的作用。而此种手段的一个结果就是"依赖广告支撑的媒体系统将会逐渐增加广告时间，而具有重大公众意义的节目内容将被边缘化或完全挤掉"。

## 三　第三层过滤：新闻源

　　乔姆斯基认为，经济学决定了媒体只能将他们关注焦点放在时常有新闻发生的，时常有丑闻和谣言爆出的，时常举办记者招待会的地方。对新闻焦点的有意控制，使得新闻源可以较为容易地获得，并由此开展一系列公关活动。这就使得大型垄断企业有能力花费数百万购买报纸版面或者用其他资金手段向公众表达其观点。这一点在国内并不常见，但政府作为另一强力新闻源，则可以利用其本身地位对媒体施加影响，阻止批评意见在媒体发表，甚至直接对媒体活动进行管理。我国中央媒体作为国家喉舌，其报道内容必须符合国家、政党的利益，在新闻源就会得到有效审核。同时，官方的信息源由于中央媒体的特殊地位会广受尊重，而非官方消息就会被削弱。国内的这种状况近年来随着公民新闻的兴起而有所改观，公民新闻是指"来自普通公民的非专业新闻报道。他们或是现场的目击证人，通过现代科技，把自己的所见、所闻、所感直接传送给大众媒体；或者自己创办小众媒介，实现在一定范围内的新闻生产与传播"。诸如"华南虎事件"、有毒食材等热点新闻在近几年层出不穷，在积极意义上公民新闻发挥着打破传统媒体垄断特权、弥补传统报道不足、更加强调新闻真实性、有利于正确的舆论引导等作用。

## 四 第四层过滤：新闻批评和新闻批评家

乔姆斯基认为"新闻批评，是指对媒体言论或节目发表反面观点。其表现形式有信函、电报、电话、请愿、法律诉讼、演讲和国会会议前的提案以及其他形式的抱怨、威胁和惩罚性行动，等等。"笔者认为在中国媒介环境下，此种新闻批评概念不足以把握国内的媒介现实。例如《环球时报》近日刊发《反腐败是中国社会发展的攻坚战》的评论，文章提到："腐败在任何国家都无法'根治'，关键要控制到民众允许的程度。"此文一发就得到各大媒体争相转载，纷纷批判其"适度腐败论"之荒谬。这原本是再正常不过的新闻批评现象，但在不同的媒介环境和制度中，收到的结果也是相当微妙。在美国，如果媒体遭到的批评规模很大，那么就必须要耗费大量资源应对，广告商会撤回赞助，个人和小型媒体根本无力承担这笔费用，这些批评最强有力的来源是政府。而在国内情况则大有不同，作为官方媒体的环球时报的发文遭到了不同类型媒体的批判，形成非官方的媒体炮轰官方媒体的局面，被批判的是媒体，批判的主体仍然是媒体。而媒介批判的结果在这里则让人遗憾，腾讯网最终被迫向环球时报道歉，理由是篡改环球时报标题导致误解。一方面对文本内容的"断章取义"固然不可取，但此种所谓"篡改"并不影响对其实质内容的解读。可见国内的媒介批判并未发展成熟，形成固定模式。

## 五 第五层过滤：反共理念

把反共的意识形态作为一种控制机制，乔姆斯基称之为美国的国教。"如果共产主义胜利是最糟的状况，那么在海外支持法西斯则是很轻的罪过了"。随着苏联解体，将反共作为一种意识形态坚持下去在实践上已经非常困难，于是相应地就有反对国际"恐怖主义"代替反对共产主义的意识形态。政府通过宣扬此种意识形态对抗，将民众视线转移后，较容易将政治理念宣传出去。但这样做也有严重的后果：当反共（或反恐）热情被煽动起来之后，对于"受到共产党虐待"之类的声称，人们便不再要求看到实实在在的证据，一些理论家便可以随意发表言论或采取行动。意识形态的对抗在我国则会演变成对美国模式的反感，近日《北京晚报》对骆家辉所做的报道就凸显了这一点。可以看到如果特意强调意识形态的对抗，那么报道本身以及所带来的后续问题也会相继暴露出来，北京晚报在要求骆家辉公布财产之后，受到了一些媒体的责难，而随着骆家辉财产真的公之于众，之后产生的对中国财产的追问得不到任何明确的答复，这种尴尬正是执着意识形态所产生的负面效应。

# 六　结　论

乔姆斯基的《制造共识》是对 19 世纪美国报纸控制机制的揭露，但这五大过滤器中的一部分仍适合于中国今日的媒介研究，其他部分则需要改进。中国的媒介经营制度改革始于 1978 年，其经营理念还是"党的喉舌"，要想树立新的媒介服务理念，还有很长的路要走。1996 年媒介产业经营经历了集团化改革，"事业单位，企业管理"的模式更为市场化，广告的控制作用凸显。但新闻从业者关于国家重大问题报道的主体性还是较为低下，很多时候不得不被动地接受来自新华社的通稿，对传统信源的依赖性并没有得到改进。但新媒体的出现，在一定程度上能够扭转这种趋势，使人人都可以成为自媒体，这是对主流媒体的补充和挑战。置于新闻批评和新闻批评家不符合我国媒介监督的现实，而反共理念则带有强烈的冷战时期的话语特色，已经不符合这个时代的主流思潮。因此，我们的媒介研究不仅仅要了解乔姆斯基的经典理论，还要考虑到两国媒介环境的差异，在求同存异的基础上更好地斟酌考量。

**参考文献：**

[1] ［美］诺姆·乔姆斯基，爱德华·S. 赫尔曼. 制造共识：大众传媒的政治经济学 ［M］. 北京：北京大学出版社，2011.

[2] 梅琼林，褚金勇. 自由与权力：解读美国媒介政治的"转换生成语法" [J]. 现代传播，2011（7）.

[3] 李曼青. 中国公民新闻存在问题及发展方向研究 [A]. 中国传媒大学第三届全国新闻学与传播学博士生学术研讨会论文集 [C]. 北京：中国传媒大学出版社，2009.

[4] 曹荣湘. 乔姆斯基对西方媒体的批判性分析 [J]. 国外理论动态，2001（11）.

[5] 文芳，王瀚东. 控制的"宣传模式"与自由的"理想社会"——论乔姆斯基"宣传模式"的思想渊源 [J]. 理论月刊，2011（10）：65 – 67.

◆

文化艺术研究

# 对宗藩体制的若干思考

刘翔宇

【摘要】

众所周知，东亚地区的宗藩体制是一种既典型又特殊的现象，而出现这一典型历史现象的背后有其必然的政治、经济、文化因素。值得关注的是，绵延两千多年的宗藩体制却在国门被打开的半个世纪后迅速土崩瓦解。近年来一些西方媒体称：随着中国日益强大，与东亚各国愈加友好往来，中国有复兴朝贡体系的可能。所以，本文以期对宗藩体制的演变和瓦解历程给予历史梳理和原因探讨，并结合现时代背景等方面对朝贡体系复兴之说给予合理分析。

【关键词】

宗藩体制　瓦解　朝贡体系

【作者简介】

刘翔宇，女，汉族，华东师范大学政治学系 2013 级思想政治教育专业硕士研究生。

所谓宗藩体制，又称"朝贡体制"、"册封体制"，即藩属国对宗主国称臣纳贡，宗主国对其册封赏赐。"在东亚地区，中国长期以来凭借先进的、完备的制度、强大的国力，一直在扮演着文明的缔结者、文化的传播者的角色，在其影响所及的区域推行着以儒家伦理道德为精髓的国家交往政策，形成了一种独具特色的国家关系，即'宗藩体制'"。① 目前学界存在一种

---

① 张礼恒. 在传统与现代性之间—1626 - 1894 年间的中朝关系 ［M］. 北京：社会科学出版社，2012. 1.

广义的说法，即中国传统的宗藩体制在价值观上表现为认同关系、经济上表现为朝贡制度、文化上表现为华夷秩序、政治上表现为宗藩体制。这里强调宗藩体制原因主要有三：第一，它是中国传统政治制度的有机组成部分；第二，对其成因和演变历程的探讨能更好地从宏观上把握宗藩体制在近代解体的原因及影响；第三，以期从历史渊源的角度对目前热点的国际关系问题给予合理解答。尤其是近年来中国作为政治大国在经济与外交方面发展迅速，关于新朝贡体系再现之说一度引起整个社会的关注。英国学者马丁·雅克（Martin Jacques）曾试图用详尽的数据和图表反映中国发展的现状，并指出中国与邻国之间在规模上压倒性的差距、双方对中国优越性的认同和默许是朝贡体系的关键特征，进而就朝贡体系的再现提出自己的观点。

# 一　宗藩体制的演变历程及形成原因

## （一）宗藩体制的演变历程

宗藩体制绵延两千多年，最早可以追溯到原始社会。但古代社会的"宗藩"与现在大多数人提的"宗藩"有所不同。古代社会的"宗"更多强调宗族、宗祖，强烈的宗族血缘的政治色彩，而现在大多数人所提的"宗藩"更多强调国与国关系，这一变化反映了中国传统宗藩体制由内向外的变化趋势。

原始社会时期，氏族、部落为了共同抵御外族入侵和提高抵御自然的能力，形成了宗法体制。周代时国家已经形成，为了更好的统治提出了"天"、"天子"，并以血缘为纽带进行了层层分封，形成了"封建亲戚，以藩屏周"的政治格局。"周代以血缘为主的分封制应该是中国最早较正式出现宗藩体制的标志。"① 后来，随着古代中国政治、经济的不断发展，宗法体制出现了几个发展顶峰。西汉时期，汉武帝大一统思想的提出和发展，加之当时中国疆域的扩大，为了统治者更好的治理，要求分清内外，便开始有了真正的宗藩体系。到了隋唐时期，"除了所谓的'宾国'于唐贞年间来朝外，另外还有所谓的勃律国的来朝。且东方的日本也于公元 608 年遣使来隋并与隋唐建立了

---

① 柳岳武. 中国传统宗藩体制述论［J］. 南京师范大学学报（社会科学版），2009 （6）：44.

宗藩关系。……朝鲜半岛上的新罗国也与隋唐建立了宗藩关系，成为中国宗藩体系中的重要成员。"① 到明清时期，宗藩体制已经成熟。这一阶段主要表现在设立理藩院和礼部机构，颁布法典，如《明会典》、《大清会典》。

### （二）宗藩体制形成原因

宗藩体制的形成不是偶然的现象，其背后蕴涵着深厚的政治、经济、文化因素。笔者认为大体可分为以下几方面：

1. 政治上，中国古代政治制度是以宗法制度为纽带的分封制度，而宗藩体制就是建立在宗法观念的基础上发展起来的一种对外关系的体制。可以这么说，古代的宗法社会是宗藩体制的诱导因素。同时诸如宗法社会的强烈的等级观念、母系社会过渡到父系社会的一夫一妻制中的嫡庶之分等很多观念，也对宗藩体制本身浓厚的等级色彩的形成有重要影响。

2. 经济上，由于古代中国的农业经济远比周边地区的经济要发达很多，故周边国家希望能够与中国进行往来、交往。很多史实可以证明这点，如：丝绸之路，郑和下西洋和"万朝来邦"的史实在一定程度上反映了古代中国经济的繁荣和对周边地区和国家的吸引力。

3. 思想文化上，儒家思想源远流长并被历朝历代的诸多统治者作为官方的指导思想。可以说，宗藩体制是受儒家思想影响并发展起来的。主要表现在三个方面：第一，家国同构思想：即"家庭 – 家族 – 国家"，这种"家国同构"的社会政治模式是儒家文化赖以存在的社会渊源。古人修身的目的被引到"齐家、治国、平天下"的宏大目标上，一定程度上反映了"家"与"国"之间这种同质联系。第二，中国古代传统的德治思想对宗藩体制的形成有重要的影响，如孔子在政治上所提倡的"为政以德，譬如北辰，居其所而众星拱之"的以德治国思想。第三，大一统思想：即崇尚国家统一、民族团结，社会安定的大一统。其实，大一统思想包括两部分，一是国家统一，即"普天之下，莫非王土，率土之滨，莫非王臣。"二是天下统一，即中国是世界的中心，中国就是世界，世界就是中国。

---

① 柳岳武. 中国传统宗藩体制述论［J］. 南京师范大学学报（社会科学版），2009（6）：45.

# 二　近代宗藩体制彻底瓦解

为了满足资本主义经济迅速发展的需要，西方国家开始寻求原料供应地，扩展海外市场，东方大国的神秘面纱被揭开，一段段屈辱的被侵略的历史不断呈现。覆巢之下无完卵，与之相伴随的是对琉球国、越南、缅甸、尼泊尔等国宗主权的丧失，直至 19 世纪末，中朝宗藩关系破裂，传统的宗藩体制彻底瓦解。

## （一）中朝宗藩关系解体前的中国

### 1. 17 世纪中叶—19 世纪中叶

在西方工业革命迅速发展的同时，中国却在闭关锁国下"发扬"着传统的农业文明。1640 年英国开始了资产阶级革命，之后的工业革命席卷了整个欧洲乃至北美，西方世界已经进入到这样一个时期："自然力的征服，机器的采用，化学在工业和农业中的应用，轮船的行驶，铁路的通行，电报的使用，整个整个大陆的开垦，河川的通航，仿佛用法术从地上呼唤出来的大量人口——过去哪一个世纪料想到在社会劳动里蕴涵有这样的生产力呢？"① 而中国却是"成千上万胼手胝足、辗转沟壑的小农背负着一代一代歌讴唐虞盛世，高谈名物考据或性心理义的士人。"② 这种悬殊的对比成为中国传统的宗藩关系瓦解之必然的物质基础。

1840 年，中国大门被迫打开，与之相伴而来的是中国社会的剧烈变动。第一批不平等条约的签订，社会矛盾的激增极大地撼动了宗藩体制。正如马克思所说："所有这些同时影响着中国的财政、社会风尚、工业和政治结构的破坏性因素，到 1840 年在英国大炮的轰击之下得到了充分的发展；英国的大炮破坏了中国皇帝的权威，迫使天朝帝国与地上的世界接触，与外界隔绝曾是保存旧中国的首要条件，而当这种隔绝状态在英国的努力下被暴力所打破的时候，接踵而来的必然是解体过程，正如小心保存在密封棺木里的木乃伊

---

① 马克思恩格斯选集，第 1 卷 [M]. 北京：人民出版社，2012.405.
② 陈旭麓. 近代中国社会的新陈代谢 [M]. 北京：中国人民大学出版社. 2012.2.

一接触新鲜空气便必然要解体一样。"① 不仅是宗藩体制必然解体，中国旧社会的制度、经济、思想观念也必然要发生数千年来未有之变动。

2. 19 世纪 60 年代—70 年代

"如果说，第一次鸦片战争仅仅是掀起天朝上国的五片砖瓦（意指五口通商的开辟），那么，第二次鸦片战争则是折断了天朝上国的擎天柱。"② 第二次鸦片战争爆发后，中国被迫与西方列强签订了另一批不平等条约，半殖民地半封建化程度大大加深。这一阶段，西方的近代条约体系已经全面冲击了中国传统的宗藩体制，动摇了清王朝在东亚秩序至尊无上的优势地位。美国学者帕尔默和科尔顿曾形象比喻到：中国当时就像一块存放过久的干酪，中间被欧洲人的治外法权和各种有害的特权渗透着，边缘则被整块整块地切掉了。中国先后丧失琉球、越南、缅甸、尼泊尔等藩属国。

### （二）中朝宗藩关系的解体

早在日本战国时代，丰臣秀吉就提出过征服朝鲜，称霸中国的设想，并发动侵朝战争。明治维新以后，日本迅速走上对外扩张的道路，并大起染指之心，随后抛出了旨在称霸亚洲的"大陆政策"。由于朝鲜与中国自古以来特殊的宗藩关系和其在东北亚地区重要的战略地位，征服朝鲜成为日本称霸亚洲的跳板。

1871 年，《中日修好条约》中规定：两国所属帮土，亦各以礼相待，不可稍有侵越，实质上改变了宗藩体制下的国家不平等观念，日本从此获得了与中国比肩同等的地位，为打开朝鲜的大门铺平了道路。1875 年，日本在没有任何通告的情况下非法侵犯朝鲜领土，朝鲜士兵自卫开炮，江华岛事件爆发。双方最终于 1876 年签订《江华岛条约》，条约第一条就申明：朝鲜为自主之邦，保有与日本平等之权，这开启了瓦解中朝宗藩的闸门。1882 年，汉城壬午兵变，旧式军队士兵起义，签订了《济物浦条约》，日本从中获得了驻兵权。1884 年，甲申政变，亲日派刺杀了亲华派，日本侵入朝鲜宫廷，组成了傀儡政府。1894 年，中日甲午战争爆发，清政府惨败。1895 年中日签订《马关条约》，第一条指出：中国认明朝鲜国确为完全无缺之独立自主国。故

---

① 马克思恩格斯选集，第 1 卷 [M]. 北京：人民出版社，2012. 780 – 781.
② 张礼恒. 在传统与现代性之间：1626 – 1894 年间的中朝关系 [M]. 北京：社会科学出版社. 2012. 127.

凡有亏损其独立自主体制，即如该国向中国所修贡献典礼等，嗣后全行废绝。因为朝鲜是中国最后一个藩属国，所以《马关条约》的签订标志中朝宗藩关系解体，也标志着以中国为中心的传统宗藩体制彻底瓦解。

### （三）宗藩体制瓦解的原因分析

#### 1. 从中国自身分析

**（1）近代中国社会不堪一击**

东亚封建宗藩体制所赖以产生和维持的重要基础是宗主国和藩属国之间国力对比的悬殊，包括：经济发展水平、政治体制、思想文化等多方面。而事实是，从 1840 年西方列强用"坚船利炮"打开中国国门后，中国被迫签订了一系列不平等条约，一步步沦为半殖民地半封建社会。鸦片的大量流入不仅使得国内大量白银外流，而且严重腐蚀百姓身心，加之条约中的巨额赔款，大大小小的农民起义等，传统的东方大国早已奄奄一息没有任何威望。

**（2）清政府的衰败和让步态度**

一方面主要是清政府腐败无能，不仅未能认清西方列强的真面目，反而还对其抱有幻想；另一方面则是受中国一直以来传统的外交态度所影响，即：对属国的不干涉策略。如：1875 年，江华岛事件中，奕䜣给光绪帝的奏折称："臣等查朝鲜虽隶属中国藩服，其本处一切政教禁令，向由该国自行专主，中国从不与闻，今日本欲与朝鲜修好，亦当由朝鲜自行主持"，最终导致了《江华条约》的签订。这种超然的心态，使清王朝丧失时机，并处于被动的局面。

#### 2. 从国际形势分析

**（1）众多藩属国皆希望能够脱离与中国的宗藩关系**

除了 19 世纪 60—70 年代一些国家不再对清朝称臣纳贡外，朝鲜亦有脱离之趋势。在资本主义全球性扩张和日本明治维新的影响下，朝鲜自主意识日渐增强，开化思潮兴起。因此，朝鲜之希望摆脱宗藩关系而求自助，谋求近代化，一定程度上代表了时代变局刺激下的合理愿望。如 1881 年，朝鲜政府颁布法令，将原来"事大"和"交邻"两个司合并为一个司（同文司）。这实质上是一种放弃原则，将中国外交、日本外交同等对待。

**（2）瓦解之必然之势**

面临西方列强的资本主义扩张之势，打开国门是任何一个国家都不能避免的，中国如此，朝鲜亦如此。随着事态的发展，中国对朝鲜的态度由"超然"转变为"变通"，甚至变为后来的全面干涉。1879 年，李鸿章劝朝鲜太师李裕元说："为今之计，似宜用以毒攻毒之策，抵制日本诡计的唯一方法就是同西方各国立约。"清政府在对朝问题上提出了力求在新旧两种外交体制夹缝中的"以夷制夷"之策，以保留对朝的宗藩关系。但纵使这样，在西力东渐的形势下，日益衰落的清王朝也无力挽救藩属国。

3. 从宗藩体制自身分析

第一，其思想基础是以中国社会经济繁荣发展为基础的大一统等儒家思想，随着世界面貌一步步展现，东亚各国对世界的认识不断发展，华夏已不再是世界的中心，更何况近代中国支离破碎，风雨飘摇。第二，宗藩体制是依靠宗主国对藩属国的承认和保护为纽带的，这一纽带是天然的、脆弱的、缺乏法律效力的。在近代外交时代，西方可以根据国际法中的主权观点、条约的法律效力等特征对国与国的关系做出解释。第三，宗藩体制自身的矛盾性，即一方面对外宣称"天下共存"、"泽被四海"，另一方面夷夏思想占据主导地位，称周边国家为夷、蛮等。由此可见，宗藩体制本身的封建与落后必然会被当时先进的条约制度所替代。

# 三 客观评价宗藩体制

## （一）肯定宗藩体制的历史功绩

1. 传统的宗藩体制曾促进了中国及周边地区的经济发展，传播了中华文明。同时，也对中国周边地区的稳定起到一定作用

以清朝与藩属国的交往为例，这一时期的交往主要表现在两个方面：一是政治上的封贡关系，包括贡期、贡道、朝贡规模等；二是经济上的双边贸易活动。在这里需要指出的是，宗藩体制的根本目的就是维护统治阶级的统治，加之受"和"思想的影响，宗藩体制对周边国际形势的确起到"减震"的作用。随着宗藩体制的发展，在东亚地区形成了以中国为中心的"亚宗藩体制"，即传统的东亚国际关系。在宗藩体制迅速瓦解的半个世纪中，日本一直试图建立新的东亚国际关系，呼吁建立"大东亚共荣圈"。但两者的区别很大，一个是自愿的，本着"厚往薄来"的原则，而另一个是强制的，带有侵略性质。

2. 宗藩体制的瓦解对近代社会的影响

不得不承认，宗藩体制的瓦解是历史的必然。"历史好像是首先要麻醉这

个国家的人，然后才能把他们从世代相传的愚昧状态中唤醒似的。"① 传统宗藩体制由于它的落后被历史所遗弃，却推动了中国近代化的步伐。1840 年鸦片战争并没有真正唤醒中国社会，相反被惊醒的却是日本民族。日本开始积极向西方学习，推行明治维新，并走上了近代化道路。与此对比鲜明的是清王朝却沉浸在"同治中兴"的幻影里，最终因为中日甲午战争的惨败和宗藩体制的彻底瓦解，清王朝"天朝自居"的美梦才破碎，沉睡的东方巨龙才慢慢醒来，步履蹒跚地向近代社会迈进。

### （二）相关思考——关于"朝贡体系复兴"之说

近年来，国内外各媒体关于"朝贡体系复兴"之说相当之多，甚至有的学者著书立说表达对当今中国大好发展势头的看法。但是，我们应当看到关于朝贡体系复兴之说其实质是宣扬"中国威胁论"的另一种表现，如果一味地支持和宣扬，必然会使我国在国际上处于不利的地位。

其次，要知晓朝贡是宗藩体制外在的主要表现形式，而宗藩体制自身局限性较多，且不符合现时代发展的潮流。宗藩体制的本质是封建的政治制度和不平等的政治联盟，但当今世界呈多极化趋势发展，且周边各个国家的主权意识明显增强。

最为重要的是，现代中国的外交策略更多的是倾向于与周边国家平等相处、共同发展的"和"的理念。中国在近代宗藩体制被国际条约体系取代后，"继承"了宗藩体制中"和"的思想和"变革"了不干涉"藩属国"内政事务的思想。我国在处理国际关系的问题上，提出了自己的外交主张，即和平共处五项原则。20 世纪末，面对国内外新的形势，在处理国内问题上，中国国家领导人本着和平统一的原则对台湾问题提出了"一国两制"的重要思想，并在港澳问题上得到了发展和成功的实践。在步入 21 世纪后，中国始终坚持"与邻为善，以邻为伴"的周边外交方针，进一步巩固同周边国家的睦邻友好合作关系。从以上外交政策的演变和发展来看，一方面，共和国成立以来我党继承了中国传统文化中"和"的理念，并始终把周边国家放在平等地位上看待，另一方面，中国只是以一个更加负责的大国的态度来发展自己，并为世界和平与发展贡献力量，所以不可能有朝贡体系的复兴。

目前，国际上激荡起伏和晦暗不明的意识形态的交锋和斗争仍在继续，

---

① 马克思恩格斯选集，第 1 卷［M］．北京：人民出版社，2012.779 - 780.

我国处于正朝着"双百愿景"迈进的关键期。一方面在社会的主流意识形态上我们不能放松警惕,另一方面在外交政策和国际关系问题处理上我们更不能忘记历史之镜。只有这样,在实现伟大的"中国梦"的过程中我们才能少走弯路,稳步朝前迈进。

**参考文献:**

[1] [英]马丁·雅克[M].张莉、刘曲译,北京:中信出版社,2010. 296 - 298.

[2] 谢俊美.宗藩政治的瓦解及其对远东国际关系的影响[J].华东师范大学学报(哲学社会科学),1999(5):41 - 48.

[3] 周巧生、骆平."新朝贡体系"焉有复兴之理?[J].菏泽学院学报,2008(1):8 - 11.

# 回归自然，寻求"理性"之美

## ——从诺维尔舞蹈理念角度探讨中国民间舞蹈艺术的发展

周菁菁

**【摘要】**

让—乔治·诺维尔①是 18 世纪前浪漫主义芭蕾的杰出代表，法国著名舞蹈革新家，因在舞蹈创作中敢于大胆创新而受到广大观众的喜爱并引起关注，被誉为"情节芭蕾"的创始人。通过大量的创作并予以实践，诺维尔在各地不断地宣传自己的理论，使他在芭蕾舞史中拥有备受推崇的地位。本文以诺维尔的《舞蹈和舞剧书信集》为主要参考文本，结合中国民族民间舞蹈的发展现状，通过分析诺维尔的"摹仿自然"理念，从不同的角度与中国民间舞做比较。

**【关键词】**

诺维尔　中国民间舞蹈　芭蕾　天人合一

**【作者简介】**

周菁菁，女，汉族，北京舞蹈学院 2011 级民间舞专业硕士研究生。

回顾芭蕾的历史，我们会惊叹它的生命力。它在从容不迫的发展中，既受到宫廷贵族的宠爱，又赢得平民百姓的鲜花与掌声，几乎各个流派的艺术家们都为芭蕾参与过芭蕾艺术的发展和建设。至今，芭蕾不仅作为一种规范的训练体系被广泛运用，还成为一种欧洲精神的符号，深入人心。1760 年，

---

① 让—乔治·诺维尔，法国著名舞蹈理论家、演员和编导，18 世纪前浪漫主义芭蕾的杰出代表。被誉为"情节芭蕾"的创始人。

诺维尔在法国里昂和德国斯图加特发表了《舞蹈与舞剧书信集》，引起轰动。他在《书信集》中所提倡的几个理念早已深深植入后世舞蹈艺术家们的内心，为舞蹈艺术在未来的发展起着奠基的作用。那么，诺维尔舞蹈理论的实质精神与精髓是什么？它与中国舞蹈艺术核心精神有着什么样的关联？它对中国舞蹈艺术的发展又起到什么样的作用？本文以诺维尔的《舞蹈和舞剧书信集》为主要参考文本，结合中国民族民间舞蹈的发展现状，通过分析诺维尔的"摹仿自然"理念，以及从不同的角度将其与中国民间舞的理念做比较，来探讨诺维尔的理念对于中国民族民间舞发展的启示。

# 一 诺维尔的古典主义与中国的传统理念

"艺术来源于生活，生活离不开自然"。自古以来，在对待艺术的观点上，中西方有着相同的态度。诺维尔的"摹仿自然"理念与中国传统的"天人合一"理念正是反映艺术永远与大自然和谐共存、共发展这一观点的表现。

## （一）"摹仿自然"

"摹仿自然"是诺维尔古典理性精神中的核心理念，他认为艺术是对大自然的摹写，并将这一理念灌输在他的舞蹈事业中。"一幅好的绘画作品就是一幅大自然的映像，一个好的芭蕾舞剧就是大自然本身，包括所有舞台装饰都是大自然的显现。"① 诺维尔提倡舞蹈艺术要模仿自然，以艺术的方式来摹写大自然，用舞蹈的肢体语言将大自然完美地演绎出来，这里的"自然"不仅是指我们生存的自然环境和现实生活，还包括自然界的演化规律，亦在强调通过舞蹈语言摹仿自然要建立在对大自然的欣赏与对自然规律遵循的基础上。以"自然"为范本，作为艺术家需要用自己的方式美化自然，保留自然的一切特征。"艺术如不从自然获得特色，如不以淳朴为装饰，那就弃绝艺术吧！艺术只有在善于掩饰自己的时候才是诱人的，只有不识其真面目，而把艺术看成自然的时候，它才有真正的胜利。"② 在诺维尔的古典主义理念中，自然

---

① ［法］若望·乔治·诺维尔. 舞蹈和舞剧书信集［M］. 上海：上海文艺出版社，1982.5.

② ［法］若望·乔治·诺维尔. 舞蹈和舞剧书信集［M］. 上海：上海文艺出版社，1982.5.

是他对艺术追求永远的源泉。

### (二)"天人合一"

"天人合一"是中国古代传统哲学的基本观念。"天人合一"是中国农耕文化中的主导思想,提倡"天、地、人、物、我"相协调。在中国的民间舞蹈中,"天人合一"的思想贯穿于整个舞蹈文化,无论是原生态民间舞、课堂民间舞还是舞台民间舞,它们当中都包含着"天"与"人"的密切关系。尤其流传于民间的原生态舞蹈讲求的就是对大自然一切生物的模仿,以传达对大自然的敬畏之情。"天人合一"的最表层含义是指人类与大自然之间的和谐统一,在原生态的民间舞蹈中有许多人们祈天祷地、求风调雨顺的仪式舞蹈。除此之外,"天人合一"还有更深一层的含义:"天"代表着中华民族的人文思想,以及不为人的主观意念所控制的自然外界;"人",既指生存在自然中的人类,又包括人类的思想、情感、理想、愿望,是人们需要表达的一种主观意念。而这种理解层面上的"天人合一",就是指人们在通过肢体表达自身的喜怒哀乐时,并不是单纯出自"人"本身的情感,它受外界的客观事物及环境影响,从而引发出不同倾向的心理反应。也就是说,舞蹈的肢体语言是在主观情感与客观自然界的交融中,在顺应自然规律的心态中形成的。

如果将上述两个理念放在同一层面来看,二者所遵循的"规律"是一致的:即将大自然视为舞蹈创作与表演的唯一楷模,强调所表现的东西一步也离不开大自然,要与自然界紧密相连。离开了自然,所呈现出来的东西便是虚无的、没有重量的、不能够为世人所欣赏的。

## 二　升华自然,艺术生存与发展的动力

西方新古典主义者将自然与真理统一起来,从这点来看,强调自然规律与人类理性精神的美学思想与中国传统思想是相互吻合的。但是,诺维尔强调,在追求以大自然为范本的艺术理念时,我们不能循规蹈矩、一成不变地"照搬",而要根据所生存的时空环境变化将艺术予以升华。

"任何一幅画作,都要求有情节,有细节描绘,有一定数量的人物:他们的性格、姿态和动作必须既富有表现力而又真实、自然……芭蕾舞,照我所感觉的那样,也如它应该的那样,是可以名正言顺称作芭蕾舞的;相反,那

些单调乏味、没有表现力的，只是模仿自然的贫乏而不完善翻版之类的东西，只应该叫做枯燥无味、死气沉沉、生气毫无的杂耍。"① 在这里，诺维尔在强调摹仿自然的基础上，更提倡艺术家的后期加工和美化，而不仅仅是单纯再现自然中最原初的东西。照搬出来的不是艺术品，尽管人们为很多优秀的艺术品冠以"自然"的称号，但此"自然"并非"纯原生"，而是以符合时代审美特征的表现手法将最"自然"的东西表达出来，为观者所理解与接受，这才是艺术品。

诺维尔的这一理念也是我们民族民间舞蹈事业发展建设中应遵循的原则。中国民间舞蹈从"原生态民间舞"过渡到"学院派民间舞"，再逐渐升华为"舞台民间舞"，这三者可以视为独立的三个个体，在不同的领域空间朝着各自的方向发展着，但是它们之间存在着层层递进的关系。作为职业舞蹈艺术从事者，我们在中华民族舞蹈艺术发展的道路上努力奔波的时候，要明确我们的最终目的不是回归自然，回归原生，而是把我们民族的宝贵文化继承与保存下来，并不断完善与美化，使之在不断前进的时代环境中得以生存与发展，使之跟上时代的步伐，而不是墨守成规，导致最终被历史遗弃。

中国民间舞艺术家所面临的最大难题就是如何将"原生态"的东西加以美化，使其既符合当代的审美理念又不失民族属性。所谓"变则通，通则久"，舞蹈艺术只有在变化的时代中不断变化，才能长久发展下去。但要如何去"变"？这是一直受到关注与争议的问题。就像在诺维尔的古典主义理念中，"自然"永远是艺术赖以生存的源泉，中国民族民间舞蹈必定离不开大自然，需要自然中的最淳朴的"元素"。而在对这些"元素"进行加工美化的时候，也不是完全打破陈规，不受限制地随意变化。作为理性主义者的诺维尔强调遵守"规律"，同样，我们在创新的过程中也要遵守一定的规则，将"中国文化精神"与"当代艺术精神"相结合。


## 三 在理性中追求感性，舞蹈发展的精神依托


在中世纪诞生的芭蕾由意大利的贵族宴会发展为法国的宫廷娱乐，再逐

---

① [法] 若望·乔治·诺维尔. 舞蹈和舞剧书信集 [M]. 上海：上海文艺出版社，1982.5.

渐被纳入学院派的范畴内。莫里哀为迎合国王的娱乐需要将喜剧成分融入芭蕾，巴洛克艺术风潮又引发了人们对支离破碎、雍容华丽的追求。"那种他们称作'崇高的'舞蹈被剥夺了表情和感情"，① 诺维尔在书信集中讥笑路易十四宫廷芭蕾的审美趣味。在他看来，那样的芭蕾不配称作真正的艺术，真正的艺术是包含着真实的情感在内的，观者可以从艺术品中读到编者和表演者内心的真正独白，或融入自己对作品的理解来获得更深层次的感悟。

当我们的目光离开诺维尔，望向我们这个时代的中国舞蹈艺术时，我们会发现诺维尔"摹仿自然"的精髓已深入地扎根在我们的艺术发展中。任何舞种都一样，无论是芭蕾、现代、古典或民间舞，舞者表现出来的肢体语言就是在向观众述说一段故事或者感悟，或是编导的内心独白，或是演员自己的感慨。如果去掉这一层面的东西，就只剩下了动作、技巧的反复演示。就像现在不断出现的一些舞蹈作品，为了博取观众的眼球，或为了得到某些奖项，精心设计了各种花哨的技术技巧，其技艺堪比杂技演员，观众的确为此而震惊，但是只有"惊"，没有"赞"，因为我们知道，舞蹈艺术最终达到的境界应是情景相融的"美感"，而不是高超的技术。

诺维尔提出的这一理念也可以作为中国当代舞蹈发展和建设的指导性理念，对于中国民族民间舞来说，这一点尤其重要。由于"当代舞"这一容易使人混淆的舞种出现，很多民间舞逐渐开始向当代舞的方向靠近，有些作品甚至让人们分不清舞种属性。如在民间舞中融入了很多古典舞、现代舞的技巧，使人有种似是而非的感觉，觉得既像民间舞，又像当代舞，看似新奇，却弄不清到底是哪种舞，也摸不透作品在表达什么。由于过分注重技巧的展示而忽略了情感内涵，这是当今舞蹈艺术发展中的一个极大的弊病。诺维尔时代的芭蕾舞艺术曾因为过于追求视觉美感而降低到仅悦人耳目的程度，至今若继续执迷不悟、重蹈覆辙，那么我们的本土文化，中华民族的舞蹈艺术也将可能遭受同样的命运。

## 四　结　语

"不要光迈舞步，要研究内心激情；弃绝陈规陋习，弃绝摹仿抄袭，要有

---

① ［法］若望·乔治·诺维尔. 舞蹈和舞剧书信集［M］. 上海：上海文艺出版社，1982.5.

独创性；爱你的艺术要达到热情洋溢的程度"。① 前人给我们留下的宝贵资源，不是为了让我们将其原封不动地永久保存下去，而是需要我们后人不断投入新的资源，使其能在不断变化的时代中更好地发展壮大。中国本土舞蹈在发展建设中也应该遵循诺维尔古典主义的理念，将"自然"与"理性"相结合。作为"原生态民间舞"与"舞台民间舞"直接的桥梁，"学院派民间舞"是一个至关重要的过渡阶段，其作用就像诺维尔做出的改革在古典与浪漫之间起到的过渡作用。同时诺维尔对芭蕾艺术的"独立宣言"也适用于中国民间舞蹈艺术的独立：从为人民祈福消灾、自娱自乐的从属地位提升至一门具有自身价值的独立舞蹈文化艺术的层面。在非物质文化遗产备受重视、备受保护的新时期，我们期盼本土的民族文化能够与时俱进、不断繁衍发展。我们在发展自身文化的过程中可以理性借鉴西方的艺术理念，取其精华用于我们身上，以弘扬和再展民族文化辉煌。

**参考文献：**

[1] ［法］若望·乔治·诺维尔. 舞蹈和舞剧书信集［M］. 上海：上海文艺出版社，1982.

[2] 隆荫培，徐尔充. 舞蹈艺术概论［M］. 上海：上海音乐出版社，2009.

[3] 潘志涛. 大地之舞—中国民族民间舞作品赏析［M］. 上海：上海音乐出版社，2006.

[4] 张延杰. 从古典走向浪漫——诺维尔芭蕾舞改革之文化探源［J］. 北京舞蹈学院学报，2008（2）.

[5] 蔡晓璐."天人合一"：中国传统艺术之审美追求［J］. 广播电视大学学报，2010（3）.

---

① ［法］若望·乔治·诺维尔. 舞蹈和舞剧书信集［M］. 上海：上海文艺出版社，1982.5.

# 从古代童话中探寻中俄自然观的异同

甘雯慧

**【摘要】**

童话是文学中重要的体裁之一，也是民间艺术的重要一环，对民族文化、民族价值观的体现有着不可忽视的作用。本文通过中俄两个民族童话创作的分析比对，采用内容分析的方法比较两国童话中包含的不同的自然观，从而使我们对两国民族文化有更深入的理解，并便于更好地进行跨文化传播的研究。

**【关键词】**

中俄童话创作　人与自然关系　民族性格　跨文化比较

**【作者简介】**

甘雯慧，女，满族，中国传媒大学传播研究院传播学专业 2012 级硕士研究生。

在全球化迅猛发展的今天，每一个国家，每一个民族都不可能孤立地存在。经济、政治和社会活动的日益频繁使得世界上任何一个角落里的个体或共同体相互之间的影响越发深远，同时也深刻地动摇和改变着整个世界的"文化地图"。在这样一个持续的、连绵不断的过程中，不同文化之间的传播交流互动不仅仅是一种不同地区人们的交往欲望，更是一种必然的融合需求。

正如社会学家萨林斯所说，"每一种文化也都是包容宇宙万物的体系，将大千宇宙纳入各自的文化版图"，① 文化是一个复合整体，其范畴包罗万象，

---

① 孙英春. 跨文化传播学导论 ［M］. 北京：北京大学出版社，2008.11.

难以言表。而童话作为民间艺术的重要一员，对民族文化的体现有着不可忽视的重要作用。本文试图从两个民族的古代童话入手，以点窥面，从两国童话中所蕴含的自然观、民族性格等跨文化研究因素来探寻两国人民在对待人与自然关系的世界观问题上所表现出的民族异同点，以此管中窥豹，体会万千文化内涵之一二。

# 一 古代童话概述

根据《现代汉语词典》的解释，我们可以知道，"童话"是"儿童文学的一种体裁，通过丰富的想象、夸张来编写适合于儿童欣赏的故事"。童话最初是传统口述民间故事的一部分，通常会被讲述得具戏剧性并以口耳相传的方式世代相传。也由于如此，童话故事发展的历史也就十分难以考证。尤其是早期不识字的说书人所说的故事，通常都没有任何书面纪录可供后世参考。[①] 最早有以文字形式流传的童话故事是在公元前1,300年的古埃及，[②] 自此之后童话故事开始在写作形式的文学作品中出现。

童话的故事情节离奇曲折，充满了幻想的色彩，但是，它的情节往往又遵循一定的逻辑，其中的幻想都来源于现实，是实际生活的反映。童话中承载着人们在现实中无法实现的愿望，同时也反映了一个民族的文化特色，不同的童话因作者、民族、时代的不同又呈现出不同的风格。

与其他国家不同，在俄罗斯辉煌的民族文化中，童话是其不可或缺的一部分，在俄罗斯整个民族的发展史中都贯穿着本民族有着独特形象代表及结构特征的童话。而相比于俄罗斯童话，中国古代童话并没有明确的界定，但事实上中国古代童话源远流长，中国最早的童话研究者周作人在1913年写的《古童话释义》中说："中国虽无古童话之名，然实固有成文之童话。"究其源头，可知有二，其一为神话，其二为寓言，正如周作人在《童话略论》中说到"童话本质与神话世说实为一体"。所以说中国虽然到了近代才有童话这一名

---

① Jack Zipes. When Dreams Came True: Classical Fairy Tales and Their Tradition ［M］. Routledge, 2007. 2.

② John Grant and John Clute, The Encyclopedia of Fantasy ［M］. St. Martin's Press, 1999. 331.

称，但实际上早在古代，童话之存在早已蕴含在各种神话、寓言、传奇之中了。①

　　童话是一种广泛流传的典型的民间文学体裁。作为集体智慧的结晶，它体现了人民大众的理想期盼、审美情趣、道德取向、价值观念、朴实情感，具有鲜明的民族性。因此，以民间童话为参照、为桥梁，窥探民族个性中的某些特点，探寻民族世界观中人与自然关系的问题，无疑是一种十分有效的途径。

## 二　中国古代童话中的自然观

　　古老的中国拥有着源远流长的历史和灿烂无比的文明，历史的长河给我们留下了太多值得珍视的文化遗产，那些由口头文学、神话以及寓言逐渐演化成的古代童话更是其中的瑰宝。我们会发现在这些文化的瑰宝中充斥着我们民族灵魂里不可抹去的观念体系，它反映了我们的世界观、人生观和价值观，尤其是我们会发现在其中体现了中华民族对待自然、对待人与自然关系的种种态度。

### （一）天人合一

　　"天人合一"的思想概念最早是由庄子阐述。我们可以在众多的中国古代童话中窥见其端倪。盘古开天地是中国流传下来的耳熟能详的古代童话。在《广博物志》的《五运历年纪》中是这样记载的："盘古之君，龙首蛇身，嘘为风雨，吹为雷电，开目为昼，闭目为夜。死后骨节为山林，体为江海，血为淮渎，毛发为草木"。在童话中盘古是人类的始祖，同样也是大自然风雨雷电、日月星辰的掌控者，更是江河湖海山林川岳的发源者。这就体现了当时人们追求的天地人和谐的宇宙观。这表明，在华夏先民的世界观中，并未完全将人降格为神的附属物，也不曾歧视万物，而是天地人同生的天人合一思想。不仅如此，我们在《捉雷公》、《白云格格》等古代童话中也同样会看到这样的思想，人们将天、地、人、神看做是对等的、和谐的。这与俄罗斯的童话有着相同之处，俄罗斯的童话中充满了自然元素，各种自然元素都是拟

---

　　①　金燕玉. 中国童话的演变［J］. 苏州大学学报（哲学社会科学版），1992（2）：1.

人化的存在。但是中国的天人合一从本质上是以人为本，而俄罗斯更为敬畏自然元素。

## （二）人与自然万物的和谐

在中国古代童话中我们不仅能看到天人合一，更能发现先民对自然界的其他生物也不持偏见，平等看待。盘古是先民想象中的人类英雄的形象，人们却把他描绘成龙首蛇身，可见在人们的意识里，有着动物的身躯是正常的甚至是值得赞扬的，是拥有力量的象征，人们把动物当做是平等的存在，而不是低灵化的生物。在《精卫填海》、《夸父追日》等变性再生类古代童话中我们会发现，这两位，一位是神女，一位是人类英雄，他们死后魂魄所化皆为动物、植物，为后来人造福。还有在高山族的神话《神鸟传火》中，是神鸟把火种衔来的；在壮族的《谷种和狗尾巴》里讲到，谷种是狗从天上带给人的。可见在先民的世界观里，人与自然界是和谐互助的。这一点在俄罗斯的童话中我们也会看到，先民与自然和动物的亲近程度是我们现代所不及的。

## （三）拥有勇于挑战自然的决心和积极应对自然的态度

在中国的古代童话中，中华民族的民族个性充斥其中，我们会发现，在对待自然的态度上，也带有本民族特有的个性特征，同样在《精卫填海》、《夸父逐日》、《女娲补天》、《后羿射日》中，体现了人们渴望探索自然规律，认真思索自然现象，不畏惧自然的威胁和勇于与之抗争的精神。精卫竟以一个小鸟之躯誓要填平海水，与大海抗争，可见其毅力与决心。如果说前三个童话还是因为主人公本身具有神力，那《愚公移山》就更说明了这种决心，一个普通的人类也有决心对抗自然，充分体现了中华民族的性格本质。虽然我们勇于挑战自然，但这并不代表着蛮干，在《大禹治水》中我们可以知道，之前的人失败正是因为不曾找准规律，而大禹以疏导的方式，顺应水往低处流的自然规律，让百川入海，把握自然规律，积极地应对自然，引水灌溉，造福百姓。可见先人在探索自然的过程中就已经看重顺应其道，寻找规律，积极有效地应对自然。这点似乎是中俄的观念中非常不同的一点，中国更有挑战的决心，俄罗斯更为顺从自然。

## （四）更注重时间性

由于中华民族的历史源远流长，我们可以发现从童话的叙事结构上来说，人们更加注重的是时间性，大多数的童话开篇都以时间开始，例如大都以"在很久很久以前"开头。

# 三　俄罗斯古代童话中的自然观

俄罗斯人民拥有着广袤的土地，丰富的资源，但同时这也是一个经历过无数磨难的民族，不论是大自然带来的肆虐还是历史上曾经有过的伤痛，或许正是因为如此，因为这广阔而多变的空间环境，因为民族历史形成过程中的种种经历，让这个民族形成了独有的二元对立的矛盾以及多变的民族性格，而这种性格也必然地体现在了它的文化上，体现在了它的世界观中，我们会在它独树一帜的童话中发现其端倪，它所体现出的自然观与中国的自然观各有异同。

## （一）人类对待动物关爱、亲昵

俄罗斯的童话很多，但以动物童话和魔幻童话为主，我们会发现几乎每一篇童话中都有动物形象的存在，而且其童话的一个共有特点是，在很多童话中都是主人公善待动物，最后获得帮助和神奇的力量取得成功的。例如，在俄罗斯的童话中最为典型的傻子形象 Емеля，他生性懒惰，就是因为放生了一条狗鱼，而获得神奇的力量，当上国王的。同类型的还有著名的《渔夫与金鱼的故事》，《雇工叶米良和空鼓》等等都是因为善待动物而获得神奇的力量。并且在很多童话中我们会发现主人公对对待动物并不求回报，而是把动物当做亲人来看待，比如《小黄嘴》、《魔钟》、《雪姑娘》，后两个童话中，因为主人公没有孩子，更是把动物或自然元素幻化的人物当做最亲近的人。不仅人与动物之间充满着关爱，俄罗斯还有很多讲述动物之间情谊的童话。通过这些童话我们可以发现在俄罗斯人的观念里，生命是平等的，它们与人类共同生活在同一个世界里，给人类的生存带来了许多便利，应该受到尊重，也值得人们用心关爱和善待。

## （二）各种自然元素与人类的融洽相处

也许是俄罗斯地大物博，各种自然、矿产资源丰富的原因，我们会发现在俄罗斯的童话中有着丰富的自然元素的拟人化，他们拥有着与人类一样的智慧和生命，例如金子幻化成火焰姑娘，宝石是银蹄山羊的本体，自然中的河流，严寒爷爷，雪姑娘，十二个月份甚至是炉子都是有个体的生命。不仅如此，在俄罗斯童话中我们会发现俄罗斯人民更愿意以善良浪漫的态度来解释自然。以《严寒爷爷》为例，在俄罗斯这样的国度里，寒冷的冬天是人民最大的敌人，给人们带来太多的不便和威胁，但人们依旧有着自己的理由爱它，在童话中我们会发现这样的描述，严寒老人在冬天将小绿苗压在身下是为了它不被雪花吹走，来年春天就可以成长了。而他冬天在大街小巷里走来走去，敲一家家的窗户是为了提醒人们别忘了生炉子 和按时关上烟道，也是为了让大家别忘记帮助那些在冬天挨冻没有大衣、没有钱买木柴的人。或许是因为冬季一直是这个国度的长期伴侣，在四季中，人们更愿意描写冬季的精灵，像严寒爷爷、雪姑娘等都是俄罗斯家喻户晓的童话形象。不仅对待季节如此，他们也很珍惜大自然赋予的丰富矿产，在童话《铜山娘娘》中，我们会发现这位在俄罗斯文化中象征着正义、善良、财富的铜山娘娘惩罚那些滥采矿产、破坏自然的人，最终将全部铜矿沉到谁也挖不到的地方去了。

### （三）应对自然的挑战比较消极

俄罗斯的童话主人公的性格非常特别，是在其他民族童话中不曾看见的，他们的英雄人物最初都是消极的懒惰的普通的人或是傻子，后来因为获得神奇的力量而取得成功，这当然与他们的民族特性、社会历史背景和文化根源有着密切的关联，而这种民族性也表现在他们对待自然的态度上，更加的消极和更具忍耐性。宽广辽阔的俄罗斯大地是俄罗斯人民世世代代生存的地方，那里的平原虽然一望无际，但却充满了暴风雪的灾难，那里的森林虽然资源丰富，但同时却是泥沼横生，面对残酷恶劣的自然环境，俄罗斯人不是积极主动地去行动，而是束手无策，更为消极地去忍耐，在忍耐中希冀美好的未来。在他们的童话中我们几乎找不到人们主动探索自然规律，勇敢抵制自然灾害的肆虐，积极地应对恶劣环境的童话。

### （四）更注重空间感

一个民族所处的地理环境的影响会体现在这个民族文化的各个方面，广袤的俄罗斯大地使得这个民族童话的开头结构有别于其他的民族，他们的魔幻童话的开头都是以地方开始，而且地点并不确定，例如，在《渔夫与金鱼》中以 Жил старик со своею старухой У самого синего моря 开头，在《一只笨狼》中以 Жил - был волк, старый - престарый. 开始。这反映着这个民族对周围世界的认识和感受，也反映了他们对待身处的辽阔空间的特殊感觉。

## 四　中俄自然观的异同比较分析

通过上述分析，我们会发现中俄对待自然的态度都不是单一的，而是多元化的，中国讲求天人合一，更追求的是人与自然的和谐融洽，俄罗斯也是同样，他们平等地尊重自然，讲求善待大自然中的每一个物种，对待它们亲昵和善。

但同时我们也会发现，在中国人的自然观里有着更为积极的一面，中国古代童话中的英雄形象是勇于应对自然的挑战，积极地探寻避免灾害的办法，执着向前，生生不息。在精卫、夸父、大禹、愚公等形象中我们都会发现这样的特质，虽然很多主人公在与自然抗争的故事中有着悲剧的结局，说明大自然的不可抗拒性，曾给人类带来太多的灾难，但哪怕是牺牲，他们也不曾停止抗争，精卫化身为鸟也衔枝填海，夸父死后化为桃树林以供来者。相反俄罗斯童话中的英雄不是与自然相对抗，而是希冀获得自然给予的神奇力量从而成为英雄，他们对待自然的肆虐多变是消极的、忍耐的。这或许与中俄两国的自然环境有关，两国同样地大物博，但是俄罗斯常年寒冷的气候使得他们的自然条件更为恶劣，而且从民族性格来说，中国人更为勤劳，而俄罗斯就稍显慵懒、容易知足。这是两种民族文化认同中的本质差别，恶劣的自然环境、地广人稀和民族自身的性格都使得俄罗斯有着与中国不同的自然观。

不过笔者以为我们不能简单地以此评定这两种自然观的优劣，要知道，中国人积极的自然观中包含了一定的功利性，我们试图让自然为我们所用，给我们带来灾害的自然现象在我们的童话中都是恶劣凶残的，像是洪水的形象，在古代童话中代表它的天神都是需要去战胜，去征服的。而俄罗斯消极的一面中却不乏一种更为平等和善良的态度，比如他们能更浪漫地看待严冬，看待一些凶残的动物。

一方水土养育一方人，中俄童话各有各的特色和魅力，童话作为展示民族文化的一个切入点，为我们了解两国自然观的异同提供了宝贵的资料，希望本文可以为大家初步的了解中俄文化某些方面的异同点提供一些有用的信息。

**参考文献：**

［1］ 张启成．中国古代神话的特色及其成因 ［J］．贵州文史丛刊，2007
（3）．

［2］ 崔蕾．童话的东方与东方的童话 ［J］．吉林省教育学院学报，2005
（3）．

［3］ 敬菁华．浅谈俄罗斯民族的神话思维特征 ［J］．西伯利亚研究，35
（1）．

［4］ 杨可．俄罗斯民间童话与俄罗斯民族个性 ［J］．中国俄语教学，21
（4）．

［5］ 陈鹏程．先秦与古希腊神话价值观比较研究 ［D］．天津师范大
学，2006．

［6］ 吕进锋．中国神话与儿童教育研究 ［D］．西南大学，2009．

［7］ 张文安．中国神话研究与文化要素分析 ［D］．陕西师范大学，2004．

# 浅析西班牙社会对华人偏见的成因

## 李　睿

**【摘要】**

海外华人在与当地社会的互动中，难免被偏见困扰。从媒体和当事人看来，在西班牙的华人受到的偏见比较严重，本文从现实冲突和竞争、社会认知偏差、社会化因素、社会认同，以及个体的局限性方面分析西班牙社会产生对华人偏见的多层次原因，在此基础上提出化解西班牙社会对华人群体的偏见的一些思考以及让华人更好地融入当地生活的建议。

**【关键词】**

西班牙　华人　偏见　刻板印象　跨文化交流

**【作者简介】**

李睿，女，汉族，中国传媒大学传播研究院 2011 级传播学（国际传播方向）专业硕士研究生。

旅居在外的华人似乎总能感受到外国人对中国人的偏见和歧视，给他们的生活造成不小的困扰。西班牙华人总数约 10 万，是西班牙第九大非欧裔外国群体，但与西班牙其他移民族群相比，华人遭遇不小的偏见困扰，至今也未能很好地融入当地社会。

在西班牙经营小型商业的众多华人尽管勤勤恳恳，为当地人生活带来许多便利，但经常被排挤、举报、被当地政府处置，华人被认为是不顾社会利益、唯利是图的。此外还不断有"机场专查中国人行李"、[①] "政府专罚中国

---

① 西班牙马拉加机场被指"专查"中国人，华人批不公 [N/OL]. 中国新闻网，2007 - 05 - 14 [2012 - 01 - 30]. http://news. sohu. com/20070514/n250005897. shtml.

商店"、"医院歧视华人患者"① 等事件，在留学生中也普遍流传着西班牙同学、老师歧视中国人的事例，引发华人的广泛不满和担忧。

笔者通过在西班牙留学时期的经历，并考察了相关文献和报道，尝试分析这些偏见形成的原因，并提出化解西班牙社会对华人群体的偏见的一些思考，以及让华人更好地融入当地生活的建议。

# 一 对华人偏见的成因

在心理学意义上，偏见主要表现为对特定目标群体的偏离事实的、不成熟的判断或评价，也指人们固有的否定性和排斥性的态度，往往是僵化、难以逆转的，会影响到人们各个方面的心理活动和行为。② 它是一种普遍现象，是被社会、历史和文化决定的态度。偏见产生的原因主要有现实冲突和竞争、社会认知偏差、社会化因素、社会认同，以及个体的局限等。下文将依据这些方面分析西班牙社会产生对华人偏见的多层次原因。

## (一) 利益的竞争和冲突

现实冲突理论（Realistic Conflict Theory）认为，资源的有限性不断导致群体之间的冲突，竞争激烈的环境中，偏见和歧视都会增加。

大部分华人在西班牙以经营商店和餐馆谋生，2010 年在西班牙的华商已达 30075 人，占所有移民商人的 15%，成为创业人数最多的族群。③ 但华人也是与当地商业和政府之间误解和纠纷最多的族群，"廉价"是华商生财之道，虽然为当地生活带来许多便利，但华商的许多违法违规行为，如长营业时间、贩假售廉，华商之间甚至互相压价、恶性竞争，挤占当地市场，引起当地竞争者的不满甚至敌视，各种抵制活动因此而生，也加重了当地民众对华人的抵触情绪。

在经济危机中，西班牙百业萧条，民众购买力日趋萎靡，这让以"廉价"

---

① 语言问题抑或医生偏见？西班牙华人看病就医困难 [N/OL]. 中国网，2008 - 10 - 27 [2012 - 01 - 30]. http://www.china.com.cn/education/txt/2008 - 10/27/content_16670511.htm.

② 孙英春. 跨文化传播学导论 [M]. 北京：北京大学出版社，2008.

③ 2010 西班牙华埠难忘瞬间：华人逆势开店上榜 [N/OL]. 中新网，2011 - 01 - 02 [2012 - 02 - 02]. http://world.huanqiu.com/roll/2011 - 01/1391640.html.

著称的华商占据市场主导地位，也对当地相关行业造成巨大冲击。西班牙社会在困境中感受到更多来自华人的威胁，几乎肯定地视其为生存的威胁，抵触情绪、歧视和暴力事件均有增加。

华人老板反映有当地人拿着人为损坏的货物到超市退货，谎称质量问题，因为他们认为"华人商品就是廉价货"。当地部分失业民众认为是华人夺取了他们的就业机会，不断采取各种报复活动，威胁华人群体的安全。①

### （二）社会认知偏差

刻板印象是形成偏见的主要社会认知偏差之一。刻板印象是人类为了节省认知资源，对某一群体的特征加以概括并将其归属于群体中的每个人的结果。态度结构的经典理论认为，态度由认知、情感和行为三个部分构成；刻板印象是偏见这种态度的认知成分，② 因此带有偏差的刻板印象成为偏见的基础。

决定刻板印象影响大小的因素主要是信息量。③ 因为华人与当地社会互动较少，大都生活在自己的小圈子中，西班牙社会关于华人群体的信息量普遍偏低，西班牙人就更习惯按照已有的刻板印象对华人的行为作出反应。加工与刻板印象相关的信息比加工不相关的信息要快得多，记忆也会更深刻。那些对华人群体怀有偏见的人就倾向于采用有别于对待其他群体的信息加工方式来对待华人，更多关注那些和偏见有关的信息，从而使偏见得以持续存在并不断得到强化。④

### （三）社会化原因

偏见形成的社会化原因主要有两个方面：传统和传媒的影响。传统的影响意味着，偏见源于人们对既成的秩序和安全感的需要，也由于人们对可能阻碍日常生活的一切影响采取谨慎小心和怀疑的习惯性态度。⑤华人和西班牙

---

① Rashmee Roshan Lall. 西班牙华人融入当地程度低 被视为"封闭群体". http://news. sohu. com/20071119/n253342177. shtml，2007 - 11 - 19.

② 张中学，宋娟. 偏见研究的进展 [J]. 心理与行为研究，2007，5（2）：150 - 155.

③ 孙英春. 跨文化传播学导论 [M]. 北京：北京大学出版社，2008.

④ 贾林祥. 社会偏见：制约和谐社会构建的社会心理因素 [J]. 陕西师范大学学报，2010，39（3）：18 - 23.

⑤ 孙英春. 跨文化传播学导论 [M]. 北京：北京大学出版社，2008.

人的生活方式、价值观和传统差异巨大，中国商人的经营方式已经影响到部分西班牙人生活方式。

西班牙政府严格规定商店周日和节假日都应停业，而西班牙各地的大多数华人在受到警察的警告、当地民众和媒体的批评之后仍然顶风营业，一些人百般辩解、倍感委曲。当地人对中国人的"勤奋"充满不解和忧虑。一位西班牙酒吧老板抱怨："没有人能够和连星期天都不愿休息的华人竞争。拼命工作的中国人抢走我们的机会，我的酒吧现在不得不延长工作时间，否则很快就会被中国人挤垮。"①西方人从骨子里崇尚闲适的生活方式，休假期间商场关门闭户、街上行人稀少；而海外华人传承了中国的传统思想，信奉天道酬勤，很多华人非常不认可西方人"懒惰"的生活习惯。但当中国人迫使当地人改变生活习惯时，他们对中国人产生怨恨甚至敌视，并进行抗争。

传播媒介对个体和群体认知的影响也非常突出。书籍、新闻、电视电影为人们提供的各类归因参照，往往成为偏见产生的重要基础。由于华人商铺与当地商业和社会的不合，在西班牙媒体报道中，充斥着各种对他们的控告和指责。西班牙传媒中的中国人的形象，大多被抽离了丰富性和多样性，在媒体对这些形象的强化和传播下，中国人被贴上了"封闭"、"唯利是图"的标签。

### （四）社会认同

社会群体的划分也是偏见形成的一个重要原因。社会认同理论认为人们借助于认同特定社会团体以增强个体的自尊，从而构成了"我们—内群体"和"他者—外群体"两个阵营。受这种自尊的驱使人们，将一些积极的品质归于自己以及自己所属的团体，对外群体的评价往往较为消极，外群的人经常被认为有更大的相似性。因此，西班牙社会常常认为所有中国人，尤其是华商都一样"古板封闭"、"唯利是图"，更倾向于采用有别于内群体的信息加工方式来对待作为外群体的中国人，更关注那些与刻板印象以及偏见有关的信息，从而使社会偏见得以持续存在并不断得到强化。

同时，持有偏见就可以从存有同一偏见的人群那里得到支持；偏见可以带来某种优越感，也可以把问题归咎于他人。西班牙经营空间受到挤压的商

---

① 勤劳观 VS. 价值观．华人商铺周末开店惹争议．http://news. hebei. com. cn/system/2011/08/02/011319669. shtml，2011 – 08 – 02.

户常常联合起来向媒体和政府反对和控诉华人商店，持着对华商的偏见顺理成章地把过错归到外群体身上。

### （五）华人个体的局限性

华人与当地社会的摩擦，除了上文论及的因素，华人的活动条件与自身素质的限制也是比较显著的原因。

由于绝大多数西班牙华人生活圈子相对封闭，华商勤勉执业，劳动时间较长和劳动强度大，进而影响到他们的闲暇时间和精力，与当地人的互动以业缘关系为主，情感性的互动则较少发生，给西班牙人以"不喜言谈"、"不合群"的刻板印象。中国人融入当地群体的意愿较低，在西班牙中国移民一般被认为对所在国语言传统接受得比较迟钝，调查显示中国移民中仅27%的人能读写西班牙语，[①] 多数中国移民仍希望把孩子"送回祖国"接受教育。

而对于学校和老师歧视中国学生的现象，也有学生自己的问题：很多中国留学生过多打工、旅游而缺课旷课，成绩和课业由此受影响。一些学生习惯不佳，在教室饮食、乱倒茶渣、乱丢果皮，导致一些学校在教室贴出仅有中文的"禁止饮食"的告示。如果我们希望得到尊重，应以规范自己的行为作为前提。

另外，华人在异乡作为少数群体，难免有焦虑情绪，对当地人的行为态度非常敏感，以至于很多中国人听到西班牙人说"chino"（中国人）就觉得是在对其评头论足，加深了自己的焦虑和消极情绪，更不利于与当地人的友好交往。

## 二　直面偏见

跨文化交流是个复杂的过程，中国和西班牙社会虽然文化差异大，难免产生摩擦。不过偏见可以因信息、发展、需要、动机和利益的变化而改变，所以我们可以通过多方面努力减少偏见的消极影响。

首先华人应尝试与当地人建立更深层次的关系。在西班牙的印度人按中

---

① 　Rashmee Roshan Lall. 西班牙华人融入当地程度低 被视为"封闭群体". http://news. sohu. com/20071119/n253342177. shtml，2007 - 11 - 19.

国人的经营方式，生意蓬勃发展，却没有成为西班牙社会攻击的目标，就是因为他们很好地融入了当地社会。最能说明这一点的是，西班牙人对印度人的节日庆典抱着宽容甚至欢迎的态度。西班牙人的热情和友好、中国人的宽厚仁和的品格，以及两国一些相似的传统和观念，如家庭观念和集体意识，为双方友好互动提供了非常有利的文化条件。

其次，华人应该在尊重当地的法律和习俗的基础上生活。华人商店需要积极转变经营模式，放下眼前利益，遵守市场规则、公平竞争，更重视提高商品和服务的品质，转变华人"唯利是图"的形象，这样也能打开更广阔的发展空间。

另外，西班牙华人还可以积极与当地企业、同行开展合作，建立共同的目标和利益，不仅有利于华人商业的转型，也有利于从根本上减少偏见。

第四，媒体和各方机构应努力创造有利的社会气氛，增加西班牙民众了解中国的信息量，积极向西班牙人展示中国的新发展、新变化以及中国人的新面貌。已有的中西文化年等交流活动已经显示，文化的感染力正直接增进着西班牙人对中国的好感。

当然，在努力消解偏见的主观努力中，华人也要通过正当途径争取自己的利益。2011 年历时 8 个多月的西班牙马德里地区华商"巨额罚款与酒照申请"维权活动成功，3000 多家华人食品店得以正常营业，约 9000 华人回到工作岗位。①

在许多国家，华人移民正经历着巨大的变化，西班牙华人，特别是二代华人也正越来越积极地融入当地社会生活，我们在各地看到越来越多的高端中国餐馆、注重品质的华人商店，华人的守法意识越来越强；随着两国交流的深入，更多的西班牙人得以进一步了解中国，其对中国的偏见也渐渐淡化。不过更广泛、深入的互动也带来更多的摩擦冲突的机会，在今后的交流中，我们应该更理智地面对偏见，尊重异国的文化和习俗，更成熟地处理矛盾和冲突，相信中国走向世界的脚步将越来越坚实。

---

① 一鸣. 旅西华人维权成果显著 政府或撤销第二营业执照. http://news. hexun. com/2011 – 12 –22/136572646. html, 2011 – 12 – 22.

**参考文献：**

［1］李忠，石文典．国内外民族偏见理论及研究现状［J］．广西民族研究，2008（1）：24－29．

［2］王怡红．人与人的相遇［M］．北京：人民出版社，2003．

［3］戴维·迈尔斯．社会心理学［M］．侯玉波等译，北京：人民邮电出版社，2006．

［4］钟毅平．偏见及其认知来源［J］．山东师大学报（社会科学版），1999（2）．

［5］张中学，宋娟．偏见研究的进展［J］．心理与行为研究，2007，5（2）：150－155．

［6］王沛．现代社会认知理论框架下的偏见研究及其走向［J］．心理科学，1998（5）．

［7］孙连荣，杨治良．社会偏见的人格因素研究综述［J］．心理科学，2009，32（3）：630－632．

# 新教与儒教的义利观对资本主义的作用

## ——读《新教伦理与资本主义精神》有思

钟小东

**【摘要】**

人们的思想观念产生于社会生活的实际，思想观念一旦产生也会对社会生产生活的发展产生促进或阻碍的作用。本文尝试从比较的角度，看新教伦理对资本主义发展的促进和适应，同时审视儒教重义轻利思想对资本主义发展的阻碍作用。

**【关键词】**

新教　儒教　义利观　资本主义精神　资本主义萌芽

**【作者简介】**

钟小东，女，汉族，中国传媒大学思想政治理论课教研部 2013 级思想政治教育硕士研究生。

马克思·韦伯在《新教伦理与资本主义精神》（以下简称《新教》）一书中分析了新教教义对资本主义发展起到的奠基作用，笔者希望借鉴这种分析手法从儒家经典中找到蛛丝马迹以分析儒教对资本主义起到阻碍的作用。

## 一　新教伦理中"天职"观念和现实禁欲思想对资本主义精神的影响

马克思主义哲学和历史唯物主义可以看作典型的"历史决定论"，决定要素在于经济；而马克思·韦伯在文化层面也是赞同"历史决定论"的，他认同资本主义精神的产生以人文历史宗教为基础。两种思想虽然在逻辑上有着本质的区别，但却在近代历史观上存在着一种"没有其他地方，只会是西欧"的认识。

马克思·韦伯认为，"宗教改革，作为一个历史的必然结果，或许可以从某些经济想象当中推断出来，无以数计的历史条件，特别是纯粹的政治的发展过程，不能归结为经济规律，也不能用任何一种经济原因解释。"[①] 他在《新教》中希望证明：西方民族之所以能产生资本主义的萌芽，绝大部分应该归因于宗教改革后的新教伦理。

《新教》中，马克思·韦伯认为，天主教到资本主义精神的产生以下形式推导：天主教所提供的剩余功德论和赎罪券形式导致了教廷腐败，因而开始了宗教改革，于是有了路德派的"因信成义"以及"天职"观念，同一时期也派生了卡尔文派的上帝预定论和救赎确证。最终产生了入世的现实理性观点和近代资本主义精神，在此基础上作者也惋惜宗教光环衰退而形成的职业人盈利化和工具化。

其中，作者还论述了宗教对职业观的影响。"天职"观念是马丁·路德对圣经中 Calling 一词的误读，而与此产生的结果也是他最成功的地方，即是对世俗的活动进行道德辩护。他深信修道士的生活是逃避世俗责任的表现，未能履行职业的劳动就无法在上帝面前为自己辩护。他的主张使得虔诚的教徒们从幽暗的、"寂静"的教堂走向世俗生活，从"排斥尘世的禁欲观"走向"尘世内的禁欲观"，这使得工作合理合法。虽然新教本质上没有改变上帝救赎论，但是在关于人如何得救的方法上摒弃了天主教那种必须通过宗教仪式和神职人员的忏悔赎罪，而要求人人安于上帝所安排的"天职"。这便是新教区别于传统教义的地方："上帝应许的唯一生存方式，不是要人们通过苦修禁欲来求得超越世俗，而是要人们完成各自在相识里所处地位赋予的责任和义务。"[②] 这与资本主义精神中的有计划地合理地谋取利益，尽职勤奋、埋头于工作的精神是完全一致的。作者在书的最后惋惜新教在美国徒有空壳，但美国的西进运动正是新教中埋头苦干、勤劳致富的精髓的体现。

---

① ［德］马克思·韦伯. 新教伦理与资本主义精神 ［M］. 龙婧译，合肥：安徽人民出版社，2012.74.

② ［德］马克思·韦伯. 新教伦理与资本主义精神 ［M］. 龙婧译，合肥：安徽人民出版社，2012.59.

　　新教中还提出了现实禁欲的行为准则。禁欲主义认为：万恶之首便是虚度人生，并且在本质上是最不能被宽恕的罪恶。① 而且还提到职业劳动也是一项典型的禁欲活动。并且将劳动视作唯一的赎罪方式。这与资本主义精神中注重效率是一致的。新教使得教徒走上了世俗禁欲主义的道路，这种禁欲主义首先要寻找任务，然后细心地、有条理地完成任务。② 从事经济活动不但合理而且也紧扣了新教的伦理，所以从事经济活动成为禁欲者的天职。上帝的预选民在劳动的同时会得到上帝肯定的答案——经济回报。

　　渐渐地，这种新教所带来的"天职"观念使得人们努力劳动并促进了经济繁荣；而教义中的节约克己禁欲等观点，使得资本积累形成；再加上新教排斥奢侈、自负的炫耀和过度消费，那最终的结果已经相当了然了。通过禁欲强制节约而导致资本形成，阻止收入的消费，必然会使收入作为生产利用，亦即用来投资。这就产生了理性化的资本主义：认为个人有增加自己的资本的责任，而增加资本本身就是目的。职业与教理的结合是资本主义产生的源头，尤其是对于资本的原始积累有着巨大的推动作用。

## 二　以"重义轻利"为基础的等级观念会阻碍资本主义的发展

　　在中国古代宗教中以"天"作为百神之长，在此基础上形成国家民族宗教。③ 这个宗教成熟于周代，形成以宗族家族为基础以祭天祭祖为内核的一套严格有差等的郊社宗庙制度，并在此基础上发展出儒教。儒教，非指儒学或者儒家之整体，而是指殷周以来绵延三千年的中国原生宗教，即以天帝信仰为核心，包括"上帝"观念、"天命"体验、祭祀活动和相应制度，以儒生为社会中坚，以儒学中相关内容为理论表现的那么一种宗教体系。④ 儒学儒教提倡尊天命（君权天授、祸福天定）、奉祖先（慎终追远、祭祀祖宗）、崇圣

　　① ［德］马克思·韦伯. 新教伦理与资本主义精神［M］. 龙婧译，合肥：安徽人民出版社，2012.135.

　　② ［德］马克思·韦伯. 新教伦理与资本主义精神［M］. 龙婧译，合肥：安徽人民出版社，2012.43.

　　③ 牟钟鉴，张践. 中国宗教通史［M］. 北京：中国社会科学出版社，2007.915.

　　④ 何光沪. 中国文化的根与花：谈儒学的返本与开新［A］. 原道（第二辑）［C］. 北京：团结出版社，1995.

贤（尊崇儒圣、奉习五经）。① 这些思想，尤其是儒教中的"重义轻利"和等级制度思想对人的影响很深，一定程度上阻碍了资本主义的发展。

儒学创始人孔子的重义轻利、见利思义的义利观奠定了儒家义利观的基石，自汉武帝独尊儒术之后对社会经济的发展影响巨大。② 儒教经典中的"重义轻利"思想，甚至将"义"提高到比生产经济更重要的地位。在《论语·子路》一节中，说到"上好礼，而民莫敢不敬；上好义，则民莫敢不服；上好信，则民莫敢不用情。夫如是，则四方之民襁负其子而至矣，焉用稼？"君主只要重视"礼"和"义"，则百姓就会服从，甚至不需要去种庄稼。《论语·里仁》一节中说到"君子喻于义，小人喻于利。"君子看重的是道义，小人看重的是利益。后儒对这句话的理解过分对立了"利"和"义"。"义"成为道德的分水岭，这使得君子在寻觅"义"的同时必须摒弃对"利"的追求。《论语·里仁》中的"君子怀德，小人怀土；君子怀刑，小人怀惠"都表现出重义轻利的价值观，这表现在生活中就是重视道德精神境界的提高，反对对物质生活享受的追求。③ 这可以说是禁欲主义的体现。又说："朝闻道，夕死可矣。""道"作为儒家弟子的最高追求，孔子的"道"是具体的或者说是指导生活方式的原则，但作为形而上的范畴，它的超越性质也是显而易见的。它强调的是自然、伦理与天道合一的终极价值，④ 对于"道"的追求要求把他作为最终的目标。孔子称赞颜回："贤哉，回也。一箪食，一瓢饮，在陋巷，人不堪其忧，回也不改其乐。贤哉，回也！"（《论语·雍也》）这种重义轻财的态度，是在贫乏的物质生活中寻求精神富足的心态，强调道德上的幸福感，要求做到"克己复礼"，即遵循礼教，安贫乐道，听从天命的安排。而这些与资本主义的发展趋势是不相适应的。

荀子也主张义先利后。荀子在《荀子·荣辱》中说："先义而后利者荣，先利而后义者辱。"在《荀子·修身》中也讲到"保利弃义，谓之至贼"。荀子认为道义而不是利益应在人的行为中占据主导地位。

董仲舒对道义的强调也丝毫不弱。他提出："夫人有义者，虽贫能自乐也；而大无义者，虽富莫能自存。吾以此实义之养生人大于利而厚于财也。"（《春秋繁露·身之养重于义》）

---

① 麻天祥，姚彬彬，沈庭. 中国宗教史［M］. 武汉：武汉大学出版社，2012. 174.
② 赵馥洁. 中国传统哲学价值论［M］. 北京：人民出版社，2009. 206.
③ 赵馥洁. 中国传统哲学价值论［M］. 北京：人民出版社，2009. 74.
④ 麻天祥，姚彬彬，沈庭. 中国宗教史［M］. 武汉：武汉大学出版社，2012. 72.

到宋明理学占据社会思想的统治地位时期，对天理的强调和人欲的压制已经达到极致。程朱等人提出的"存天理，灭人欲"的口号，就是一个有力的证明。

儒学儒教重义轻利的思想深入影响到人们的社会生活和思维方式，加上社会奉行的重农抑商政策，使得商人的社会地位长时期处于一个难堪的境地。商人受到的谴责和鄙视在《全唐诗》中可见一斑。刘禹锡在《贾客词》中写到"贾客无定游，所游唯利并。眩俗杂良苦，乘时取重轻。"对这种唯利是图的商人本性加以抨击。张籍在《贾客乐》诗中说道："年年逐利西复东，姓名不在县籍中。"李白等诗人也或明或暗地讽刺了商人唯利是图无所不为的特点。

显而易见，以封建道德本位为核心的儒教观念，强调舍利取义、耻于谈利，这大大地阻碍了商品经济的发展。由"子谋道不谋食，忧道不忧贫"这种思想观念熏陶出来的知识分子，必然对资本和财富表现出鄙视。[①] 商人成为机灵、狡猾，趋利避害的代名词，有"无商不奸"的恶称。这样使资本主义经济发展失去了知识理论的支持从而发展缓慢。儒教在此基础上规定了封建经济的发展方向，对我国封建社会中资本主义的萌芽和发展起到了消极和阻碍的作用。

综上所述，经济基础可以决定上层建筑，但上层建筑也会对经济基础起反作用。西方的宗教伦理思想的演进为西方资本主义的发展提供了方向、支持和动力，而我国儒教重天理轻人欲的思想和统治者为了维持封建统治而采取的重农抑商政策思想，都无形中制约了我国资本主义经济的萌芽和发展。可见，思想观念的先进与否，与社会经济等各方面的发展大有关联。先进的思想观念必然促进社会经济的发展，而落后的思想观念势必会阻碍社会经济的发展。

---

① 詹石窗，盖建民．中国宗教通论［M］．北京：高等教育出版社，2006.80.

# 一头特立独行的牛

## ——浅谈《废都》中的道家思想

### 周　才

**【摘要】**

　　贾平凹对道家思想情有独钟，是久已不辨的事实。因此，他总是不同程度地将道家思想的玄空或者神秘主义色彩附着到小说人或物的身上，比如《浮躁》中颇具道骨仙风的韩文举，《高老庄》中具有未卜先知功能的石头，《怀念狼》中变化多端的狼，《白夜》中置人害上不治夜游症的鬼钥匙等。在《废都》中，贾平凹将道家思想赋予了一头自终南山下来的牛，让它具有了人的思维。文中，这头牛像人一样，特立独行于西京城，从道家思想角度对所见的所谓现代城市文明进行了深刻反思。

**【关键词】**

　　贾平凹　《废都》　牛　道家思想

**【作者简介】**

　　周才，男，山西师范大学戏曲文物研究所 2012 级戏剧与影视学硕士研究生。

　　贾平凹喜好老庄哲学悲剧意识这是人所共知的，他总是将道家清净玄空的哲学糅合进他的小说，来关注人生的痛苦和探索生命的意义。"八五年以前，他的悲剧意识大都着眼于社会政治层面；八五到八七年，悲剧意识已伸到文化层面；八七年以后，贾平凹在作品中表达出他对生命的困惑及人生的玄秘发问，悲剧意识往往有抽象的哲学意义。"① 在《废都》中，贾平凹终于将道家哲学演绎得出神入化。他在《〈废都〉后记》一文中也说过"百鬼狰狞，上帝无言"，可见他对道家哲学是多么情有独钟。

众所周知，道家的认识论带有神秘主义色彩，他们把这种理论看作是一面深妙的镜子，也就是"玄览"学说。即所谓"涤除玄览，能无疵乎"（《道德经》，第十章），"致虚极，守静笃，万物并作，吾以观复"（《道德经》，第十六章）。道家用静观、玄览来认识万物，走向神秘主义是必然结果。贾平凹早在《太白》一组小说中，每篇就都有虚幻之笔，读来显得神秘莫测。他自己也说，对于屈原主要学他的神秘感，而对于庄子则主要学他的哲学高度。于是，在《废都》中，贾平凹就将道家思想赋予了这头特立独行的牛。值得一提的是这头牛，自道教发祥地之一的终南山而来，或许其本身的出现就寓意着它带有一定的道家色彩。

这头牛的第一次哲学思考就与道家思想具有不可分裂的关系。庄子《齐物论》叙述过这样一个寓言：昔者庄周梦为胡蝶，栩栩然胡蝶也。……俄然觉，则蘧蘧然周也。不知周之梦为胡蝶与？胡蝶之梦为周与？周与胡蝶则必有分矣，此之谓物化。同样，《废都》中的牛也有相同的生命思考。

或者说，人其实是牛变的呢，还是牛是人变的？但人不这么认为，人说他们是猴子变的。人怎么会是猴子变的呢？那屁股和脸一样发红发厚的家伙，人竟说它是祖先。人完全是为了永远地奴役我们，又要心安理得，就说了谎。如果这是桩冤案，无法澄清，那我们就不妨这样认为：牛和人的祖先都是猴子；猴子进化了两种，一种会说话，一种不会说话；说话是人的思维的表现，而牛的思维则变成了反刍。（《废都》，48 页）

如此，从牛的角度出发，人和牛源自同类，其区别不过只在于一个会说话，一个不会说罢了，或者说人就是牛，牛也是人。可见在牛的眼中，无论西京城里的人多么的风光，若是要追溯源头，竟都是那"屁股和脸一样发厚发红的家伙"。从这个意义上来讲，牛倒是有盗用阿Q式的"精神胜利法"之嫌疑，但是在《废都》中，西京城四大文化名人之一的作家庄之蝶是把牛称作哲学家的。于是，这头牛也就以哲学家的思维来看西京城了。这是牛以道家思想中的神秘主义就生命的困惑和人生的玄秘做出的反思。换句话说就是探寻生命的祖源问题。祖源问题就是"我是谁"的问题，这也是所有派别

---

① 陈亚平. 论贾平凹小说的悲剧意识 [J]. 扬州师范学院学报，1994（4）.

的哲学一直试图解释清楚的三大母题之一（另外两个是"我从哪里来"和"我到哪里去"）。可见这头牛是一头充满了哲思的牛。这头牛特立独行于西京城中，自然要对很多所见所闻进行思考。它处于城市中，接触最多是城市人，于是接下来它便对他们进行了思考。

首先来看牛对人的思考。在牛看来，西京城中的人若是"屁股和脸一样发厚发红"也倒罢了，可偏偏在主宰了世界后，却又干出过河拆桥的罪恶勾当：

> 在野兽都向着人进攻的世界里，独独牛站在了人的一边，与人合作，供其指挥，这完全是血缘相近心灵相通。可是，人，把牛当鸡一样、猪一样彻底为自己服务。鸡与猪，人还得去饲养着方能吃它们的蛋，吃它们的肉，而牛要给人耕种，给人推磨，给人载运，以致发展到挤出奶水！人啊人，之所以战胜了牛，是人有了忘义之心和制造了鞭子。（《废都》，49 页）

如此一说，生活在城市文明的人类就有了"卸磨杀牛"之嫌。牛说人之所以战胜牛，是因为有了忘义之心和制造了鞭子。忘义之心就是无德，鞭子是暴力统治工具，可以理解为强权。历史为证，任何一个统治阶级，只要无德和强权，必然会惨烈地灭亡。或许这就是牛对取得胜利的人类灰心，表示出的无奈和警告。当然，当局者迷，旁观者清，处于万物统治顶层的人类是意识不到这些的，他们还会把牛当作奴役，继续鞭笞。怎么才会明哲保身呢，答案是功成身退。所以笔者大胆假设，牛在此处的思考应当归于道家思想的归隐意识上。就像刘伯温之于朱元璋一样，归隐田园。

马克思主义哲学告诉我们，社会是向前发展的，而且必须是由新事物代替旧事物，新文明代替旧文明，所以由社会主义市场经济意识，代替自给自足的狭隘的封建小农经济意识，也是历史的必然结果。可是这头牛，它一方面是有着道家思想的哲学家，一方面是摆脱不了自身是牛的不争事实的低等动物，所以，它信奉的当然是"邻国相望，鸡犬之声相闻，民至老死，不相往来"（《道德经·胠箧》）的牧歌田园式恬淡归隐生活。所以，生活在西京城里，见识到了对推进现代城市文明建设有功，但却毁坏了自然的人类。这头特立独行的牛这样评价生活在现代城市的人类：

　　城市人建造了城市，而城市却将他们的种族退化、心胸自私、度量窄小、指甲软弱只能掏掏耳屎，肠子也缩短成为了一截没用的盲肠。（《废都》，123 页）

　　这头牛已经对城市开始了思考。这些思考透出一个很重要的道家思想，那就是逍遥游。因为现代城市已经将人类圈住了，是实实在在的"围城"，人类生活在高楼大厦的阴影之下，只能负重压抑，失去灵性，慢慢地退化成像石头和木头一样的钝器。用一个网络流行语言来形容就是"宅"，将自己的身体和灵魂全部"宅"在一间一间的水泥钢筋格子里，直到最后变成现代城市文明的陪葬品。在牛看来，人类生于自然，但却毁于城市。他们是画地为牢，自食其果。抑或，人类也不会甘心就这么无声地消失，总须在死亡到来之前表现出一些应有的挣扎，于是牛又有了下面一段话的思考：

　　在这个用四堵高大的围墙围起来，到处组合着正方形、圆形、梯形的水泥建筑中，差不多的人都害了心脏病、肠胃病、肺病、肝炎、神经功能症。他们无时不在注意卫生，用避孕套套住阴茎。他们似乎也在思考：这到底是怎么啦？不停地研究，不停地开会，结论就是人应该减少，于是没有不谈论起来主张用一个重型的炸弹来炸死除了自己和自己亲人以外的人。（《废都》，122—123 页）

　　在这一段里，人类似乎意识到了现代城市文明所带来的问题。他们想办法解决，但想出的办法确是自相残杀。在这里，牛是作为一个旁观者来冷眼看这一切的，正如《〈废都〉后记》所言"百鬼狰狞，上帝无言"。自相残杀的人类就是那狰狞的百鬼，而这头牛就是上帝。这头牛绝不是鲁迅笔下那些看热闹的人，它是具有道家思想的哲学家，这里的冷眼旁观所体现的就是道家的"玄览"思想。说牛是上帝，并非笔者胡诌，有牛自己的语言为证：

　　在这个世界上，一切动物除牛之外都是狰狞，无言的只有上帝和牛。牛正是受人的奴役，牛才区别于别的野兽而随人进入了文明的社会。好得很，社会的文明毕竟会要使人机关算尽，聪明反被聪明误，走向毁灭，那么，取代人而将要主宰这个社会的是谁呢？是牛，只能是牛！（《废都》，49 页）

上面所言内容提到两个重要信息。一是无德和强权的人类要灭亡，二是牛会接替人类主宰社会。人类灭亡是必然，这自不必说。可是牛真的会主宰社会吗？当然不可能，这只不过是牛对人的失望以及恨铁不成钢。这头特立独行的牛不言语，可是它却什么都看在眼里，记在心里。它用它的反刍来思考着城市人或者说是整个人类的发展，愈到后来它慢慢知晓，所谓的城市文明以及文明的城市人，不过是一些钢筋水泥的混合物和愚蠢的会说话的活物而已。他们表面的道德都是伪装的，是满嘴仁义道德，一肚子男盗女娼的伪君子，与他们所标榜的现代文明是不相符的，是心灵畸形、人格缺失的。

对城市人和城市都进行了思考，那么对于自己的思考呢？除了"我是谁"，"我从哪里来"，还剩一个"我到哪里去"的哲学问题。那么这头牛又是怎么样解释的呢，贾平凹继续替牛思考：

> 牛后悔到这个城市来了，到这个城市来并不是它的荣幸和福分，而简直是一种悲惨的遭遇和残酷的惩罚了。(《废都》，298 页)

从这短短的一句话中很明显地可以看到，这头特立独行的牛想要的，还是在终南山上那种有自然的山，自然的水，自然的花草，自然的蓝天白云的纯自然生活。所以，这些又可以理解为是一种对于自然的向往，道家有道法自然这个思想，万物起于自然，这头牛向往回到自然，其实也就是想回到万物的原始状态，回到道家思想的起源。

如此，这头牛自道家而来，在俗世转了一遭，又想还道家而去。这个过程就是一个圆，这个意象又与道家思想的太极八卦图相暗合。所以，这头牛彻头彻尾就是道家思想的化身。

有着道家哲学思想的牛在西京城体悟到了生活的困惑，那么，人有没有体悟到呢？笔者以为，答案是模棱两可的。像西京四大文化名人中的汪希眠、龚靖元、阮知非他们或许还没有这样高的觉悟，于是他们就沉迷在灯红酒绿、纸醉金迷的梦中继续腐烂。可是作家庄之蝶就不同了，他是有这个觉悟的人。但是有了觉悟之后，他却还要假装像没有觉悟一样生活在梦中，所以说，他是西京城里最肮脏、无耻的人。鲁迅说："做梦的人是幸福的，倘没有看出可走的路，最要紧的是不要去惊醒他。人生最痛苦的是梦醒了无路可走。"① 如此，正如贾平凹自己所言，他是带着深深的痛苦来写《废都》的，他希望人们能从梦魇中惊醒，去清醒认识这现实，然后去改变这现实。

《废都》中，这头特立独行的牛的设置非常有必要，它用道家的神秘主义、归隐意识、逍遥游、玄览意识、道法自然等思想，对城市人表面的风光鲜亮，内心的苦闷彷徨，背后的沧桑肮脏进行了颠覆性的思考。同样可以看出，这头特立独行的牛的思考，也是贾平凹用道家思想，对活在中国古老文化精神浸掺和当代开放视角这一交合矛盾面的城市人的浮靡、物化、堕落病态生活的强烈揭露和深刻批判。

---

① 鲁迅. 娜拉走后怎样［M］//鲁迅. 鲁迅全集，第一卷. 北京：人民文学出版社，1981. 163.

# 从纸尿裤和开裆裤的使用
# 看城市与农村父母的差异

## 黄　维

【摘要】

在外国人的眼里，中国人不使用纸尿裤是一件十分奇怪的事情，事实上现今的中国社会保持使用开裆裤传统的父母多生活于农村，而城市父母基本使用纸尿裤代替。本文使用对比研究目的在于探讨产生城市与农村父母选择纸尿裤与开裆裤区别的原因，尝试从金钱观、家庭观、教育观以及对待孩子的态度四方面来解释产生差异的原因，最终结论推向了因城市与农村受教育以及所受社会保障程度的差异而产生了以上四方面区别的结果，最终导致在纸尿裤与开裆裤上的不同选择。

【关键词】

开裆裤　纸尿裤　城市　农村　观念

【作者简介】

黄维，女，汉族，中国传媒大学传播研究院 2013 级传媒教育硕士研究生。

来中国的很多外国人常常争相给穿"开裆裤"露着屁股的中国孩子们拍照，在他们的国家，无论是什么年龄的人都没有穿开裆裤的风俗。而中国，虽然现在北京市区很少见到，在中国传媒大学的校园里面也只是偶有发生，但就算是极少发生，落在一个外国人眼里，也是"everywhere""every time""everybody"。从来中国传媒大学短期学习的外国友人震惊的表情，以及极为否定的语言表达中，笔者能够很轻易地看出，在他们外国人眼里，给孩子穿开裆裤，是很不礼貌，不尊重孩子，也不尊重他人，很不雅观，同时随地大小便也是对公共场所的污染，破坏公共财产的行为。

而中国人对小孩穿开裆裤，随地小便，甚至大便的行为，大都选择沉默接受。在孔夫子塑像的前面广场，笔者因为遇见一位外籍人士正瞪大双眼，对一位蹲在路边方便的小孩发出惊呼，而特别留意了这名穿开裆裤小孩在广场上很自然解手的全过程。笔者注意到一件特别重要的事情，就是这个小孩是由奶奶，也就是老一辈的、小孩的祖父祖母带着出来玩的，至于他的父母则不在身边。周围由母亲或者父亲带出来的小孩，并没有穿着开裆裤。这也许就是在现代化已经进行得相对彻底的北京出现这种情况的一种可能性解释。同时，中国传媒大学所处区域临近通州，属于城市郊区，而在城市中心鲜少有穿开裆裤的小孩。

# 一　纸尿裤、开裆裤的使用

早在中世纪，欧洲人也是穿开裆裤的，只是在度过最黑暗时期之后，选择抛弃开裆裤。而在中国有着细致文献记载的开裆裤传统一直延续下来。中国经济网华夏文明版块有一章《古代的裤子：历代成人开裆裤》专门介绍了关于"开裆裤"的历史发展。文中提到早在春秋战国时期，人们使用的裤子就算得上是广义的开裆裤，也就是说，当时的裤子只有两个裤腿，裆并没有缝合在一起。裤子的作用是为了保暖，大概是人们认为屁股肉多，不需要特别保护。

纸尿裤是在 19 世纪中叶，由于工业革命，工业化生产能够制造出大量、价格便宜的棉纺布的情况下，才有机会被发明。而抛弃式，也就是一次性纸尿裤出现的时间距今并不久远，大概就是在 1930—1950 年间，也就是第二次世界大战期间，产生于欧美。作为 20 世纪一项伟大发明，纸尿裤的发明让父母从频繁清洗裤子的劳动者解放出来，大大提高了人们生活的便利性。

纸尿裤发明之后，特别是现在，美国这样的国家是绝对不会允许不穿纸尿裤的做法。通常美国小孩，在大概出生不到六个月的时间之后，会被父母送进托儿所，甚至刚出生六周时就将孩子送往托儿所（老师与孩子的比例硬性规定为 1∶4），托儿所老师会在一定的时间间隔内给孩子喂奶以及更换纸尿裤。

虽然现今中国的城市化进程很快，已经对中国的家庭生活产生了很大影响，但是纸尿裤的使用率只有30%，在相对落后一点的城市郊区，特别是中国农村家庭，依然还会保留着一些由一代代传下来的中国人抚养下一代的传统做法——使用开裆裤，因为在这些家庭结构中，祖父母仍然是占据着举足轻重地位的成员。通常，在中国出生的小孩，一般情况是孩子的父母上班时，祖父母就会在孙子孙女身上花很多时间，全权负责他们的各种生活起居问题，同时完成一项代替纸尿裤使用的伟大项目——训练孩子早早地学会使用尿盆。而开裆裤的作用之一就是在于使孩子的父母或祖父母能够随时发现孩子有上厕所的迹象，同时方便孩子自己蹲下，避免弄脏衣裤。此外，在针对更小年龄的孩子时，开裆裤还方便了父母或祖父母给孩子换尿布。有父母计算过时间，穿开裆裤换尿布在熟练之后只需要不到20秒，而穿满裆裤至少要40秒。

## 二　现　状

随着改革开放、经济全球化以及中国加入 WTO 组织以来，中国中产阶级不断扩大，国外的奢侈品牌不断涌入。居住生活在城市的中国人开始意识到给孩子穿开裆裤"不文明"，开始使用纸尿裤，一定程度上纸尿裤的使用也是经济地位、身份的象征。城市人口对于广告的接触程度远高于农村人口，在纸尿裤公司"洗脑式"的广告中，透露着这样的信息：使用幼稚的纸尿裤可以帮助保持肌肤的干燥，提高宝宝以及父母的睡眠质量，而高效的睡眠质量对提高宝宝的认真能力有重要作用。于是城市父母在纸尿裤上"一掷千金"。有数据显示，2010 年，中国纸尿裤的销售额达到了 184.9 亿元人民币（约合30 亿美元）。中国恒安纸业称其 2011 年的纸尿裤销售额达到 3.51 亿元人民币，比 2010 年增加了 11.3%。帮宝适 2011 年在全球的总销售额为 100 亿美元（约合人民币 622.66 亿元），而中国是继美国之后的第二大市场。①

而农村由于人均收入远低于城市，纸尿裤这种"奢侈品"并不受欢迎。在某种程度上，纸尿裤的大范围推广与使用反映了当代中国文化和社会的巨

---

① 中国家长在纸尿裤和开裆裤间艰难选择 . http://oversea. huanqiu. com/chinagraphic/ 2012 – 11/2674938. html，2012 – 11 – 30.

大发展和变化，它将使用者与不使用者、将城市和农村区分开来。

# 三 原因分析

## （一）选择原因

### 1. 选择"纸尿裤"之因

父母除了教会孩子生活上的基本能力以外，还有就是教会孩子认识自己的性别，注意保护自己的私密。虽说孩子从三岁开始才有性别意识，但是性教育要从三岁之前就开始。在关于性方面，选择纸尿裤理由充足。首先开裆裤容易伤害到外生殖器，特别是女娃娃由于尿路很短，完全毫无遮挡的暴露在外部世界中，感染膀胱炎、尿道炎、泌尿系统等疾病的几率更大；纸尿裤将孩子保护得很好，防止了孩子屁股受冻，同时也防止了利器伤害。其次，幼儿的性感知一般在一岁以后就已经出现，表现行为去宝宝的性感受比你想象得要来得早，一岁以后，有的宝宝会出现一些诸如小男孩玩自己甚至其他人的性器官等无意识性行为，而穿开裆裤会使性器官暴露在外面，让其更加轻易地能够触及。

其他好处：1）节省时间。城市父母没有更多的事件花费在孩子身上，使用纸尿裤可以减少时间花费，保证睡眠；2）身份象征。城市父母大多使用纸尿裤，一种象征身份的潮流。3）舒适整洁。保证孩子的屁股能够得到保护以外，能够避免某些尴尬情况发生。

### 2. 选择"开裆裤"之因

在幼儿时期的孩童，主要消费对象就是纸尿裤和奶粉，"美国杨帆月子中心"统计出在婴儿时期花费在纸尿裤和奶粉上的钱大概是 2000 美元（2012 年 8 月物价），从中国人的角度思考，宁愿多加一勺奶粉也不愿意购买纸尿裤，因为：1）纸尿裤的成本是昂贵的。笔者曾在坐火车的时候，看到一对年轻的父母，反复使用一张已经很脏的纸尿布而不愿意换一张新的，而被迫忍受肮脏的小孩不断哭泣的画面；2）从自身的角度讲纸尿裤不是必需品，不使用同样健康成长，也许更加健康。奶粉吃进肚子里面能得到实在的实惠，而作为消耗品的纸尿裤一定程度上算得上是奢侈品。

其他好处：1）非工业产品，安全无刺激。使用棉布做尿布，对宝宝而言更亲近肌肤；2）定时排尿。使用尿布，父母会定时关注他是否有生理需求，以养成排尿习惯。

### （二）城市、农村父母差别产生原因

#### 1. 金钱观

农村与城市相比没有那么完善的社会福利机制，因此在金钱使用方面更加谨慎，更愿意把钱用在"刀刃"上，解决"温饱问题"以及将来面临的"养老问题"。城市父母心中对金钱的定义在于花费，有区别于传统定义，没有花掉的钱都不是自己的，因此他们多用信用卡，讲究生活的质量，不会因为攒钱降低生活标准。同时拥有健全社会保障的城市父母，会保证无论多么繁忙，他们都有时间泡酒吧、度假，拥有完整的星期天。让孩子使用纸尿裤，暂时不需要照看，获得属于自己的自由时间，是一种帮助他们提高自身生活水平的方式。

#### 2. 家庭观

传统观念城市化进程相对较晚的农村、郊区，祖父母参与对小孩的培养是一件较普遍的事情。"中国青年报社会调查中心通过民意中国网和题客网，对中国 31 个省（区、市）16214 人进行的一项调查显示，87.8% 的受访者坦言目前年轻人将孩子隔代寄养的现象普遍，其中 38.0% 的人认为'非常普遍'。"① 在近郊生活小区中，总会轻易看见这样温馨的场景：小区花园是属于老人和小孩子的世界。祖父们是教育新一代的永远不会谢幕的主要角色，他们总是远远地注视着自己孙子孙女，把带孩子看成使命，认为这才是真正的"天伦之乐"。而正是极富渗透的育养方式，使中国宝宝早早得就有人耐心地教育他们如何做尿布。特别是在中国"计划生育"的政策之下，大多数家庭都不能生两个及以上的孩子，这使得全家人的全部注意力都集中在孩子的身上，孩子有生理需求的时候，他就能够得到照顾他的亲人即刻的反应。因此，不穿纸尿裤的做法很行得通。

"2008 年，美国有 4900 万人是居住在两代同堂（父母和成年子女）或是三代同堂（家中有祖父母辈老人）的家庭，这种家庭占了美国家庭总数的

---

① 中国儿童隔代寄养现象普遍 [N]. 中国青年报，2012 - 5 - 10.

16%。而一人家庭占了34%，两代人家庭（父母和未成年子女）占47%"，①
这是城市化的必然结果，中国的城市人口也追随了这种脚步，鲜有工作生活
在城市的年轻父母成年之后会跟自己的父母生活在一起，老人跟儿孙住在同
一屋檐之下也是少的，更别说让自己的父母长期带小孩，同样城市的祖父母
由于思想更为开放，他们愿意过自己的生活，是不会将带孙子孙女这件事情
往自己身上揽的。同时也是因为城市社保健全，没有"养儿防老"的"忧患
意识"。没有祖父母帮忙照顾，年轻父母工作繁忙而紧张，没有条件事无巨细
帮孩子打理一切，只能借助纸尿裤获得解放。

### （三）教育观

　　传统家长通常都是溺爱小孩的，害怕小孩离开自己视线，哪怕只是很短
的时间，在婴幼儿成长期，监护人几乎是 24 小时陪同。"捧在手里怕飞了，
含在嘴里怕化了"就是这种现象的真实写照。纸尿裤可以让孩子独立出来，
不再需要监护人随时留意小孩是否有如厕的生理需求。在中国，以农村为重
的教育环境下，小孩基本是没有独处时间段，纸尿裤并不比开裆裤占优势。
此外，还会因为使用纸尿裤会产生一些问题，强化了不使用纸尿裤的行为：
1）会是孩子变成"红屁屁"（不透气，纸尿裤中含有大量化学物质，导致孩
童皮肤过敏），工业产品在传统中国父母眼中都是不干净的；2）即使有前卫
一些的父母使用纸尿布，也会受到周围人的指指点点——"看，这家父母多
懒"等等质疑。

　　在中国社会的文化背景之下，集体主义并不是真正的中国人价值观，而
是比西方更为极端的个人主义。四书五经从来不是中国古代幼儿教育的启蒙
读物，儒家"格物、致知、诚意、正心、修身、齐家、治国、平天下"的思
想也不是针对儿童提出来的教育思想，普通百姓从来不会以"达者兼济天下"
作为人生坐标。中国古代儿童的启蒙读物之一的《增广贤文》，包含了大量的
教育儿童如何自私自利、如何损人利己语言，如"人为财死，那无所谓"。长
期的作为教材使用的诸如此类的格言警句，必然会对中国人人性产生极大影
响，书中所言的人是虚伪，人世间没有永存不朽的人情，任何人都趋炎附势，
以个人利益为中心，成为当时每一个中国人的价值观萌芽。在受到这样一种

---

　　①　乔磊. 美国人养儿为何不是为了防老. http://opinion. haiwainet. cn/n/2013/1223/
c232601 - 20068736. html，2013 - 12 - 23.

传统文化，即使不是直接教育，潜移默化、已经渗透到整个中国文化大环境的价值理念也会对祖父母产生影响，还有一些没有受到高等教育还保留着大量过去思想、同时有居住在信息相对闭塞的农村的父母在养育下一代的时候，就会以个人利益、个人行为方便为先导，将社会公德心、公共环境不放在心上，让孩子穿上开裆裤，出现在公共场所，并且以一种支持的态度鼓励孩童随地大小便。

居住在城市的父母，大多接受过高等教育，即使没有其信息来源更多，相应的眼界视野也更加开阔，性格上面有更多独立的特质。每个人生下来都是自由的，要享受这种自由就必须依靠自己，而且只依靠自己。而使用可以让孩子脱离他人更多帮助的纸尿裤，也是城市父母引导孩子成为一个独立个人的方式——不需要父母或其他监护人的全天候陪伴，自己单独一个人就能够做得很好。

### （四）对待孩子

传统父母通常把孩子当做自己的私有资产，无微不至的照顾，避免不使用纸尿裤的原因之一就是让孩子感到需要获得父母的帮助，将孩子照顾得无微不至。在中国传统文化凡事以"忠孝"为先，如出自《韩非子·忠孝》的"君君臣臣，父父子子"，千百年统治者的思想灌输，文人墨客文化的熏陶，致使家长通常不认为处于婴幼儿时期的小孩拥有独立人格（很多时候直到孩子长大成家立业也保持着），认为在他们还未产生自我意识的时候，不需要像对待成人一样对待他们，就是在懵懂时期是没有独立人格，因此，不认为小孩穿开裆裤会是一种给孩子带来羞耻感的行为。随着经济发展，初为人父人母的青年人多外出打工以供养家庭，农村的留守小孩监护者多为祖父母（经历过大饥荒，出生在改革开放之前缺乏现代化教育的人），他们思想所停留的那个时代物质资源匮乏，而家里多兄弟姐妹，而改革开放之后，大多数祖父母都会抱着"我生活的年代，什么都缺乏，我不能让我的孙子跟我一样受苦"。于是，中国父母更愿意将精力围绕孩子转，能使孩子离不开父母照顾的开裆裤，必然无法被纸尿裤完全代替。

不会给小孩穿开裆裤，小孩不能因为年龄的原因接受穿开裆裤，作出不文明不礼貌不雅观的行为，这是城市父母使用纸尿裤在一定程度上也帮助了小孩强化自我意识的形成，告诉孩子身体是属于自己的，别人未经你的允许都是不可以乱碰的。尊重孩子的独立人格，让它能够在控制自己的大小便之前，借用纸尿裤的帮助，给了他排泄的自由以及隐私，这样就保护了孩子的羞耻之心和自尊情绪。同时，受到更多教育的城市父母选择相信科学——儿童的羞耻之心从 38 个月就开始产生，从三岁多一点孩子就已经开始社会化了。如果在此期间教育孩子学会保护自己的隐私，对于今后教会孩子如何遵循社会公德，听从自我意愿，活得快乐，最大限度地进行自我保护起着一定程度的积极作用。反之，如果使用开裆裤，要求孩子当众方便，就会遏制他们的羞耻感，降低他们的自尊心，有可能导致日后对他人不尊重。

# 四 结 论

国际交流越发频繁，工作越来越繁忙，中国家长使用纸尿裤代替开裆裤的行为也越来越常见。一方面，穿着得体，在公共场所不随地大小便，讲文明讲礼貌，尊重自己也尊重他人的行为很让人欣慰；另一方面，开裆裤的停用，代表着中国家庭组成形式的转变，老人不再是不可或缺的成员，一定程度上削弱了老年人的自我认同感，抛弃式纸尿裤的大量使用同时也给地球环境带来压力，亟须研发出快速有效的降解手段。

随着经济发展，现在外国人只能在偏远山区才能看见穿开裆裤的中国小孩，城镇的中国父母已经基本用纸尿裤代替了开裆裤。选择开裆裤还是纸尿裤，实际上是由父母所受教育及其所拥有的育人观念、经济来源、社会保障等诸多因素决定的。

**参考文献：**

[1] 早点给孩子合上裤裆吧. 生殖健康博览网，2008 - 10 - 16.

[2] 彭潜龙. 穿开裆裤有讲究 [J]. 父母必读，2012 (8).

[3] David W. Chen, Yuan Dan. Chinese 'Open-crotch Pants' Make Way for Disposable Diapers, WOMEN OF CHINA, 2004 - 7 - 16.

[4] 孙隆基. 中国文化的深层结构 [M]. 桂林：广西师范大学出版社，2004.

# 从视觉感知角度看"格式塔心理学"的"完形法则"

吴斯一

**【摘要】**

格式塔心理学是现代心理学的一个重要流派，又称"完形心理学"，其核心理论为"完形法则"。视觉感知是在人的生理、心理和社会文化需要的层次上进行的，体现着人与社会、人与自然、人与人之间的和谐关系。本文从视觉感知的角度看"完形法则"的表现手法，具体表现在三个维度上，并结合电影、戏剧及虚拟实在技术等实例进行详细分析，最后得出结论。

**【关键词】**

格式塔心理学　完形法则　视觉感知

**【作者简介】**

吴斯一，女，苗族，上海交通大学媒体与设计学院 2012 级媒介管理专业博士生。

"格式塔"心理学即完形心理学，诞生于 1912 年的德国，是现代心理学的一个重要流派。格式塔（Gestalt）一词的本来意思是"完形"，即"完成之形"，具体说来就是"形式在感觉中生成，通过整合使之完形"。① 一个简单的例子是，几何学中三角形由三个顶点和三条线段组成，但是当我们意识到我们观察的对象是一个三角形的时候，我们所感知到的不仅仅是三个点和三

---

① 柳雯. 格式塔心理学对艺术欣赏的启示［J］. 文学理论研究，2009（5）：78.

条线段，还有这六个要素组成的闭合框架中的那一部分空间，点、线、面共同组成了我们头脑中的"三角形"。

格式塔心理学的基本问题是审美心理结构的整体性，它认为知觉不是各个感觉要素的简单结合，而是对于整体的感知，因此是一个有机的结构和整体。作为整体，它大于其他各个部分相加的总和，整体也被称之为"完形"或者"场"。不仅物理存在"场"，而且心理也存在"场"，同时心理和物理具有异质同构的特性。完形的原则运用于视觉感知的研究，正是基于这个"整体"的概念，强调对象整体和心理整体的同构所产生的表现意义以及视觉对于现实的创造性把握。

# 一 "完形"理论的基本观点

格式塔心理学最基本的观点就是"完形"理论，可以从三个方面来诠释这一理论。

## （一）强调经验和行为的完形

这里的完形可以理解为整体，认知主体能够利用过去经验的痕迹，发挥心智所具有的组织力以填补"灰泥和砖块"粘合时存在的缺口或缺陷，从原有构成成分中"凸现"出全新的整体。例如，一曲乐谱表面上看是由一个接一个的音符落在五条线上而重叠起来的，但是实际上在一个成熟的演奏家的心中，这份乐谱并不只是音符和五条线的组合体，而是一支高昂激越的进行曲，或是清淡悠扬的小夜曲，也就是说，他并不只是被动地用眼睛"看"乐谱，而是主动地运用了他对音乐的理解和对旋律的体会以及多少年来的演奏经验，用心智去感知、体会和组织。这种整体上的高昂激越或清淡悠扬一方面不单独属于哪个音符，但离开了音符又不复存在。另一方面，又需要演奏者和听众用心去揣摩。①

## （二）强调审美心理结构的完形

格式塔心理学认为知觉不是单个感觉要素的简单结合，而是对于整体的

---

① 张颖．一种视听格式塔：论梅洛·庞蒂的电影美学［J］．法国研究，2010（2）：173.

感知，因此是一个有机的结构和整体。作为整体，它大于其部分相加的总和，整体也就是完形或者场。不仅物理存在场，而且心理也存在场，同时，心理和物理具有异质同构的特性。格式塔心理学派最具价值的研究在于用"异质同构"的完形理论解释审美经验的形成。按照这种理论，在外部事物、艺术式样、人的知觉组织活动以及内在情感之间，存在着根本的统一。它们都是力的作用模式，而一旦这几个领域的力的作用模式达到结构上的一致时（异质同构）就有可能激起审美经验。

### （三）强调"形"的完形

格式塔心理学所研究的出发点就是"形"，这里的"形"是经过知觉活动组织而形成的经验中的整体。格式塔心理学认为，任何"形"都是知觉进行了积极组织和建构的结果或功能，而不是客体本身就有的。简单地说，视觉形象首先是作为统一的整体被认知的，而后才以部分的形式被认知，也就是说，我们先"看见"一个构图的整体，然后才"看见"组成这一构图整体的各个部分。

## 二　视觉感知中的"完形法则"

**图1　例图**

如图1，当我们看这张图的第一眼，我们就会知道，这张图所呈现的是一个女孩儿，躺着在看书。这就是第一眼得到的一个整体的感觉。然后，第二眼，我们就会发现，原来这个图像是由很多很多小圆形组成的。所以，当我们去认识一个事物的时候，我们往往都是先从整体着手。整体性是格式塔心理学的基本属性之一，中文也把格式塔翻译成"完形"。虽然格式塔是由各个元素或者成分组成，但绝不是简单相加，它是一个完全独立于各个局部的全新的知觉整体，人的知觉对所感受的要素进行积极建构形成一个独立的知觉整体。

## （一）从视觉感知的角度看"格式塔心理学"的"完形法则"

### 1. 视觉感知的过程是建立在"运动视觉"的格式塔原理上的

格式塔学派创始人威特海默，通过"似动"的实验，已经论证了活动影像不但产生于人的"视觉滞留现象"，而且依赖于"特殊的内心活动体验"的论断的科学性。似动现象是指两个相距不远、相继出现的视觉刺激物，呈现的时间间隔如果在1/10秒到1/30秒之间，那么我们看到的不是两个物体，而是一个物体在移动。例如，我们看到灯光从一处向另一处移动，事实上是这只灯熄了，那只灯同时亮了。这种错觉是灯光广告似动的基础。在威特海默之前人们一般都认为这种现象并没有什么理论上的意义，只不过是一些人的好奇心罢了。然而对威特海墨来说，这种现象正是不能把整体分解成部分的证据。这种现象的组成部分是一些独立的灯在一开一关，但组成一个整体后给人造成这些灯在动的印象。似动现象是形成格式塔心理学的基础。

### 2. 视觉感知的过程遵循"图形与背景"法则

首先来看一下格式塔心理学家爱德加鲁宾创作的这个经典的背景幻觉图，图2。它的名字叫做鲁宾的面孔/花瓶幻觉：你看的是一个花瓶还是两个人的头的侧面像？两种解读都能看到。但是，在任何时候，你都只能看见面孔或只能看见花瓶。如果你继续看，图形会自己调换以使你在面孔和花瓶之间只能选择看到一个。格式塔心理学家把重点放在整体上，这并不意味着他们不承认分离性。

事实上格式塔也可以是指一个分离的整体。例如，格式塔心理学家特别感兴趣的一个研究课题，就是从背景中分离出来的一种明显的实体。他们是用"图形与背景"这个概念来表述的。他们认为一个人的知觉场始终

**图2　背景幻觉图**

被分成图形与背景两部分。"图形"是一个格式塔，是突出的实体，是我们知觉到的事物；"背景"则是尚未分化的、衬托图形的东西。人们在观看某一客体时，总是在未分化的背景中看到图形的。重要的是，视觉场中的构造是不时地变化着的。一个人看到一个客体，然后又看到另一个客体。也就是说，当人们连续不断地扫视环境中的刺激物时，种种不同的客体一会儿是图形，一会儿又成了背景，说明这种现象的一个经典性例子是图形与背景交替图。事实上这种图形－－背景交替的现象在日常生活中到处可见。例如，当一位听众在聚精会神地听报告，报告人的讲话就成了"图形"，周围人的议论便成了"背景"。而当这位听众在与旁人讲话时，那么，他俩的谈话就成了"图形"，而报告人的发言则成了"背景"。所以，在影像构造的时候，这一点也是要非常注意的。而且最重要的是了解部分与整体之间的关系。

3. 视觉感知的过程强调"整体第一性"

阿恩海姆曾断言："无论在什么情况下，假如不能把握事物的整体或统一结构，就永远不能创造和欣赏艺术品。"

如图3，这是一个头盔品牌的广告，从整体上看，我们一眼就能明白这是一个具有保护能力的头盔符号，具体来看的时候，我们可以发现它是用很多双手来建构的，更能显现出"保护"的主题。所以，当我们在视觉感知的时候，往往我们需要首先构建出一个完整的知觉整体。

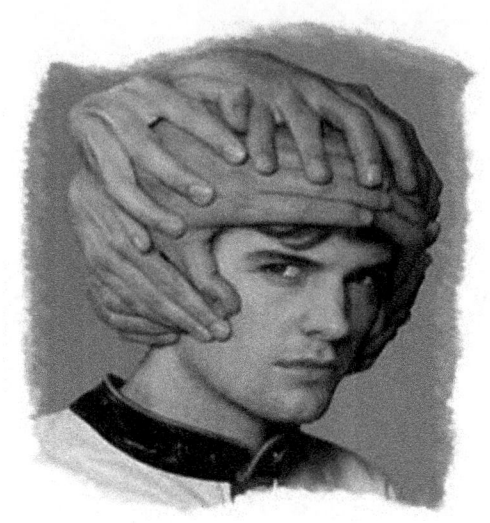

图3 头盔广告

## （二）电影、戏剧、虚拟实在中的"完形法则"

### 1. 电影

我们看电影的时候，电影里面的场景就会给人一个完整感、真实感，然后我们就会觉得发生在这个场景中的事情也是真实可信的。所以现在电影当中的场景构建也是很重要的一块。例如在电影《巴黎圣母院》最后的场景中，面容丑陋的残疾人卡西莫多为了救反叛者吉卜赛女郎爱斯美拉达，把石灰水从巴黎圣母院的顶上倒下，整个巴黎圣母院顿时从一个安静、神秘的宗教建筑，变成一个美与丑争斗的空间，这时就构成了一个完整的、颠覆了仅仅从巴黎圣母院建筑本身层次格式塔的审美感受。电影建筑也因为事件进程的推进和人物情绪的改变从时间线上的点而转变为具有特殊意义的符号，起到引起观影者心理变化的作用。同样，电影建筑也可以通过蒙太奇的手法，打乱时空的统一性，并置多个空间，激发观影者的兴趣。按照明斯特贝格教授的观点，这是依赖人类的"视觉滞留"和"内心自觉认同"的生理—心理特点完成的。①

### 2. 话剧

在话剧方面，整体性也是建立在视知觉"完形"的心理特点上完成的，

---

① 吴其华，彭晋媛．从格式塔看电影建筑空间［J］．安徽建筑，2009（2）：116．

几个建筑符号就可以让观者处在这个符号所在的时代背景和空间气氛下。例如，在话剧《茶馆》中，几张八仙桌、花格窗以及一幅黑底金字对联，就立刻将人的知觉体验引领到那个时代，又通过剧情的推进，加深对此空间的艺术感受，同时也加深了对这个空间所在时代感受的认同。在话剧空间中，情节总是只发生在空间中的某个部分，但是最后的艺术效果却是关于整个建筑空间感受的。

3. 虚拟实在技术

虚拟实在技术更加强调"整体第一性"。格式塔心理学的代表人物之一，德国的库尔特·考夫卡在《格式塔心理学原理》中提出了格式塔心理学的两个重要概念：心物场和同型论。在考夫卡看来，物理场是被知觉的现实，心理场则是观察者知觉现实的观念，一个是身外的客观存在，一个是内心的主观感受。二者并不是一种一一对应的关系，但是却共同构成了人类的认识活动。同时，格式塔心理学认为，世间万事万物都表现为一种力的结构，虽然外部的物理世界与内在的心理世界在构成上不同，但是力的结构却是有可能相同的，一旦物理世界与心理世界的力的结构达到同形契合的时候，就达到了"异质同构"的境界。这说明，在虚拟实在技术当中，我们最应该重视的就是对"场"的一种再现和还原。这个场肯定要有固定的形状固定的边界，从而形成一个固定的体，然后再在这个体中去还原其他的细节部分。

## 三　"完形法则"：理解生活之美的窗户

"完形法则"对于现实生活的意义非同寻常，它无时无刻地存在在我们的世界里。例如，当我们去欣赏一幅绘画或者摄影作品的时候，"完形"能够迅速将作品中的所有元素整合成一个整体，让作品中的各个独立区块发挥作用，传达出作品所蕴含的意义；在医学上，研究者们也发现完形对于人类知觉系统的恢复有着巨大的作用，是一个群化的动力，因此构建了一套临床心理学之完形治疗法（Gestalt Therapy），帮助患者恢复知觉想象；同时，在设计上，完形原理也能够帮助图形创意与创作人员形成一条独特的视觉认知思路，以创造出更多更好的作品。

格式塔完形原理通过视觉活动引发人对视觉感知对象的完形的认知，并且，通过思维的想象力，使人们在理解图形符号的同时也在通过这种寻找方式来获得现实世界的意义、达到心理世界的共鸣，以及社会层面的认可，甚至是产生新的理念。所以，人类在创造视觉对象的时候，应该去挖掘人类最本能的生命力与原动力，以构成各种形式的符号系统，用媒介去进行思想交流，从而调节人与人、人与自然、人与社会之间的关系；而对于进行视觉感知的人类来说，应该用创造性的思维方式，结合格式塔原理从深层次去洞悉现实、领悟人生、理解作品。因为人类自身感官延伸和发展的过程，正是人类打开思维以更加开阔的视野不断认识世界的过程。

# 用层次分析法浅析法国搅局
# 伊朗核谈判的动因

何浩源

**【摘要】**

2013 年 11 月 24 日凌晨，美、俄、英、法、中、德六方与伊朗宣布，各方通过日内瓦谈判就伊朗核问题达成临时协议。各方对此纷纷做出高度评价，称这是一次"历史性的突破"。然而在两个星期以前的第一轮谈判中，法国方面一直坚持强硬立场，在谈判中扮演了搅局者的角色。而最终的协议也确实在某些方面满足了法国的要求，确保伊朗寻求的核能力只用于和平目的。本文使用层次分析研究方法，从国际系统因素、国家内部因素以及执政者个人因素三个主要层面逐次分析，全面探析法国搅局伊朗核谈判的动因和深层逻辑。

**【关键词】**

法国 伊朗 核谈判 层次分析法 动因

**【作者简介】**

何浩源，男，汉族，中国传媒大学 2013 级国际新闻专业硕士研究生。

层次分析法最早由肯尼斯·华尔兹在 1959 年出版的《人、国家与战争》中提出。在书中，华尔兹从人性、国家、国际体系三个"意象"对战争根源进行了综合分析，从而开创了国际关系研究的层次分析方法。后来又经过戴维辛格等人的逐步完善和发展，层次分析方法如今成为分析国际关系的重要工具。虽然人们对于层次分析中层次的具体划分标准不同，但包括由宏观到微观的体系结构、国内系统和决策者个人三个层次在内的层次分析法则是最为常见和使用的方法。本文试图通过层次分析法全面探析法国搅局伊朗核谈判的动因。

# 一 体系结构层次分析

体系结构的层次分析中，存在文化价值结构和地缘战略结构两个重要方面。

## （一）文化价值结构方面

传统的观点认为，国际体系结构是国家之间由于彼此相互作用、相互影响和相互制约、形成的各种相互关系。[①] 这种观点下的国际体系结构或说权力分布状态主要是以政治、军事、经济、资源等硬指标为基础的，几个拥有一定实力的大国构成国际体系的基本硬性结构和主要力量。而建构主义者强调，现代国际体系中，文化价值观指导着一切国际主体的行为，国家间的利益联合和冲突日益受到文化和文明的影响。[②] 因此，基于文化价值、大众认同和意识形态等软性指标的分布状态则构成国际关系中的软格局。从软格局看，权力、利益之所以具有意义并产生作用，是因为观念使然；文化价值观是决定国家战略政策的深层次原因。[③]

从文化价值观层面上讲，伊朗所奉行的伊斯兰宗教主义、阿拉伯民族主义以及政治上的集权主义和法国奉行的普世价值观格格不入，并且在面对西方文化中心主义时表现出一种强大的抵制性反弹力，从而形成对西方软权力价值辐射和利益扩张的一大障碍。而法国在意识形态上奉行普世价值观，在外交上保持超然、特立独行、唯我独尊的理念。这种理念渐成于路易十四时代，并在戴高乐时代达到顶峰。因此，在各大国和伊朗达成具体协议方面，法国会出于自己的文化价值观、自身利益和特立独行的风格而对伊朗这个异

---

① 杨耕．国际体系结构单元权力变化与行为互动［J］．学术探索，2012（4）.
② 俞新天．掌握国际关系的密匙：文化、软实力与中国对外战略［M］．上海：上海人民出版社，2010. 3.
③ 俞新天．掌握国际关系的密匙：文化、软实力与中国对外战略［M］．上海：上海人民出版社，2010. 6.

类国家采取一定程度的强硬立场。

### （二）地缘战略结构方面

从地缘战略结构上看，因地处扼守"三洲五海"的十字路口、东西方交通要冲的战略地理位置，伊朗历来是大国争夺中东控制权、实施全球战略的前沿地带，独特的地理位置也决定了伊朗具有渴望成为中东大国的政治诉求。伊朗核问题在 2002 年初次浮出水面，此时正是美国出兵阿富汗时期。这一时期，伊朗采取了不脱离核不扩散条约的谈判战略。尽管伊朗官方宣称无意研制核武，但是伊朗并没有本土铀，寻求浓缩燃料供应主体地位的说法似乎不现实，况且伊朗也多次重申，它的铀浓缩活动只会扩大，不会终止，国际社会有理由对此表示强烈质疑。

由于 2011 年颜色革命，以埃及为首的阿拉伯反伊阵营面临瓦解，伊朗迎来了发展的战略机遇期。另一方面，美国忙于反恐和重返亚太，也没有更多的精力来对付伊朗。因此此次核谈判虽然艰难，但各方都有让步的倾向。但是西亚和北非原本是英法等老牌殖民帝国的势力范围，被称为欧洲的后花园。二战后由于实力下降而不得不让位于美国。但是近年来，美国在中东渐露颓势，这一地区出现大国博弈空隙。法国近年来更是拉拢以色列和沙特，结成了强硬铁三角。在叙利亚问题上，法国一向主张武装干涉推翻巴沙尔政权，而巴沙尔政权却是伊朗在中东的铁杆盟友。双方在叙利亚问题上的矛盾不断激化。这也导致了法国不愿意伊朗和各大国达成温和的协议，从而放松套在伊朗脖子上的经济制裁的枷锁。

## 二　国内层次分析

国内层次分析中，法国作为一个侧面而伊朗作为另一侧面，是值得我们思考的两个方面。

### （一）法国侧面

从法国侧面讲，法国在国际事务中向来特立独行，热衷于体现"法国例外"。在戴高乐时代就经常向美国说"不"，在伊拉克战争问题上的立场更是和美国针锋相对。但是法国特立独行的外交行为并不仅是为了找国际上的存在感，而是有着更多的考量。在戴高乐时代法国向美国说"不"的原因是为了确立法国独立自主的地位，从而进一步谋求恢复法国在国际事务中的大国地位；在伊拉克战争中法国和美国立场针锋相对是为了反对美国霸权主义；法国此次搅局伊朗核谈判同样是有深层次的战略考量。

首先可以否定的是法国为了不让所谓的独裁专制的危险国家拥有核武器而在伊朗核谈判中搅局的说法，因为这样无法解释为什么法国在朝鲜核问题上不置一词。多年以来，法国和伊朗核项目长期存在联系，并达成多项协议。法国曾是伊朗主要合作伙伴之一，伊朗已故最高领袖鲁霍拉·穆萨维·霍梅尼在被流放期间曾旅居法国。① 然而，近年来随着伊朗强硬派坚持实施核计划，法国开始与伊朗发生矛盾。法国不希望伊朗拥有核技术，如果那样会危及法国的经济利益。另外如果伊朗掌握了核技术，毫无疑问将大大提高伊朗在阿拉伯世界乃至在整个国际社会中的地位，这样会给中东地区的局势增加新的不确定因素。而法国在中东地区的利益大于除美国以外的其他西方国家，为了法国在中东地区的利益，法国非常不愿意看见该地区出现一个强大并拥有核力量的伊朗。这可以解释法国为什么不惜得罪美国也不肯轻易在伊朗核谈判中让步。

## （二）伊朗侧面

1970 年伊朗签署了《核不扩散条约》。1974 年伊朗开始修建核电站等核能利用项目。1974 年伊朗爆发伊斯兰革命以及 1979 年的人质等事件，最终导致伊美两国关系迅速恶化，1980 年两国断交。此后，美国一直指责伊朗以和平利用核技术为名行发展核武器之实，并时常借伊朗核问题敲打伊朗。简单回顾伊朗的核开发历史，可以看出，伊朗在危机中的应对态度具有两面性，一方面伊朗表示尊重国际准则，但另一方面 NPT（核不扩散条约）第四条保证任何 NPT 成员国和平使用核技术的权利，伊朗也表示坚持获得民用核技术的权利，在同体系主导国的周旋中表现出一定的柔性，它既不同于朝鲜的刚性需求，也不同于利比亚的核尝试，外在地体现了伊朗政策的拿捏艺术。② 正是伊朗这种策略，使得其没有和西方世界彻底闹翻，现任总统鲁哈尼上台后，

---

① 环球网. 法被指为伊核谈判搅局者：态度系哗众取宠. http://world. huanqiu. com/exclusive/2013 – 11/4557252. html.

② 宗伟. 地缘区位、战略选择与自我——"关键他者"互动：朝鲜、利比亚、伊朗核行为研究 [D]. 上海：复旦大学, 2011. 152 – 172.

又积极推行温和的政策，使得伊朗和西方世界有了握手言和的可能。但是伊朗丰富的石油和天然气蕴藏量决定了其在全球能源领域的战略地位，这种属性既可以提高伊朗的国际地位，也使得它必然成为能源缺乏国家特别是大国和大国集团进行干预的潜在对象。如今美国忙于全球反恐和重返亚太，无暇顾及伊朗，和伊朗言和的意愿也趋于强烈。而法国则不同，法国由于近年来国内经济不景气，通过经济制裁打压伊朗进而从伊朗身上多分一杯羹于是就成了法国很好的选择。另一方面，萨科齐上台以来，法国在外交政策上倾向于充当"新干涉主义"的急先锋。2011 年，法国便高调出兵干涉利比亚，直接导致了卡扎菲政权的崩塌。2013 年，法国一再流露出武装干涉叙利亚的意思，而随着美国在俄罗斯和国内压力下立场急速回旋，法国难免会产生一种被抛弃的感觉。这也使得法国在伊朗核谈判中立场强硬地提出反对和伊朗签订一份"愚人的协定"。

# 三　领导人个人因素分析

与前任萨科齐相比，法国现任总统奥朗德处事较稳重、冷静。事实上，奥朗德向来就是一个稳健踏实、善于长期谋划、屡次失败却不气馁的政治人物。[①] 奥朗德上台一开始就采取了和前任不同的对美政策。上台伊始就确定了从阿富汗全部撤军的时间表，对美国在欧洲部署反导系统持保留态度。在欧盟内部，法国也恢复了"行动自由"，由倚重法德轴心转为平衡与各成员国关系，法国和德国热度锐减。在对颜色革命国家的态度问题上，奥朗德则采取了和前任萨科齐几乎一致，即以战争和武力威胁应对日益复杂的安全形势。在叙利亚问题上，要求总统巴沙尔下台，在国际社会中率先承认反对派"全国联盟"为唯一合法政权，要求欧盟与法国共同行动。在非洲，法国直接出面，借马里、中非等国分裂和恐怖分子制造动乱之际，出兵进行军事干预。可以看出来，奥朗德是一位稳重、成熟、强硬的领导人，和以前所有的法国总统一样，奥朗德一刻也不会忘记维持法国的大国地位。但是奥朗德与前任相比却更加务实，从此次搅局伊朗核谈判也可以看出来。法国既发出了与众不同的声音，迫使美国和伊朗对法国做出了一定程度的让步，一旦部分要求

---

① 倪海宁．法国新总统奥朗德［J］．国际资料信息，2012（6）．

得到满足后，马上见好就收，跟诸大国一起和伊朗签订了阶段性协议。在奥朗德看来，萨科齐过于注重法美关系和法德关系，这对法国的国际地位是很不利的，法国必须回归传统，用奥朗德自己的话说，独立性才使法国在世界上"变得珍贵"。

综上所述，首先，可以看出国际系统性质和体系结构层面因素为法国搅局伊朗核谈判提供了深层次的原因和必然性。从这一层面讲，法国搅局伊朗核谈判是由法国和伊朗的关系、法国和美国及其他西方大国的关系以及法国和其他阿拉伯国家的关系结构共同决定的。这些复杂的关系相互交织，使得法国不愿意和其他大国一起在伊朗核问题上向伊朗让步，但是法国也不可能完全脱离其他大国，在伊朗核问题上和伊朗一扛到底，这种做法对法国在国际上的地位也是很不利的。其次，法国和伊朗的国内因素则为法国搅局伊朗核谈判提供了充分条件。法国此举既能为经济不景气的法国在中东攫取更多的利益，又能在国际事务中彰显法国的大国地位，满足法国人的民族虚荣心。而伊朗自鲁哈尼上台以来，采取了积极和西方和解的政策，以减轻经济制裁带来的压力。这也使得法国的搅局不会真正让伊朗核谈判破裂。最后，在各种因素的作用下促使了法国搅局伊朗核谈判，这对原本就异常艰难的谈判来说无疑是火上浇油。但伊朗核谈判是否突破，关键在于美国的意志，在于伊朗内部强硬派和温和派的博弈。但是法国此举无疑也达到了它的目的，既限制了伊朗，又没有使谈判破裂，还在国际上发出不同于美国的声音，最终达成一个各个大国愿意看见的结局。

◆

教育研究

# 高校内部治理应处理好的十大关系[*]

## 秦学智

**【摘要】**

在教育日趋国际化和同质化竞争的大潮中，高校内涵式发展越来越占据更为重要的地位。高校内部治理应搞好十大关系，即内部治理和外部调控的关系、内部决策层和执行层的关系、行政权力和学术权力的关系、依法治校和教授治校的关系、教师主体和学生主体的关系、校园文化与社会文化的关系、整体利益与局部利益的关系、发展战略研究与数据库建设的关系、行政后勤人员和教学人员的关系以及基础学科和应用学科平衡发展的关系。

**【关键词】**

高校　内部治理　影响因素　十大关系

**【作者简介】**

秦学智，男，汉族，中国传媒大学传播研究院副教授，博士。

几乎每一领域的发展都要经过一个粗放的、数量的和规模的迅速扩张的时期，这种发展通常被人们称为"外延式发展"。与之对应的则是内涵式发展。内涵式发展注重内部结构的治理、资源的优化和整合、校园文化的建设以及产出的质量和效益。如果说外延式发展是高校为了和兄弟院校进行社会资源竞争而"抢滩占地"，布局设点，试图通过规模扩张产生的规模化

---

　　* 该文为 2007 年 9 月 16 日—17 日于北京师范大学举办的"海峡两岸高校内部治理"学术研讨会参会论文，并被收入《"海峡两岸高校内部治理"学术研讨会论文集》，有少量修改。

效应拉动和刺激本校长远的发展（可简称为"做大"），那么内涵式发展则是以人才培养质量和效益为中心目标的通过搞好内部治理、挖掘内部动力资源和潜力而达成学校良性持续发展的理念和模式（可简称为"做强"）。公立高校要搞好内部治理，做强自己，就应处理好以下十大关系，即内部治理和外部调控的关系、内部决策层和执行层的关系、行政权力和学术权力的关系、依法治校和教授治校的关系、教师主体和学生主体的关系、校园文化与社会文化的关系、整体利益与局部利益的关系、发展战略研究与数据库建设的关系、行政后勤人员和教学人员的关系，以及基础学科和应用学科平衡发展的关系。

# 一 内部治理和外部调控的关系

高校发展会遇到自身环境条件和外部环境条件双重因素的制约。高校发展的内部环境条件包括领导整体素质、教师整体素质、学生整体素质、后勤行政人员素质等人的因素，也包括学校财务、设施和事务状况等财、物、事的因素。高校发展的外部环境条件包括国家国体、政体、经济体制、全球化发展程度，高教政策、方针和法律法规等因素，也包括高校所处的经济地理环境等条件。

高校自身如同一个生物有机体，其发展一方面有赖于有机体内部环境的平衡和内部机制的和谐与优良。内部机制的和谐与优良的表现之一就是新陈代谢的保障机制和创新能力的激发机制以及各单位功能的正常运转和发挥，等等。另一方面，有赖于外部环境的竞争机制和监控机制。因此，高校发展首先一定要处理好内部治理和外部调控的关系。

首先，高校内部治理与发展必须顺应和有效利用外部调控力量，争取有利的发展态势和科学有效的路径。这样，高校必须建立健全专门的发展战略研究机构，对高校发展的政治、经济、文化、教育、法律法规环境进行调查研究，并提出适宜的发展战略，此战略应当是在国家现有的政策和法律法规的框架下制定的，也应该能有效发挥高校的区域服务职能。

其次，搞好挖潜和现代大学制度建设是高校内部治理的关键所在。"现代大学制度不仅包括大学外部各种社会关系的制度构架，也包括大学内部各种功能活动以及其他相关活动的制度性规范。改革高校内部管理体制，构建现代大学制度是我国目前高校管理体制改革的一个核心问题。"①

　　总之，内部治理是内因，外部调控是外因，内因是事物变化的根据。高校内部治理既必须以外部调控力量为条件，又必须立足于自身主观能动性的发挥，特别是要处理好国家教育政策和法律导向与高校自主办学的关系问题。

## 二　内部决策层和执行层的关系

　　《中华人民共和国高等教育法》明确规定，国家举办的高等学校实行中国共产党高等学校基层委员会领导下的校长负责制。也就是说，遇到重大问题必须经党委研究。某种意义上说，党委部门就是决策层，而行政部门即是执行层。但是，行政部门也有决策和执行的科层组织。虽然如此，行政部门的决策和执行主要是服从和被服从的关系。因此，我们在此讨论的主要是党委部门和行政部门之间的关系问题。

　　党委部门主要负责学校发展的政治方向，保证学校的干部的任选符合党性的要求，等等。行政部门主要的任务就是如何更好地发展学校，壮大学校，为学校的声誉和对社会的贡献而战。因为党委的决策和行政的决策可能有分歧，对同一件事件或事情的性质有着不同的看法，所以在工作的过程中自然就会产生人为的或者非人为的矛盾。这些矛盾或心理分歧如果处理不好，就会给学校日常的工作带来困扰和停滞，继而影响到学校事业的发展。正如有学者指出的，"大学党务系统和行政系统决策领域的划分，不得不依靠每个大学的历史惯例和两个牵头人协商议定。实际上，两个决策主体对各自的决策领域和公共决策领域的划分在理解上会有很大的差异，从而在大学组织的统一决策体内分力和合力的函数关系显现，能否保证两个系统各占45°夹角问题就上升为影响效率的主要因素"。②

　　毋庸讳言，这个问题长期困扰高教管理，给教师生活和学校工作造成的不利影响既有有形的，也有无形的。可喜的是，目前已经有一些学校比较好地规定了党委和行政部门各自的管理和适用权限，实践中能够依法办事，减

　　① 张东海. 2005 年高校内部管理改革研究综述［J］. 中国高教研究，2006（11）：32.

　　② 孙天华. 大学的科层组织特征及效率——对我国公立大学内部治理结构的分析［J］. 河南社会科学，2004（5）：19.

少了不应有的内耗和阻滞。这个问题的解决是一所高校内部治理机制建立健全的关键所在和根本标志之一。

## 三 行政权力和学术权力的关系

人们对行政权力和学术权力的争论从来就没有停止过，在实践中二者之间的冲突几乎每时每刻都在上演。如果两者中任何一种权力能够解决好所有的事务和问题，那么这种权力迟早就会占上风，而最终排挤掉另外一种权力。除了政府、军队等官僚系统严格遵循唯行政权力主义外，科研化的企业和学术化的学校越来越偏向学术权力的弘扬和增进。但是，正如罗马非一日建成，这种偏向仍然需要一个漫长的生长过程。并且，这种增进是与大学的根本理念的日益觉醒分不开的。大学的根本任务理应是创新科技、创新和引领人类文化以及塑造时代需要的创新型人才。大学的精神理应是求实创新，授业、传道和解惑以及培养机智勇敢、乐观向上的优良品质，因为这是一个健全的公民终身需要的精神动力。

因为包括上述原因在内的各种原因，在高校中弘扬学术权力，适度扩大学术权力的适用空间，对于建立创新型大学，真正实现大学的教书育人功能，无疑具有很大的现实意义。但是，由于高校是个重要的思想阵地，因此，高校不能降低自己的政治要求，不能放弃自己的社会和文化发展责任。因此，行政权力不仅不能被削弱，而且还应得到不断加强。然而，须知的是，这种加强是在学术权力得到充分尊重基础上的加强，在高校行政权力和学术权力注定是相生相伴的关系，而不是你死我活、有你无他的关系。

## 四 依法治校和教授治校的关系

当前人们对教授治校或者教授参与治校有着不相一致的观点。有的认为，教授治校是发扬或拓展基层民主的一种方式，是约束和监督行政和党务行为的一种手段，譬如，国家教育部社政司科研处副处长田敬诚认为，"教授参与高校治理是我国基层民主政治建设的重要问题，需要处理好书记、校长和教授三者之间的关系。书记主抓政治问题，以保证党的领导；校长主抓管理，以尽快建设世界一流大学；教授主抓学术，以便成为本专业的学术权威。在目前我国高校实行党委领导下校长负责制的管理体制下，完全实行教授治校、学术自治是不可能的，但是可以实行高校治理的民主决策和民主监督，教授参与到学校的重大决策过程中来，并对决策的结果享有监督权。如果能够做到这两点，就可以实现党的领导和民主的统一"。① 有的认为，不能把教授治校绝对化，这种观点的代表——中国人民大学教授张晓劲认为，"教授治校作为一种理念，应上升到民主政治的高度来理解，并不是教授要管所有的事情，也不可能管所有的事情，教授治校应澄清是治什么、如何治，制度的讨论应该能够落实"。② 还有的总结了教授治校的三种实现形式，如中国政法大学陈红太教授提出，"教授治校是以耶鲁大学为代表的一种高校管理模式，其基本含义是教授在大学的决策与管理中起决定性的或主导的作用，学校的行政机构起服务与辅助作用。教授治校主要有三种形式：（1）学校评议会、教授会、校务会等决策与管理机构均由教授互选产生，如蔡元培时期的北大，梅贻琦时期的清华；（2）教授在学校和学院的决策与管理机构如评议会、学科会议中占多数，如慕尼黑大学；（3）学院一级设立教授会，实行教授管理，如日本大学体制"。③

从以上三种基本观点可以看出，教授治校是可以尝试的一种民主管理体制，但是在何种程度上或者何种范围实行教授治校则需要进行仔细研究。一般认为，教授是某一方面的专家或学者，对于自己研究领域的发展前景和发展趋势有着绝对的发言权。这是非教授的人员所不具备的素质。相反地，教授对其他领域却很难有绝对的发言权，这是教授治校的范围受到客观限制的一个原因。

本质上，教授治校是一种管理行为，它必须遵循管理的科学和规律。教授或教授代表是否具备管理的知识、能力和经验，也应当是检验教授治校能否行得通的一个砝码。另外，让教授将时间和精力大量地花在行政管理上显然也是不可取的。

---

① "如何在高校党委领导下校长负责制环境中发挥教授参与治校作用"研讨会综述报告. http://www.pku.edu.cn/academic/xzglx/zzyjs/jididongtai/jiaoshouzx.htm.

② "如何在高校党委领导下校长负责制环境中发挥教授参与治校作用"研讨会综述报告. http://www.pku.edu.cn/academic/xzglx/zzyjs/jididongtai/jiaoshouzx.htm.

③ "如何在高校党委领导下校长负责制环境中发挥教授参与治校作用"研讨会综述报告. http://www.pku.edu.cn/academic/xzglx/zzyjs/jididongtai/jiaoshouzx.htm.

由上看来，教授治校在院系一级实行有着现实的可能性。我们可以设想：可以在院系一级实行教授治校或教授管理委员会制度。教授管理委员会主要负责院系发展规划、评议、决策和监督等事宜。院长（系主任）、副院长（副系主任）由教授担任，行使教授管理委员会会议召集职责。院长或系主任下设院长助理和教授助理。助理职务由专职行政人员担任，负责日常行政事务的执行和规划的实施。全面实行行政人员对教授负责的制度。教授管理委员会对所在的部门的发展负责，同时，接受党务部门的政治监督和监察。

学校一级管理实行教授代表投票选举制。由教授代表选举校长、副校长等行政领导。党委书记等党务人员的选举按照党章规定实行。虽然不同的人对学校的管理制度有着不同的设计和想望，但是，这种设计或想望，如果得不到国家有关法律的支持，结果都是徒劳的。为此，已经有学者发出呼吁，比如，中国政法大学教授陈红太提出，"《高等教育法》与《教师法》把高校的管理制度规定为党委领导下的校长负责制，突出的是党委的决策权力和校长的行政权力，这是计划经济条件下的高校管理模式。建议修改《高等教育法》与《教师法》，允许对高校管理模式进行多样化的探索，政府主管部门要下放权力，探索市场经济条件下的高校自治，为教授治校提供法律保障"。①

教育法和高等教育法是各所高校实践依法治校的根本依据。而依法治校是高校管理工作发展的趋势，是党和国家依法治国方略的根本要求。我们可以举出很多依法治校的好处，如实施依法治校，"有利于促进与社会主义市场经济体制要求相适应的自主办学体制的建立和完善；有利于理顺学校与社会以及学校内部的关系；有利于平衡各方面的利益，化解学校改革与发展进程中出现的矛盾和纠纷；有利于办学资源的整合和优化配置；有利于规范权力运行，保证决策和管理的民主化、科学化；有利于维护师生员工的合法权益；有利于提高工作效率和办学效益；有利于学校参与教育领域内的国际竞争"。②但是，如果无法可依，或者所依据的法律本身存在缺陷，或者说依法治校做不到与科学的教授治校理念相结合，那么，依法治校所能达到的效果是可想而知的，效果也可能适得其反。

有报道指出："著名画家陈丹青教授辞去了清华大学的教授职务。这对于一个享誉海内外的知名画家来说，并不是痛苦的抉择。可是对于那些不满大

---

① "如何在高校党委领导下校长负责制环境中发挥教授参与治校作用"研讨会综述报告. http：//www. pku. edu. cn/academic/xzglx/zzyjs/jididongtai/jiaoshouzx. htm.

② 吉林大学依法治校规划纲要. http：//pco. jlu. edu. cn/read. php? id＝118.

学的管理体制，但又缺乏经济基础的普通教师来说，除了继续在体制内消磨意志之外，没有其他更好的选择——所以，如果不进行体制改革，不实行真正的教授治校，那么，教授早晚会变成官僚，而官僚早晚会成为教授。这就是中国大学发展的轨迹"。[①] 可见，我们需要处理好依法治校和教授治校这对相辅相成的关系。

## 五　教师主体和学生主体的关系

开办学校是为了什么目的？显然不是为了一群教师有饭吃，也不是为了一些领导或职工不失业，而是为了更多地培养国家建设所需的人才。

培养国家建设所需的人才，牵涉到许多主观和客观的因素。譬如，大学精神、理念和制度的设定，学科、专业结构的调整，教材内容的更新和变化，人文社会科学和自然科学知识的整合与相互补充，教学管理和行政管理的相互配合，等等。但是，教育教学过程无疑是一个相当重要的因素。归根结底，学生的培养不仅需要自己主观能动性的发挥，而且需要校园文化的熏陶，需要和教师进行切实有效的互动。只有与作为知识、智慧的传递者和导引者的教师进行有效的情感上、智识上和心理上的交流与沟通，学生才能在德智体等方面获得有益的增进。这样，教育教学过程，就涉及一个教师和学生的双主体性的问题。

新课程改革的理念为了消除应试教育的弊端，突出地强调了学生主体性的发挥，对如何发挥教师的主导作用没能做足够有效的说明，这在实践中引起了教师的迷茫和困惑，甚至质疑。有教师这样评述道："一边是对学生的主体性的高度重视，一边是对教师主导作用的极度弱化。课程改革，都是必须实现从教教材到用教材的转变，那么教什么、怎么教，难道不都是教师主体性的发挥吗？在这里，教师认知水平，对文本的认知、自己和学生情感的调动等都是旁人无法替代的。教师的主体性是自觉的，因为他拥有学生无法具备的知识储备、文学修养和社会阅历，以及实现教育目的毅力；而学生的自主性是自发的，因为在课堂交锋中，他总值显露出某一方面的不足。这是教

---

① 卖炭翁．教育时评：陈丹青愤然辞职和教授治校．http://edu.sina.com.cn/l/2005－04－14/1019111131.html.

师主体作用无可改变的原因。"①

这里指出了一个事实，那就是学生主体性的发挥是有其内在的前提的，那就是教师主体性的充分调动。如果说学生的主体性表现在课前的预习、课中的积极参与和课后的温习、反思和训练，那么，教师的主体性也表现在课前的备课，课中的讲解、引导和积极干预以及课后的总结与反思。也就是说，教育教学过程应该是在为了实现学生主体性和知识传授任务的目标指引下，教师主体性充分释放、教师主导作用充分发挥的过程。其最终目的，即是将学生培养成为德育、智育、体育和心理健康教育等方面尽可能得到充分而平衡发展的人。

可以说，没有教师主体性的发挥，学生主体性的发挥是很难奏效的。学生主体性的发挥必须以教师主体性的发挥为前提，而教师主体性的发挥又必须以学生主体性的发挥为根本目标之一。

# 六 校园文化与社会文化的关系

文化可以细分为三种文化，即物质文化、精神文化和制度文化。学校校园文化和社会文化是子系统和母系统的关系，他们在各个方面具有相似性和连接性。在现代，校园文化应该成为社会文化的引领者、先锋和新文化的策源地。但是校园文化目前的现状显然不尽如人意。校园文化不仅没能起到净化社会文化的作用，而且受到不良社会文化的毒害。金钱至上主义、功利主义、享乐主义、嫌贫爱富在院校还有一定市场。因此培育优良的校园文化，特别是校园的精神文化具有非常重要的作用。校园的精神文化可以细分为领导文化、教师文化和学生文化。

领导文化的形成主要在于两方面因素：一方面是教育部关于高校改革方针的具体部署和促进以及高等教育管理发展的总体趋势和影响；另一方面在于过去积淀下来的领导传统。

教师文化的形成有赖于新老教师知识和经验的传承，领导文化的引领，学生文化的反作用以及教师整体的素质和个体的内在自觉。

---

① 孙立谨．尊重教师的主体性．http://blog.cersp.com/userlog/21793/archives/2007/404447.shtml.

学生文化的形成则有赖于新老学生知识经验的传递和共享以及领导文化和教师文化的影响。

在中国的国情下，领导文化是关键，教师文化是基础，学生文化是目标，他们共同编织着校园文化的未来。清华大学校长、中国科学院院士顾秉林在哈尔滨工业大学承办的"一流大学建设"系列研讨会上的讲话中指出："哈佛的一位校长曾强调：大学之所以能成为世人所景仰的知识宝库，是因为每年的新生给学校带来了自己的学识和不同的经验，而毕业生除了一颗富于创新的心，却什么也没有带走。——大学文化不仅是社会文化的晴雨表，也是先进文化的风向标。大学要培养的不仅是善于接受已有知识的人类历史文化成果的继承者，而且是善于发现和运用新规律来改造自然界、社会和人类自身的未来社会的创造者。"①

笔者在中国传媒大学开设了本科生公选课《周易与人生》，其目的就是想通过该课程的学习使学生对中国的传统文化、人生的价值和意义以及自己的学生生活有更深刻的领悟，激发他们对社会、自然的好奇心和探究心，并能用周易自强不息和厚德载物的精神统领自己的身心生活，用自己微薄之力帮助和影响创新和进步的学生文化的形成与发展。

# 七　整体利益与局部利益的关系

目前，我国大多数高校都实行了校、院两级管理体制，有的高校还实行了学部制。其目的就是简政放权，充分调动学院和系、所的积极性、主动性和创造性，深化校内管理体制改革，优化教育资源配置，提高人才培养质量。同时，大多数高校都已经进行或面临着人事制度改革，定编定岗，实行全员岗位聘用（聘任）制。全员岗位聘用（聘任）制的基本原则是：在严格定编、定岗、定职责的基础上强化岗位聘任和聘后管理，根据学科建设和工作需要科学合理地设置岗位，通过公开招聘、平等竞争、择优聘用等程序聘用各类工作人员，签订聘期协议（合同），明确双方权利、义务和责任，确立受法律保护的劳动合同关系。通过全员聘用的办法，有效地建立竞争上岗机制，

---

① 顾秉林. 大学文化应包容个性——在哈尔滨工业大学承办的"一流大学建设"系列研讨会上的讲话 [N]. 人民日报，2007 - 8 - 24.

优化配置学校教育人才资源，优化学校人员结构，促进学校的发展。努力做到"减员增效、精干高效"，并建立"按编定岗、按岗取酬、多劳多得、优劳优酬"的人事分配制度。①

这种体制改革和人事制度改革势必凸显全校整体利益与院系局部利益、院系整体利益与教职员工个人利益之间以及个人与个人之间的利益矛盾。这在实践中已经陆续得到验证。许多院系或个人由于没能考虑或平衡校院之间、院系与个人之间的利益关系，自身虽然得到一定的发展，但却影响到整个学校整体利益的发展；同样的，有的学校或院系不愿放权而结果影响了个人的积极性、主动性和创造性。

总之，搞好高校内部治理，无论是单位还是个人，都应处理好整体利益与局部利益、集体利益与个人利益之间的关系。因此，统一思想认识，建立心理认同是不能忽视的一个工作步骤。

## 八 发展战略研究与数据库建设的关系

高校内部治理需要注重和依靠发展战略研究的成果以及数据库数据的支持。因此要处理好这二者的关系。有的学校虽然已经注意到发展战略研究的重要性，但仍然忽视战略研究数据和资料的标准化、网络化与信息化建设，给后续的战略研究带来很多的不便。笔者认为，发展战略研究首先要注意资料和数据的系统搜集与整理，并将这些数据和资料妥善保存起来以便建设数据库。其次，一旦数据库建立起来，一定要注意及时更新、使用和维护。

数据库建设需要大量的资金、技术和人力资源的投入，也需要各个职能部门的配合，是个长期的系统工程。需要专门部门牵头实施。这项工程需要整体规划、合理布局、重点投资、分步实施和加强协调，要打破校内部门垄断信息资源的局面。同时，要注意各高校数据库之间的共享和交流以及战略发展研究信息的交换。

---

① 关于实行全员岗位聘用（聘任）制的实施办法 . http://www.rsc.cdut.edu.cn/view.php?id = 146.

## 九　行政后勤人员和教学人员的关系

行政后勤人员和教学人员的关系中，教学人员显然是被服务的对象。尽管在人事、财务和后勤保障等方面仍然存在着诸多的问题，笔者相信随着后勤社会化过程的进行以及全员岗位聘用（聘任）制的施行，这方面问题将会得到一个比较理想的解决。

## 十　基础学科和应用学科平衡发展的关系

虽然基础学科和应用学科的关系已经有了比较普遍的正确认识，但是在实践中人们常常更加注重那些容易给自己带来很大利润和吸引力的学科和专业。即使在一个学科内部，人们也很容易将注意力集中于那些实践性很强、就业前景看好的学科和专业方向。但是，一所大学最长久的魅力应该是其学术研究的深厚积淀和学术大师的脱颖而出。

有学者认为，学术大师应有四个标准：第一，学术上博大精深。第二，创造性的思想贡献。第三，学术大师往往桃李满天下，学术上薪火相传，有许多的追随者和继承者。第四，学术大师不仅学问高，而且道德也高。[①] 从这几方面看，应用学科不好出学术大师，只有基础学科才能出学术大师，因此，一个大学要学运长久就不得不重视学术大师的培养，重视基础理论的研究和投入。那种目光短浅、急功近利或者杀鸡取卵的做法都是不可取的，需要下决心扭转一下。

---

① 戴逸．学术大师的标准．http://www.gmw.cn/01gmrb/2005 - 08/18/content_2910 17.htm.

# 联想法对英语启蒙阶段词汇
# 教学有效性的实证研究

祝　珣　　张伟楠

**【摘要】**

英语启蒙阶段是学习英语的关键期，本文对联想法应用于英语启蒙阶段词汇记忆的有效性进行实证探究，通过将联想法词汇教学同传统词汇教学进行对比，发现学生利用联想法记忆单词的错误率相对高于传统教学法，进而指出联想法并不完全适用于小学英语启蒙阶段中的英语词汇教学。

**【关键词】**

小学英语　启蒙阶段　词汇记忆　联想法

**【作者简介】**

祝珣，女，汉族，北京师范大学外文学院副教授，博士。

张伟楠，男，汉族，北京师范大学经济与工商管理学院本科生。

## 一　问题提出

第二语言词汇学习在攻克第二语言中扮演着重要的角色，词汇的学习更是重中之重。"没有语法，难以表述；没有词汇，无法表述"。① 传统的单

---

① Wilkins, David A. Linguistics in Language Teaching [M]. London: Edward Arnold, 1972.

词教学方法是让学生读、抄、背、默，教学重点放在理解单词的意义和用法上，忽略了单词之间的联系。随着现代外语教学观念和方法的发展，英语教学模式也正发生着深刻变化，这种变化体现在对于传统外语教学的种种弊端和不足的认识与超越上。联想法教学是一种单词教学方法，西方语言学家 Rebecca L. Oxford 提出记忆的四种策略，其中第二种策略 Applying images and sounds 中的第一个分类里提到了 using imagery，即"联想法"。"联想"在现代汉语词典中表述为由某一事物而想起与之有关事物的思想活动，即利用联想能够将一个词与其他更多词汇建立某种联系。由于利用中文含义与英语发音的拆分，英语词汇之间的联想，词汇记忆效果好，速度快。联想法能够根据单词的拼写、词根词缀、发音同汉语的形似度来展开联想，达到举一反三的效果，从而提高记忆单词的效率，进而整体提高英文水平。

近年来，对于词汇学习策略的探究层出不穷，特别是针对初中及以上学生利用联想法记忆单词效果的研究。而英语启蒙阶段（中国学生首次接受外语的平均时间为小学 3—4 年级，个别大城市可能会更早）是奠定一个人英语学习兴趣的关键时期，很多学生由于在英语启蒙阶段受到鼓舞，提高了英语学习的兴趣，实现良性循环，在未来英语学习的道路上收获颇丰；但与此同时，不少学生由于初期的英语基础没有打牢，失去了对于英语学习的兴趣，给以后的学习生活造成很大障碍。如何能够在这段时期进行有效的词汇教学？被高中生和大学生推崇的联想词汇记忆法是否也对小学启蒙阶段的学生有效？由于对联想法在英语学习启蒙阶段的应用的研究，特别是实证研究较为缺乏，本论文的两位作者正是带着以上疑问，从一所小学取样，来尝试研究小学生运用联想法记忆单词的有效性。

## 二　研究对象及方法

### （一）研究对象

本研究以山东省聊城市郭庄村中心小学 3、4 年级学生为研究对象，共 30 人。其中男女人数各占 50%，平均年龄为 11 岁左右，受现实条件影响，均处于英语启蒙教育阶段。

## （二）研究方法

### 1. 实验调查法

本研究采用单因素实验设计，将研究对象随机分配为两组——实验组和控制组，控制了学生记忆力水平、认知水平等无关变量，从而控制了抽样误差，保证了实验的内在效度。自变量为教学方法（联想法与传统法），因变量为两组单词的平均错误率。运用等组随机控制后测实验法，即对实验组进行实验处理，保持控制组不变，将两者结果进行比较。

实验材料的选择：由于3—4年级小学生所接触的英语单词大多数为三个音节以内且与生活紧密相关，因此本实验的单词选择均为学生尚未接触过的小于或等于两个音节的单词，同时又是常见的具体名词、动词及形容词（实验一中有具体名词4个、动词3个、形容词3个；实验二中有具体名词6个、动词3个、形容词1个），对于刚刚接触这种方法的被试者来讲，更有利于其进行比较联想。如果使用抽象名词，因为没有具体的形象与之对应，不利于初学者的联想，因此本实验材料的选择是适应3—4年级小学生的记忆水平的。

表1　实验材料一

| 单词 | 汉语意思 | 联想 |
| --- | --- | --- |
| Pea | 豌豆 | 屁 |
| cute | 可爱的 | Q－企鹅 |
| Pie | 馅饼 | 蛋黄派 |
| Ice | 冰 | 夏天热爱死冰 |
| Elude | 逃避 | 谐音：一路的 |
| Drama | 戏剧 | 谐音：抓马 |
| Owe | 欠 | 哦 |
| Rose | 玫瑰 | 肉丝 |
| Run | 跑 | 谐音：远 |
| Fan | 风扇 | 谐音：烦风扇一 |

表2 实验材料二

| 单词 | 汉语意思 | 联想 |
|------|---------|------|
| Haunt | 常来常往 | 你喜欢去姑姑家 |
| Bold | 大胆的 | 不老的 |
| Famine | 饥荒 | 谐音：饥荒发米 |
| Bride | 新娘 | 不骑马的是新娘 |
| Ponder | 思考 | 胖的人不运动愿意思考 |
| Curse | 诅咒 | 谐音：克死 |
| Morose | 郁闷的 | 没有肉丝—很郁闷 |
| Plight | 困境 | 扑没光陷入困境 |
| Curb | 抑制 | 磕巴受到抑制 |
| Due | 预期的 | 丢东西非预期 |

**2. 访谈法**

在实验过程中，研究者根据学生单词记忆的效果，分别对两个班级中英语记忆效果较好和较差的学生进行访谈，以期深入了解其词汇记忆时两种教学方法的影响，从而提高实验的可信度。

## （三）实验过程

本实验分两次进行，将随机分配的两组学生（实验组和控制组）安排到两间教室，用10分钟时间分别在教室1和教室2进行英语单词教学，对被试者讲解10个之前从未接触过的单词。其中教室1采用联想法，在教授单词的过程中，侧重单词的联想及单词意思的讲解。例如：讲解haunt的过程中说明h代表home，aunt代表姑姑，联想姑姑家是常来常往的地方；教室2采用传统英语教学法，即不断重复单词的发音和含义，教师自己先读一遍，然后教师带领学生读三遍。例如在讲解haunt的过程中，教师自己先读一遍，再加入汉语意思，最后教师带领学生连带单词发音及汉语意思共同朗读三遍。

具体操作流程如下：两间教室的教师相同，教师在教室1运用联想教学法讲解单词，10分钟后到教室2运用传统教学法讲解单词。与此同时，教室1有专门的工作人员记录学生单词背诵时间，学生背诵10分钟后立即开始测试。教师在教室2进行10分钟传统单词教学后，由教室2的工作人员进行背诵计时并测试（图一为实验流程的甘特图①）。尽管两个班级不同步，但消除

---

① 又称横道图，通过图示形象地表示出任何特定项目的活动顺序与持续时间。

了教师不同造成的影响。实验组与控制组的单词平均错误率差异即为联想法和传统法的差异。

实验二与实验一相同，增加实验的次数可以进一步减少实验的误差，满足了实验的可重复性，提高了实验的信度。本次实验的无关变量为学生已有的知识基础、已有的能力和教师的教学水平等，这些变量在两次试验中保持相同的水平，从而进一步减少了实验的误差。

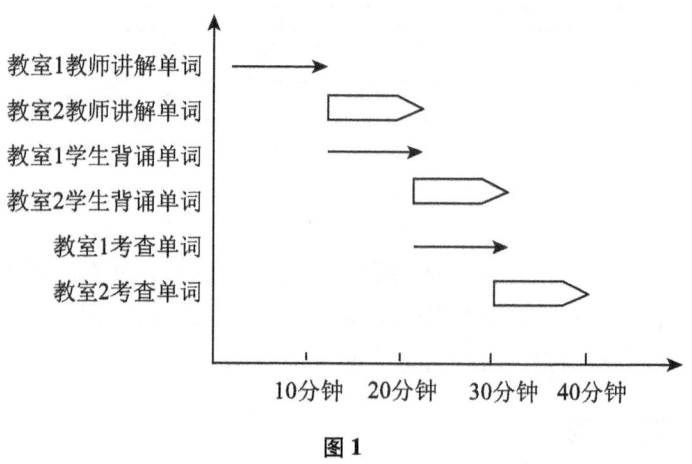

**图1**

# 三 实验结果及分析

## （一）实验结果①

表3　实验一结果

| 教室 | 教室1（比较联想） | 教室2（传统记忆） |
| --- | --- | --- |
| 总单词 | 150 | 150 |
| 错词数 | 57 | 46 |
| 错误率 | 38% | 31% |

① 试验结果说明：[1] 150个单词为每个学生10个单词一共150个单词；[2] 单词错误总量为每个学生单词错误个数相加；[3] 此种计算方法所得出结果按照数学原理同每个学生的错误率平均值一致；[4] 错误单词量除以单词总量为错误率。

表 4　实验二结果

| 教室 | 教室 1（比较联想） | 教室 2（传统记忆） |
|---|---|---|
| 总单词 | 150 | 150 |
| 错词 | 51 | 27 |
| 错误率 | 34% | 18% |

两次试验的结果综合来看，运用联想法记忆单词的错误率为 36.12%，运用传统法记忆单词的错误率为 24.4%。分别用 t-test 对两次实验结果进行检验。该实验为两独立样本 t 检验计算公式，并假设 $H_0$ 为实验组和对照组不存在显著差异，$H_1$ 为存在显著差异。计算得实验一中实验组相对于对照组 t 值为 4.54，实验二中实验组相对于对照组 t 值为 2.33，查表得显著水平 $\alpha = 0.05$ 时，在自由度为 14 时的双尾概率为 $\alpha = 0.05$ 对应的 t 为 2.13，故两次试验中在 $P < 0.05$ 情况下均有统计学意义。四次测验的离散系数均集中在 0.60-0.85 之间，保证了数据的有效性。

## （二）结果分析

从两次单词实验结果上看，联想法对于英语启蒙阶段的学生产生的效果不如传统记忆法。在进行 10 分钟的记忆后的随堂测试中，用联想法记忆词汇的学生平均错误率要高于用传统法的学生（前者错误率为 36.61%，后者错误率为 24.40%）。从采访结果来看，在联想法中表现比较好的学生表示，有一些词汇的速记方法能够帮助其迅速记忆单词，但是效果并不比之前词汇记忆的速度快多少。如在采访中有同学表示："老师，我觉得这种方法背起来有点慢"。在联想法中表现较差的同学表示，比较联想会混淆其一些认知，比如在记 due 这个词的时候，由于谐音记，自己就会把单词记成"丢"。如在采访中有同学表示："老师，您教的方法记起来总觉得这个意思也对，那个意思也对"。在传统法中表现较好的同学表示熟悉单词的读音会提高其背诵效果，在传统法中表现较差的学生表示自己对于单词的记忆提不起兴趣。

研究表明：儿童时期（即 0—13 岁）是一个人记忆力发展最快的时期，也是记忆的黄金年龄。[①] 小学阶段是儿童可塑性最强的时期，也是儿童学习外

---

① 李蓓蕾等. 英语语音意识在汉语儿童英语单词阅读及拼写中的作用 [J]. 心理发展与教育，2011（04）：388-393.

语的最佳时期。① 本实验结果表明用传统方法记忆词汇的效果好于联想法。相反，由于儿童认知结构还未发展成熟，② 所以比较联想反而会造成学生的困惑，这可以从以下方面得到解释：

1. 小学生记忆的发展程度。心理学家研究证明，幼儿的机械记忆能力旺盛。有关调查表明小学时期的学生机械记忆能力大大超过初中学生，这是因为小学生的一般基础知识少，还没有完全形成理解性的思维方式。在对一些识记材料还没有理解的情况下，只能依据事物的外部联系，反复进行识记。从记忆方法上看，小学生记忆中机械记忆占主导地位，意义记忆逐步发展。机械记忆是指没有或不能对记忆材料加以理解，而是靠机械式的重复进行的记忆。意义记忆是指在对材料充分理解的基础上根据材料内在联系而进行的记忆活动。小学低年级儿童较多地运用机械记忆，这是因为他们的抽象逻辑思维尚未发展，知识经验比较贫乏，对学习材料不易理解，还不善于对记忆材料进行思维加工或逻辑加工。

2. 小学生对于联想法的掌握程度。7—11 岁的儿童处于具体运算阶段，此阶段的儿童的思维已具有了明显的符号性和逻辑性。比如已能做简单的逻辑推演，基本上克服了思维中的自我中心。但是此阶段的儿童思维活动很大程度上仍局限于具体的事物以及过去的经验，缺乏抽象性。联想法需要学生们日常经验的不断积累，这也是联想法不适合用于小学英语教学启蒙的主要原因之一。

3. 小学生语音意识的发展程度。本实验采用的联想法，多是由语音产生的联想，继而对应到汉语意思。在小学生英语词汇学习中，英语语音意识对小学生词语短时记忆及单词拼写的影响不明显。随着年级的升高，小学生的英语语音意识有明显的进步和提高。③ 也有研究者特别指出，小学汉语儿童的英语语音意识与拼写的关系相对更为紧密；④ 不难看出，本实验的对象处在英语启蒙阶段，学生还没有建立语音与拼写的对应关系；另外，本实验只考察英语单词对应的汉语意思，没有考察拼写，所以语音联想法并未发挥其应有

---

① 刘岩. 小学是学习语音的最佳时期 [J]. 课程教材教法，1995 (01)：33 - 35.

② 刘电芝. 儿童发展与教育心理学 [M]. 北京：人民教育出版社，2006.

③ 黄娟娟. 英语语音意识与词汇短时记忆 [J]. 北京第二外国语学院学报，2002 (05).

④ 李蓓蕾等. 英语语音意识在汉语儿童英语单词阅读及拼写中的作用 [J]. 心理发展与教育，2011 (04)：388 - 393.

的作用。

此次采访结果恰好也佐证两次试验的结果，虽然就本次实验来说，不排除联想记忆法可能对于某些同学有效，但是其效果相对于传统方法并不明显，同时也不排除联想法可能会混淆认知，而且很多单词发音产生的联想可能会对学生的英语口语纯正性造成负面影响。

# 四　启　示

## （一）辅助传统教学，提高教学效率

虽然在英语启蒙阶段，联想法词汇教学通过中文含义与英语发音的拆分，能够提高学生对英语单词的敏感度。但是，传统的单词教学重视单词的读音与拼写，处于英语启蒙阶段的学生由于此时接受的单词量很少，其机械记忆效率反而更高。如采访中有位同学表示："老师，我有些词也没有用您教的方法（联想法），我觉得多读几遍会记得比较快。"此时学生的认知结构还未发展成熟，所以传统词汇教学法效果较好。如采访中另一位背诵效果较好的学生表示："老师，我有些时候采用您的联想法会比较慢，而且有一些单词是自己死记硬背背下来的。"但是随着学生年龄的不断增长，对于单词的需求量不断加大，认知结构也不断成熟，传统单词背诵法已经不能满足学生的进一步需求，在此种情况下，我们应该考虑如联想法等其他词汇教学方法。

## （二）根据单词特点灵活运用比较联想法，活跃课堂气氛

联想法的优势在于能够通过举一反三来提高学生对于大量单词的记忆能力。例如，学生可以通过记忆 aunt 姑姑的方式来记忆相关 daunt、flaunt、vaunt 等词汇；能够打破死记硬背的瓶颈，如果和词根法相结合就能够更加快速地突破大量词汇。但是这种情况对于年龄比较小，认知结构不成熟，单词需求量较小，英语学习以兴趣为主的小学生并没有特别明显的效果，反而会给一些学生造成困惑。如一位采用联想法记忆效果不好的同学表示："老师，我有些时候用您的记忆方法可能会把单词的含义记差。"但是，不可否认的是，通过联想法记忆单词可以增加记忆单词的趣味性，在一定程度上活跃课堂气氛。需要注意的是，记忆单词应避免离开上下文语境，一味地强调孤立记忆单词。教师可以根据单词的特点和语境，启发学生运用联想法记忆单词。

### （三）运用多样教学法激发学生学习动机

小学生在英语启蒙阶段普遍对于英语有陌生感和好奇感，他们的求知欲也十分旺盛，不应要求学生刻意理解，而是应以提高英语学习兴趣为主。本实验和访谈结果显示：启蒙阶段学生对于单词的发音、含义较为敏感。建议在进行传统单词教学法的同时，引入多媒体教学，放一些单词歌曲和音频来强化他们的记忆。随着信息技术的不断发展，越来越多的针对英语课堂教学的软件也层出不穷、功能繁多，合理使用可以帮助学生培养对英语的持久兴趣，激励学生学习英语的热情，从而为后来的英语学习打下良好基础。除多媒体外，在英语教学中，游戏也可以起到很明显的效果，小学生有强烈的表达欲和好奇心，游戏可以激发他们对于英语的好奇心，与此同时通过游戏把单词发音与单词含义结合起来，加强其对单词的记忆。总之，合理地将各种教学法有机地结合起来，才能使学生的英语学习更为有效、兴趣更持久。

## 五　本实验的局限性

（一）本实验侧重于单词的短时记忆，即随堂背诵随堂考试，没有涉及长时间记忆，而单词的长久记忆对学习者的英语能力有更深的影响。

（二）本实验的对象主要来自于农村学校，对于联想的内容可能会有别于城市同龄学生，试验样本有待于扩展到城市学生。

（三）实验对象初次使用联想法记忆单词，由于不熟悉这样的联想方式，可能造成了单词正确率的下降，这同样会影响到实验的准确性。

**参考文献：**

[1] 陈静．小学生英语单词记忆法策略训练的实验研究［M］．大连：辽宁师范大学出版社，2011．

[2] 陈琦，刘儒德．当代教育心理学［M］．北京：北京师范大学出版社，2007．

[3] 戴伟栋，刘春燕．学习理论的新发展与外语模式的嬗变［J］．外国语．2004（4）：10－17．

［4］斯普伦格，董奇. 脑的学习与记忆［M］. 北京：中国轻工业出版社，2005.

［5］高文艳. 从心理语言学的角度谈词汇记忆［J］. 语文学刊（高教外文版），2008（2）：32 – 35.

［6］蒋利. 从单词到模块——从认知角度论英语词汇教学［J］. 西南民族大学学报（人文社科版），2003（6）.

［7］李皖等. 联想记忆法改善学生记忆能力的实证研究［J］. 学理论，2013（5）：196 – 197.

［8］李健. 浅析英语词汇教学［J］. 中学教学参考，2011（31）.

［9］刘爱伦，水仁德. 思维心理学［M］. 上海：上海教育出版社，2002.

［10］刘双勇，刘雪梅. 英语词汇教学中比较、联想法的运用［J］. 管理观察，2010（33）.

［11］宋乃庆等. 教育实证研究［M］. 重庆：重庆出版社，2001.

［12］杨廷君，李跃平. 英语词汇联想教学法——理论与实践［J］. 西南民族大学学报（人文社科版），2007（1）.

［13］郭振鹏. 运用比较、联想、语境教学英语词汇［J］. 甘肃科技纵横，2007 年（1）：146 – 147.

# 西方大学文化建设特点及经验

王成娟

**【摘要】**

西方国家大学的发展史比我国要早得多，现代大学制度也相对比较成熟。通过研究总结西方大学文化建设的特点，可以增进我们对西方大学文化建设实践的了解，使我们更加清楚其中哪些经验值得我们借鉴。在大学文化建设方面，我们有必要到西方国家的大学中去取经。

**【关键词】**

西方大学文化 特点 经验

**【作者简介】**

王成娟，女，汉族，华东政法大学社会发展学院教师，哲学硕士

现代意义上的大学诞生于 12 世纪左右的西方国家。大学文化以大学为载体，随着大学的产生和发展而不断变化发展。一部大学发展史，实际上也是大学文化的积累发展史。西方国家高等教育经过漫长的历史发展，其大学文化建设也积累了丰富的经验，值得我们研究借鉴。

## 一 西方大学文化建设的特点

大学文化作为一种亚文化，其文化特质深受西方社会文化的影响，是西方社会文明发展水平的重要标志。与西方工业化和现代化进程相一致，西方大学文化主要呈现出以下特点：

### （一）大学及其文化的相对独立性

西方早期大学诞生伊始，在管理、经费等方面都受制于教会，并在教会的保护下得以发展壮大。到了近代以后，西方大学尤其是一些著名的私立大学，走上了自主发展的道路，在财政经费和大学管理上都相对独立于政府或其他社会机构。这种自主表现为自主招生、主要依靠大学自身筹集办学经费、办学自主等。大学的自主地位也决定了大学文化成为了社会文化系统中相对独立但又十分活跃的部分。大学文化的独立性并不意味着其脱离社会孤立发展，实际上，在西方资本主义社会的发展过程中，大学文化一方面积极参与到社会的现代化进程中，为社会进步和经济发展提供精神动力和智力支持；另一方面，大学文化也主动与商业及政治利益保持一定的距离，以维护教育的纯洁性，使其能够按照教育规律自主发展，这也是西方大学教育质量始终居高不下的重要因素之一。

### （二）大学文化崇尚开放性

兼容并蓄、开放包容是大学文化的应有之义。西方大学的开放性首先表现在很多著名大学都是没有围墙的，与周围城镇浑然一体，这为大学更好地服务社区、服务社会提供了便利；开放性还表现在大学文化的大气上，即允许各种不同的思想在校园内激荡碰撞，真理越辩越明，潜移默化地培养学生认真独立思考的能力。比如，美国与伊朗具有完全不同的社会意识形态、宗教文化背景，而且两国历来是政治上的宿敌，但美国哥伦比亚大学仍然力排争议，邀请伊朗总统内贾德赴哥大演讲，这正是哥大大气大学文化的体现；最后，开放性还表现在西方大学文化呈现出的交叉融合的多元文化现象。在很多欧美大学，留学生占了学生总数的很大比例，在一个大学校园里，经常有不同肤色的人群、不同的语言交汇，这种多元的师生构成、国际性的文化背景，构成了一道校园多彩风景线。[①]

### （三）大学文化崇尚学术自由

学术自由是现代大学的精神之一，也是欧美大学最根本的价值观之一。

---

① 王杰，张鹏. 美国大学文化的特点及对我们的启示［J］. 广西高教研究，2001 (6).

学术自由的理念最早由柏林大学创始人洪堡提出，他认为，教育就要为人们创造自由研究、自由学习的条件，表现在大学教育当中就是要倡导学术自由精神，即研究自由、教学自由和学习自由。这种自由的精神很快便成为世界各大学纷纷实践和追求的基本准则。随着大学日益从社会生活的边缘走向社会生活的中心，大学与社会的联系越来越紧密，政府和其他社会机构都试图通过各种途径对大学施加影响，而大学为了保证学术自由也采取了许多措施来减小外界压力，切实维护自身独立的地位，让校园内尽情地吹着自由的风气。

### （四）大学文化注重反映、培育大学的办学理念

办学理念是大学文化的重要组成部分，是包含了大学的精神、使命、宗旨、功能等基本思想的概括性论述，[①] 直指"大学的本质"和"大学的目的"，对一所大学的特色发展具有重要意义，因此，各大学十分注重对大学办学理念的培育与修正，以始终保证大学在继承历史的基础上沿着其既定的方向前进。总的来看，西方大学的办学理念呈现出继承传统和创新发展相统一、理想主义和实用主义相统一、科学精神和人文精神共存的共同特点。[②] 回顾西方大学发展史，几位著名的教育家为西方大学办学理念的形成和发展作出了重要贡献：

一位是哲学家康德。康德或许是最早对大学的办学理念进行理论探讨的学者，他在其著作《学部冲突》（The Conflict of the Faculties）一书中作过这样的描述："大学学术共同体中包含一个教学独立于政府支配之外的学部是绝对必要的；没有任何外界对它下达指示，它可以自由评估一切。它仅关心那门科学自身的利益，也就是说仅关心真理；在这样的学部中，理性有权公开立说，没有这种学部，理性不会呈现；理性按基本性是自由的，在真的问题上它不承认任何外在的命令。"[③] 这段话反映了康德对大学追求真理、学术自由的理念的倡导，也为后人提供了思想向导。

英国红衣主教纽曼所主张的大学理念是传统大学理念的经典。在其名著《大学的理念》中，纽曼阐述了英国大学数百年的办学传统和他本人关于大学

---

① 孙雷. 国外大学文化建设的特点及其借鉴意义 [J]. 东北大学学报（社会科学版），2008 (6).

② 雷玉琼. 大学文化建设的国际借鉴 [J]. 外国教育研究，2008 (6).

③ 张岂之，谢阳举. 西方近现代大学理念评析 [J]. 高等教育研究，2003 (4).

理念的思想，代表了那个时代关于大学理念的典型认识。他认为，大学应该注重普遍知识的传授而"不是对具体事实的获得或实际操作技能的发展"，因此，他主张以文理科知识为主的博雅教育，这种教育的目的是把学生培养成优雅的绅士。纽曼实际上是坚持大学的精英教育，坚持大学是传播高深知识的地方，这对于现今在商业利益驱使下，高等教育规模不断扩大、教育质量迅速滑坡以及大学文化持续低俗化下的各国大学发展，仍然具有十分重要的参考价值。

西方大学史上还有一位对后世大学发展产生重要影响的教育家，即柏林大学创始人洪堡。洪堡主要在两个方面发展了大学理念：一是他认为大学必须相对独立，必须自主且有自己的发展目标，政府不能用政治的或经济的手段干扰大学发展，而应该采取各种措施支持大学的健全发展；二是他发展了大学的研究功能，并奠定了"学术自由"的价值。洪堡认为，大学除了知识的传授外，还应该注重科学的研究，并且这种研究是独立的、自由的进行，不屈从于任何外界的阻力。洪堡的大学理念后来漂洋过海，几乎影响到了全世界很多国家的大学。哈佛大学的校训："让真理与你为友"，耶鲁大学的"真理和光明"，斯坦福大学的校训"让学术自由之风劲吹"，这些著名大学的校训无不反映了洪堡"研究科学"、"学术自由"的大学理念。

如上所述，大学文化所崇尚的独立、开放、自由及其所孕育的多元文化并立给整个世界的文化带来了生机和活力。在不同大学文化的背后，存在某些具有普遍价值意义的共性可供我们借鉴。

## 二 可供我们借鉴的经验

研究西方大学文化建设特点的目的在于借鉴。借鉴不是盲目照搬，而是在分析研究的基础上结合我国大学实际情况的一种扬弃。

### （一）建设大学文化，首先要有明确的、适合本校实际的办学理念

研究中国大学的学者普遍认为，目前中国的大学存在着一种普遍的病态，即无视自身情况，纷纷追求上规模、追求大而全。各校专业设置、学科布局存在低水平的简单重复，导致的一个直接结果就是中国大学的面貌千篇一律，

毫无特色，样样求优而样样无优。与此形成对比的是，西方大学在办学理念上追求的是学校发展的比较优势，并不要求所有学校都采用一个发展模式，也不追求每个大学都发展所有学科，许多著名大学都只有几类学科是一流的。比如耶鲁大学的法学和生物学、哈佛大学的商科、麻省理工学院的工科、芝加哥大学的理论研究以及约翰·霍普金斯大学的医学，等等。

### （二）建设大学文化，应注重从民族传统文化中吸取养分

在全球化时代，西方国家的文化凭借其国家强大的经济实力和政治影响，正铺天盖地地席卷中国内地。在高等教育领域，国内大学在教育上与国际接轨的呼声越来越高，学习西式大学教育模式的兴趣日益高涨，而对中华民族在教育方面的一些优良传统，则少有关注。而在西方国家，大学重视对本民族传统文化的研究、传承和创新，文化竞争力增强了，自然有助于国家在国际社会中提高地位。

### （三）建设大学文化，应该始终注重科学、人文、艺术、理想主义以及实用主义等多种精神要素的培育和渗透

在当今中国，市场经济大潮和对商业利润的追逐冲击着社会的每一个角落，昔日的象牙塔圣地再也无法洁身自好，大学校园内到处充斥着学术腐败、急功近利、官僚作风以及某些商业潜规则。而在市场经济发达的资本主义美国和英国，一些著名大学如耶鲁大学、牛津大学和剑桥大学等，依然在坚守自己悠久的科学、人文和理想主义传统，这也正是这些著名大学能够保持顽强生命力的重要原因。

### （四）建设大学文化，应该把大学文化与所在地的社会、文化相结合，为社会服务

中国的大学有着高高的围墙和看守森严的大门，大学教师或学生对社会的贡献远远不能满足社会的实际需要，大学与社会的联系持续性不强、合作的程度也不够深。在美国，很多大学与周围社区是浑然一体的，大学里的文化设施和许多文化活动，都对周围社区的居民完全开放，吸收他们参与到文化活动中来，如此，学校自然也就成为当地文化的中心。要实现大学文化对社会文化的引领作用，具有开放性的大学文化不可缺少。

**（五）建设大学文化，一方面要促使大学与社会紧密结合，另一方面也必须维护大学的相对独立**

在我国，现行的高等教育管理体制决定了大学是政府的附属物，近年来，高教管理体制稍有松动，部分大学有了部分办学自主权，但从高等教育发展的规律来看，还是远远不够的。西方大学的相对独立，使其拥有高质量的教学效果和高水平的学术科研成果。实现大学自治，需要深化教育体制改革，需要付出很多努力，但我们依然要追求。

# 中美学校教育文化差异浅析

张锐颖

**【摘要】**

学校教育是国家建设的重要部分，教育体现着一国文化，因此不同国家的教育文化也迥然不同。本文将焦点集中在中美学校教育的文化差异及其原因上，从教育的目标与价值取向、课堂表现等方面入手，着重阐明中美教育出现的文化差异，进而分析其背后的中美文化差异，并对学校教育提出相应建议。

**【关键词】**

学校教育　中美文化　文化差异

**【作者简介】**

张锐颖，女，汉族，中国传媒大学传播研究院 2013 级传播学硕士研究生。

曾有一位中国的表演系学生到国外深造，她发现那里的同学远不如中国的精致，他们在高矮胖瘦、相貌水平上千差万别，年龄甚至也相差甚远。由此，她很不理解，甚至怀疑学校的教学，这种差异给她的学习带来了一段时间的困惑和障碍。直到她看到同学的大型表演，惊讶于他们深厚的表演功力，才不再困惑。

这并不是个体性的问题，这种不理解恰恰反映出中美教育文化的巨大差异。全球化不仅直接影响了各国的政治经济生活，也在教育领域产生了重要的影响。其一，伴随着人员跨国流动情况的普遍，文化也开始有更频繁的、大范围的流动。世界上许多国家的课堂都已经出现了来自其他文化背景的教师和学生，他们在文化传播和学习的过程中使这种差异更加明显。其二，全球化对学校教育提出了更高的要求，它不仅要求学生必须习得本文化的内容，而且要更多地了解其他文化，只有这样学生才能更好地应对生活工作中各种文化的交流，才能使多元文化的社会和谐运转。因此，学校教育需要更加认真和妥善地对待教育文化的差异，努力帮助本民族文化传播并教会人们理解其他文化，鼓励各种文化之间的相互交流，引导人们以开放的心态面对世界的文化差异，促进理解与沟通，减少冲突，这是创建多元化和谐社会的有效工具。①

## 一　中美教育目标和价值取向的差异

目前，中国教育的考核体制十分重视学生在专业方面所达到的资格或者水平，对学生学习的动机重视不够，而西方却并不如此。这种差异主要体现在一些选拔性入学考试上，尤其以一些较为特殊的艺术类学科更为突出。

上文提到的例子其实是一个人所遇到的中美教育文化的冲突问题，是中美在表演教育方面的文化差异。在中国艺术专业院校的表演专业中，放眼望去几乎全都是身材高挑、皮肤白皙、面容姣好的少男少女。他们中很多人正是由于自己突出的外形条件，才考虑选择报考表演专业。另外，近年来每逢艺考，一些艺术院校的周围都出现了专业化裸妆的店面，专门为考生服务，目的是帮助考生既能躲避面试时禁止化妆的限令，又能有精致良好的形象。有新闻报道中称，到店接受化妆服务的男女考生众多，但其价格却也并不便宜。可见，中国表演专业的教育理念和学生的动机有一种对外貌条件十分重视的倾向，所以突出的外形条件对中国想要学习表演专业的学生来说才非常重要。但对于美国大学表业专业的同学来说，情况是完全不同的。学生们并不必一个个亭亭玉立、玉树临风，甚至有的学生已为人母。从学生角度来说，他们学习表演并不因为自己外形突出，而是因为对表演的兴趣和热爱。从学校角度来说，学校不会对表演系学生的形体外貌有太高的要求。一方面表演是用来呈现和反映生活的，表演中也需要各样的人物和角色。这些角色必然不可能有相近的身形与气质，同样靓丽的外貌，而是要有老有少，高矮胖瘦

---

① 林一，刘珺.跨文化交流案例分析［M］.北京：经济日报出版社，2012.87.

都不可少。另一方面，表演教育重视的是学生的表演能力，在入学时测试的是学生的潜质。换句话说，在美国，一个热爱表演而且潜力突出的普通学生，会比一个对表演一无所知的人更有可能进入专业学习，在中国的情况则不一定。

所以说，中美文化的不同对教育领域的影响，尤其体现在学校教育和学生学习的动机上。具体来说，这是专业性学习与兴趣性学习的差异。中国文化强调学习的专业性，学校教育潜在地认为像表演这样的专业只能让外貌出众、身形高挑的俊男靓女去学习，这也使它的选拔标准有了一定的偏好倾向。而恰恰这些学生学习表演也不都是因为兴趣和热爱，他们认为自己的容貌应该而且可以学习表演，而且期望因此成名。但美国文化不同，它注重学习的热情，认为学生应该学习对他有用并使他感兴趣的内容，而不是因为应该学习而学习。他们认为，学习应该从自己的兴趣出发，只有热爱，才会有学习的主动性和积极性，才能够更好地学习。

高标准的选拔和对专业性的要求无可厚非，特别是在中国目前好的教育资源相对短缺的情况下，这样的标准是有其必要性的。但就大学专业教育来说，真正成功的教育是要培养出一个热爱所学、精心钻研的人，要培养出一批优秀的精英，要培养出整个领域的繁荣——而这些，都与良好而持久的学习动机分不开。只有热爱才会钻研，才会精通，才会将自己置身于领域的发展。因此，现代中国教育，无论是在艺术、人文，还是在科学领域，都难以产生精英的一个重要原因就是忽略了教育和学习的动机，过分的注重知识的灌输和专业性的要求，没有培养学生对专业的持久热爱与钻研。

教育的目标和价值取向不同对教育的实施有着决定性的作用，在很大程度上，造成了教育评价标准和体系的不同。许多留美的中国学生对这一点差异深有体会。中国学生在学校中课程成绩往往非常突出，在国内可以凭此获得老师的重视和奖学金等很多奖励，而当他们到了美国学习，进入美国文化生活时，发现情况不一样了。成绩名列前茅不再是奖学金的保障，还要具有良好的创新能力、沟通表达能力、社会实践能力、课堂讨论能力和团队协作能力——而这些往往是中国学校教育评价体系中忽略掉的。还有中国留美研究生甚至因为不具备良好的跨文化交际能力，被其导师担心社交能力有问题，而拒绝为他提供一封支持他继续留学深造的推荐信。中国学生对此十分不能理解，因为中国的教育评价体系以专业成绩和表现为最主要标准，几乎不考虑社交能力，而美国教育对此却非常重视。可见，文化的差异在实际教育过程中如果得不到适当的处理，对个人会造成很严重的后果。因此，留学生必须要了解所处文化与自己本国文化的差异，并依此做出相应的调整以适应新的教育评判标准，融入新的教育环境。

此外，价值取向的不同还体现在教学方式和思维训练上。中美教育理念在如何提高学生解决问题和动手能力上的不同认识。在中国学校，学生们最重要的事情是记笔记，将老师传授的知识记录下来，并追求熟练和记忆。这说明中国的学校教育是个授予的过程，学生们增长知识的方法是接受老师所给的东西。接受的过程就是记录，不能有错，甚至不允许质疑。而西方在培养学生时以学生为中心，教师负责引导学生自己去发现问题、思考问题和解决问题，这种学习是一个个人探索的过程。当学生犯错误时，在安全的范围内，老师会引导、辅助他们依靠自己的思维和动手能力逐步找到正确的方法，而不会干涉和阻碍学生自主学习的过程。简单来说，西方实行的是试错教育，鼓励学生在错误中得到经验，并培养他们主动学习的能力。

这种差异在理科的课堂实验课上表现尤为突出。比如，在美国大学的化学实验课上，在安全的条件下，老师在指导一位同学进行演示实验时，任由该同学误将两种物质放入同一器皿，而站在旁边目睹整个过程，不进行提醒或阻拦。实验失败后，老师让该同学自己分析实验现象，继而引导他分析出现这种现象和导致实验失败的原因，最后讲授了正确的知识和做法。而中国的化学实验课大不相同。实验前老师严格要求学生不许触碰实验室里的仪器和物品，以防实验失败还要再重新进行实验准备。做实验时，学生必须一步步遵照老师的指令，和老师的做法一模一样地完成，不许犯错误。不过，针对教育方式的问题，目前中国教育界已有所重视，教育工作者也已经着手改革和调整自己的教学方式，对西方的教育经验进行了适当的吸取，努力使中国学校教育更加鼓励学生自主性的发挥。

## 二　中美教育课堂表现的差异

中美教育文化对课堂的理解十分不同，能够体现这种差异的案例不胜枚举。比如，美国的课堂总会出现热烈的，甚至是激烈的讨论，学生们有很强的意愿表达自己的观点，说出新奇个性和有创意的想法。这使得在中国做口语外教的美国人，工作之初常常会感到对中国式课堂的不适应：中国的学生十分拘谨，不停地写笔记，而不是积极表达个人观点，参与课堂。这让他们感到非常苦恼，误认为自己的课堂内容是学生们不感兴趣的，或者是他们听不懂的。直到工作一段时间后，外教才明白这是中美课堂文化的差异，与他们个人的表现无关。另外，"提问之后的一片寂静"的尴尬现象，在多数外国学者在中国大学举办讲座时也十分明显。这些例子都说明，中国式课堂与美国式截然不同，它本就是严肃、有地位差异、规矩安静的，而不是轻松、平等、表现自我的。

两种表现大相径庭的课堂，其实体现着中美教育文化的很多不同。首先，师生角色定位的不同。社会角色是某一特定社会群体对某一社会特定身份的行为的期望，人们社会交往从方式到内容都在不同程度上取决于人们的角色关系。① 中美对"老师"这一社会角色的社会期望大不相同。中国文化期望的是"严师"形象：老师是绝对权威，学生的独立自主性和个性被限制。而国外老师在课堂上则扮演三种角色：一是侍者，为学生提供学习上的各种条件和资源，让学生有自己的独立空间，自主性大大增强；二是智者，对学生的学习和实践随时进行点拨、提醒、指正；三是朋友，在课堂教学中教师和学生的地位始终平等，师生可以互相探讨问题或争执，保留自己的观点。② 中西文化对老师角色的定位差异，要求跨文化传播课堂上的外教老师，明确自身所处的另一种文化环境，根据所处文化环境的社会期望和社会规范适当调整自己的角色。因为，只有基本符合大的文化环境期望行动时，才能够达到预期的交往和教学目的，保证课堂跨文化传播的顺利进行。

其次，这个现象反映出的是中西文化在学校教育中关系方式的不同。从上面的例子我们可以看出，国外的师生关系较为融洽，课堂对学生限制很少，相比之下，中国课堂上的师生关系显得比较生硬和紧张。进一步说，教育中的关系方式是指学生参与学习过程的方式，分为参与型学习和被动型学习。③ 在中国文化中，学校教育方式属于被动型学习。老师将所有知识和信息传授给学生，学生的任务是记住知识本身，回答老师提出的问题，并记下相应的标准答案。而在美国文化中，学生属于参与型学习。学校教育鼓励学生多进行发问和讨论，并引导学生积极主动参与学习过程。不同的关系方式必然会带来不同的结果。中式教育对基础知识的掌握要求很高，侧重知识和成果的

① 吴为善，严慧仙. 跨文化交际概论 ［M］. 北京：商务印书馆，2009. 64.

② 杨文博. 中外课堂教学的几点对比与思考 ［J］. 现代教育，2013 (8)：12 - 14.

③ 林一，刘珺. 跨文化交流案例分析 ［M］. 北京：经济日报出版社，2012. 88.

积累、传承与总结，不鼓励个人新观点的提出，进而要求学生规矩认真地完成老师给的任务，使得中国学生创新能力相对较弱。而西式教育不追求对知识内容的强化学习，鼓励学生参与课堂、自我表现，侧重培养学生独立思考、敢于质疑、参与讨论的能力，所以学生对知识的熟记程度相对较弱，创新能力得到了提高。

再者，更深层次的，两种风格迥异的课堂体现出中西文化模式的差异。中国的文化模式较为正式，在教育方面，自古有"一日为师，终身为父"的说法，而"父"在中国家庭伦理中有着君主般至高的地位。可见，老师与学生之间地位存在着非常明显的不平等。中国教育领域讲究"尊师重道"、"为人师表"，所以教师自身十分注重塑造一种庄重、不苟言笑的形象，而学生更是被严格要求尊重老师。另外，课堂上讨论和说话被视为不尊重老师的表现，被严格禁止，特别是在中小学阶段，所以即使到了学生已经成人的大学，他们也不会在课堂上随意讨论、质疑老师。而美国教育文化倾向于随意和平等，由此美国课堂不是拘谨的，师生关系相对宽松，地位相对平等，学生从小被教育展现个性、独立思考，所以他们会主动地随时提问，并进行讨论，课堂气氛也就变得轻松活跃。

最后，这种差异源自民族成长中形成的特性。中国人自古追求"大一统"，从物质到精神，从社会到家庭，从集体到个人。中国社会的方方面面往往有一种统一标准，整体上倾向于"一元"的思维模式。当然，这与长久的定居农耕生活、封建社会统治的历史有关。具体到教育方面，就形成了标准答案至上的观念。而美国不同，这个国家从诞生到今天没有一天是在追求社会模式一元化的。相对中国来说，美国是一个开放很多的社会，讲究文化多元共存，而不是要统一它们。移民国家决定了美国的这种民族特性，人们在衣食住行、社会习俗、宗教信仰、政治立场等等方面上都不被要求统一，学生观点也不例外。

总的来说，两种课堂呈现出的不同值得我们深入思考。中西方学校教育反映出师生角色的设定、教学过程的关系方式、教育文化模式和民族特性等方面的文化差异，而这些都会极大地影响教育的质量，会影响整个受教育群体的思维和能力，进而影响整个国家的未来。

上文分析了中西方学校教育中师生角色和关系的差异，其实在学生团队中，角色差异同样明显存在。在一个多元文化存在的团队中，需要跨文化合作时，中国学生的角色常常是团队中的跟随者和低头做事者，而西方的学生更倾向于领导者和领头发起者。中西文化在这种团队中不会产生矛盾冲突，而是会使团队运作得比较顺畅成功，但学生在团队中的表现差异还是值得我们深思的。

首先，最浅层次的，这与教育观念的灌输有关。中国学生从小被教育要听话服从，少说多干；而美国的学生被教育要重视思考，勇于开拓。所以，前者塑造出的人更善于努力做事，而缺少敏锐的思维和开拓的勇气；后者则相反。其次，教育不同源于文化差异。中国文化讲究"中庸之道"，在这种观念的长期熏染下，学生不被鼓励表现个人，在人群中突出自我，成为领导者。正如古语中"树大招风"、"枪打出头鸟"和"酒香不怕巷子深"的名言俯拾皆是，中国学生被教育为不要张扬，而要内敛。西方却不同，比如美国的文化崇尚个人主义和自由权利等观念，就必然会鼓励人们展现自我，要成为组织群体中最优秀和耀眼的领导者。

中美学生在团队中的角色差异还体现在他们为人处世的方式上。完成团队任务时，当中国学生对他人的观点或决策有不同意见时，会表现得委婉含蓄。而美国人习惯于直接的、一语中的的表达方式。在跨文化团队中，这两种截然不同的方式很有可能会引起不解和误会：中国学生认为自己谦谦君子，美国人则没有礼貌；但美国学生认为自己表意明确，中国人则没有重点，逻辑不清。

其实这与双方的民族性格有关。中国文化提倡修养性格温和含蓄，讲究为人处世。中国社会是典型的熟人社会，有句话叫做"抬头不见低头见"，强调的就是与人相处要重视维护关系，互相留个"面子"，所以中国人很少会当面指出他人的不是。但西方人不同，他们讲究实际和效率。比如，看美剧时我们就会发现，美国人常说"Get to the point"，这说明在工作中他们不喜欢啰嗦和迂回。这种民族性格首先与其国家历史有关，美国的建国面临众多阻碍，开拓者在解决实际困难时培养注重实效的习惯，避免生搬硬套与拖沓。所以，注重实效成为美国人信仰和行为的理论基础。① 其次，美国的现代生活是快节奏的，同样讲究效率，所以他们培养学生集中注意力，高效完成任务的能力，而不强调过程中的礼节。

总而言之，中美教育在目标与价值取向和课堂表现等诸多方面存在明显

---

① 樊葳葳，陈俊森，钟华. 外国文化与跨文化交际［M］. 武汉：华中科技大学出版社，2008. 42.

差异，这与双方文化模式、民族特性和国家历史等方面的不同有密切关系。虽然这些方面不能穷尽中美教育文化的差异，但我们必须承认，这种差异已经越来越明显，而且其后果影响深远。因此，国家在建设学校教育时要学会取长补短，灵活借鉴，较以往有所改变和突破。更重要的是，当不同文化背景的人共同学习时，必须对这种差异有所认识，避免不必要的误解。学校教育需要取长补短，选择适宜的方法缓解这种文化冲突给学生带来的不适感。比如，特别是对外教和留学生人群有更细致的培养。在逐步深入的跨文化传播大背景下，这一点尤为重要。施教者需要使学生普遍了解不同文化的存在状况，引导他们理解和尊重其他文化，在学习中能够实现与不同文化的人的良好合作，以适应多元文化的社会生活。要杜绝学生极端的民族自豪感和优越感，避免他们产生歧视他国文化的心理，比如"蛮夷之族"所反映的恶劣心理。因为这种心理必然会阻碍文化的交流，甚至引发社会、政治、军事等方面的对立，会给国家，甚至整个世界带来负面影响。

**参考文献：**

[1] 吴为善，严慧仙. 跨文化交际概论 [M]. 北京：商务印书馆，2009.

[2] 林一，刘珺. 跨文化交流案例分析 [M]. 北京：经济日报出版社，2012.

[3] 樊葳葳，陈俊森，钟华. 外国文化与跨文化交际 [M]. 武汉：华中科技大学出版社，2008.

[4] 关世杰. 跨文化交流学：提高涉外交流能力的学问 [M]. 北京：北京大学出版社，1995.

[5] [德] 克里斯托弗·乌尔夫. 作为跨文化教育的教育：一场全球变革 [J]. 北京大学教育评论，2010 (4)：163 –176.

[6] 杨文博. 中外课堂教学的几点对比与思考 [J]. 现代教育，2013 (8)：12 –14.

[7] 陈卫星. 跨文化传播的全球化背景 [J]. 国际新闻界，2001 (2)：11 –14.

[8] 童兵. 跨文化传播与未成年人成长 [J]. 现代传播，2005 (3)：7 –10.

[9] 胡文仲. 跨文化交际学概论 [M]. 北京：外语教学与研究出版社，1999.

[10] 罗新星. 论跨文化传播背景下的媒介素养教育 [J]. 湖南师范大学教育科学学报，2009（5）：66 - 69.

[11] 李晓东. 全球化与文化整合 [M]. 长沙：湖南人民出版社，2003.

[12] 陈卫星. 国际关系与全球传播 [M]. 北京：北京广播学院出版社，2003.

[13] 王政挺. 传播：文化与理解 [M]. 北京：人民出版社，1998.

[14] 戴元光等. 全球传播前沿对话——全球传播与发展国际学术论坛文集 [C]. 上海：上海交通大学出版社，2010.

[15] 单波，石义彬. 跨文化传播新论 [M]. 武昌：武汉大学出版社，2005.

# 中国高校草坪为何"无人问津"？

## ——与西方高校对比分析

刘　恬

**【摘要】**

中国高校的草坪一般是作为观赏和绿化之用，禁止人们踩踏。相反，西方高校是没有这个规定的，甚至是鼓励人们去踩踏草坪，对于这个现象产生的原因，本文从传统文化的两个层次——生命观和人和自然关系、草坪产业以及教育三个方面对此进行初步分析。

**【关键词】**

中西高校草坪　传统文化　草坪产业　教育

**【作者简介】**刘恬，女，汉族，中国传媒大学传播研究院 2013 级传播学专业硕士研究生。

草坪，《中国大百科全书 》的定义是"用多年生矮小草本植物密植，并经人工修剪成平整的人工草地"。① 在近代广义的草坪还包括"人造草坪"，"人造草坪"是用非生命的塑料化纤产品为原料，用人工的方法制作的草坪，主要用于运动场草坪，此文中讨论的不包括"人造草坪"。

在国内各大高校，草坪是必不可少的校园生态美化系统的一部分，并且有些高校的草坪面积还不容小觑。这些草坪的质量良莠不济，有的精心呵护，有的仅是粗略管理，不管这些草坪的千差万别，有一个共通的现象值得我们

---

① 马杰，刘弘，孙丽，翟艳玲. 不同草坪环境生态效应研究［J］. 河南科技学院学报，2006（34）：46–50.

注意：草坪仅供美观或美化之用，几乎每片草坪都会有"请勿践踏草坪"、"小草也有生命"诸如此类的警示标语，真所谓"只可远观而不可亵玩焉!"。而西方国家高校的草坪，作用可不仅仅在于观赏或美化之用了，你可以在任意一片高校的草坪上，不管这片草坪的成本是多么得昂贵，都可能看到人们的身影，或躺卧沐浴阳光，或围坐侃侃而谈，或尽情奔逐。为何中西方的差异如此之大，下文将以中西方高校为范畴，分析探讨产生此类差异的原因。

# 一 中西方传统文化方面的差异

传统文化是区分一个民族的显著标志，不同的文化熏陶出不同的民族特色。传统文化对现代生活方式也有很大的影响，正是由于中西方传统文化的差异，使得两者在面对草坪的问题上截然不同。本文从中西方生命观的差异性和处理人和万物关系的差异性两个方面对其进行分析。

## (一) 生命观的差异性

中国受儒家和道家以及后来的佛教的影响，与深受基督教派影响的西方对比，在生命观上表现出很大的差异性，尤其是在对生命的概念及其含义的诠释上。

"众生平等"、"我佛慈悲"对于我们来说并不陌生，这是佛教生命观的典型体现，即生命存在的本质在于：以人为本，众生平等。佛教文化认为世界不仅是属于人类的，其他生物也有所有权，众生都有生存的权利，不存在其他生物归属于人类的说法，我们不仅要保护自身的生存权利，还要尊重其他生物的生存权利。[①] 具体说来，草坪上的草植物也是这个世界的主人，也有自身的生存权利，可以说是与人类处于一种平等的地位，是不能随意让人践踏的。更何况，佛教文化向来主张慈悲心怀，草植物对于人类来说是弱小者，人类应该以一种宽广的胸怀去爱护它。所以，在这种文化潜意识地熏陶下，踩踏草坪也就有点于心不忍了。

西方的生命观开始是以神为主导的，直到文艺复兴之后，才开始转向以

---

① 刘衍永，刘永利. 佛家文化视野下的生命观解读 [J]. 船山学报，2010 (3)：157 – 160.

人为本的生命观。但这种以人为本和中国佛教文化中的以人为本很不一样，西方认为人类是世界的主人，人类可以根据自己的意愿去改造世界，当然包括其他的任何生物。它的生命观更多地强调人类的价值和利益，可以说一切为我所用，这也就可以理解西方人对草坪的充分利用了。

### （二）处理人和自然关系的差异性

中国传统和谐文化中强调"天人合一"，强调人与自然的和谐相处，认为人的发展要合乎自然的规律性，犹如今天国家有关自然保护的法律法规，"尊重自然、保护自然、顺应自然，做到与自然的和谐相处"方针，这都是对"天人合一"观念的坚定执行。这也就可以理解那些草坪边上的告示了，比如，"小草也有生命"、"我是小草，是你们的朋友"等等，无一不体现出我们"天人合一"的自然观。在这种传统教育熏陶下长大的中国学生，又如何会去尝试在精心种植的草坪上"践踏"呢？

相对而言，西方世界追求的是"天人二分"的观念，强调人与自然的对立性，人是主体，自然是客体，人是万物之灵，人对自然拥有强烈的征服和控制欲望。同时，在人与自然的伦理关系中，西方的主流看法是"人类中心论"，强调人的内在价值并且以人的利益为中心，甚至可以说有些事物的存在是为人类而服务的。自然不是神圣的，即我们可以认识自然，改造自然，征服自然，到现在形成一种人类在自然界中的主导地位。在这种意识灌输下成长的西方学生认为，使用草坪正是使它的价值得以实施，草坪就是用来给予人们方便的，对于中国高校中草坪"无人问津"的局面表示很难理解。

## 二　中西方高校草坪产业发展的差异

中西方高校对草坪的利用状况差异和双方的草坪产业发展程度是密不可分的，总的来说，西方的草坪产业发展较为完善，不管是从草种，还是从建植后的管理来看，西方的体系更为健全，草坪的外观质量和使用质量都比中国的好。

### （一）草种状况的差异性

中国的草种严重依赖进口，由于地理气候等条件的不同，从国外引进的草种并不是都适合在全国各地种植，加上创新能力不足，不能把草种加以改良，很多草种并不是很理想，但是很多高校却还是盲目引种，造成很多地方的草坪生长不良。这直接造成中国高校草坪外观质量以及使用质量的普遍低下，不容过度踩踏，更何况中国巨大的人口基数下，高校学生的数量相比于西方的高校是庞大的，这对于草坪的寿命和养护成本是个挑战。从这个角度说，禁止踩踏草坪似乎情有可原。

而在西方，以美国为例，它也要靠引进草种，但是它更注重草种的驯化和新品种的选育。在这方面，科学技术给予了很大的支持。因地制宜，根据当地的具体情况选种合适的草种，草坪的生长自然也就比较成功，它的外观质量和使用质量经受得起人类的"践踏"了。

### （二）养护管理的差异性

中国高校对草坪的成本投入普遍不高，引种已经占用绝大部分成本，所以建植过后的养护成本就可想而知了。一般情况下，多数高校对草坪的养护也仅限于喷水、修剪，对于那些更高层次的养护技术并不追求。而且纵观整个草坪行业，草坪建植后的管理很不够，存在低水平、重复建设的弊病，整个行业经济和技术力量薄弱，有些领域，如草坪育种和化肥，几乎是空白的。[①] 如此一来，中国高校的草坪如何能经得起庞大人群的不断踩踏？

同样以美国为例，它的草坪养护更为精细，这有赖于美国科学研究和科研成果的推广应用。比如有整修草坪的各种机械设备，利于草类生长的专用化肥，除草杀虫杀菌的药剂，还有不断改进的草坪建植与管理方法，甚至还有在不影响草坪正常生长的前提下保持草坪常绿的技术手段——绿色染料，在这些措施和设备的帮助下，美国的草坪都是"好看又中用"，外观既漂亮，又经得起不断的踩踏。

## 三 教育方面的差异

正是由于上文提到的两点差异——中西方传统文化的差异以及中西方高

---

① FoolishBird. 中国草坪业. http://blog. 163. com/ybxldh@ 126/blog/static/6924273120 1011113446477/, 2013 – 11 – 03.

校草坪产业的发展程度的差异，使得中西方学生从小受到的有关这方面的教育截然不同。中国学生从小就被教导不要去践踏草坪，从草坪旁边的小小标语，到课本里讲述青草可爱有生命的文章，都时时刻刻提醒着学生珍爱小草，珍爱学校绿化的草坪。

在上文中我们已经提到，我国草坪业的发展还是很不足的，草坪种植和养护水平都明显有待发展。高校中草坪的技术和资金支持力度不足，为了尽量减少成本，禁止学生使用草坪。从小教育学生要爱护花草，然后这些受过同等教育的学生组成的群体给予相同的反应——草坪是不能踩踏的，所有人都遵守这个准则，如果谁违反了这个群体的准则，就会受到群体的攻击，受到道德的谴责，甚至有些学校还规定了相关的处罚。在这样的群体压力之下，没有人会冒着被孤立的危险去尝试在草坪上坐着，躺着，甚至哪怕是为节省时间穿越草坪。所以，中国高校草坪上"空无一人"被认为是合理的，应当的，在草坪上进行的任何行为都是对准则的漠视，对小草生命的轻视。

从西方的角度说，学生从小生活在拥有大量面积的草坪的环境中，他们从小就开始"使用草坪"，草坪是他们生活娱乐不可或缺的一部分。以美国为例，大多数家庭都拥有自己的草坪，他们的草坪上可以停放任何东西，甚至是汽车，更别说人们的休闲活动了。在高校中，草坪更是动物和人共同相处的地方，人们恣意地在上面行走，玩耍，当然，旁边没有标语牌告诉你这是不允许的。不管从家庭教育还是学校教育来看，他们都没有"不要踩踏草坪"的观念，留在脑中的只是在草坪上的快乐和舒适。他们的群体守则是"使用草坪"，当一个人不遵守这个准则甚至是阻止他人遵守这个准则时，同样地会受到群体的攻击，他们受到的群体压力正好与中国高校学生相反。

综上所述，本文从传统文化、草坪产业以及教育三个方面对中西方高校草坪的功能差异进行了初步分析。由于"众生平等"的生命观和"天人合一"的自然观，再加上草坪的使用质量不足，中国学生从小被教育不要踩踏草坪，于是乎中国高校的草坪"被保护"得很好，一直"无人问津"；相反，西方对于自然的征服欲以及过硬的草坪质量，使得他们从小对于"使用草坪"驾轻就熟。不同的文化蕴育不同的准则，只要是适合本国的国情，顺应发展的趋势，都应该算是对的准则。一种是纯属绿化观赏之用，一种是绿化观赏兼休闲活动之用，没有必然的好坏之分。也许适合自己的才是最好的。

**参考文献：**

[1] 张忠成. 珍惜生命 呵护生命 基督教的生命观 [J]. 中国宗教，2013 (02)：93.

[2] 阮金纯. 基于中西不同文化背景下的生命观探微——以诺亚方舟和大禹治水故事为例 [J]. 云南农业大学学报（社会科学版），2009（03）：47-50.

[3] 李继高. 中国传统和谐文化中的生命观及其现代价值 [J]. 陕西师范大学学报（哲学社会科学版），2009（06）：57-61.

[4] 赵勇，季民，王晓玲，钟小彤，李瑛. 西方人与自然伦理关系思想述评 [J]. 西北农林科技大学学报（社会科学版），2005（06）：115-120.

[5] 陈仕贵. 大学校园草坪生态服务功能及其评估体系的研究 [D]. 湖南农业大学，2008.

# 我国高等教育信息化存在的问题及改革对策

王志潇

**【摘要】**

我国 20 世纪 90 年代末逐渐开始普及和推广教育信息化。经过 20 几年的发展，高等教育信息化已经取得一定的成绩。但也要清醒地认识到推进高等教育信息化还有很多问题和困难，它们主要体现在意识问题、机制问题、资源问题、队伍问题几个方面。可通过营造良好氛围、加强高等教育信息资源管理、提高高等教育信息素质能力的途径解决和改善高等教育信息化存在的问题。

**【关键词】**

高等教育信息化　教育信息资源建设　高等教育信息素质能力

**【作者简介】**

王志潇，女，汉族，中国传媒大学传播研究院 2012 级传媒教育硕士研究生。

教育信息化一般来说是指计算机信息技术和通信技术在教育领域中的应用。随着信息社会的高度发展，现代信息技术广泛应用于教育，教育信息化是面向信息社会的必然要求，我国各教育部门、各高校也在积极展开教育信息化的相关建设，目前仍存在很多问题，形势不容乐观。

## 一　我国高等教育信息化的发展情况

"教育信息化"是美国克林顿政府于 1993 年 9 月正式提出建设"国家信

息基础设施"（National Information Infrastructure），俗称"信息高速公路"（Nation Superhighway）的建设计划，其核心是发展以 Internet 为核心的综合化服务体系和推进信息技术在社会各领域的广泛应用，特别是把 IT 在教育中应用作为面向 21 世纪教育改革的重要途径。①

我国 20 世纪 90 年代末逐渐开始普及和推广教育信息化。② 中国高校大规模的教育信息化建设比发达国家起步晚了一、二十年，大致可分为三个阶段：第一阶段是 1990 至 1995 年，重点是学校管理信息系统的建立，主要包括教学、财务和办公等管理信息系统，这个时期的信息化水平很低，基本上还未涉及"教学信息化"；第二阶段是 1996 至 2001 年，高校教育信息化逐步走向网络化阶段，重点是校园网建设、资料查询、多媒体教学、教学管理、办公自动化等；第三阶段是 2002 年至今，高校教育信息化建设开始注意到重硬轻软的问题，"软件"建设开始得到重视，重点集中在远程教育、电子图书馆、资源共享等。③

随着信息高速公路的修建，国家越来越重视信息技术对社会发展的重大作用，为推进高等教育信息化国家实施了一系列重大工程和政策措施。在基础设施方面，建成了通达全国 200 多个城市、包括 36 个省会城市和部分计划单列市的中国教育和科研计算机网（CERNET），拥有一个国家网络中心、10 个地区网络中心、28 个省网主节点，接入单位超过 1300 个，连接 800 多所高校，联网主机 500 万台，用户量达 1500 万人。多条国际和地区性信道，与美国、英国、加拿大、日本、德国、香港地区联网，总带宽达到 800M bps。中国教育科研网已有相当国际知名度，是世界上最大的教育科研网，世界三大学术网之一，中国第二大互联网，主干网带宽和路由技术居领先地位，达到国际先进水平。④

在政策方面，国家一直对高等教育信息化给予关注和重视。2001 年国家发布了《教育信息化十一五发展纲要》对高校信息化进行了明确规定，规划到 2005 年所有高校均要实现接入中国教育与科研网；2004 年教育部在《2003—2007 年教育振兴行动计划》中明确提出实施教育信息化建设工程，旨

① 祝智庭. 中国教育信息化十年 [J]. 中国电化教育，2011（1）：20.
② 贾玲. 高校教育信息化建设问题及对策 [J]. 武警学院学报，2008（7）.
③ 张豪锋，孔凡士. 教育信息化评价 [M]. 北京：电子业出版社，2005. 63.
④ 李波. 网络教育资源与高等教育信息化 [J]. 湖北成人教育学院学报，2011（1）：43.

在加快教育信息化基础设施。最近的相关政策是 2012 年教育部编制的《国家中长期教育改革和发展规划纲要（2011—2020 年)》中明确指出："信息技术对教育发展具有革命性影响，必须予以高度重视。"规划纲要将"加快教育信息化进程"作为独立一章，并将"教育信息化建设"列为 10 个重大项目之一。

在组织领导方面，2002 年教育成立了教育信息化领导小组，一些地方省市也建立了相应的教育信息化领导机构；2006 年教育部开始设有办公厅教育信息化工作办公室，作为教育信息化领导小组的办事机构。

## 二　我国高等教育信息化存在的问题

经过 20 几年的发展，高等教育信息化已经取得一定的成绩。但也要清醒地认识到推进高等教育信息化还有很多问题和困难，主要体现在以下几个方面：

### (一) 意识问题

对教育信息化的重大作用和影响认识尚且不足，由于各种客观条件的限制，很多人并没有认识到"教育信息化"对推动我国"教育现代化"发展的重大意义，这些忽视和弱视会导致相关部门和领导未能给予"高等教育信息化"足够的重视。

随着社会信息化、现代化的快速发展，各级政府没有及时制定和调整与经济发展相适应的"高等教育信息化"的实施办法，导致地方政府对"高等教育信息化"建设经费总体投入不足，有相关经费支持计划的地方政府由于缺乏持续性、长效性投入机制，高等教育信息经费长期使用不合理，"应景"式的投入过后，便无疾而终。

### (二) 机制问题

2009 年对外经济贸易大学网络与教育技术中心对地处北京的高校信息化建设情况进行了调研，参与调研和访谈的高校包括北京大学、清华大学等 34 所大学，体制机制方面的调研结果显示：各高校对信息化建设管理机构的主要职责认识不统一，特别是认为在有效管理信息化相关部门、协调和保障各部门信息化工作的顺利开展方面负主要职责的为 67.7%，在各业务部门信息系统的审批、协调和部署方面的仅为 58.8%。[①]

随着高等教育信息化的不断发展和深入，暴露出很多问题，目前我国教育部门及高校的信息化管理和推进机构体系并没有建立完善，缺乏系统的规划和管理。具体表现在：建设与管理条块分割，缺乏有效的统筹协调和统一管理，在管理过程中权责划分不明确，多头进行管理，造成行政审批繁琐、办事效率下降；战略研究、咨询机构少之又少，监管和评估机制也不完善。

### (三) 资源问题

2000 年，英国教育传播与技术署（BECTA）为了研究信息与通讯技术在提高教学质量上的作用，对 2110 所学校进行了信息与通讯技术在学校中的应用效果的调查，结果表明：具备良好信息资源的学校，三分之二的学生能够达到要求水平，这说明教育信息资源在教育信息化中起非常重要的作用。

高等教育信息资源是指用于教育和教学过程的各种信息资源，是经过人类选取、组织、有序化了的，适合学习者有效发展的有用信息的集合。教育信息资源是高校信息化的重要组成要素。[②]

目前我国高等教育信息资源存在的问题主要表现在：一是观念落后。许多高校还没有高度重视信息资源建设，存在信息资源可用性不强、信息资源不共享、信息资源时效性太差的问题。各个资源库的信息整合往往是信息大杂烩的拼盘，追求资源库的大、广，想要在纷繁复杂的资料库里找到需要的东西费时费力，缺少"精心准备"的信息资源使得资源内容与实际需求有一定差距，资源的可用性不强；各高校、各部门之间的信息资源建设没有统一的标准，没有通用的数据接口很难实现不同平台的教育信息资源共享，相互之间仅仅只能看到一部分信息资源，"统一标准"的难产严重制约了高等教育信息化的进程。另外，信息资源时效性太差，信息资源库不能做到实时更新，有些高校的信息资源库最新的内容可能是一年前更新的，"过期"的高等教育信息资源早已脱离现实情况，使用效果可想而知。二是管理混乱。由于没有给予足够的重视，高校信息资源管理队伍和管理工作比较薄弱，加上相关政策、法律的缺失致使信息资源的管理缺乏系统性和计划性。

---

① 孙强，樊仰月，李欢欢，王楠，赵杏梅. 高校信息化建设体制机制探讨 [J]. 中国教育信息化，2010（1）：10 – 12.

② 代文峰. 甘肃高等教育信息资源建设的现状与问题分析 [J]. 办公自动化，2011（4）：58.

### （四）队伍问题

教育信息化队伍主要包括信息化教师队伍、信息化管理队伍和信息化技术维护队伍。[①] 现代信息技术不断发展，各种信息网络的技术应用到社会生活的各个方面，并以惊人的速度不断扩张，虽然高等教育领域的现代信息网络建设已初具规模，但专业人员队伍建设相当不足、成熟的人员培训与服务体系尚未形成，我国高校教师队伍的信息素养能力还不能适应高等教育信息发展的要求，在年龄较大的老师身上这些问题尤为突出，学校里新添置的现代信息技术设备的经常被闲置，教师未能把现代信息技术和教学有机结合、合理利用，真正具备信息素养能力、并熟练掌握现代信息技术的教师人数直接影响高等教育信息化发展的程度。

## 三　如何解决和改善存在的问题

我国高等教育信息化建设正处在初级阶段，必须想办法解决和改善以上四方面问题。只有这样，才能加快教育信息化建设的步伐。我们需要从以下几点做出努力：

### （一）营造良好的氛围

人们对高等教育信息化的重视程度影响国家高等教育信息化的发展方向，国家应从体制改革和经济投资入手为高等教育信息化营造良好的发展氛围。国家和各级地方政府要做好高等教育信息化相关工作的宣传，对高等教育工作进行整体安排、做好高等教育信息化工作的总体规划，加大对高等教育信息化的投资力度，引入市场竞争机制，将高等教育信息化管理投放到市场，充分发挥市场在信息资源中的调节配置作用。

建立专门的管理机构，例如：高等教育信息资源中心、高等教育信息培训中心、高等教育信息管理中心等等，各部门分权分责协同工作，充分发挥各部门和整体的功能。同时需要健全的制度保障，建立完善的管理制度，应尽快出台高等教育信息化工作的标准和管理规范。

---

① 于丰，刘翠. 关于教育信息化建设的思考 [J]. 中国建设教育，2006 (6)：15.

加强高等教育信息服务系统建设，为管理人员提供完善的教学管理系统；帮助老师学习信息技术、新思想；为学生建设网上多媒体自主学习环境，等等。

## （二）加强高等教育信息资源建设

高等教育信息化不仅需要互联网信息技术支撑，更需要用于高等教育信息化的各种高等教育信息资源。高等教育信息资源建设是一项长期的任务，它是高等教育信息化的重要组成部分，加强高等教育信息资源建设可从政府宏观调控、网络管理、内容管理三个方面入手。

政府应制定和落实高等教育信息化相关政策和法规，并推动各级教育行政部门和各级各类学校制定教育信息化优先发展的配套政策措施，对高等教育信息资源的生产、交换、分配和消费实现宏观调控与规范。政府还应建立一个统一的管理组织，或者鼓励第三方的独立部门参与甚至主导高等教育信息资源建设工作，确保高等教育信息的公正、客观。

网络管理方面主要要解决信息资源短缺与用户需求增多之间的矛盾。互联网上各种教育类型种类繁多，人们淹没在信息海洋里却常常找不到自己所需的信息，亟须建立一个有系统地将个人信息或机构的丰富资料汇总到一起，经过加工处理、有序化的高等教育信息资源的数据库提供给大众。

高等教育信息内容要加强收集和整理环节。信息收集要"广"，要收集"最新"的高等教育信息动态，收集过程中还要确保信息的准确无误，根据信息价值的高低快速为使用者提供最有用的信息。整理环节主要包括：首先要将收集来的信息进行筛选、留下最有用的信息，然后将这些信息进行分门别类，最终将这些信息储存下来。

## （三）提高高等教育信息素质能力

信息能力是信息社会中每一个人赖以生活、用于学习的基本能力，是进入信息社会的通行证。教育信息化其实就是将信息作为教育系统的一种基本构成要素，并在教育的各个领域广泛地利用教育信息，促进教育现代化的过程。因此，教育信息化应将全体国民的信息能力培养作为一项重要的内容，是实现国家信息化的重要基础和保证。[1]

---

[1] 李长慧，王研. 对加强高等教育信息资源建设的思考 [J]. 教育与职业，2008（6）：160.

"信息素质"的概念由美国信息产业协会主席保罗·欧·泽考斯基在1974 年向美国全国图书馆和信息委员会提交的一份报告《信息服务的环境、关系和重点》中首次提出，当时他将信息素质定义为"培训后能够在工作中运用信息的人即认为具备了信息素质，他们在掌握了信息工具的使用及熟悉主要信息源的基础上，能够解决实际问题"。① 这里我们主要介绍教师和学生需要具备哪些信息素质能力。

美国对大学生信息素质能力要求是我们学习的范例。2000 年，美国高等教育图书研究协会（ACRL）在德克萨斯州的圣安·东尼召开了美国图书协会仲冬会议，会上审议并通过了"美国高等教育信息素养能力标准（Information Literacy Competency Standards for Higher Education）"。对大学高等教育信息素养能力提出了五大标准：具有信息素养能力的学生能决定所需要的信息种类和程度；具有信息素养能力的学生能有效而又高效地获取所需要的信息；具有信息素养能力的学生能评判性地评价信息及其来源，并能把所遴选出的信息与原有的知识背景和评价系统结合起来；具有信息素养能力的学生，无论是个体还是团体的一员，能有效地利用信息达到某一特定的目的；具有信息素养能力的学生懂得有关信息技术的使用所产生的经济、法律和社会问题，并能在获取和使用信息中遵守公德和法律。②

教师作为教育活动中的重要角色，教师的高等教育信息素质能力是高等教育信息化的重要环节。教师应该对信息具有良好的自我意识和敏感度，能够对信息进行科学、全面、深入的认识；应较好地掌握和使用现代科技工具，并熟练运用它们来查询信息、获取信息；应具有组织、分析、加工信息的能力，将符合自身需要的信息进行加工提炼，运用到自己的教学实践中去。

高等教育信息化与经济信息化、社会信息化一脉相承，在经济全球化的今天，世界各国的竞争归根到底是人才的竞争，教育肩负着人才培养的特殊使命，带动经济信息化、社会信息化，教育必须先行。教育信息化是教育现代化的重要内容，是实现教育现代化的重要步骤，面对高等教育信息化的道路上存在诸多问题，我们应及时、积极应对，用科学的理论和方法认识和解决这些问题，为实现教育现代化做出坚持不懈的努力。

---

① 陈晓林. 美国"高等教育信息素质能力标准"对我国高校信息素质教育的影响 [J]. 黑龙江教育学院学报，2006（6）：40.

② 何高大. "美国高等教育信息素养能力标准"及其启示 [J]. 现代教育技术，2002（3）：24—27.

# 论网络言论自由环境及其构建

## ——从发声者的角度出发

刘　恬

**【摘要】**

随着互联网的高速发展，人们网络参与度越来越高，其中网络言论自由的保护和规范成为热门话题。学术界大多是从政府和媒介的角度来讨论网络言论自由的规范，本文从言论自由的主体，即发声者的角度出发，探讨网络上发言出现的两个现象及其原因，最后从媒介素养和道德修养两个方面提出如何营造健康良好的网络言论的环境。

**【关键词】**

网络言论自由　发声者　媒介素养　网络环境　道德修养

**【作者简介】**

刘恬，女，汉族，中国传媒大学传播研究院 2013 级传播学专业硕士研究生。

现代生活人们越来越离不开互联网了，互联网已然成为新媒体时代重要的舆论场。根据胡锦涛 2008 年 6 月在人民日报社的讲话，目前中国有三类媒体。分别是传统的官媒、都市类媒体、互联网。前两种媒体都受到严格的管制，普通民众无法充分地利用其发声，于是乎转向现今比较开放的互联网。但是跟随人们"畅所欲言"而来的是网络暴力、网络谣言、扰乱社会秩序等等不好的现象。为了解决这个问题，政府出台各种规定，旨在限制网络言论自由，维护社会安定和国家安全。现今针对网络言论规范的各种措施都是政府和媒介的，学界研究也多是从这两个角度探讨网络言论自由的问题，那么对于这些规范的客体——即发声者，他们应该如何做或者是依靠什么来营造一个良性循环的网络环境，以便更好地保障他们的网络言论自由呢？

# 一　网络言论自由的界定

追溯言论自由的历史，早在十七世纪弥尔顿就极力宣传言论自由的重要性："让我有自由来认识、发抒己见、并根据良心作自由的讨论，这才是一切自由中最重要的自由。"① 资产阶级启蒙思想家在反对封建专制制度的斗争中，提出了言论自由的口号，并在资产阶级的各类法典中确立了言论自由的地位：1789 年法国《人权与公民权宣言》把言论自由作为人权的最重要的内容之一加以规定；1791 年美国宪法第一修正案第一条也把言论自由列为首要的公民权；1948 年联合国通过的《世界人权宣言》第 19 条规定人人有主张发表自由言论的权利；1966 年《公民权利和政治权利国际公约》第 19 条同样规定人们的自由发表意见的权利不受国界以及各种形式的约束。我国宪法关于言论自由的法律有两条，第二章的第三十五条明确规定中华人民共和国公民有言论、出版、集会、结社、游行、示威的自由。第四十一条规定中华人民共和国公民有提出批评、建议、申诉、控告以及检举的权利。

从以上各法律条文对言论自由的保护和重视可以看出，言论自由是公民政治自由中最重要的一项权利。学界对于言论自由的定义看法不一，从我国宪法对于言论自由的规定来看言论自由不仅包括口头形式的自由，还应扩展到绘画、摄影、影视、音乐等艺术表现自由。不仅如此，书面形式及以数字化形式表现的"网络跟帖"、"公共论坛讨论"等也应当被纳入言论自由的范畴，这是符合宪法的立法原意的。②

同样，学界对于网络言论自由定义也不一，有学者将其定义为网络主体以互联网为载体，运用文字、图像、声音、视频等表现手法来表达意见的自由。从定义可以看出，网络言论自由并没有突破传统意义上的理解，可以说

---

① 方纲要. 网络言论自由的保护与限制 [D]. 北京：中国社会科学研究院研究生院，2012.
② 吴思颖，周千淇. 刍议网络时代言论自由的法律规制 [J]. 学理论，2013 (16)：129 – 131.

是言论自由的一个方面，一种特殊情况。从我国对网络言论规范的各种规定也可以看出，有些似乎是和传统媒体的规范一模一样，并没有考虑到新媒体的特性，所以说它也只是言论在计算机技术基础上的自由。

## 二 网络言论自由中出现的两个现象

纵观这些年发生的网络事件，不难发现，网络暴力、网络谣言和危害公共利益和安全的声音甚嚣尘上，而揭露事实真相，客观中立的声音却越来越弱，如此一来就形成了两个极端。

### 1. 甚嚣尘上的网络不良之音

网络暴力和网络谣言事件不断，陈易卖身救母、虐猫事件、铜须事件、林妙可受侮辱事件、2013 世界末日、网络推手、秦火火等等，这些词不断充斥着人们的视觉，挑战着人们的接受底线。比如专门从事网络推手和网络营销业务的尔玛公司，其通过微博、贴吧、论坛等网络平台，组织策划并制造传播谣言、蓄意炒作网络事件、恶意诋毁公众人物，以此达到公司谋利目的。①

这些只是网络推手大军中的一部分，为了名和利，很多人罔顾其不良言论可能造成的社会影响。而他们的帮凶可以说是那些莫名跟风的"围观者"，当代中国网络群体的组成复杂，用户的年龄宽泛。当这样的一个群体在网络社区中存在，并掌握或多或少的话语权与言论表达机会之后，就会把其对现实社会的不满情绪移植到线上，禁不住刻意煽动，往往习惯于站在道德的制高点审判他人，得一时之快。据统计，我国现行行政立法中涉及网络审查监管的部门规章就有 16 部之多。我国网络审查责任主体主要包括网络服务提供商（ISP）、网络内容服务商（ICP）、网吧、普通用户等，这基本上涵盖了所有应用互联网的对象。② 这些措施固然对一些不良行为有所约束，但不得不承认，我国现有的网络法规并不完善，还有漏洞可钻。如果仅仅是依靠政府的作为来建立良好的网络言论环境，是不够的，内因是事物变化发展的根本

---

① 百度百科. http://baike.baidu.com/view/10861662.htm,2014 - 03 - 30.

② 谢海兵，陈刚. 论政府对网络言论自由的审查监管 [J]. 法制博览，2013（8）：143.

原因，它更大程度上需要言论者的主体有所作为，有所约束，这才是根本之道。

2. 越来越弱的"逆耳忠言"

相比网络推手们的"大张旗鼓"，一些知道真相，或者是有自己独特见解的人士则显得低调多了。一是因为网络暴力的可怕力量，使得某些知道真相，愿意为那些事件当事人发声的人退却。公共向来有一种追随性，"一窝蜂"即是形容这群人的特性，当舆论有意识地被某些人导向一边的时候，少数意见者如果表达不同的意见，即使是真实的，也会被猛烈抨击，被"人肉"，迅速成为新的受害者。这种可怕的后果有几个人能承担？于是乎"沉默的螺旋"使得暴力愈演愈烈，真相和正义愈走愈远。二是因为忌惮现行的网络规章，我国关于网络言论的法规多是禁止性的，明确规定哪些内容不得发布，而且有严格的审查制度，政府联合各大门户网站筛选合法的信息。如此层层把关，"因言获罪"的案例屡见不鲜。2011年微博实名制将"发言之路"变得更窄了，很多加V的用户纷纷退出微博界了，留下的大V们也只敢发发一些无关紧要的事情了。还有2013年9月份发布的《最高人民法院、最高人民检察院关于办理利用信息网络实施诽谤等刑事案件适用法律若干问题的解释》，其中的"浏览5000次和转发500次"更是使得人们"慎言慎行"。惹人争议的是，是否造谣完全由官方判定，没有一个客观的裁断，很容易造成"官压民"，引起社会不满。所以，这部分人群应该怎么做，或者说政府应该提供给他们什么条件，对于挽救舆论场的正常发展很重要。

## 三　如何营造一个良性发展的网络环境

本文着重从网络言论的主体，即发声者的角度出发，提出发声者的有所为和有所不为，以利于一个良好氛围的网络言论环境的建立，使其促进民主进程和社会进步的功能发挥最大作用。

1. 提升自身的媒介素养

那些网络暴力和网络谣言之所以能够取得如此之大的影响，最重要的是有一群非理智型的迎合者，他们极易受到野心家的鼓动，不辨是非地跟随，造成了一种群体效应的假象。所以，我们必须提高这些跟随者的媒介素养，而且要从小培养。媒介素养是指正确地、建设性地享用大众传播资源的能力，能够充分利用媒介资源完善自我，参与社会进步。主要包括公众利用媒介资源动机、使用媒介资源的方式方法与态度、利用媒介资源的有效程度以及对传媒的批判能力等。媒介素养包含两方面的内容：作为受者，应能够正确理解分析媒介信息，提出批判意见，提高对负面信息的免疫能力；作为传者，要自觉接受传媒素养教育，强化自身的传媒职业精神。具体而言就是面对网络上的信息，要认真辨别真伪，不轻易相信和转发，对于那些没有事实依据的信息，也不要随意发布，无论这些信息是关乎国家大事，还是生活琐事，始终秉持着真实的原则。那么，具体如何提高媒介素养呢？

（1）完善教育

那些跟风者往往是教育水平低，或者是正在校园里学习的青少年。有些谣言的兴起可以说是知识缺乏造成的，比如非典时期的食盐抢购事件，这些谣言可以通过教授知识，拓宽知识面来得到一定的破除。不过，更为重要的是要培养一种态度或者观念，即求证。只有事实依据的信息才能去流通。如果大多数人都能形成这样一种态度，形成这样一种习惯，在转发或发布前，能正确辨别，坚持不证不发，那么，那些野心家任其再"法力无边"也终就掀不起大浪。

（2）信息之间的辩论

其次，还得参与到信息之间的辩论当中去。弥尔顿说"观点的自由市场产生真理"，那么真相也将产生于网络市场中观点的辩论。要敢于对峙，敢于披露，要有质疑的精神，敢于挑战多数人的意见，在争论之中，信息越来越多，真相就会浮出水面。这对于培养媒介素养是很好的体验，当然，这是理想状态。我们也不能忽略多数者意见带来的后果，如上文中提到的"人肉"，这有待于国家的保护性措施，使得发声者免受其害。

2. 加强自身的道德修养

很多人的网络言语攻击和造谣很大程度上是触及道德底线的，有的是侮辱性攻击，有的是人身攻击，有的甚至对未成年人进行攻击，种种都表现出道德素养的低下。在物质经济极大发展的今天，很多人的精神世界其实是很空虚的。利益成为一切，为之可以不择手段。在网络世界中，可以看到有人拿他人的隐私来消费，拿破坏人或物的形象来消费，只要是能够"博君一笑"的东西都是消费品。所以，提高公民的道德修养是加强和规范网络言论的必要前提。

（1）不断提高网络道德认知水平

要提高道德水平，首先应该清楚什么是道德的，什么是不道德的，即道德准则。对于网络环境来说则是网络道德准则。从广义上来说，网络道德准则应该包括三个层次：网络礼仪，即基本的礼貌，犹如生活中见面时打招呼的问候；具体的网络道德规范，这是一种约定俗成的标准，要在实践中不断积累；网络法律规范，上文中也提到过很多法律规章制度，不能说要求每个人都对它们了如指掌，但必须达到最低的要求，即有一个判断力——哪个是不合法的。

（2）增加实践性移情训练

加强这些发声者的道德素质建设必须从儿童和青少年时期抓起，实践性移情训练是个很好的解决措施。所谓移情是指个体由真实或想象中的他人的情绪情感状态引起的并与之一致性的情绪情感体验，是一种替代性情绪情感反应的能力。有研究表明，一个人如果能够考虑他人以及具有理解他人需要和情感的移情能力，那么他就可以成功地抑制攻击性。移情训练可以使个体对自我的了解有效地加深，使个体表现出更多的对社会、对他人的关怀行为。具体来说，这种训练会使那些网络发声者对已受或将受攻击的人所遭受的痛苦感同身受，从心灵深处产生"己所不欲，勿施于人"的思想意识，对那些不符合道德标准的言行自觉进行抵制，能够做到不转发、不议论，有效提高他们对网络非道德行为的自觉鄙视和反对意识，使网络不道德行为没有生长的市场和土壤，那些推动者也就会失去其影响力产生的基石。[①]

综上所述，网络言论自由也属于言论自由的一部分，我国现行网络言论相关法规不完善，网络言论中出现两个极端现象，这都不利于我国网络言论环境的良性发展。要营造一个良好的网络言论生态，不仅要依靠政府和媒体，大多数的发声者也应该有所作为，应该从媒介素养以及道德修养两个方面进行提升。只有三者结合，才能够实现网络言论生态系统的良性循环。

**参考文献：**

[1] 刘晨. 互联网时代媒体的自由与责任之问 [DB/OL]. http://news. xin-huanet. com/theory/2013 – 05/13/c_124702345_3. htm, 2014 – 03 – 30.

---

① 付俊龙，李金宝. 从网络评论看网民的道德修养 [J]. 新闻爱好者，2012（14）：49 – 50.

[2] 展江. 保障言论自由先落实消极自由 [J]. 炎黄春秋, 2013 (09):
14 – 15.

[3] 吴思颖, 周千淇. 刍议网络时代言论自由的法律规制 [J]. 学理论,
2013 (16): 129 – 131.

[4] 闫斌. 论网络言论自由权的两个限度 [J]. 华北水利水电学院学报 (社
会科学版), 2013 (02): 51 – 54.

[5] 张文显. 二十世纪西方法哲学思潮研究 [M]. 北京: 法律出版社,
2006. 468.

[6] 约翰·密尔. 论自由 [M]. 顾肃译, 南京: 江苏译林出版社, 2009.

**图书在版编目(CIP)数据**

传媒国际评论2 / 秦学智主编.
— 北京：中央编译出版社，2014.6
ISBN 978 - 7 - 5117 - 2195 - 2

Ⅰ.①传…

Ⅱ.①秦…

Ⅲ.①传播媒介 – 文集

Ⅳ.①G206.2 – 53

中国版本图书馆 CIP 数据核字(2014)第 107513 号

**传媒国际评论2**

| | | |
|---|---|---|
| 出 版 人 | 刘明清 | |
| 责任编辑 | 邓 彤 | |
| 责任印制 | 尹 珺 | |
| 出版发行 | 中央编译出版社 | |
| 地 址 | 北京西城区车公庄大街乙 5 号鸿儒大厦 B 座(100044) | |
| 电 话 | (010)52612345(总编室) | (010)52612352(编辑室) |
| | (010)66161011(团购部) | (010)52612332(网络销售) |
| | (010)66130345(发行部) | (010)66509618(读者服务部) |
| 传 真 | (010)66515838 | |
| 经 销 | 全国新华书店 | |
| 印 刷 | 北京京华虎彩印刷有限公司 | |
| 开 本 | 787 毫米 × 1092 毫米 1/16 | |
| 字 数 | 418 千字 | |
| 印 张 | 24.75 | |
| 版 次 | 2014 年 6 月第 1 版第 1 次印刷 | |
| 定 价 | 80.00 元 | |

| | | | |
|---|---|---|---|
| 网 址 | www.cctphome.com | 邮 箱 | cctp@cctphome.com |
| 新浪微博 | @中央编译出版社 | 微 信 | 中央编译出版社(ID：cctphome) |

**本社常年法律顾问**：北京市吴栾赵阎律师事务所律师 闫军 梁勤
凡有印装质量问题，本社负责调换，电话：(010)66509618